KB206183

하나님 마음에 합한 사람

- 구속 역사 관점의 사무엘상 설교 -

하나님 마음에 합한 사람

초판 1쇄 2020년 04월 20일
초판 2쇄 2023년 12월 31일

지은이 이승진
펴낸이 황대연
발행처 설교자하우스
주소 경기 수원시 팔달구 권광로 276번길 45, 3층
전화 070. 8267. 2928
전자우편 1234@naver.com
등록 2014. 8. 6.

ISBN 979-11-955384-6-1 (93230)
값은 뒷표지에 있습니다.

ⓒ 이승진 2020

이 도서의 국립중앙도서관 출판예정도서목록(CIP)은 서지정보유통지원시스템
홈페이지(http://seoji.nl.go.kr)와 국가자료종합목록 구축시스템(http://kolis-net.
nl.go.kr)에서 이용하실 수 있습니다. (CIP제어번호 : CIP2020005508)

하나님 마음에
합한 사람

이승진

구속 역사 관점의 사무엘상 설교

설교자하우스

1. 설교에서 가장 중요한 성령 하나님의 조명

설교는 하나님의 말씀을 전하는 것입니다. 설교 메시지가 곧 하나님의 말씀(the Word of God)의 권위를 가지려면, 설교자는 성경 본문을 하나님의 시각에서 강해(講解, exposition)해야 합니다. 성경 본문을 하나님의 시각에서 강해하려면, 설교자는 성경 해석과 메시지 전달 과정에서 하나님의 관점을 유지해야 합니다. 설교자가 하나님의 관점을 가지지 않으면, 성경이 열리지도 않고 신자들에게 하나님의 권위로 말씀을 전할 수 없습니다. 인간 설교자가 어떻게 하나님의 관점을 가지고 성경을 해석하고 설교할 수 있을까요? 설교자가 하나님의 말씀을 올바로 전하기 위하여 하나님의 관점을 가지고 하나님의 시각을 유지해야 한다는 말은, 다른 말로 표현하자면 성경 해석과 전달 과정에서 성령 하나님의 조명(照明, illumination)을 받아야 한다는 뜻입니다.

성령 하나님의 조명이란, 성경을 해석하는 설교자와 말씀을 듣는 신자들이 그 해석과 전달 과정에 관여하시는 성령 하나님을 통하여 말씀의 깊은 의미를 깨달으며(enlightenment) 자신에게 마치 천둥과 번개와 같은 위력으로 말씀하시는 하나님을 인격적으로 경험하는 깨달음의 사건을 의미합니다. 성령 하나님의 조명이 없이는 설교자는 절대로 하나님의 말씀을 전할 수 없습니다. 모든 설교자들은 이 엄중한 사실을 본인의 성경 해석과 설교 메시지의 전달 과정에서 반드시 숙지하고 성령 하나님의 조명을 위하여 간절히 기도해야 합니다. 성령 하나님께서 하나님의 말씀을 깨닫게 해 달라고 기도하며 성경을 해석하고 설교 메시지를 전해야 합니다.

왜 설교자가 성령 하나님의 조명의 은총이 없이는 결코 하나님의 말씀을 제대로 전할 수 없을까요? 인간 설교자가 성령의 조명이 없이 성경을 해석하면 타락한 인간의 죄악된 본성이 해석 과정을 지배하기 때문입니다. 성경 본문은 하나님의 구속에 관한 계획과 이를 성취해 가는 과정을 증언하는데, 타락한 인간의 죄성은 본래 하나님에 대해서 관심도 없고 알려고도 하지 않습니다. 알 수 있는 기회가 성경 본문의 형태로 펼쳐졌는데, 그 본문을 해석하는 과정에도 불구하고 계속 하나님의 말씀을 경청하려고 하지 않습니다. 오히려 자신의 세속적인 생각을 본문에 주입하거나(eisegesis) 덮어씌워서 자신의 생각을 하나님의 말씀으로 주장하려 합니다. 그러면 강단에서 선포하는 메시지는 하나님의 말씀과 거리가 먼 인간의 생각에 불과합니다.

하지만 설교자가 먼저 성경 해석 과정에서 자기 생각을 내려놓고 성령 하나님의 깨닫게 하시는 은총을 간구할 때 과거 구속 역사를 주관하신 성령 하나님의 조명을 새롭게 경험할 수 있습니다. 그러한 성령의 조명과 말씀에 대한 깨달음이 설교자가 강단으로 나아가는 출발점이어야 합니다.

우리 설교자들의 입장에서 볼 때 성령 하나님의 사역에서 가장 주목할 점은 이 모든 하나님의 말씀과 계시 사건들을 성경으로 기록하도록 성경의 저자들에게 영감을 주시고 감동하셨다는 사실입니다(딤후

3:16). 그리고 오늘도 성경 본문을 읽으며 주님의 은혜를 구하는 설교자들에게 하나님의 말씀을 깨닫도록 말씀의 빛을 어두운 심령에 비춰주셔서 그 말씀의 의미와 능력을 깨닫도록 인도하십니다.

이런 이유로 목회 현장에서 성경 본문에 근거하여 하나님의 말씀을 설교하려는 모든 설교자들에게 가장 중요한 것은 두 가지입니다. 첫째는, 성령 하나님의 조명 아래 성경 본문의 의미를 잘 해석하는 것입니다. 둘째는, 그렇게 깨닫고 감동을 받은 하나님의 말씀을 신자들에게 설득력 있게 전달하는 것입니다.

2. 본 설교집의 목적과 주안점

필자가 지난 15년 이상 신학생들과 목회자들에게 설교를 가르치는 입장에서 느끼는 한 가지 아쉬움이 있었습니다. 그것은 강의실에서 가르치는 설교학 이론대로 작성된 설교문이 없는 것입니다. 어떤 이들은 설교학 교수는 설교학에 관한 이론을 연구하고 가르치는 것으로 충분하고, 나머지 실제 설교문 작성 방법이나 실제 설교를 위한 성경 연구 과정, 그리고 실제 설교문은 강단에서 가르치는 이론과 사뭇 다를 수 있다고 생각합니다. 하지만 필자의 생각은 다릅니다. 목회 현장이나 설교 현장에서 설교학 교수가 실제로 감당하는 자신의 설교 사역을 근거로 설교학을 가르쳐야 합니다.

그 첫째 이유는, 설교학 과목이 실천신학의 영역에 속하기 때문입니다. 성경신학이나 조직신학, 그리고 역사신학과 같은 이론신학의 경우에 가르치는 교수님은 말 그대로 이론만을 제시하는 것으로 충분합니다. 하지만 설교학이 포함된 실천신학의 경우에는 가르치는 교수님이 직접 경험하지 않은 이론을 가르치는 것은 모순입니다. 예수를 만나 보지 못한 자가 복음을 전할 수 없듯이 설교해 보지 않은 사람이 설교를 가르칠 수는 없습니다. 설교학을 가르치는 설교학 교수가 자신의 설교 사역과 실제 설교문으로 자신의 이론을 증명하지 못한다면 설교학 강의 내용의 진정성은 흔들릴 수밖에 없습니다.

물론 모든 실천신학 교수가 자신이 가르치는 이론적인 내용을 전부 실제 목회 사역으로 100% 증명할 수는 없습니다. 그러나 설교학의 경우에는 설교학 교수가 직접 설교를 목적으로 성경을 해석해보고 또 실제 설교 사역을 경험해 보아야 합니다. 그럴 때 설교학 교수는 신학생들과 설교자들, 그리고 목회자들이 설교 사역현장에서 무엇을 고민하는지 제대로 이해할 수 있습니다. 또한 그 설교학 교수가 제시하는 이론도 설교 사역의 현장에서 실제로 실행 가능한 방법을 제시할 수 있습니다. 설교학 이론과 실제 설교문 사이에 긴밀한 연관성이 확보되어야 가르치는 설교학 이론의 진정성과 실행 가능성도 뒤따를 수 있습니다.

설교학 교수가 교회 사역의 현장에서 직접 경험한 설교 사역의 실제 경험을 설교학 이론과 긴밀하게 접목해야 하는 둘째 이유가 있습니다. 설교학 교수가 먼저 목회 현장에서 직접 경험한 설교 사역에 근거하여 설교를 가르치지 않으면, 그 설교학 강의는 실천신학의 본질에서 벗어나 또 다른 이론에 매몰되기 쉽습니다. 2천 년 교회 역사 속에서 신학은 계속 발전해왔고, 신학생들과 목회자들이 읽어야 하는 설교학 교과서들도 계속 쏟아지고 있습니다. 하지만 그러한 설교학 이론들이나 실천신학의 이론들이 실제 사역의 현장에 근거하지 않거나 설교 실제와 아무런 관련이 없는 또 다른 이론에 불과하다면, 이러한 추상적인 이론들은 모두 부담스러울 따름입니다. "자기들만 행할 뿐 아니라 또한 그런 일을 행하는 자들을 옳다 하느니라"(롬 1:32).

이런 두 가지 이유로 필자는 설교학 교수 사역을 지난 15년 이상 감당해오면서 설교집 출판의 필요성을 절감하게 되었습니다. 필자가 이렇게 설교집을 출판한다고 해서, 이 설교집에 소개되는 사무엘상의 성경 해석 방식을 다른 모든 성경 해석자들도 그대로 따라야 하는 절대적인 입장이란 의미는 아닙니다. 또 이 설교집에서 취하는 설교 형식이 최고의 설득 형식이어서 모든 설교자들이 이 방식을 그대로 고집해야 한다는 의미도 아닙니다. 본 설교집의 일차적인 목적은 필자의 설교학 강의 내용에 관심을 가진 신학생들과 목회자들이 필자의 실제 설교문에 대한 궁금함과 관심을 가지고 있어서 그것을 해소해주려는 것입니다. 필자의 설교학 이론을 실제 설교 사역에 그대로 적용하여 실천하고 있는 하나의 사례를 제공하려는 것입니다.

필자는 설교 메시지에서 가장 큰 비중(약 60~70%)을 차지하는 것이 성경 해석 작업이라고 생각합니다. 설교자가 그리스도 중심의 구속역사의 시각을 가지고 성경을 해석하여 성경 본문에서 본문의 저변에 담긴 말씀하시는 하나님을 경험하는 것입니다.

이것을 쉽게 보여줄 수 있는 방법이 성경의 내러티브 장르를 강해하는 것입니다. 구약과 신약에는 다양한 내러티브 장르의 본문들이 등장합니다. 그중에 사무엘상·하에 소개되는 다윗의 스토리는 하나님의 구속역사의 드라마를 너무나 흥미롭게 펼쳐내고 있습니다. 이 드라마에서 발견되는 인물들의 역학 관계나 상호 간에 발생하는 여러 사건들, 그리고 그 사건들이 진행되는 과정에서 긴장감을 연출하는 극적

반전의 다이나믹은 TV 연속극 드라마와는 비교할 수 없을 정도로 역동적이고 훨씬 사실적입니다. 매일 매일 우리 일상의 신앙생활에서 벌어지는 영적인 갈등과 그 문제를 해결하시는 하나님의 은혜로운 반전이 너무나 놀랍고 너무나 실제적입니다.

필자는 사무엘상·하의 내러티브에 관한 설교 준비를 위해 본문을 깊이 묵상하는 가운데 깨달았습니다. '하나님 마음에 합한 다윗'의 스토리는 결국 예수 그리스도의 구속을 예표하는 이야기입니다(행 13:21-23). 다윗과 예수 그리스도가 서로 연관을 맺고 있는 거대한 구속의 드라마를 통해 하나님은 우리를 그 이야기 속으로 초청하고 계십니다.

하나님은 다윗을 선택하시고 그로 하여금 예수 그리스도를 예표하는 인생을 살도록 섭리하셨습니다. 그분은 오늘도 우리 신자들이 다윗처럼 그리스도의 뒤를 따라가는 인생을 삶으로 하나님의 무궁하신 영광을 드러내도록 초대하고 계십니다. 그 하나님께서 오늘도 우리 모두를 다윗처럼 그리스도의 뒤를 따라가는 거룩한 하나님 나라의 순례자들로 만들어가고 계십니다.

본 설교집은 필자가 전에 사무엘서의 다윗 스토리 중에서 설교했던 설교문을 출판의 목적에 맞게 수정한 것입니다. 이를 위해서 특정 교회의 구체적인 상황에 관한 언급들은 삭제하였습니다. 특정한 시점의 사회적인 쟁점들에 관한 언급도 가능한 최소 수준에서만 다루었습니다. 하지만 본 설교집은 사무엘상의 내러티브에 관한 주해서가 아니라 말 그대로 설교집입니다. 때문에 설교 주제를 논리적으로 설득하기 위한 기본적인 설교 형식은 그대로 살려두었습니다.

모든 성경 본문 전부를 자세히 주해하고 또 그 과정에서 깨달은 핵심 사상(main idea) 전부를 설교문으로 옮긴 것은 아닙니다. 다만 사무엘상 1장부터 31장까지 전체를 각 장별로 해석하고 해당 챕터 전체에서 주해의 중심사상(exegetical main idea)을 한 편의 설교문으로 옮기는 데 집중하였습니다. 이 외에 필자가 사무엘상 내러티브를 설교할 때 염두에 두었던 중요한 기준은 다음과 같습니다.

① 구속사 관점의 해석

첫째는, 그리스도 중심의 구속 역사의 관점으로 본문을 해석하는 것입니다. 모세오경에서 이미 계시된 하나님의 구속 계시의 패턴들은 사무엘상·하의 다윗의 스토리에서 다시 반복됩니다. 그렇게 반복되는 다윗의 구속 역사 스토리 전체가 장차 이 세상에 강림하여 최종적인 구속을 완성할 예수 그리스도의 고난과 십자가 죽음, 그리고 부활을 통한 최후 승리를 예표하고 있습니다.

모세오경에서 시작되고 사무엘과 다윗을 거쳐서 그리스도를 통해서 최종적으로 완성되는 구속 역사의 진행 패턴은 항상 심각한 문제 상황의 하강 곡선과 그 문제의 끝자락에 침투해 들어오시는 하나님의 은혜로운 구원의 반전, 그리고 문제 해결의 상승 곡선으로 진행된다는 것입니다. 이러한 그리스도 중심의 구속 역사의 패턴은 문제-해결의 구도로 진행되며 더 간단히 'V'자로 표시할 수 있습니다. 독자들은 본 설교집을 통하여 그리스도 중심의 구속 역사가 아주 특정한 사건들 속에서 어떻게 'V'자 반전 드라마로 펼쳐지는지 확인할 수 있기를 기대합니다.

② 과거 사건을 다시 경험하기

둘째로, 이 설교집은 사무엘상에 관한 주석서(commentary)도 아니고 주해서(exegesis)도 아닙니다. 말 그대로 필자가 여러 해 동안 강단에서 실제로 전했던 설교문들을 편집한 것입니다. 그래서 본문에서 쟁점이 되는 단어의 의미, 전후 문맥에서 고려해야 할 사항들, 여러 학자들의 쟁점을 서로 비교하는 내용들은 가급적 지양했습니다. 독자를 사무엘상 본문의 문학 세계와 과거 구속 역사의 현장으로 안내하여 마치 그 사건의 당사자처럼 본문의 사건과 등장인물들의 경험을 추체험(追體驗, nacherleben, enactment)할 수 있도록 하는 데 집중하였습니다. 다만 독자들에게 필자의 해석이 다소 특이하여 쉽게 수긍할 수 없어 보이는 부분에 대해서는 미주의 설명을 통해서 보충하였습니다.

③ 반귀납식 설교 형식

본 설교집에 소개되는 설교문의 기본적인 설교 형식은 반-귀납식 논리 전개를 따랐습니다. 반-귀납식 논리 패턴은(semi-inductive logic pattern) 연역식 논리와 귀납식 논리의 장점을 절충한 것입니다. 먼저 연역식 논리의 장점을 살려서 해당 내러티브 본문으로부터 설교의 핵심 주제(main subject)와 핵심 사상(homiletical main idea)을 만들고 이 핵심 사상을 설득할 3~4개 정도의 포인트를 앞부분에 배치하였습니다. 하지만 연역식 논리 형식만 지나치게 부각되면 설교가 권위적이고 일방적이며 청중의 필요와 관계 없게 느껴질 수 있으므로 반-귀납식 논리 형식(semi-inductive logic form)을 따랐습니다. 즉, 설교의 핵심 사상을 청중의 영적인 '체감 필요'(felt need)와 연결시켜서 청중 편에서 고민함직한 문제점을 설교의 서론에 배치하였습니다. 그 결과 설교문 전체의 논리적인 순서는 다음 순서로 진행되도록 구성하였습니다.

① 서론의 문제제기(question)

② 해답의 요점(point) 제시

③ 성경적인 근거

④ 보완 설명과 예화(explaining & validating)

⑤ 적용 방안 제시하기(application)

이상의 반-귀납식 논리 형식을 통해서 서론에서 청중의 문제에 대한 관심을 유도하고 본론에서는 그 문제에 대한 성경적인 해답과 보완 설명, 그리고 적용 방안을 제시하였습니다. 그럼으로써 고대 이스라엘 땅에서 발생한 하나님의 구속 사건이 오늘 21세기 현대의 크리스천들의 신앙생활 현장 속에서도 그대로 반복되고 있음을 깨닫게 하였습니다.

필자는 "구어체 설교 메시지를 통해서 전달되는 성령 하나님의 조명과 영적인 감동은 마치 천둥 번개와 같은 언어적인 사건이기 때문에 글로 옮길 수 없다."는 조지 횃필드의 의견에 전적으로 동의합니다. 하지만 성경 저자들을 감동하여 하나님의 말씀을 기록하도록 인도하신 성령 하나님께서는 구어체 설교 메시지뿐만 아니라 문어체의 설교문을 읽는 방식을 통해서도 또 다른 차원의 영적 감동을 전달할 수 있다고 믿습니다. 본서를 통해서 독자들이 사무엘상에 펼쳐진 다윗의 감동적인 스토리를 좀 더 사실적으로 경험할 수 있기를 바랍니다.

이승진 교수는 설교자이자 설교학자이다. 그는 매주일 청년들에게 설교를 한다. 그리고 매일 신학도와 목회자들에게 설교학을 강의한다. 그는 두 가지를 늘 고민한다. 첫째는, '어떻게 하면 자신이 청중에게 본문말씀을 제대로 전달할까'이고 둘째는, '어떻게 하면 설교자들이 본문을 제대로 설교하도록 도울 수 있을까'이다. 이 책은 이 두 고민의 결과물이기도 하다. 회중석의 청중으로서는 사무엘상을 접하게 될 뿐 아니라, 강단의 설교자로서는 사무엘상을 본문으로 제시되는 본문설교의 시범과 지침을 얻게 될 것이다.

정창균 총장 (합동신학대학원대학교 총장)

이 책에는 역사와 그것을 기억하는 이유와 필요, 현실을 위한 해석, 그리고 미래를 여는 신앙적 희망이 구체적 사건과 인물을 통해 웅장하고 섬세하게 소개되고 있습니다. 웅장함은 하나님의 역사의 스케일에서, 섬세함은 그 커다란 무대 위 각각의 자리에서 때로는 후회와 원망 속에 살아가는 인생들에게서 드러납니다. 그런데 이 모든 것이 합력하여 선을 이룬다고 성경은 선포합니다.

박영선 목사 (남포교회 원로목사)

목회가 영광스러운 것은 하나님의 말씀의 대언에 있을 것이며, 급변하는 우리 시대는 참된 말씀에 목말라하고 있습니다. 이런 때 성령의 조명을 받아 하나님의 관점을 견지하여 거룩한 해석을 해야 한다는 교수님의 서두의 주장은 선지자의 우렁찬 외침처럼 들립니다. 설교자들마다 현실을 살아가는 성도들을 품는 온정어린 이해가 매우 긴요하다는 교수님의 권고 또한 소중합니다. 그에 따라 회중의 영적필요를 체감하는 수고로부터 설교는 시작되어야 한다는 설파와 함께 제시하는 '반-귀납식 전달 방식'은 많은 이들의 무릎을 치게 할 도구라고 여겨집니다. 말씀의 소명자들이 지금부터라도 이 방식대로 설교를 작성해 나간다면 더욱 지혜로운 전달자가 될 것이 분명합니다. 설교는 일종의 대중연설의 성격이 있는데 매주일 저와 함께 강단에서 말씀을 전하는 교수님에게는 이미 오래전부터 그런 특징이 있습니다. 경건한 신학에서 나오는 바른 말씀, 겸손한 인품과 성도를 존중하는 마음, 종종 회중의 얼굴에 미소를 머금게 하는 소탈한 예화 등은 회중의 영혼을 은혜롭게 움직이는 큰 장점이 됩니다. 그런 분위기가 본서 곳곳에 서려 있는 것은 물론입니다. 이 책을 가까이 두고 읽는 이들마다 소명의 옷깃을 여미게 될 줄로 믿습니다. 귀한 책이 나오게 됨을 기뻐하고 축하하며 하나님께 영광을 돌립니다.

박삼열 목사 (송월교회 담임목사)

하나님 말씀의 선포인 설교 사역은 하나님의 신비(mysterium)를 맛본 사람들이 그 가장자리에서 춤을 추다가 그가 맛본 감격을 담아 그것을 이 땅에 활짝 펼쳐내는 사역입니다. 그러므로 설교의 중심은 언제나 하나님께서 인류의 역사 가운데서 행하신 일과 오늘 우리의 삶의 현장에서 행하고 계시고 행하실 일에 늘 초점을 맞추어 진행됩니다. 그래서 기독교 설교는 은혜로우신 하나님의 구원 행동에 초점을 맞추게 되어 있고, 그것을 펼쳐야 할 인간 삶의 자리에 깊은 관심을 기울일 수밖에 없습니다. 본서는 하나님의 구원 행동에 초점을 맞춘 설교, 즉 구속사적 관점에서 본문을 읽고 오늘의 삶의 현장에 풀어낸 설교문을 책으로 엮은 것입니다. 많은 설교문이 있지만 본서는 오래 설교학을 연구하고 15년 넘게 목회자 후보생을 교육해 온 설교학자가 그동안의 연구를 토대로 길라잡이와 같이 제시하는 실질적 참고서입니다. 수많은 저서와 번역서를 낸 저자가 이번에는 새롭게 제시하는 책이 출간된 것을 기뻐하면서, 목회자와 목회를 준비하는 신학생들, 그리고 말씀의 자양분으로 세상을 살아가는 그리스도인들에게 일독을 권합니다.

김운용 교수 (장로회신학대학교, 신학대학원장)

이승진 박사의 설교집 "하나님 마음에 합한 사람"의 출간을 진심으로 축하합니다. 흔히 설교학자는 설교신학이나 이론 혹은 설교형태를 가르치기만 할뿐 그에 따른 설교작성은 소홀했던 것이 사실입니다. 한편의 설교가 나오기까지 강의는 끝난 게 아닌데 그동안 대부분의 설교학 강의는 끝나지 않은 종강을 해왔습니다. 이런 상황에서 이 박사의 설교집 출간은 설교학자들의 동창을 밝히는 햇살이자 강의실의 설교학과 강단의 설교를 연결하는 가교입니다. 본 설교집을 시작으로 성경전체에 대한 설교학자들의 설교작업이 이어지기를 기대합니다.

정인교 교수 (서울신학대학원장)

설교자들에게 성경 중에 설교하고 하고 싶은 책이 무엇이냐고 묻는다면, 사무엘서라고 말하는 이들이 많을 것이다. 그만큼 사무엘서는 설교자들이 애호하는 성경책 중의 하나이다. 그래서인지 많은 설교자들이 사무엘서 '설교' 혹은 '강해'라는 이름으로 출간된 설교집도 많다. 대부분 목회현장에서 설교한 내용을 책으로 묶은 것들이다. 하지만 본서 『하나님 마음에 합한 사람-구속 역사 관점의 사무엘상 설교』는 설교학자이면서 목회자 심정으로 실제 설교한 것을 책으로 펴낸 점에서 매우 흥미롭다. 또 설교학자가 어떻게 설교학 이론과 실제 설교를 접목하고 있을까도 궁금하다. 본서는 구속사적 관점에서 세심하게 분문을 해석하고 실제 설교사역에서 적용하고 있는 하나의 사례라는 점에서 많은 설교자뿐 아니라 성도들에게도 이목을 끈다. 이러한 점에서 모든 이들이 일독하기를 적극 추천한다.

김상구 교수 (백석대학교, 개혁주의생명신학실천원장)

존경하는 이승진 교수님의 책을 기쁨으로 추천합니다. 본서에는 이 교수님의 깊은 영성과 탁월한 학문성이 잘 녹아있습니다. 특별히 구속사적 시각으로 펼쳐지는 본서의 메시지는 읽는 자를 감탄하게 합니다. 익숙한 본문이 새롭게 열리고 낯선 본문이 가슴에 남는 깨달음으로 다가오기 때문입니다. 깊은 주해와 영적 통찰력 및 구속사적 지평이 조화된 이 책이 설교자들과 신학생들, 그리고 깊이 있는 설교를 듣기 원하는 성도들에게 큰 기쁨이 될 것을 확신합니다. 지금 주저함 없이 이 책을 선택하십시오. 설교의 새로운 지평이 열리는 경험을 하게 될 것입니다.

권 호 교수 (합동신학대학원, 목회대학원장)

| 감사의 글 |

모든 설교자들은 어느 날 갑자기 혼자서 말씀의 사역자로 두각을 나타내는 것이 아닙니다. 어린아이가 부모의 사랑으로 세상에 태어나 말을 배우고 학교에 들어가 선생님에게 세상 살아가는 지혜를 배우면서 한 사회의 구성원으로 성장하듯이 설교자도 그렇습니다. 신학교에 입학하여 신학 훈련을 받고 수많은 시행착오를 거치면서 거룩한 영향력을 발휘하는 설교자로 세워져 갑니다. 필자 역시 본 설교집을 출판하는 시점에서 돌이켜 볼 때 수많은 선생님들과 교수님들, 선생님들의 도움과 멘토링, 그리고 제 설교를 듣고 격려해주었던 수많은 성도님들의 인내를 통해서 오늘에 이르게 되었습니다.

지난 20년 동안 '설교자하우스'를 이끌어 오시면서 '장소가 어디든 규모가 얼마든 상관 없이 내가 서는 강단에서 하나님의 말씀의 능력이 나타나도록' 설교를 지도해 주신 정창균 총장님의 하나님의 말씀을 향한 열정과 예비 설교자들을 향한 애정, 그리고 현장의 설교자들을 향한 헌신에 감사드립니다. 그리고 하나님의 말씀을 전하는 설교자의 길을 함께 걸어가면서, 설교자들을 훈련할 수 있는 영광스런 자리로 불러주시고 설교자 훈련의 능력이 전혀 미덥지 못함에도 불구하고 늘 인내하시며 기다려 주시는 애정에 감사드립니다.

필자는 대학생 시절(1985년 즈음)에 박영선 목사님이 출간하셨던 설교집 『하나님의 열심』을 처음 읽었을 때의 감동을 지금도 기억하고 있습니다. 그 설교집 한 권을 통해서 필자가 하나님의 말씀의 능력을 체험하도록 인도하신 하나님의 비상한 섭리에 감사합니다. 필자의 설교집은 『하나님의 열심』과 감히 비교할 수 없음에도 불구하고 추천의 말씀을 작성해 주시고 격려해 주신 박영선 목사님께 감사드립니다.

정암 박윤선 목사님께로부터 하나님의 말씀을 올바로 전하며 주님의 백성들을 말씀으로 섬기는 '여주동행'(與主同行)과 '지사충성'(至死忠誠)을 몸소 온 몸으로 배우시고 그대로 앞장서 모범을 보여주시며, 부족한 필자를 늘 무한한 사랑과 애정으로 격려해 주시고 말씀을 전하며 가르칠 수 있는 영광스런 자리를 베풀어 주시는 박삼열 목사님께 감사드립니다.

송월교회에서 필자의 한없이 부족한 설교를 하나님의 말씀으로 경청해 주시는 청년부 소속 청년들과 장로님들, 권사님들, 집사님들 그리고 모든 성도님들께 감사합니다. 신학교에서 필자와 함께 하나님의 말씀을 배우고 또 전하는 일에 주님의 지혜와 은총을 함께 간구하는 신학생들과 석사 및 박사과정 목회자들에게도 감사합니다.

한국교회 강단의 회복을 위하여 설교학 교수 사역에 동역하고 있는 권호 교수님과 귀한 추천의 말씀을 보내주신 김운용 교수님과 정인교 교수님, 김상구 교수님께도 감사드립니다.

마지막으로 필자와 함께 하나님의 말씀을 경청할 뿐만 아니라 그 말씀이 지시하는 하나님 나라를 향하여 가족 운명 공동체를 이루어 함께 순례의 길을 동행하는 사랑하는 아내 조미나와 세 아들 종은, 종화, 종진에게 이 자리를 빌어 사랑과 감사의 마음을 전합니다.

차례

1

사도행전 13장 21-23절

하나님 마음에 합한 사람

하나님 마음에 합한 다윗

우리는 그동안 신앙생활을 해오면서 '다윗은 하나님의 마음에 합한 사람이다'는 이야기를 많이 들어왔습니다. 제가 대학생 때 예수를 처음 믿기 시작할 무렵, 교회 목사님께서 다음과 같은 말씀을 전하셨습니다.

이스라엘의 왕 다윗은 하나님의 마음에 합한 사람이었습니다. 다윗은 문젯거리가 생길 때마다 하나님을 마치 편한 친구처럼 생각하고 자기 문제를 하나님께 기도하면서 해결해 주시기를 간청했습니다(cf., 대상 14:10 "다윗이 하나님께 물어 이르되"). 그렇게 다윗이 하나님께 기도할 때마다 다윗과 마음이 하나로 합한 하나님은 다윗의 기도에 즉각 응답해 주시고 그를 평강의 길로 인도해 주셨습니다.

그런 말씀을 들으면서 속으로 결심했습니다. '와! 다윗은 정말 대단한 사람이구나! 나도 다윗처럼 문제가 생길 때마다 하나님을 찾고 하나님께 문제를 해결해 달라고 부탁해야겠다.' 그리고 어떤 문제가 생기자 즉시로 하나님께 기도해봤습니다. 하지만 결과가 다윗처럼 그리 신통치 않았습니다. 기도하고 또 결과가 별로 신통치 않은 일들이 수차례 반복되면서 점차 실망스런 생각이 들었습니다.

그러다 기도가 잘 응답되지 않는 이유를 내 쪽에서 찾게 되었습니다. '하나님이 내 기도에 다윗처럼 즉시로 응답하지 않으신 이유는 내가 다윗이 아니기 때문이다. 나는 다윗처럼 마음과 뜻을 다해 하나님께 헌신하지도 않았다. 내 믿음은 골리앗을 때려눕혔던 다윗의 대담한 믿음과는 달리 너무나도 초라하다. 그래서 응답이 없는 것이다. 결국 하나님 마음에 합한 사람이 되는 것은 정말 쉬운 일이 아니구나!' 신학을 공부하고 목사 안수를 받은 다음에도 한동안 이런 생각에서 쉽게 벗어나지 못했습니다.

그러다가 성경을 하나님의 구속 역사의 관점에서 해석하는 방법을 배우고 난 다음에야 비로소 성경 말씀을 통해서 하나님이 우리에게 말씀하시는 의미를 제대로 이해하기 시작했습니다. 그렇다면 우리 하나님께서 다윗을 염두에 두고 "내 마음에 합한 사람이다"고 말씀하신 이 말씀을 우리는 어떻게 이해해야 할까요?

1. 역사적인 맥락 이해

'하나님 마음에 합한 사람'의 의미를 제대로 이해하려면, 이 본문의 역사적인 배경을 바로 이해해야 합니다. 오늘 우리가 살펴볼 사도행전 13장 22절 하반절입니다. "내가 이새의 아들 다윗을 만나니 내 마음에 맞는 사람이라 내 뜻을 다 이루리라 하시더니" 사도행전 13장 15-16절을 보시면 사도 바울이 안식일에 회당에서 예배 중에 초대교회 성도들에게 말씀을 전하고 있습니다.

그 상황을 좀 더 설명하자면 주일 예배 시간에 사회를 보는 회당장이 먼저 율법과 시편 그리고 선지서의 일부분을 읽은 다음에 설교자를 소개합니다. "오늘 랍비 선생님께서 방금 봉독한 말씀을 가지고 강론의 말씀을 전하시겠습니다." 그러면 설교 말씀을 전할 선생이 앞으로 나와서 준비한 말씀을 전합니다. 물론 사도 바울은 당일에 회당장이 어떤 구약 성경의 본문을 읽을 것인지 전혀 예상하지는 못했습니다. 그러나 당시 사도 바울은 다메섹 도상에서 예수 그리스도를 새롭게 만난 이후 성령 하나님의 은혜로 모든 구약 성경을 예수 그리스도 중심으로 해석하고 설교하는 능력을 가지게 되었습니다.

당시 사도 바울은 그리스도의 복음을 선포할 것을 염두에 둡니다. 먼저 청중과의 접촉점으로 유대인 청중들이 잘 알고 있는 이스라엘의 과거 역사를 소개합니다. "이 이스라엘 백성의 하나님이 우리 조상들을 택하셨습니다." 여호와 하나님께서 아브라함이 갈대아 우르 땅에 살고 있을 때 그에게 갑자기 찾아오시고 그를 선택하여 가나안 땅으로 인도하셨다는 대목에서부터 설교 메시지를 시작하는 것입니다. 다음에 출애굽의 역사를 말하고 사사 시대 450년의 역사를 말합니다. 이어 사울왕의 선택과 폐위를 말한 다음에 드디어 오늘 우리가 관심을 가지는 다윗을 선택한 부분을 설명합니다. "하나님이 사울을 폐하시고 다윗을 왕으로 세우시고 증언하여 이르시되 내가 이새의 아들 다윗을 만나니 내 마음에 맞는 사람이라 내 뜻을 다 이루리라"(행 13:22-23).

우리가 관심을 가지는 '하나님 마음에 합한 사람'이란 표현은 사도 바울이 비시디아 안디옥의 유대인 회당에서 유대인 청중들에게 예수 그리스도의 복음을 선포하는 과정에서 나옵니다. 먼저 설교의 서론부에 유대인 청중들과의 접촉점으로 그들에게 익숙한 구약의 역사 속에 등장한 사울과 다윗을 서로 대비하는 과정에서 등장합니다.

그런데 여기에서 한 단계 더 깊이 파고 들어가야 하는 부분이 하나 있습니다. 사도 바울이 하나님의 선택과 그리스도를 통한 성취를 설명할 때(22-23절) 구약성경의 어느 구절을 근거 구절로 사용하고 있는가 하는 것입니다. 오늘날 목사님들이 성경 본문의 근거를 가지고 설교를 준비하듯이 사도 바울도 구약 성경의 근거를 가지고 말씀을 전했습니다. 그렇다면 22절의 말씀에서 하나님이 다윗을 가리켜서 '내 마음에 합한 사람'이라고 말씀하신 근거 구절은 어느 구절일까요? 그 근거 구절을 이해해야 '하나님이 마음에 합한 사람'이라는 의미를 제대로 이해할 수 있습니다.

그 근거 구절은 사무엘상 13장 13-14절입니다. 이 구절에서 '하나님 마음에 합한 사람'이란 표현은 우리의 생각처럼 하나님의 선지자가 다윗을 향하여 직접 말씀하신 것이 아닙니다. 대부분의 성도들은 '하나님 마음에 합한 사람'은 다윗을 특정했거나 또는 하나님의 선지자가 다윗을 면대면으로 직접 만나서 말씀하셨을 것으로 추측합니다.

하지만 구약성경에서 '하나님 마음에 합한 사람'이란 표현은 사무엘 선지자가 면대면으로 다윗이 아닌 사울왕을 책망하는 대목에서 등장합니다. 사무엘 선지자가 사울왕을 왜 책망합니까? 사울왕이 자신의 본문을 망각하고 하나님의 명령에 불순종하여 '이스라엘의 왕은 오직 여호와 하나님이시다'는 절대 불변의 진리를 마구 짓밟아버렸기 때문입니다.

사울왕이 그렇게 하나님의 명령에 불순종했던 배경을 잠깐 살펴보겠습니다. 사무엘상 13장 5-8절을 보시면 이스라엘이 나라의 운명을 걸고 블레셋과 전쟁을 준비하고 있습니다. 왕으로부터 모든 군사들과 백성들이 두려워 벌벌 떨고 있습니다. 그때 사무엘은 사울에게 길갈에서 7일 동안 기다리고 있으면 7일 후에 내가 길갈로 가서 하나님께 예배를 드리면서 백성들과 군사들을 위하여 '여호와 닛시의 하나님'께 복을 빌고 축복해 주겠다고 약속했습니다.

사울왕은 약속대로 7일을 기다렸지만 곤란한 문제가 연거푸 터집니다. 먼저 사무엘 선지자가 나타나지 않습니다. 이스라엘 진영에 전쟁에 대한 두려움과 공포심이 퍼지면서 도망가는 군사들이 생기기 시작합니다. 게다가 블레셋 군사들이 진열을 갖추어서 이스라엘로 당장쳐들어올 것 같은 긴박감이 이스라엘 진영을 무겁게 짓누릅니다.

이런 상황에서 사울왕이 사무엘 선지자가 전달한 하나님의 명령 "곧 7일 동안 선지자를 기다려라!"는 명령을 거부하고 하나님께 번제를 드려버립니다. 그렇게 사울왕이 직접 나서서 번제를 드리자마자 사무엘이 나타나서는 사울왕의 불신앙적인 행동을 책망하기 시작합니다. "사무엘이 사울에게 이르되 왕이 망령되이 행하였도다 왕이 왕의 하나님 여호와께서 왕에게 내리신 명령을 지키지 아니하였도다 그리하였더라면 여호와께서 이스라엘 위에 왕의 나라를 영원히 세우셨을 것이거늘 지금은 왕의 나라가 길지 못할 것이라 여호와께서 왕에게 명령하신 바를 왕이 지키지 아니하였으므로 여호와께서 그의 마음에 맞는 사람을 구하여 여호와께서 그를 그의 백성의 지도자로 삼으셨느니라"(삼상 13:13-14).

하나님 마음에 합한 사람 | 사도행전 13장 21-23절

이렇게 '하나님 마음에 합한 사람'이란 표현은 우리의 기대와 달리 다윗에게 직접 말한 표현이 아니라 엉뚱하게도 사무엘 선지자가 하나님의 말씀에 불순종했던 사울왕을 책망하는 맥락에서 언급되고 있습니다. 그렇다면 이어지는 질문은 사무엘 선지자가 사울왕을 책망하면서 '여호와께서 그의 마음에 맞는 사람을 구하여 이스라엘의 지도자로 삼으실 것이다'고 예고한 이 말씀의 본래 의미는 무엇일까요?

2. 구속사의 넓은 맥락으로 확장

사무엘 선지자가 사울왕을 책망하면서 '여호와께서 그의 마음에 맞는 사람을 구하여 이스라엘의 지도자로 삼으셨다'고 했던 이 말씀을 해석할 때 두 번째로 반드시 명심해야 하는 해석의 원칙은 구속 역사의 넓은 맥락으로 확장하여 해석해야 합니다.

만일 '여호와께서 그의 마음에 맞는 사람을 구하여 이스라엘의 지도자로 삼으셨다'는 말씀의 의미를 당장 사무엘 선지자와 사울왕의 대화가 진행되는 그때의 좁은 문맥이나 제한적인 역사적 상황 안에서 해석하면 다음과 같은 엉뚱한 오해를 초래할 수 있습니다. '혹시 사무엘 선지자가 사울왕에게 "하나님이 당신을 폐위시키고 자기 맘에 맞는 다른 사람을 이스라엘의 왕으로 삼으셨노라"고 할 때, 사울왕이 하나님의 말씀에 불순종하기도 전에 이미 하나님은 다윗을 자기 마음에 합한 사람으로 미리 내정해 두었던 것은 아닐까? 그러고서 하나님은 사울왕이 실수하기를 기다렸던 것은 아닐까?' 실제로 어떤 신학자들 중에는 그렇게 이해하는 사람들도 있습니다.

왜냐하면 이러한 책망의 말을 들었던 사울왕의 입장에서 보면 그도 상당히 억울하게 보일 수 있습니다. 사무엘상 13장 11-12절을 보시면 사울왕이 다소 억울한 마음이 묻어나는 세 가지 변명을 합니다. 전쟁터로 달려가야 할 백성들은 내게서 흩어졌다, 당신은 정한 날에 오지 않았다, 블레셋 사람들은 믹마스에 모여서 이스라엘로 쳐들어오기 직전이라 내가 부득이하게 번제를 드렸다는 것입니다(삼상 13:11-12). 사울왕의 입장에서는 선택의 여지가 없어서 부득불 번제를 드렸습니다. 그러나 하나님 편에서 보자면 이는 사무엘 선지자가 올 때까지 기다리라는 말씀에 불순종한 것입니다. 이것이 바로 하나님이 그를 버리신 직접적인 이유입니다. 사울왕은 억울하다고 주장하겠지만, 블레셋과 나라의 운명을 건 전쟁 앞에서 사울왕은 성급하게 하나님의 말씀을 준행하는 일을 포기하고 말았습니다. 이는 여호와 하나님께서 이스라엘을 통치하시는 언약 관계를 파기하는 것입니다.

사울왕이 하나님의 말씀을 버리고 하나님과 언약 관계를 포기하면 그 다음에 하나님은 어떻게 하십니까? 기찻길 옆 오두막집에 아기가 운다고 달리던 기차가 멈출 수는 없습니다. 외투를 준비하지 않았다고 겨울이 안 오는 것은 아닙니다. 사울왕이 하나님의 말씀에 불순종했다고 이스라엘 백성들을 말씀으로 지도해 줄 지도자의 자리를 공석으로 둘 수는 없습니다. 하나님은 그 빈 자리를 채워주시고자 급하게 사무엘 선지자를 보내서 사울왕을 책망하시고 다음 단계를 말씀하시는 것입니다. "여호와께서 왕에게 명령하신 바를 왕이 지키지 아니하였으므로 여호와께서 그의 마음에 맞는 사람을 구하여 여호와께서 그를 그의 백성의 지도자로 삼으셨느니라"(삼상 13:14).

그래서 이 책망의 말씀 속에 들어 있는 "하나님 마음에 합한 사람"이란 구절을 해석할 때 다음을 조심해야 합니다. 첫째, 이미 앞에서 충분히 확인한 것처럼 이 표현의 맥락은 사무엘 선지자가 다윗에게 직접 전한 메시지가 아닙니다. 불순종했던 사울왕을 폐위시키면서 하나님께서 그 대안으로 자기 말씀에 순종하는 사람을 세우시고자 말씀하셨다는 것입니다.

둘째, 14절 하반절에서 "그의 백성의 지도자로 삼으셨느니라"고 하면서 동사의 시제가 현재완료형의 느낌을 주지만 히브리어 원어로는 '피엘'(강조형) 미완료를 사용하고 있습니다. 원래 의미는 "하나님께서 자기 마음에 맞는 사람을 자기 백성의 지도자로 반드시 삼으실 것이다"는 것입니다. "반드시 삼으실 것이다"는 '피엘'(강조형)을 줄여서 "삼으셨느니라"고 완료된 행위처럼 번역한 것입니다.

셋째, 이 말씀(하나님 마음에 합한 사람)은 이스라엘 전체 구속의 역사 속에서 매우 예외적으로 사무엘 선지자가 사울왕에게만 표현한 것이 아닙니다. 하나님 나라의 전체 구속의 역사 속에서 하나님 나라 백성들의 지도자와 관련하여 거듭 반복적으로 언급됩니다. 하나님은 자기 마음을 잘 이해하고 자기 뜻과 말씀에 순종하는 사람을 지도자로 세우십니다. 이런 배경으로 사도 바울은 사도행전 13장 16절 이하에서 이스라엘의 전체 역사를 간략하게 서술하다가 사울왕의 불순종과 다윗의 순종을 간단히 대비한 것입니다. 그리고 22절에 이르러서 "하나님께서 이새의 아들 다윗을 만나니 내 마음에 합한 사람이라 내 뜻을 다 이루리라 하시더니"라고 설교한 것입니다. 결국 사도행전 13장 22절에 등장하는 '하나님 마음에 합한 사람'이란 표현은 이스라엘의 진정한 왕이신 여호와 하나님에 대한 절대 믿음과 그 믿음에 근거한 절대 순종의 관점에서 이해해야 합니다.

하나님 마음에 합한 사람

3. 예수 그리스도를 예시

그렇다면 사도행전 13장 22절 이하에서 사도 바울은 무슨 근거로 사울왕 다음에 다윗을 언급하고 이어서 23절에서는 다윗을 예수 그리스도와 연결시키고 있을까요? 이 질문에 답하기 위하여 먼저 다윗은 어떻게 장차 이 세상에 강림하실 그리스도의 대속의 죽음과 부활을 깨닫고 그 메시지를 시편에 기록으로 남겼는지에 대해서 살펴보겠습니다. 다윗은 어려서부터 증조 할머니 룻과 할아버지 오벳, 그의 아버지 이새에게서 이스라엘의 왕이신 여호와 하나님과 장차 이스라엘을 구속하실 메시아에 대해서 신앙 교육을 받았습니다. 기름 부음을 받은 다음에는 사무엘 선지자로부터 본격적인 수업을 받았습니다. 그 이후 다윗은 여러 결정적인 사건을 통해서 하나님 나라를 대적하는 사단 마귀와의 싸움을 승리로 인도하시는 '여호와의 싸움'에 자신이 하나님의 군사로 부름 받아 동참하고 있음을 깨달아갑니다.

다윗이 자신의 삶이 장차 오실 메시아 예수 그리스도의 십자가 죽음과 부활을 예고하는 인생임을 깨달아갈 때 가장 대표적인 경험이 있습니다. 바로 하나님의 은혜에 대한 경험과 하나님의 징계에 대한 경험이었습니다. 이것은 복음의 은혜에 대한 깨달음과 율법의 저주에 대한 깨달음이라고도 할 수 있습니다.

먼저 다윗은 하나님께서 자신에게 과분한 은혜를 베푸시는 영광스러운 날들을 여러 번 경험하였습니다. 이 과정에서 다윗은 하나님의 은혜의 말씀을 온 몸으로 체험하였습니다. 다윗은 어린 시절 들판에서 목동으로 아버지가 맡겨주신 양들을 돌보면서 지냈습니다. 당시로서는 천한 일입니다. 아무도 알아주지 않습니다. 하지만 다윗은 어렸을 때부터 하나님이 살아계심에 대한 말씀과 그 믿음으로 목동의 일을 묵묵히 감당합니다. 어느 날 들판에서 양들을 돌보며 말씀을 묵상하는데 갑자기 늑대들과 사자들이 나타납니다. 다른 사람들 같으면 걸음아 날 살려라 도망갔을 것입니다. 그러나 다윗은 하나님이 자기와 함께 하심을 믿고 물맷돌을 날려서 늑대들을 때려잡고 사자들을 쫓아냅니다.

물맷돌이라는 것은 오늘날의 엽총과 같은 살상 능력을 가지고 있습니다. 학자들의 연구에 의하면 고대 근동에는 전쟁을 할 때 화살을 쏘는 군사들도 있고 칼을 전문적으로 사용하는 군사들도 있으며 또 물맷돌을 전문적으로 사용하는 군사들로 구성된 부대들도 있었다고 합니다. 물매의 끝에는 작은 가죽천이 있고 그 천의 양끝에는 두 줄이 묶여 있습니다. 1미터에서 길게는 2미터의 물매를 가속으로 회전시키다가 한 끝을 풀어 놓으면 그 가죽천 안에 들어 있던 날카로운 조약돌이 날아가 말을 맞추기도 하고 사람의 급소를 맞추면 사망하게도 됩니다. 다윗은 그러한 물맷돌로 늑대와 사자와 곰을 내쫓습니다. 물맷돌 실력뿐 아니라 하나님의 살아계심에 대한 큰 믿음을 가지고 내쫓습니다. 물맷돌이 없을 때에는 몽둥이를 들고 달려들어 사자와 곰들이 어린 양을 움키려고 하는 급박한 상황에서 자기 목숨보다 어린 양들을 구해냈습니다. 사자와 곰들의 입장에서는 매우 황당한 일입니다. 다른 목동들은 모두 도망가기 바쁜데 유독 다윗만은 기를 쓰고 발악하며 물맷돌을 날리니 동료 짐승들이 가격을 당하여 픽픽 쓰러집니다. 다윗에게 물맷돌이 없을 때에는 주변에 몽둥이를 들고서 길길이 날뛰고 맹수들에게 달려듭니다. 그 모습이 맹수들의 입장에서도 매우 당황스럽고 놀라서 '이런 사람은 처음 본다'는 심정으로 사자와 곰들이라도

하나님 마음에 합한 사람

도망을 칩니다.

다윗은 양들을 돌보다가 사나운 맹수들을 거듭 물리치는 일들이 한두 차례 반복되면서 신기한 생각이 듭니다. '어떻게 이런 일이 가능한가?' 곰곰이 생각해 봅니다. 깊은 묵상 끝에 결론을 내립니다. 자연인 다윗으로서는 절대로 불가능하다는 것입니다. '이것이 가능한 것은 오직 하나님이 나와 함께 하셨기 때문이다. 임마누엘 덕분이다.' 그래서 다윗이 사자와 곰을 물리쳤던 날은 자기 인생에 참으로 영광스러운 날임을 알아갑니다. 갈수록 더욱 분명해지는 것은 이 모든 승리의 배후에는 하나님이 일하고 계시다는 믿음입니다. 이 절대 믿음이 경험을 통해 점점 강해졌습니다. 하나님의 은혜에 대한 생생한 체험이 다윗을 점점 더 강력한 믿음의 소유자로 만들어간 것입니다.

그러던 어느 날 골리앗이 그 앞에 나타납니다. 모든 이스라엘 군사들이 골리앗 앞에서 쩔쩔맬 때 오직 다윗 혼자서 여호와 하나님에 대한 신앙을 고백합니다. "주의 종이 사자와 곰도 쳤은즉 살아계시는 하나님의 군대를 모욕한 이 할례 받지 않은 블레셋 사람이리이까 그가 그 짐승의 하나와 같이 되리이다"(삼상 17:36). "주의 종이 전에 사자와 곰도 쳤습니다. 나로 하여금 사자와 곰을 물리치게 하신 그 하나님께서 오늘 저 골리앗도 물리치도록 역사하실 것입니다. 저 놈은 살아계신 하나님의 군대를 모욕하기 때문입니다."

하나님의 군대를 모욕하면 하나님이 그를 어떻게 처리하십니까? 여호와 하나님께서 직접 그를 심판하실 것입니다. 이를 통해서 여호와의 전쟁에 오직 여호와만이 진정한 하나님이심을 반드시 만방에 증명하시고야 마는 것입니다. 다윗은 이 믿음을 가지고 골리앗을 향하여 달려갔습니다.

하나님 마음에 합한 사람 | 사도행전 13장 21-23절

이 장면에서 어떤 사람들은 다윗의 믿음을 맹목적이고 무모한 믿음이라고 보기도 합니다. 하지만 다윗은 여호와 하나님께서 자기와 함께 하신다는 믿음뿐만 아니라 골리앗의 약점과 문제가 무엇인지를 분명하게 파악하고 달려갔습니다. 즉, 골리앗은 비대하여 서서히 움직이는 반면에 다윗은 골리앗의 약점을 이용해서 이리저리 재빠르게 움직이면서 달려갔습니다. 그리고는 물맷돌을 정확하게 쏠 수 있는 거리에 들어왔을 때 물맷돌을 날립니다. 날카로운 조약돌이 그의 이마에 정통으로 박혀서 그 자리에서 즉사합니다.

다윗이 골리앗을 무찌른 날은 어떤 날이었을까요? 사무엘상 18장 7절에서 "여인들이 뛰놀며 노래하여 이르되 사울이 죽인 자는 천천이요 다윗은 만만이로다" 이날은 어떤 날이었을까요? 다윗 개인으로서는 몇 년 전에 들판에서 혼자서 사자와 곰도 때려죽이면서 경험했던 하나님의 은혜를 다시금 상기시켜 준 날이었습니다. "전에 내가 사자와 곰을 때려죽인 것은 내 힘으로 한 것이 아니라 하나님이 나와 함께 하신 덕분에 가능했다. 오늘도 똑같다. 골리앗을 무찌른 것은 내가 한 것이 아니라 하나님이 나와 함께 하신 덕분에 가능했다. 이 모든 것이 하나님의 은혜다." 이날 다윗은 다시 하나님이 자기와 함께 하심을 경험한 것입니다.

후에 다윗이 이스라엘의 왕이 되어서 마치 하나님이 하늘의 태양과 같이 자기를 높이신 것을 경험한 다음 다시 질문을 합니다. "하나님이 나를 이렇게 하늘의 태양처럼 높이시는 이유가 무엇입니까?" 하나님이 즉시로 응답하십니다. "다윗 네 인생은 네 속에 있는 하나님의 약속의 말씀이 실제로 메시야 예수 그리스도를 통해서 성취되는 것을 예표하는 인생이기 때문이다. 하나님이 너를 통해서 메시아 예수 그리스도를 예표하는 인생을 살아가도록 섭리하시기 때문이다. 네가 메시아를 믿고 약속의 말씀을 믿고 있다면 그 메시아는 너의 후손으로 태어나서 하늘과 같이 높이 영광을 받을 것이다. 메시아가 영광을 받아야 한다면 그 메시아를 예표하는 너 역시 영광을 받아야 한다. 네가 영광을 받아야 하기 때문에 약속의 말씀을 믿는 네 인생을 내가 하늘의 태양과 같이 높이는 것이다." 이것이 하나님이 다윗에게 들려주신 해답입니다.

그래서 다윗은 시편 곳곳에 하나님이 자기에게 베풀어주신 승리를 기회가 있을 때마다 노래로 만들어서 하나님을 찬양했습니다. "여호와는 나의 반석이시요 나의 요새시요 나를 위하여 나를 건지시는 자시요..."(삼하 22:2). 다윗은 하나님이 풍성한 은혜를 베푸시는 이유가 다윗의 마음속에 있는 하나님의 말씀과 그 말씀이 가리키는 메시아 때문임을 깨닫습니다. 다윗의 마음속에 하나님의 말씀이 있고 그 모든 말씀은 장차 이 땅에 강림하실 메시아를 가리킵니다. 메시아가 하나님의 영광을 나타내야 한다면 그 메시아를 예고하는 다윗도 하나님의 영광을 나타내도록 말씀에 순종하는 다윗을 하나님께서 높이심을 깨닫습니다.

4. 다윗이 경험한 하나님의 징계

그러한 밝은 깨달음의 반대편에는 어두운 깨달음, 즉 하나님의 무섭고 두려운 공의와 징계에 관한 깨달음도 자리하고 있습니다. 다윗은 어느 날 목욕하는 밧세바를 보고서 욕정을 품고 그 여인을 불러다가 성폭행을 하고 그 죄악을 은폐하기 위하여 남편 우리아를 암살합니

하나님 마음에 합한 사람 | 사도행전 13장 21-23절

다. 이 모든 일들이 아주 짤막한 밤의 한 순간에 은밀히 진행되었습니다. 다윗이 밧세바를 범한 시간도 길어야 30분 정도일 것입니다. 우리아를 암살하도록 요압 장군에게 지시할 때도 오랫동안 진행된 것이 아닙니다. 죄악을 저지르는 시간은 항상 짧게 이뤄집니다. 길어야 2~30분입니다.[1] 다윗의 범죄는 아주 짧은 시간에 일사천리로 진행되었습니다. 뿐만 아니라 다윗은 그 범죄 사실을 아무도 모를 것이라고 생각했습니다.

하지만 그 사건 직후에 하나님이 나단 선지자를 보내서 즉시로 죗값을 찾아가실 것이며 다윗의 범죄에 대해서도 즉시로 심판하실 것이라고 말씀합니다. 하나님께서는 심판에 관한 예언의 말씀 그대로 실행하십니다. 다윗이 사랑하는 후궁들이 백주 대낮에 모든 사람들이 보는 앞에서 겁탈을 당합니다. 하나님이 다윗의 죄를 심판하시고 그 핏값을 회수하시는 방식이 다윗으로서는 가장 고통스런 방식을 취하십니다. 그 방식이 무엇일까요? 다윗이 가장 아끼고 사랑하는 아들 압살롬을 이용해서 압살롬이 다윗을 대적하도록 하시는 것입니다. 사랑하는 자식이 아버지를 대적하도록 하나님이 사단의 충동질을 허용하십니다. 사랑하는 자식이 그의 장수의 손에 죽임을 당합니다. 요압이 압살롬을 죽입니다.

이때 다윗은 아들이 죽느니 차라리 자기가 죽는 것이 더 낫겠다고 울부짖습니다. "하나님! 왜 나에게 이러한 극한의 고통을 안겨주시는 것입니까? 내가 도대체 이 세상에서 무슨 죄를 지었다고 이런 극한의 고통을 안겨 주시는 것입니까?" 이때 다윗의 심령에 즉시로 들려오는 하나님의 대답은 "너 자신이 죽는 것보다 더한 심판의 고통을 너에게 안겨주기 위함"이라는 것입니다. 다윗이 다시 통곡하며 묻습니다. "이 세상에는 나보다 더 심한 죄를 저지르는 사람이 수도 없이 많은데 왜 나에게만 이런 극한의 고난을 주시는 것입니까? 저 이웃 나라 블레셋의 왕은 선한 사람들을 수도 없이 죽였고 여인들을 수도 없이 겁탈합니다. 내가 밧세바라는 한 여인을 범하고 우리아라는 한 사람을 죽인 것 가지고 이렇게 심한 고통을 나에게 안겨주십니까? 왜 나만 가지고 이러십니까?"

하나님은 계속해서 다윗에게 깨달음을 주십니다. "네가 자연인이라면 나는 너의 죄악에 대한 책임을 따지지 않는다. 너는 자연인이 아니다. 네 후손으로 태어날 메시아의 인생을 미리 예표하는 메시아의 인생을 사는 것이다. 너의 인생은 의로운 메시아의 인생을 살아가는 것이기에 너의 범죄에 대한 모든 핏값을 너에게서 되찾는 것이다. 내가 너의 인생을 의로운 태양처럼 빛나는 인생을 만들 것이다. 그러므로 너의 모든 죄악을 완벽하게 정결케 하고자 너를 심판하는 것이다."

하나님의 해답이 다윗의 심령을 선명하게 난도질함에도 불구하고 다윗은 누그러지지 않습니다. 다윗의 항변은 그칠 줄 모릅니다. "하나님! 내가 범죄한 것 때문에 나를 이토록 고통스럽게 징계하시는 것이라면 완전히 나를 죽이시지요. 내가 하나님의 공의를 만족하게 하기 위해서 내 죄를 심판하시려면 아주 나를 죽이시지요. 저는 도저히 주님의 공의를 만족시킬 수 없습니다. 저는 그렇게 거룩하지도 않고 헌신적이지도 못합니다. 저는 도저히 주님의 공의를 만족시킬 수 없으니 저를 아예 죽이시지요. 내 인생을 하나님의 기준에 맞추느니 차라리 죽는 것이 낫겠습니다."

하지만 하나님의 말씀도 집요합니다. "너의 인생은 메시아의 인생을 예표하는 인생이다. 장차 내 아들 메시아가 자기 목숨을 바쳐 죄인들의 모든 죗값을 대신 감당할 것이다. 그 메시아는 단 한 번의 희생으로 모든 죄인들의 죗값을 감당하기에 충분하다. 그는 하나님의 아들이기에 모든 사망과 죽음의 권세를 깨고 다시 부활할 것이다. 메시아가 죽음을 이기고 부활한다면 그 메시아를 예표하는 네 인생도 죽음으로 끝날 수 없다. 메시아를 예표하는 네 인생도 비록 죽음같은 징계를 받더라도 다시 지옥에서 건짐을 받을 것이다. 메시아를 예표하는 인생은 죽음으로 끝장날 수 없다."

결국 하나님은 다윗의 범죄에 대한 죗값으로 다윗을 직접 죽이지 못한다는 것입니다. 설령 다윗의 수명이 다하여 무덤에 묻혀도 다윗의 영혼은 다시 부활할 것이고 다윗이 예표하는 메시아도 다시 부활할 것입니다. 다윗은 그 깨달음의 말씀을 시편 16편에 기록하였습니다. 10절에서 "주께서 내 영혼을 스올에 버리지 아니하시며 주의 거룩한 자를 멸망시키지 않으실 것임이니이다" 라고 노래했습니다. 여기에서 말씀하는 '내 영혼'은 두 가지입니다. 다윗 자신의 영혼인 동시에 메시아의 영혼입니다. "내 인생은 여기에서 끝날 수 없다. 내 인생은 메시아 인생이다. 메시아 인생이 죽음으로 끝나지 않고 다시 부활한다면 나도 다시 부활할 것이다. 그러니 지금 이 고통 속에서 하나님은 결코 나를 죽이실 수 없다."

이렇게 다윗은 하나님의 일방적인 사랑과 은혜에 관한 밝은 깨달음과 아울러 하나님의 공의와 심판에 관한 어두운 깨달음의 두 가지 극단의 대비적인 깨달음을 얻습니다. 다윗 자신을 향한 하나님의 계획과 섭리, 그리고 그 인생이 지향하는 메시아 예수 그리스도께서 감당하실 십자가의 죽음과 부활을 깨닫습니다. 그 깨달음을 시편에 기록으로 남겼습니다.

5. 모든 신자들을 향한 성취

지금까지 '하나님 마음에 합한 사람'이란 표현의 세 가지 층위를 좁은 맥락에서부터 거시적인 구속 역사의 맥락을 따라서 예수 그리스도에게까지 확장하여 살펴보았습니다. 이 표현은 세 가지 대상을 가리키고 있음을 확인하였습니다. 첫째로, 사무엘 선지자가 하나님의 말씀에 불순종한 사울왕을 대신하여 세울 차기 지도자를 가리키는 표현입니다. 둘째로, 하나님 나라 백성들의 지도자들에게 요구되는 절대 믿음과 절대 순종의 요건에 관한 표현입니다. 사울왕 직후 이 요건에 가장 적합한 인물이 다윗이었습니다. 그러나 다윗에게만 국한되는 것이 아니라 하나님 나라 백성들을 지도할 모든 지도자들에게 공통으로 요구되는 요건이었습니다. 셋째로, 하나님 나라의 참된 지도자인 예수 그리스도를 가리키는 표현입니다.

이제 이 표현이 가리키는 마지막 대상을 살펴볼 차례입니다. 그 마지막 대상은 예수 그리스도를 구세주로 믿고서 말씀에 따라 순종하는 삶을 살아가는 모든 신자들을 가리키는 표현입니다. '하나님 나라의 진정한 왕은 오직 여호와 하나님 뿐!'이심을 분명히 믿고 예수 그리스도를 구세주로 믿으며 성령 하나님의 내주하심 속에 그의 말씀대로 순종하는 삶을 사는 모든 성도들에게도 동일하게 해당되는 표현입니다. 할렐루야!

왜 우리 거룩한 신자들이 하나님 마음에 합한 사람들일까요? 신자들 심령 중심에 성령 하나님이 내주하고 계시기 때문입니다. 신자들 마음 중심에 성령 하나님께서 찾아오시기 전에 우리 모두는 어떤 사람들이었습니까?

옛사람 아담의 후예들은 하나님의 뜻과 말씀의 내용을 알면서도 본질상 그 마음이 부패하고 하나님을 대적하려는 속성을 가지고 태어났습니다. 그런 죄인들이기 때문에 아무리 하나님의 말씀을 배우고 익히고 훈련을 받아도 말씀대로 순종하며 거룩한 삶을 살아낼 수 없습니다. 성령 하나님이 내주하시기 이전의 모든 사람들은 옛사람 아담의 후예들로서 본질상 진노의 자녀들입니다. 불꽃같은 눈으로 우리 폐부와 심장을 판단하시는 하나님 앞에서 완전한 죄인으로 영원한 지옥의 형벌을 받아 마땅합니다.

하나님은 그런 우리를 불쌍히 여기셔서 예수 그리스도를 대속의 제물로 보내주시고 우리 죄를 씻어 사해 주셨습니다. 그분을 구세주로 믿는 믿음을 주시고 그리스도를 믿는 믿음 안에서 우리를 의롭다고 인정해 주셨습니다. 뿐만 아니라 오순절 성령 강림 사건의 연장선상에서 믿는 신자들의 마음에 성령 하나님을 보내주셨고 성령의 능력으로 새로운 사람으로 거듭나게 하셨습니다. 이제 우리 마음 중심에 성령 하나님이 내주하셔서 성부 하나님의 마음과 뜻을 잘 이해하며 말씀에 순종하면서 살 수 있게 되었습니다. 즉, 우리는 하나님의 말씀과 성령의 내주하심 덕분에 '하나님 마음에 합한 사람'이 된 것입니다.

우리 신자들이 하나님 마음에 합한 사람으로 하나님께 인정을 받았음을 보여주는 결정적인 증거가 하나 있습니다. 그것은 우리 모두는 하나님의 말씀과 성령 하나님의 인도하심 덕분에 분명 작년보다는 올해 조금씩 더 거룩해지고 있다는 것입니다. 물론 예수를 믿는다고 하루아침에 사람의 성품이나 기질, 도덕과 윤리의 수준, 다른 사람들에게 미치는 인격적인 감화력이 180도 달라질 수는 없습니다. 일반적으로 그런 영적인 진보와 성숙은 조금씩 일어납니다.

문제는 영적 진보가 너무나도 느리게 진행된다는 것입니다. 그래서 신자들은 때로는 자신은 구원 받은 사람이 아니라고 낙심할 수 있습니다. '하나님 마음에 합한 사람'이라는 표현은 자신과 너무 거리가 멀다고 생각할 수 있습니다. 하지만 그런 생각은 모두 영적 전쟁을 방해하는 사단 마귀가 주는 생각입니다. 성경의 모든 말씀을 구속 역사적인 시각으로 해석해 보면 결론점은 단 한 가지로 모아집니다. 우리 모두는 창세 전에 그리스도 안에서 하나님의 사랑과 은혜를 받기로 선택된 하나님의 사람들이라는 것입니다. 나머지 인생은 그 약속의 말씀을 믿고 마음속에 내주하시는 성령 하나님의 감화감동하시는 대로 그리스도의 뒤를 따라가는 것입니다.

'하나님 마음에 합한 사람'이란 말씀은 다윗이든 예수 그리스도든 우리 신자들이든 모두 창세 전에 삼위 하나님께서 그리스도 안에서 미리 택함의 은총을 입은 사람들을 하나님의 시각에서 표현한 말씀입니다. 각자의 인생은 이제 하나님의 예정을 단계적으로 이뤄가는 과정으로 초대받은 인생입니다. 모든 신자들은 그 인생살이 속에 자신의 연약함을 통해서 이 문제를 해결하시는 하나님의 공의와 죄와 사망의 권세를 징계하시는 하나님의 심판을 온 몸으로 체험합니다. 그분의 말씀과 성령의 감동으로 은혜와 자비와 은총을 마음 중심으로부터 깨닫도록 하시고 우리로 하여금 하나님의 말씀을 우리 자신의 모든 목숨처럼 동일시하도록 인도하십니다. 자신 안에 남아 있는 죄악의 권세를 증오하여 멀리하고, 그리스도의 거룩한 성품을 추구하며, 그분의 언행을 닮아가도록 인도하십니다. 하나님이 신자들 안에서 만들어주시는 하나님의 의가 천사들과 사단 마귀들과 세상 사람들과 모든 믿는 성도들 앞에서 신자의 의로 인정을 받기에 부족함이 없는 수준으로 이끄십니다. 이런 믿음을 가지고 '여호와 닛시'의 하나님께서 우리 대장되시며 우리를 승리로 이끌고 계시는 영적 전쟁에서 늘 승리함으로 하나님께 즐거이 영광 돌리는 삶을 살아가시기를 주님의 이름으로 축원합니다. 할렐루야!

2

사무엘상 1장 1-11절

여호와여 응답하소서

실망스런 예배

우리가 매주일 주님께 간청하는 간절한 소원이 하나 있습니다. "하나님 아버지! 오늘은 예배 시간에 꼭 주님을 만나게 하여 주시옵소서. 주님께 예배를 드리고 말씀을 듣는 가운데 하늘로부터 내리는 신령한 만나 신령한 은혜를 경험하게 하여 주시옵소서!" 예배를 드리면서 우리 주님을 만난다는 것은 얼마나 시원하고 통쾌하고 감동적인 경험입니까? 그런 후련하고도 감동적인 예배는 기다리는 것만으로도 즐거운 일입니다.

그러나 우리가 오늘 본문에서 살펴볼 사무엘의 부친 엘가나와 한나가 주님과의 만남을 기대하면서 예배를 준비하고 기다릴 때, 그것은 즐거운 일이 아니라 오히려 고통스런 일이었습니다. 그 이유는 두 가지 때문입니다.

045

여호와여 응답하소서 | 사무엘상 1장 1-11절

첫째는, 엘가나와 한나의 신앙의 확신이 현실 세계에서는 전혀 해답이 되지 못하고 오히려 마음속의 신앙과 마음 바깥의 현실이 서로 충돌하기 때문입니다. 1절에서 엘가나는 에브라임 지파 후손으로 소개됩니다. 역대상 6장 27절과 28절에서 엘가나와 그 아들 사무엘이 등장하는데 역대상 6장 16절을 보면 이들은 레위의 아들들, 레위 지파의 후손으로 소개되고 있습니다. 즉, 엘가나와 사무엘은 본래 레위 지파의 후손입니다.

이스라엘에서 레위 지파는 엄청난 특권과 명예를 보장받았습니다. 열두 지파 중에서 오직 레위 지파만 백성들의 대표로서 하나님의 성소에서 제사를 주관하고 집례하는 제사장의 권세를 위임받았습니다. 이 임무가 매우 중하기에 레위 지파는 농사를 짓거나 다른 세상 일을 해서도 안 됩니다. 그래서 레위 지파에게는 농사지을 땅이 분배되지 않았습니다. 대신 다른 지파의 백성들이 성전으로 가져오는 제물의 일부를 먹고 살 수 있는 특권을 보장받았습니다.

시간이 흘러 이스라엘 백성들이 가나안 땅에 정착하면서 이스라엘 인구뿐 아니라 레위 지파의 후손들도 많아집니다. 하지만 제사장의 직분을 감당하고 사례를 받으면서 살아갈 수 있는 레위지파의 숫자는 한정되어 있습니다. 그러다보니 성전에서 일할 수 없는 레위인들이 대거 등장합니다. 이들은 제사를 주관하는 성소 근처에 정착하지 못하고 다른 지방으로 밀려납니다. 사무엘이 태어나기 대략 100년에서 150년 전 즈음 엘가나의 증조 할아버지 고조 할아버지 대에 에브라임 지파가 살던 라마다임소빔으로 흘러들어옵니다.[2] 에브라임 지파가 살던 산악지대에 정착해서 농사를 지으면서 살아가니 이들의 주소지인 에브라임 지파의 땅이 자동적으로 자신들의 사회적인 신분과 정체성을 결정합니다. 이들의 속사람은 레위 지파이지만 겉사람은 에브라임 사람으로 불리면서 그렇게 살아왔습니다.

이러한 모습이 오늘 우리 신자들의 모습과 비슷합니다. 우리는 이 세상의 시각으로 볼 때는 한국 사람이고 자신이 속한 곳의 사회적인 정체성을 가지고 살아갑니다. 그러나 우리 신자들에게는 겉으로 보이는 사회적인 정체성보다 우리 내면에 있는 속사람의 믿음이 더 중요합니다. 이 속사람의 믿음은 하나님의 자녀라는 믿음과 확신입니다. 여호와 하나님은 우리 하나님이시고 우리는 그의 백성이라는 이 믿음이 사회적인 지위나 소속보다 더 중요합니다.

문제는 레위 지파의 후손인 엘가나에게 속사람의 영적 정체성이 겉사람의 현실적인 문제를 제대로 해결해 주지 못한다는 것입니다. 그 이유가 3절 말씀처럼 엘가나가 실로에 올라가서 만군의 여호와께 예배를 드릴 때 당시 예배 인도자가 홉니와 비느하스였기 때문입니다.

엘리의 두 아들 홉니와 비느하스는 어떤 사람들입니까? 사무엘상 2장 12절 이하에서는 이들은 여호와를 알지 못하여 그 행실이 아주 나쁘고 악했다고 말씀합니다. 당시 예배에서 가장 중요한 순서는 이스라엘 백성들이 정성스럽게 가져온 제물을 번제단에 불태워서 하나님께 바치는 것입니다. 화목제물 중 번제로 태워 하나님께 드리고 남은 제물들은 큰 솥에 넣고 익혀서 예배에 참석한 모든 사람들과 제사장들이 함께 나누어 먹으면서 하나님께 감사하였습니다. 오늘날의 예배 순서 중 일종의 성만찬 예식과 같습니다. 그런데 성만찬 예배 순서 도중에 홉니와 비느하스가 세 살 갈고리로 냄비와 솥과 큰 솥과 가마에 찔러 넣어서 아직 익히지 않은 고기덩어리를 다 가져가는 것입니다. 이것은 하나님께 제사로 드린 예물은 반드시 기름을 제거하고 익혀서 먹으라는 레위기의 말씀(레 6:12, 8:31;민 18:17)을 정면으로 거스르는 충격적인 일입니다. 그래서 주변 사람들이 기름을 태우고 고기가 익으면 나중에 가져가라고 이들을 말렸습니다. 하지만 자기 부친 엘리 제사장은 삶은 고기보다 생고기를 더 좋아한다고 거짓말을 하면서 여호와의 제사를 능멸하였습니다.

1. 명예로운 비느하스와 추악한 비느하스

엘가나로서는 정말 화가 나는 것이 하나가 있습니다. "엘리의 아들 비느하스! 네가 진짜 비느하스가 누군지 제대로 알고 있느냐?" 하는 것입니다. 이스라엘 역사에서 비느하스라는 이름의 놀라운 가치는 아론의 손자 비느하스 때부터 시작됩니다. 이스라엘 백성들이 출애굽한 다음에 싯딤에 머물렀을 때(민 25:1), 이스라엘 백성들 일부가 모압 여자들과 음행을 하고 그들의 우상을 섬기는 축제에 참여하여 우상에게 절하는 범죄 사건이 발생합니다. 이때 하나님께서 이스라엘 백성들에게 진노하셔서 전염병이 이스라엘에 돌기 시작하여 2만 4천 명이 몰살당합니다. 그런데도 이스라엘 백성들은 모압 여인들과 행음하는 일을 멈추지 않습니다.

이때 아론의 손자 비느하스가 창을 들고 장막으로 들어가서 그 남녀를 찔러 죽이자 전염병이 멈춥니다(민 25:7-8). 하나님께서 비느하스에게 특별한 은총을 베푸셔서 그 후손들은 자손 대대로 대제사장의 직분을 감당하는 엄청난 특권을 허락하십니다(민 25:11-13). 이 사건 이후로 비느하스라는 이름은 하나님의 거룩과 영광을 향한 불타는 열정과 피끓는 충성심의 대명사가 되었습니다.

시간이 흘러서 엘리가 제사장이 된 다음에 첫째 아들이 태어나자 이름을 홉니라고 붙여줍니다. '홉니'는 '손바닥'을 의미하는데 엘리는 첫째 아들에게 평범한 이름을 붙여줍니다. 그러다 실로에서 제사를 주관하는 대제사장이 되어 사회적으로 지위가 올라가는 중에 둘째가 태어납니다. 엘리는 둘째 아들의 이름을 비느하스로 짓습니다. 아마도 자기 아들들이 아론의 손자 비느하스처럼 하나님께 인정받는 거룩한 대제사장의 지위와 명예를 누리기를 바랐을 것입니다.

하지만 엘리의 아들 비느하스는 자기 이름에 담긴 깊은 의미에 별 관심이 없습니다. 부모님의 기대에도 별 관심이 없습니다. 더욱 끔찍한 일은 아론의 손자 비느하스가 하나님을 대신해서 창으로 찔러 죽였던 그 죄악을 실로의 성막 안에서 그대로 범하고 있습니다. 성소에서 제사장들의 제사를 도와주는 여인들을 범하는 성범죄를 저지르고 있습니다. 이 정도라면 무덤에서 안식하고 있던 아론의 손자 비느하스가 창을 들고 다시 나타나 엘리의 아들 비느하스를 찔러 죽여 자신의 더럽혀진 이름을 깨끗이 해도 시원치 않을 상황입니다.

이들의 모습을 지켜보던 엘가나의 마음이 어떻겠습니까? 제사를 주관하는 업무가 자기 일이 아니라 생각하면 홉니와 비느하스의 만행은 나와는 관련 없는 남의 일로 생각할 수 있습니다. 하지만 그 일은 본래 자기 일로서 어쩌다 기회를 놓쳐 제대로 감당하지 못하고 있는데 저 무능하고 패역한 놈들이 하나님의 영광을 짓밟고 있으니 얼마나 마음이 괴롭겠습니까? '이 상황에서 내가 도대체 무엇을 어떻게 해야 하는가?' 스스로 무능한 생각도 들고 여호와 하나님의 영광과 권능에 합당하지 못하여 죄송하다는 생각도 들었을 것입니다. 하나님의 영광이 땅에 떨어져 짓밟히고 있는 것을 생각하면 사는 것이 사는 것이 아닐

여호와여 응답하소서 | 사무엘상 1장 1-11절

것입니다.

이렇게 암담한 상황에서 엘가나는 분통을 삭히며 실로에서 예배를 드립니다. 어느덧 장성한 나이가 되어서 한나와 결혼을 하여 가정도 꾸립니다. 그리고 엘가나는 레위 가문에 시집온 한나에게 자기 가문의 명예와 전통과 영광에 대해서 가르쳐주었을 것입니다. "당신이 우리 가문에 시집을 온 것은 내 아내 이상으로 이스라엘 역사의 자랑스런 레위 지파의 자손과 하나님 나라의 약속을 이어가는 영광스런 자리로 부름 받은 것"이라는 하나님의 사명 의식을 심어주었을 것입니다.

2. 엘가나와 한나의 간절한 기도

당시 이 부부는 어떤 마음으로 자신들의 신앙을 지켜갔을까요? 엘가나와 한나가 사무엘의 미래를 놓고 상의하는 대목에서 이들 마음속의 간절한 신앙을 엿볼 수 있는 실마리를 찾을 수 있습니다. 사무엘상 1장 23절에서 한나는 아이 사무엘이 젖을 뗀 다음 그를 데리고 성소로 올라가서 여호와 앞에 뵙게 하고 거기에 영원히 머물러 있도록 하겠다고 의논합니다. 남편 엘가나가 당신 생각에 좋은 대로 하라고 격려합니다. "오직 여호와께서 그의 말씀대로 이루시기를 원하노라"고 한나를 향하여 복을 빌어줍니다(삼상 1:23).

엘가나가 한나에게 복을 빌어 줄 때 오직 여호와께서는 어떤 말씀을 그대로 성취하시기를 바란다고 축복해 준 것일까요? 프랭크 스피나 (Frank A. Spina)라는 신학자는 "여호와께서 그의 말씀대로 이루시기를 원하노라"고 엘가나가 한나에게 권면할 때 '그의 말씀'(His Word, דְּבָרוֹ) 은 신명기 18장 18절을 가리키는 것으로 해석하였습니다.[3] 신명기 18

장 18절에서 하나님은 "모세와 같은 선지자를 다시 보내주시겠다"고 약속하셨습니다.

이스라엘 백성들이 모세와 함께 광야 40년의 유랑 생활을 마감하고 가나안 땅으로 들어가려고 할 때 하나님이 한 가지를 약속해 주셨습니다. "내가 너희를 위하여 모세 사후에 다시 모세처럼 하나님 말씀의 능력으로 하나님의 양무리들을 잘 인도해 줄 선지자를 다시 보낼 것이니 너희는 그의 말을 잘 듣고 순종하라"는 말씀입니다. 엘가나와 한나는 홉니와 비느하스가 여호와의 거룩한 제사를 짓밟는 비참한 시대를 살면서 바로 이 약속의 말씀을 떠올리며 하나님께 간구했을 것입니다.

> 거룩하신 만군의 주 여호와 하나님! 신명기에 기록된 약속의 말씀을 이루어주시옵소서. 모세가 죽은 다음에 모세와 같은 선지자를 다시 보내시겠다고 주님이 약속하시지 않았습니까? 그런데 왜 지금은 모세처럼 하나님의 말씀을 올바로 선포하는 선지자와 제사장이 없습니까? 주님의 영광이 외면을 받는 이 시대에 하나님이 여전히 살아계심을 증명하는 선지자와 제사장을 우리에게 보내주시옵소서.

그렇게 기도하던 엘가나의 기도는 점점 더 담대해졌습니다. '나의 사랑하는 아내 한나를 통해서 모세와 같은 믿음의 일꾼이 태어나게 해 주시옵소서.' 엘가나는 그런 믿음을 가지고 기도했을 것입니다. 많은 사람들이 사무엘이 태어난 배경에는 한나의 기도 때문이라고 생각합니다. 저는 한나가 하나님께 아들을 구하는 기도를 올린 배경에는 그 남편 엘가나가 하나님의 말씀으로 자기 백성들을 제대로 인도해 줄 지도자를 간청하는 믿음이 먼저 선행하고 있었을 것으로 봅니다.

3. 기도 응답의 아이러니

그러나 문제는 한나에게 자식이 빨리 태어나지 않습니다. 당시 자식을 낳지 못한다는 것은 하나님의 저주나 다름이 없습니다. 특히 레위 지파 후손으로서 자식이 없다는 것은 하나님을 섬기는 일도 내 생애에 끝난다는 의미입니다. 엘가나와 한나가 계속 나이가 들어가는 상황에서 아마도 부모님들이나 주변 사람들이 엘가나에게 둘째 부인을 맞이하도록 조언했을 것입니다. 그것이 당시의 풍습이고 문화였습니다. 그런 배경 속에서 엘가나는 둘째 부인 브닌나를 아내로 맞이합니다. 다행히도 브닌나가 시집을 오자마자 자식을 낳습니다. 브닌나가 엘가나에게 자식을 낳아 주었고 엘가나의 기도가 브닌나를 통해서 응답된 것처럼 보입니다. 그런데 엘가나는 하나님이 브닌나를 통해서 자기 기도에 응답해 주셨다는 믿음의 확신이 생기지 않습니다. 브닌나를 통한 눈에 보이는 기도 응답을 하나님이 주신 기도 응답으로 인정할 수 없습니다.

그 이유가 뭘까요? 정작 브닌나는 엘가나의 간절한 기도에 전혀 관심이 없습니다. 브닌나에게는 하나님의 영광이 떠나간 이 시대에 자기 자녀들을 통해서라도 하나님의 명예가 다시 회복되어야 한다는 간절함이 없습니다. 그저 자식들이 쑥쑥 태어나 남편과 사람들에게 인정받는 것이 좋을 뿐입니다. 오늘날에도 믿음이 없는 사람들은 일이 잘 안 풀리면 뭔가 요행을 기대하고 기복적인 힘을 찾습니다. 그러다 세상적으로 일이 잘 풀리면 그 배후에 일하시는 하나님의 섭리에는 전혀 관심을 두지 않습니다.

하지만 한나는 어떻습니까? 한나는 엘가나와 함께 하나님이 떠난 시대에 대해서 깊이 고민합니다. 하나님의 영광이 사라진 시대에 대해서 가슴 찢어지는 고통으로 아파합니다. 하나님의 말씀을 올바로 전달하고 증명할 일꾼이 태어나게 해 달라고 간절히 기도합니다. 그러나 하나님은 이 믿음의 사람들이 올리는 기도에 응답이 없는 것 같습니다. 그러나 한나로서는 그 기도가 포기되지 않습니다. 엘가나와 함께 4-5년 동안 '모세와 같은 선지자를 보내달라'고 기도하며 아들을 구하다보니 그 하나님의 약속의 말씀이 두 부부의 심장에 지울 수 없는 상흔처럼 각인되고 말았습니다.

이유가 무엇일까요? 바로 브닌나의 악역 때문입니다. 결과적으로 볼 때 브닌나의 악역 때문에 한나의 다소 신학적인 기도가 하나님의 간절한 심령을 통하는 기도로 바뀌게 되었습니다. 이 의미를 좀 더 살펴보겠습니다.

한나와 엘가나는 모세 같은 지도자에 대한 기대감을 가지고 주께서 자식을 주시기를 간절히 기도하며 예배 드렸습니다. 엘가나는 예배 후 가족들에게 제물의 분깃을 나누어 줍니다. 브닌나와 브닌나의 자녀들에게는 각자의 몫을 나누어주는데, 5절에 한나에게는 갑절을 줍니다. 여기서 갑절은 자식이 아직 태어나지 않았지만 자식이 태어난 것으로 간주하고 자식의 몫까지 또는 장자의 몫까지 미리 준다는 것입니다.[4]

엘가나가 한나에게 갑절의 몫을 나눠주는 것은 브닌나로서는 매우 자존심이 상하는 일입니다. 비록 후처라도 엘가나를 위해서 여러 자녀들을 낳아 주었는데 남편 엘가나는 자식 하나 없는 한나에게 더 마음을 줍니다. 또 자식들 앞에서 체면을 세워주기는 커녕 저렇게 한나만을 더 높여주니 "나는 뭐가 되는가?"하고 분노가 머리끝까지 치밀어 오릅니다.

오늘 본문이 참 재미있는 것은 5절과 6절을 보면 '여호와께서 그에게 임신하지 못하게 하셨다'는 구절이 두 번 반복됩니다. 왜 동일한 내용을 두 번씩이나 반복했을까요? 여기에는 사무엘서 저자의 특별한 수사적인 목적이 깔려 있습니다. 그것은 앞부분의 하나님의 섭리와 뒷부분의 악인의 조롱을 서로 대비시키기 위함입니다.[5]

먼저 5절에서 '여호와께서 한나에게 임신하지 못하게 하셨다'는 하나님의 섭리는 엘가나의 사랑을 중심축으로 볼 때 오른쪽에 위치한 한나에게 갑절의 분깃을 베푸는 원인으로 작용합니다. 5절의 의미의 축은 "여호와의 섭리-엘가나의 사랑-한나의 불임"과 대비되는 구조로 그려볼 수 있습니다. 그러나 6절의 의미의 축은 "여호와의 섭리-브닌나의 저주-한나의 불임"의 대비되는 구조로 펼쳐집니다. 여호와께서 한나가 임신하지 못하도록 섭리하신다는 사실이 엘가나의 입장에서는 한나에게 갑절의 분깃을 베풀어주도록 작용하고 있습니다. 반대로 6절에서는 동일한 하나님의 섭리가 브닌나에게는 한나에게 악담을 퍼붓고 저주하는 근거로 작용한다는 말씀입니다. 한나는 분명 하나님께서 임신하지 못하도록 하셔서 불임 상태로 다른 사람들 보기에 측은한 삶을 살고 있었습니다. 그런데 그 와중에 브닌나는 남편 엘가나가 한나에게 넘치는 사랑의 마음을 적극 표현하는 것을 시기질투했습니다. 뿐만 아니라 그러한 미움의 마음을 한나에게 적극 표현하여 한나의 마음을 격동시키고 괴롭게 만들었습니다.

"저 여자는 여호와께서 임신하지 못하게 하셨다! 그런데 무슨 제물의 분깃을 갑절이나 나눠줘야 하느냐?" 브닌나는 하나님의 섭리를 악의적으로 가져와 위로가 아니라 조롱과 저주하는 악담으로 사용하여 한나의 마음을 격동시키고 자극했다는 것입니다.[6] 한나가 브닌나의 악담이 괴로운 참다운 이유는 자기 인생이 잘 풀리지 않는 모습을 한나 인생의 최고 명예요 정체성의 근간인 하나님의 섭리와 연결시키고 있기 때문입니다.

예나 지금이나 악인들이 하나님을 무시하면서도 잘 먹고 잘 사는 것은 결코 우리 신자들을 낙심에 빠뜨리는 이유가 되지 못합니다. 세상은 그런 식으로 돌아가기 때문입니다. 우리 신자들이 낙심하는 본질적인 이유는 무엇일까요? 우리가 하나님의 약속을 믿고서 인내하는 모습을 불신자들은 하나님이 우리를 저주하시는 증거라고 주장할 때입니다. 하나님 아버지가 당장 우리 신자들에게 복을 베풀어 주시지 않는다 해서 우리가 믿는 하나님이 계시지 않거나 하나님으로부터 벌을 받아 고난 당하는 것이라고 비난할 때입니다. 이때 우리는 절망할 수밖에 없습니다. 예수님이 십자가를 지시면서 싸우셨던 마지막 싸움도 "네가 정말 하나님의 아들이라면 십자가에서 당장 내려와 보라"는 조롱이었습니다(마 27:40-42).

같은 싸움을 엘가나와 한나가 감당하고 있습니다. 오늘 본문에서 정말 이해가 되지 않는 부분은 7절 말씀입니다. "매년 한나가 여호와의 집에 올라갈 때마다 남편이 그같이 하매 브닌나가 그를 격분시키므로 한나가 울고 먹지 아니하였다" 예배가 끝나고 라마다임소빔에서 집으로 내려올 때 집안 분위기가 성령이 충만했겠습니까? 짜증과 분노와 절망이 충만했겠습니까? "다음에는 다시는 제사 드리러 올라가지 않겠다!" 그런 심정이었을 것입니다.

4. 엘가나의 믿음에서 한나의 믿음으로

엘가나는 자신의 행동 때문에 제사 후에도 집안 분위기가 험악해진 것을 감지했을 것입니다. 그러면 다음 번 제사에는 같은 행동을 반복하지 말아야 합니다. 그러나 엘가나는 매년 실로에서 제사드린 다음에 항상 한나에게 갑절의 몫을 나눠줍니다. 매년 제사가 끝난 다음 집으로 내려 올 때마다 집안 분위기가 험악해집니다.

엘가나가 집안 분위기가 망가짐에도 불구하고 고집스럽게 계속해서 한나에게 갑절의 몫을 나눠준 이유가 있습니다. 그것은 한나를 통해서 일하실 하나님의 섭리에 대한 약속의 말씀을 믿는 믿음 때문입니다. 엘가나가 믿는 모세오경의 말씀을 보면 하나님은 기도할 제목을 주시고 그 기도에 반드시 응답하시는 분이십니다. 창세기 21장 2절에 아브라함의 아내 사라가 할머니가 되도록 아들을 낳지 못했지만 하나님의 은혜로 이삭을 낳습니다. 창세기 30장 22절에서도 야곱이 그토록 사랑했던 라헬이 오랫동안 아이를 낳지 못하다가 하나님이 라헬을 생각하시고 그의 태를 열어 주셔서 노년에 요셉을 낳습니다.

5. 절대주권을 향한 서원기도

엘가나는 약속의 말씀이 언젠가는 자신과 한나를 통해서도 성취될 것을 믿었습니다. 한나는 엘가나로부터 모세 같은 지도자가 이 시대에 필요하다는 신학적인 통찰을 배웠습니다. 하지만 신학적인 통찰만으로 자기 심장이 찢어지는 고통 중에 하나님께 마음을 통하는 기도를 올리기 어렵습니다. 하나님께서 한나가 배운 신학적인 통찰을 심장을 태우는 번제 같은 기도, 절규하는 기도 그리고 서원기도로 바꾸실 때 결정적으로 사용하신 수단이 있습니다. 그것은 바로 브닌나의 조롱과 핍박이었습니다. 한나의 신학적인 통찰에 브닌나의 악담으로 인한 고통이 기도에 함께 실리면서 모세 같은 지도자를 다시 보내기 원하시는 하나님의 간절한 심정과 동화된 것입니다.

기도 응답이 지체되기 때문에 더는 기도하지 않고 포기해버린다면 그 소원은 인간적인 소원입니다. 기도 응답이 지체되어도 포기하지 않고 계속 기도한다면 그 소원은 하나님이 주신 소원입니다. 우리 안에서 일을 시작하시는 하나님은 우리 마음에 소원을 주시면서 일을 시작하십니다(빌 2:13). 우리 마음에 소원을 품도록 간섭하신 하나님은 그 일을 반드시 성취하시는 하나님이심을 믿으시기 바랍니다. 하나님의 은사와 부르심에는 후회함이 없습니다(롬 11:29). 일을 계획하신 하나님은 우리로 하여금 그 성취를 간절히 소원하는 마음을 주시고 그 계획을 우리 안에서 성취하시는 분이심을 믿으시기 바랍니다(렘 33:2).

10절 이하에서 한나가 마음이 괴로워 여호와께 기도하고 통곡합니다. 11절에서 한나의 기도로부터 우리가 배울 중요한 교훈은 한나는 보통 기도가 아니라 서원기도를 하고 있습니다. "만군의 여호와여 만일 주의 여종의 고통을 돌보시고 나를 기억하사 주의 여종을 잊지 아니하시고 주의 여종에게 아들을 주시면 내가 그의 평생에 그를 여호와께 드리고 삭도를 그의 머리에 대지 아니하겠나이다"(삼상 1:11).

서원기도의 진정한 의미는 두 가지입니다. 첫째는, 내 미래의 운명을 하나님께 완전히 맡겨버리는 것입니다. 내 미래의 행복과 불행의 문제를 하나님의 절대 주권에 의탁하는 것입니다. 그러한 절대 주권에 대한 의탁을 통해서 만일에 내가 기도 응답을 못 받고 죽는다면 그것은 내 인생이 비극으로 끝나는 것이 아니라 하나님이 망하는 것이라는 생각에까지 다다르는 것입니다. 하나님은 절대로 망하시는 분이 아니시니 하나님은 하나님의 때에 하나님의 방법으로 이 기도를 이루실 것이라는 믿음의 확신에 도달하는 것입니다.

> "하나님! 나에게 이런 소원이 있고 앞으로 이런 계획이 있는데 이 소원이 하나님의 뜻이라면 하나님이 반드시 성취해 주실 줄 믿습니다. 반대로 이 소원이 하나님의 뜻이 아니라 내 뜻이라면 하나님이 이 소원을 이루지 마옵소서. 이 계획이 성공하지 못하고 오히려 폭삭 망하는 것이 하나님의 뜻이라면 그렇게 폭삭 망하는 것도 내가 담대하게 받아들이겠습니다."

그렇게 서원기도를 하고 엘리에게 설명하자 17절에서 엘리 제사장이 대답합니다. "이스라엘의 하나님이 네가 기도하여 구한 것을 허락하시기를 원하노라" 당시 신앙심이 제대로 박힌 사람들이라면 엘리를 제사장으로 인정하지 않았습니다. 하지만 성소에서 최고의 지도자는 엘리이기 때문에 그가 관리하는 성소에서 기도하는 것뿐입니다. 달리 다른 곳으로 가서 기도할 장소도 없습니다. 그런데 무능한 엘리가 한나의 이야기를 듣더니 일종의 덕담을 들려줍니다.

한나는 엘리의 축사를 흔해빠진 덕담으로 듣지 않고 자기 문제를 하나님이 곧 해결해 주시리라는 표적(sign)으로 받아들입니다. 그래서 18절 "당신의 여종이 당신께 은혜입기를 원하나이다"는 말씀에서 '당신'은 이중적인 의미를 담고 있습니다. 당신은 먼저 문자적으로는 엘리를 가리킵니다. 하나님은 그 시대에 엘리의 입술을 제외하고서는 다른 방법으로는 자기에게 찾아와서 말씀하실 방법이 없습니다. 나 한나는 당신 엘리의 여종이고 그래서 엘리 당신께 은혜 입기를 원한다는 말씀입니다.

하지만 한나는 지금 이 말을 엘리에게만 하는 것이 아니라 엘리를 대리자로 세우시고 그 뒤에 서계신 여호와 하나님을 바라보면서 그분께 복을 빌고 있습니다. 엘리를 통해서 말씀하시는 하나님이 수일 내에 새 일을 행하시리라 믿고 엘리의 덕담에 '아멘!'하며 받아들입니다. '주님! 나는 주님이 살리면 살고 죽이면 그냥 죽을 수밖에 없는 무능한 주님의 종입니다. 주님께 은혜입기를 간절히 원합니다.'

한나는 18절 하반절에 그렇게 복을 빌고 가서 맛있게 식사하고 다시는 얼굴에 근심 빛이 없더라고 합니다. 당장 아이가 태어난 것도 아닙니다. 그런데 어떻게 맛있게 식사하고 다시는 근심 빛이 없을뿐 아니라 브닌나의 조롱과 비난 속에서도 한 치의 흔들림 없는 믿음으로 확신에 찬 기쁨을 누릴 수 있었을까요?

여기에 서원기도의 두 번째 의미가 들어 있습니다. 서원기도는 내 인생의 미래를 하나님께 맡겼기 때문에 비록 기도가 당장 응답되지 않더라도 하나님이 반드시 응답하실 그 미래의 시점으로, 미래의 기쁨과 영광의 관점으로, 오늘 해답이 없는 현재를 살아가겠다고 굳게 다짐하는 것입니다.

오늘날 우리가 살고 있는 이 시대는 하나님의 영광이 떠나간 이가봇의 시대입니다(삼상 4:21). 하나님의 거룩하심을 믿지 않는 브닌나는 더 많은 자녀를 거느리고 있습니다. 반대로 하나님의 거룩하심과 그분의 영광과 권능을 심장 속에 새겨서 믿는 자녀들에게는 주님이 우리와 함께 하시는 아무런 증거도 없습니다. 그래서 세상 사람들이 조롱합니다. 윽박지릅니다. "하나님이 너희와 함께 하시다면 그 증거를 내놔 봐라! 그 믿음으로 너희의 문제나 먼저 해결하고 하나님을 자랑하라."

하지만 주님이 기도 응답에 지체하시면서 우리로 하여금 '이가봇의 시대'를 살게 하시는 이유가 있습니다. 그것은 우리로 하여금 세상 모두가 주님을 대적하고 세상 편에 서더라도 우리만큼은 주님 편에 세우시기 위함입니다. 우리가 지금 간절히 기도한다고 '이가봇의 시대'가 당장 '카보드의 시대', 즉 '영광의 시대'로 바뀌지 않습니다. 오히려 하나님은 우리를 이렇게 비참한 이가봇의 시대를 살도록 섭리하십니다. 그렇다면 기도를 해도 문제가 해결되지도 않고 하나님이 보이지도 않는 이런 비참한 세상을 계속 살도록 섭리하시는 이유는 무엇일까요?

그것은 세상 모두가 주님의 영광을 대적하더라도 우리만큼은 주님 편에 서도록 하시고, 우리로 하여금 주님의 영광이 온 세상을 덮어버리고야 마는 것을 결국은 목격하도록 하시기 위함입니다. 모두가 눈에 보이는 영광에 도취되어 하나님을 모독하고 방자하게 처신하는 이 시대에 주님 편에 서서 세상 골리앗을 향하여 크게 외칠 수 있는 한 사람을 간절히 찾고 계십니다. 사무엘상 17장 47절의 말씀입니다. "또 여호와의 구원하심이 칼과 창에 있지 아니함을 이 무리에게 알게 하리라 전쟁은 여호와께 속한 것인즉 그 하나님께서 저 놈들을 우리 손에 반드시 넘기시리라!" 그렇게 외치면서 주님 편에 설 수 있는 믿음의 사람 한 사람을 찾고 계십니다.

비록 세상 모두가 주님을 모른다 떠나가도 나 한 사람만큼은 주님 편에 설 수 있다면 모든 것을 잃은 것 같으나 실상 모든 것을 다 가진 사람입니다. 주님 편에 서지 않으면 천하를 가진들 모든 것을 잃는 것

입니다. 비록 천하를 잃더라도 주님 편에 설 수만 있다면 우리는 모든
것을 가진 사람입니다. 만군의 주 여호와 하나님이 우리의 모든 것 되
시기 때문입니다.

3

사무엘상 2장 1-11절

여호와는 지식의 하나님이시라

곡조 있는 기도

하나님의 놀라운 은혜를 경험한 사람들의 공통된 특징이 있습니다. 일단 표정이 밝고 자주 웃습니다. 콧노래로 흥얼거리는 듯이 시시때 때로 찬송을 부릅니다. 예배 시간에 다른 성도들과 부르는 찬송에 힘 이 있고 밝은 표정과 적극적인 자세로 찬송을 부릅니다. 찬송은 한 마 디로 '곡조 있는 기도'입니다. 하나님께 기도를 하는데 곡조에 담아서 기도하는 이유는 그 마음속에 기쁨과 감사가 충만하기 때문입니다. 그 강렬한 기쁨과 감사를 하나님께 표현할 최고의 수단이 곡조 있는 기도이기 때문입니다. 곡조와 리듬에 자기 안의 감정적인 에너지를 담아서 하나님께 바치는 것입니다.

　인생이 고달프고 기도가 응답 되지 않을 때는 낮은 가락의 저음으로 고요하게 부릅니다. 놀라운 은혜를 경험할 때는 주님을 향한 기쁨과 감사를 그저 묻어둘 수 없습니다. 일단 동공이 확대되고 심장 박동이 빨라집니다. 두 손을 가만 내버려둘 수 없어서 하늘을 향하여 치켜듭니다. 오늘 본문의 한나는 1절에서 이렇게 외칩니다. "내 뿔이 여호와로 말미암아 높아졌으며 내 입이 내 원수들을 향하여 크게 열렸으니 이는 내가 주의 구원으로 말미암아 기뻐함이니이다"

여기에서 '뿔'은 구약시대 제사장들이 성소나 성전에서 제사를 드리며 찬양할 때 사용하는 악기입니다. 수양이나 수소의 뿔을 말리고 가공하여 하나님을 찬양할 때 나팔소리가 나는 악기로 사용하였습니다. 한나는 제사장이 아니지만 하나님을 향하여 뿔을 높이 들고서 하늘을 향하여 찬양하는 제사장들의 모습을 자신과 동일시하였습니다(삼상 2:1-2). '내 고통스런 형편과 처지를 잘 아시고 간절한 기도에 응답해 주시는 분은 오직 여호와 하나님 뿐이십니다.' 오늘 한나의 기도를 살펴보면서 여호와 하나님을 찬양하고 기도하며 응답받는 사람들에 대해서 살펴보고자 합니다.

1. 하나님 나라가 회복되기를

오늘 본문에서 한나가 하나님께 감사의 기도를 드리는 이유는 무엇 때문입니까? 자녀를 위한 간절한 기도에 여호와 하나님께서 응답해 주셨기 때문입니다. 단순히 자녀를 위한 기도가 아닙니다. 하나님의 영광이 떠나간 비참한 시대에 하나님의 말씀을 제대로 선포해 줄 수 있는 지도자를 위하여 기도한 것입니다. 이제 사무엘의 출생을 통해서 하나님께서 그 기도에 응답하고 계시다는 표적이 나타났기 때문입니다.

한나가 자식를 위하여 기도한 이유가 무엇 때문입니까? 단순히 자식을 낳지 못해서 주변 사람들한테 푸대접을 받고 사는 것이 억울해서 기도한 것은 아닙니다. 한나가 하나님께 집요하고도 간절하게 자식을 구하며 하나님께 바치겠다고 서원 기도까지 드린 이유는 자신이 살던 사사 시대를 세상 사람들이 아닌 하나님의 시각으로 바라보았기 때문입니다.

사사 시대의 특징은 하나님의 말씀이 제대로 선포되지 못했다는 것입니다. 모든 사람들의 마음 중심에 하나님 말씀의 기준이 없다보니 자기의 옳은 소견대로 생각하고 말하고 행동하였습니다. 이를 아주 당연하게 여겼을 뿐만 아니라, 어떠한 문제점도 못 느낀 채 오히려 성공의 비결이라 생각했습니다. 오직 엘가나와 한나만큼은 180도 다른 생각을 하고 살았습니다. '무엇보다도 하나님의 말씀이 기준이고 기초다. 하나님의 말씀이 없다보니 이 세상이 이렇게 무질서해진 것이다. 우리 하나님 여호와께서는 신명기 18장 18절에서 모세와 같은 지도자를 다시 보내주시겠다고 약속했다. 하나님은 그 약속을 반드시 지키시는 분이시다.' 이 믿음을 가지고 하나님의 사람을 찾았고 주변에서 찾기 어렵다보니 이제 자기 자녀들 가운데라도 태어나기를 기대하며 기도했습니다. 엘가나와 한나는 사사 시대에 예수님이 가르쳐 주신 주기도문을 그대로 기도한 사람들입니다. "주님의 이름이 거룩히 여김을 받으시옵소서. 주님의 나라가 이 땅에 임하시옵소서. 주님의 뜻이 하늘에서 이미 이루어진 것처럼 그대로 이 땅에서도 이루어지게 하시옵소서."

오늘 우리도 늘 하나님과 동행하는 삶을 원한다면 주님이 가르쳐 주신 그대로 하나님의 나라가 우리 마음과 우리 가정과 우리 교회에 이루어지도록 기도해야 합니다. 이것을 가리켜서 top-down식 기도라고 할 수 있습니다. 우리가 때로는 내 개인의 세상적인 필요와 곤란한 형편 때문에 하나님께 기도할 수 있습니다. 이것은 bottom-up식 기도라고 할 수 있습니다. 기도해야 하는 동기가 개인의 형편과 필요 때문에 아래에서 시작하여 하늘 위에 계신 하나님께 힘껏 밀어 올리는 기도입니다. 이런 기도는 하나님이 들어주실지 자신이 없습니다.

하지만 우리 하나님은 여러 수단을 동원하여 우리가 아래에서 위로 올리는 bottom-up의 기도를 하나님과 심정이 통하는 기도, 하나님이 위에서 아래를 내려다보시고 우리 기도에 응답하시는 것이 필연처럼 확신이 생기는 top-down의 기도로 바꾸어 주십니다. 지난 시간에는 하나님께서 엘가나를 통해서 한나의 신학적인 통찰을 이끄셨음을 살펴보았습니다. 우리 기도가 신학적인 통찰로만 가득하다면 고상하게 보일지는 몰라도 뜨거운 간절함이 없습니다.

하나님은 우리 기도가 심장을 불태우는 번제 같은 기도가 되도록 브닌나의 핍박을 사용하십니다. 브닌나가 내 인생을 향한 하나님의 섭리를 조롱하기 시작하면 내 마음속에서 분노가 생깁니다. 그리고 내 마음이 하나님의 간절한 마음과 동화됩니다. 정말로 힘 있는 기도는 내 마음에 하나님 아버지의 마음을 품고 드리는 기도입니다. 주님이 가르쳐 주신대로 주님의 나라와 주님의 공의가 내 삶의 자리에서 이루어지도록 기도하는 것입니다. 이런 기도는 하나님 아버지의 마음을 품고서 드리는 담대한 기도입니다. 하늘의 하나님이 앉아 계신 보좌 앞으로 담대하게 나아가서 하늘나라를 진동시켜서라도 반드시 응답을 받아내겠다는 강력한 동기와 열정이 마음 가득 끓어오릅니다. '천지를 창조하신 하나님 아버지! 지금도 온 세상 만물을 통치하시고 내가 속한 가정과 교회, 직장과 삶의 형편을 불꽃 같은 눈으로 지켜 보고 계시는 하나님 아버지! 주님이 이 자리에 친히 강림하신다면 이 문제를 가장 먼저 해결해 주실 수밖에 없으리라 믿습니다.' 그렇게 하나님 아버지의 마음을 품고 하나님의 나라와 공의를 구하는 기도를 드려야 합니다.

2. 기도 응답에서 찬송으로

오늘 본문 앞에 1장 24절을 보면 한나는 사무엘이 젖을 뗀 후에 그를 데리고 실로의 성소로 올라가서 하나님께 예배를 드렸습니다. 그때 한나가 하나님께 정성으로 준비하여 바친 감사의 예물 수소 세 마리는 오늘날 화폐 가치로 환산한다면 1천만 원 이상입니다.

이토록 엄청난 감사의 예물을 하나님께 드린 이유는 무엇일까요? 한나가 사무엘을 낳은 다음에 하나님께 바쳤다거나 값비싼 감사의 예물을 하나님께 드렸다고 할 때 우리가 종종 오해하는 부분이 하나 있습니다. 엘가나와 한나 사이에 태어난 사무엘의 엄청난 가치와 의미를 세상의 시각에서 계산하는 것입니다. 사무엘 선지자의 한 일을 바라보고 평가하는 것입니다. 그의 리더십을 통해서 이스라엘 초대 임금님으로 사울이 세워지고 그의 불순종으로 폐위된 다음에 다윗의 시대가 열립니다. 이스라엘의 최고 성웅 다윗대왕의 시대가 열릴 수 있었던 것은 사무엘 선지자의 공이라고 해도 과언이 아닙니다. 이러한 위대한 업적의 선입견을 가지고 "이러한 사무엘이니 그 부모 엘가나와 한나가 황소 세 마리가 아니라 30마리라도 바칠 만했을 것이다"라며 성급하게 단정하려고 합니다.

그러나 한나와 엘가나가 수소 세 마리를 주님께 감사 예물로 바칠 수 있었던 이유는, 미래의 놀라운 업적 때문이 아닙니다. 한나가 귀한 예물을 바칠 수 있었던 중요한 이유는 하나님이 자신들의 간절한 기도에 응답하여 불가능한 중에 사무엘이 태어나게 하심은 과거 하나님 부재의 세월이 하나님 부재가 아니라 오히려 하나님 임재의 세월이었음을 증명하기 때문입니다. 사무엘이 태어남으로 예전에 '하나님이 어디 계시냐?'고 조롱했던 브닌나의 온갖 모욕들, 지나온 고난과 인고의 세월을 한 방에 속 시원히 날려주기 때문입니다. 서정주 시인의 <국화 옆에서>라는 시에서 "봄부터 소쩍새가 그렇게도 시끄럽게 울었던 것"이 당시로서는 너무 고통스러웠으나 이제 모든 것이 용서가 되는 이유는 "한 송이 국화꽃이 피었기 때문"입니다. 그동안 "천둥은 먹구름 속에서 그렇게 시끄럽게 울었던 것"이 일순간 모두 이해가 되고 수긍이 되는 이유는 드디어 "한 송이 국화꽃이 피었기 때문"입니다.

'지나온 과거의 고통은 하나님이 우리와 함께 하시지 않아서가 아니다. 우리에게 아이가 없었던 것은 우리 신앙이 잘못되었기 때문이 아니다. 우리가 하나님께 범죄해서 하나님이 우리를 심판하시고 벌 주셨던 세월도 아니다. 그동안 우리에게 아이가 없었던 고통의 시간들은 놀라운 열매로 나아가는 필연적이고 필수적인 과정이었다.' 이런 깨달음 때문에 값비싼 예물을 기쁨으로 드리며 감사의 예배를 드릴 수 있었습니다.

우리가 사무엘상 1~2장에서 고난의 세월을 통과하는 엘가나와 한나의 모습 속에서 주목할 부분이 하나 더 있습니다. 그것은 하나님께서 엘가나와 한나의 인생을 통해서 이루시려는 빅 픽쳐는 이들 부부로서는 감히 상상할 수 없을 정도로 엄청나게 크고 놀랍다는 사실입니다.

여호와는 지식의 하나님이시라 | 사무엘상 2장 1-11절

어찌보면 엘가나와 한나로서는 그저 하나님의 예배를 잘 감당할 한 사람을 구했을 뿐입니다. 하지만 하나님은 이들 기도에 응답하시면서 하나님의 말씀이 없는 사사 시대를 끝내고 하나님이 직접 사무엘이라는 한 사람을 통해서 말씀하시고 그 시대를 친히 책임지시는 새로운 시대를 열고 계십니다. 우리는 하나님께 기도하면서도 우리의 시각으로 작은 기도를 올려드리고 그 작은 기도에 작은 응답을 받는 것으로 생각합니다. 그러나 하나님께서 우리의 작은 기도에 응답하실 때 하나님이 품고 계시는 빅 픽쳐(big picture)는 우리가 상상할 수 없을 정도로 거대하고 엄청납니다.

하나님은 오늘도 우리가 하나님께 올려 드리는 작은 기도에 크게 응답하십니다. 그러한 응답을 통해서 하나님은 우리 입술에 찬송을 주십니다. 우리의 작은 마음에 하나님의 인도하심은 참으로 놀랍고 강력하다는 큰 믿음을 심어 주십니다. 하나님의 섭리를 의심하던 우리 작은 입술의 죄악을 씻어주시고 하나님의 섭리를 확신있게 증거하는 큰 입술로 바꿔주십니다.

한나는 3절에서 이렇게 기도하며 찬송합니다. "심히 교만한 말을 다시 하지 말 것이며 오만한 말을 너희의 입에서 내지 말지어다 여호와는 지식의 하나님이시라 행동을 달아 보시느니라"(삼상 2:3). 우리가 하나님의 인도하심과 다스리심, 통치와 섭리에 관하여 말하는 것은 마음속의 생각과 실제 행동을 서로 연결하는 연결고리입니다. 우리 말은 발언 이전에 맘속에 들어 있는 속 생각을 나타냅니다. 그리고 앞으로 말한 그대로 행동할 것입니다. 말은 속 생각을 나타내고 마음 바깥의 행동을 암시합니다. 하나님을 무시하거나 하나님의 인도하심을 의심하는 말들은 마음속에서 하나님의 존재를 부정하는 불신앙을 표현하는 것입니다. 그리고 앞으로 하나님의 인도하심에 대항하고 거역하는 범죄를 저지를 것입니다. 이런 불신앙적인 언행을 하나님은 어떻게 처리하십니까?

"여호와는 죽이기도 하시고 살리기도 하시며 스올에 내리게도 하시고 거기에서 올리기도 하시는도다"(삼상 2:6). 우리 하나님 여호와는 우리 인생들을 죽이기도 하시고 살리기도 하십니다. 하나님의 말씀을 아멘으로 받고 순종하는 사람들을 살리시고 하나님의 말씀을 거부하고 불순종하는 사람들을 죽이십니다. 한나와 엘가나는 사무엘이 태어남으로 이 진리를 몸서리치도록 깨달았습니다. 하나님은 약속의 말씀을 미리 선포하십니다. 그 약속의 말씀을 믿고 기도하며 기다리는 자들에게는 반드시 그 믿음 그대로 응답해 주십니다. 하지만 그 약속의 말씀을 불신하고 부정하는 모든 자들에게는 그를 낮추심으로 성취되는 것을 그대로 목격했습니다.

4절부터 8절까지는 하나님의 낮추심과 높이심의 놀라운 기적과 사건들을 과거시제로 찬양하고 있습니다. 즉, 하나님의 기적을 경험한 자들만이 하나님을 찬양할 수 있습니다. 우리가 예배 시간에 전심으로 주님을 찬양하는 것도 마찬가지입니다. 우리 주님이 어느 날 갑자기 우리 인생의 문을 노크하시고 찾아오셔서 우리를 죄악의 권세에서 건져 구원하여 주셨습니다. 그 덕분에 이 예배의 자리까지 나올 수 있었습니다. 오늘 하나님의 은혜를 깨달을 수 있는 것이 성령 하나님이 내 손을 붙잡고 친히 인격적으로 인도하신 덕분입니다. 그 은혜가 감사해서 하나님을 찬양하는 것입니다.

3. 찬송에서 거룩한 성품으로

　설령 어제까지 놀라운 기적을 경험하지 못했더라도 바로 오늘 지금 이 순간부터 주님을 전심으로 찬양하시기 바랍니다. 찬양은 곡조를 담은 기도입니다. 내 마음의 간절한 기도제목을 곡조의 리듬에 담아서 찬양을 불러보시기 바랍니다. 갑자기 찬양하는 것이 어색하면 시편의 기도문을 소리 내어 읽어보시기 바랍니다. 한 번뿐 아니라 두 번, 세 번, 다섯 번, 열 번을 반복하여 읽어보시기 바랍니다. 한나가 2장 9절에서 예언한 일들이 반드시 일어날 것입니다. 우리 성도들의 마음을 무겁게 짓누르고 있던 모든 근심과 불안, 그리고 악한 권세가 산산이 깨어질 것입니다. 주께서 우리에게 하늘로부터 내리는 놀라운 기대감을 주실 것입니다. '앞으로 나아가리라!'는 용기와 자신감을 주실 것입니다. 주께서 성령의 기름을 부어주신 우리 성도들의 이름과 자존감을 회복시키시고 하늘 높이 높여주시는 것을 경험할 것입니다.

　"여호와가 그의 거룩한 자들의 발을 지키실 것"이라고 말씀합니다. 또 "자기의 기름 부음을 받은 자의 뿔을 높여주신다"고 말씀합니다. '기름 부음을 받은 자'는 하나님께서 지명하여 구원하시고 그 구원을 완성할 하나님의 증표로 그의 심령에 성령 하나님을 보내주신 자를 가리킵니다. 뿔은 하나님을 찬양하는 악기를 의미합니다. 하나님께서는 지명하여 구원하시고 성령 하나님을 보내주신 자가 여러 사람들과 하나님 앞에서 당당하게 하나님을 찬양할 수 있도록 그의 자존감을 회복시켜 주신다는 말씀입니다. 그의 사회적인 지위를 높여주신다는 말씀입니다.

　우리 학생들이 늘 경험하는 학교의 시험제도를 비유로 말씀드린다면 하나님은 이미 우리에게 100점 점수를 주시고 그 복음을 믿도록 하시면서 우리를 100점 수준과 능력에 합당한 사람으로 변화시키십니다. 그리고 100점 받은 사람들이 얻는 상급을 얻는 자리까지 인도하십니다.

한나에게 사무엘이 태어나자 그 가정에 어떤 일이 벌어졌을까요? 그동안 한나를 조롱하고 비난했던 브닌나가 한나에게 찾아와서 그간 일들을 사과했을까요? 엘리 제사장이 간절히 기도하던 한나의 진정성을 의심하면서 술 취했다고 비난했던 일들을 사과했을까요? 어제까지 하나님의 섭리를 부정하던 악인이 오늘 갑자기 하나님의 섭리를 긍정하는 신자로 바뀌는 것은 어려운 일입니다. 한나가 아무리 사무엘을 잘 낳았다고 하더라도 한나와 엘가나가 감당해야 하는 사사 시대의 불신앙과 패역한 사람들의 문제는 여전할 것입니다.

그럼에도 불구하고 한나는 하나님의 영광을 부정하는 이가봇의 세상에 속한 자가 아니라 모든 것을 그 말씀대로 이루시는 하나님 나라 백성으로 살 수 있었습니다. 그렇게 살아갔습니다. 왜 그랬습니까? 바로 그 입술에 주님을 찬양하는 영적인 파장이 먼저 절망하던 한나를 하나님을 향한 분명한 믿음으로 인내하며 평안과 여유를 가진 사람으로 바꾸어 놓았기 때문입니다. 찬양으로 인한 영적인 파장으로 한나 안에 거룩한 성품이 만들어지고 있었습니다.

한나와 엘가나의 담대한 믿음의 자세와 거룩한 성품이 그 아들 사무엘에게로 그대로 전달되었을 것입니다. 물론 어린 사무엘은 엄마 젖을 떼자마자 곧바로 엘리 제사장에게 맡겨져서 양육되었습니다. 그러나 영적으로 어둡고 무능한 엘리 제사장보다 해마다 시마다 찾아와서 기도해 주고 하나님의 말씀으로 위로해주었던 엄마 한나와 아빠 엘가

여호와는 지식의 하나님이시라 | 사무엘상 2장 1-11절

나로부터 더 크고 좋은 영향을 받으며 자랐을 것이 분명합니다.

　우리 입술의 찬양이 우리 안에 거룩한 성품을 만들고 우리 가족들과 우리 주변 사람들을 변화시킵니다. 우리 하나님은 오늘도 우리에게 말씀하신 약속의 말씀을 그대로 믿는 자들 속에서 믿는 자들을 통하여 그대로 이 땅에 실현하시는 지식의 하나님이십니다. 한나가 3절에서 노래했던 '지식(의 하나님)'은 학자들이나 현인들이 머릿속에 여러 가지 많은 지식과 정보를 가지고 있다는 의미가 아닙니다. '지식의 하나님께서 우리 사람들의 행동을 달아보신다'는 것도 그 많은 지식과 정보로 우리 사람들의 언행을 비판적으로 판단하고 평가한다는 의미가 아닙니다.

　여기에서 말씀하는 '지식'은 우리가 일상생활에서 사용하는 '정보에 관한 지식'이나 영어의 'knowledge'가 아닙니다. 일반적으로 히브리어에서 '지식'(knowledge)을 의미하는 '다아트'(דַּעַת)는 93회나 많이 등장하는 반면에 히브리어 '데아'(דֵּעָה)는 구약성경에서 6회밖에 사용되지 않습니다. 한나가 이렇게 용례가 적은 단어를 사용하여 '지식의 하나님'이라고 표현한 배경에는 이 단어 '데아'는 히브리성경에서 일반적인 지식을 의미하는 것이 아니라 전문적으로 하나님이 가지고 계신 지혜를 가리킵니다(cf., 욥 36:4).

　하나님이 가지신 지혜는 어떤 지혜일까요? 하나님의 지혜는 천지창조와 인류의 구속을 예정하시고 그리스도와 성령의 능력으로 이 예정을 한 치 오차도 없이 완벽하게 성취하는 절대 주권과 능력과 영광과 권세를 의미합니다. 성부 하나님은 자신 안에 가지신 무한한 지혜를 성자 하나님과 함께 공유하고 계십니다. 삼위 하나님은 그 지혜로 천지창조와 자기 백성들의 구원을 예정하시고, 그 예정을 따라서 독생

072
하나님 마음에 합한 사람

자를 이 땅에 보내셔서 죄인들을 구속하시며, 하나님 나라 백성으로 초대하셨습니다. 그리스도께서 부활하시고 승천하신 다음에 다시 이 땅에 성령 하나님을 보내셔서 교회를 세우시고 복음의 말씀을 전하는 일꾼들을 통해서 하나님 나라가 힘차게 진군하도록 인도하십니다. 이 모든 구속의 역사가 진행되는 이유와 근거를 한 마디로 표현한다면 우리 하나님 여호와는 창세 전에 예정하신 모든 일들을 그분의 말씀의 능력으로 친히 이루시는 하나님이시기 때문입니다.

한나는 이런 의미를 담아서 '여호와는 지식의 하나님'이시라고 노래한 것입니다. 즉, '지식의 하나님'이란 표현은 하나님이 스스로 무한한 지혜와 능력을 가지고 계셔서 그 지혜와 능력과 영광으로 창세 전에 천지창조와 인류의 구속을 예정하시고 그 지식의 말씀으로 이 세상에서 그분의 예정을 계획 그대로 성취하신다는 의미입니다.

우리 하나님은 모든 지혜와 능력과 권능의 말씀으로 자신의 예정을 미리 선지자들을 통해서 예언하시고 예언하신 그대로 성취하십니다. 그 과정을 한 마디로 표현한다면 '행동을 달아본다'고 말할 수 있습니다. '달아본다'는 히브리어 '타칸'은 무게를 달아보는 저울 한쪽에는 저울추가 매달려 있고 반대편 물건의 무게가 저울추의 무게와 평형을 이루는지를 측정한다는 의미입니다. 오른쪽의 저울추는 하나님이 그분의 공의대로 통치하시는 나라를 의미입니다.

구속의 역사 진행 과정에서 하나님의 약속의 말씀이 그대로 성취되는 전체 과정을 저울추로 비유할 수 있습니다. 하나님은 그 저울추 반대편에 자기 백성들의 언행을 올려놓습니다. 당연히 우리 신자들의 언행은 하나님의 저울추에 감히 비교도 할 수 없습니다. 그래서 하나님께서 우리 신자들의 언행에 자신의 말씀과 그리스도의 보혈과 성령 하나님의 기름 부으심을 얹어주십니다. 자신이 죄인인 것을 깨닫고 하나님의 은혜를 구하는 자들에게 예수 그리스도를 의지하는 믿음을 주시고 성령 하나님을 보내셔서 그 속에 내주하시도록 하십니다. 이러한 하나님을 가리켜서 영광의 하나님이라고 합니다. 여기에서 '영광'의 히브리어, '카보드'는 무겁다는 의미입니다. 영광의 하나님은 무거움의 하나님이십니다. 하나님의 균형추에서 우리에게 그리스도와 성령의 무게를 얹어주셔서 균형추를 맞추시는 하나님이십니다. 그것을 가리켜서 한나는 '지식의 하나님께서 사람들의 행동을 달아보신다'고 표현합니다.

우리 행동을 달아보시는 주님의 저울이 균형을 유지할 수 있는 유일한 방법은 헛될 뿐인 우리 자신 쪽에 은혜의 말씀과 성령을 부어주시는 주님의 자비를 붙잡는 것뿐입니다. 달리 말하자면 예수 그리스도를 구세주로 믿고 그분의 말씀에 순종하는 삶을 살아가는 것입니다. 주님 주시는 무한한 은혜로 구원을 받고 주님이 우리 심령에 부어주시는 성령 하나님의 인도하심을 따르는 것입니다. 늘 주님 은혜에 감사하여 찬송 부르며 예수님 걸어가신 길을 뒤따라가는 것입니다. 그 과정에서 우리 옛사람의 성품은 모두 사라지고 우리 안에 새롭고 거룩한 성품들이 만들어질 것입니다. 또 우리의 변화를 먼저 감지한 가족들과 주변의 친척들과 믿음의 식구들도 우리가 나아가는 길에 함께 기쁨으로 동행할 것입니다. 이런 은총이 우리 성도님들과 늘 함께 하시길 주님의 이름으로 축원합니다.

4

사무엘상 2장 18-26절

불신앙과 참신앙

쉽지 않은 신앙생활

신자의 중요한 의무이자 특권은 하나님이 보이지 않지만 살아계시다는 것과 말씀하신 진리의 말씀을 그대로 믿고 순종하는 것입니다. 우리가 예수님을 구세주로 믿고 신앙 생활하는 것이 크나큰 의무인 동시에 엄청난 특권인 이유가 있습니다. 그것은 오늘날 하나님을 제대로 믿기가 쉽지 않습니다. 신앙은 인간의 노력으로 어찌할 수 있는 것이 아닙니다. '나는 하나님을 믿는데 왜 너는 안 믿느냐?'고 쉽게 말할 수 없습니다. 안 믿는 것이 아니라 못 믿는 것입니다. 믿어지지 않아 못 믿는 것이므로 '왜 못 믿냐?'고 말할 수 없는 것입니다.

에베소서 2장 8~9절의 말씀처럼 "너희는 그 은혜에 의하여 믿음으로 말미암아 구원을 받았으니 이것은 너희에게서 난 것이 아니요 하나님의 선물이라 행위에서 난 것이 아니니 이는 누구든지 자랑하지 못하게 함이라" 자랑하지 못하게 함이라! 왜 한국사람으로 태어나서 한국에서 사느냐고 따질 수 없듯이 '왜 너는 못믿냐?'고 따질 수 없습니다.

갈수록 우리가 하나님에 대한 분명한 믿음을 가지고 올바로 신앙생활을 하는 것이 매우 어렵습니다. 이 세상에서는 무엇이 옳고 그른지 불분명하고 혼란스러운 일들이 많이 일어나기 때문입니다. 세상은 신자들보다는 불신자들이 더 많습니다. 한국에도 참 신자의 비율은 10%도 되지 않은 것 같습니다. 이 세상 인생살이에는 어디든 다수(多數)가 대세(大勢)를 이루고 다수가 세상 문화와 여론을 주도합니다.

이처럼 세상은 다수의 불신자들이 여론을 주도하기 때문에 예수 믿는 신자들이라도 세상 뉴스나 세상 문화로부터 영향을 많이 받습니다. 하나님의 말씀을 듣고 감동을 받을 때는 믿음이 확실하다가도 세상 유혹이 들어오면 이리저리 휘고 꺾이는 갈대처럼 믿음이 흔들릴 때도 많습니다. 영적인 침체의 늪으로 깊이 빠져들어갈 때도 있습니다.

1. 구약시대 제사장들의 역할

오늘 본문에 보면 참 믿음을 소유한 엘가나와 한나 그리고 사무엘이 등장합니다. 이 세상에 하나님을 열심히 믿는 사람들만 살고 믿음의 사람들만 만나면 참 좋겠는데 그렇지 못합니다. 12절 말씀을 보면 엘리의 아들들이 나옵니다. 이들은 여호와 하나님에 대한 믿음이 없었습니다. 12절 말씀에 "엘리의 아들들은 행실이 나빠 여호와를 알지 못하더라"고 합니다. 행실이 나쁜 것이 원인이 되어서 여호와를 알지도 못하고 믿지도 못했던 불신앙적인 사람의 결과가 나왔다는 뜻이 아닙

하나님 마음에 합한 사람

니다. 반대로 여호와를 알지 못하고 여호와 하나님에 대한 믿음이 없었기 때문에 그 행실이 패악스러운 범죄를 자행할 수밖에 없었다는 것입니다.

어느 정도인가 하면 거룩하신 여호와 하나님께 예배드리고 제사드리는 자리에서 그 제사의 순서를 짓밟아버릴 정도였습니다. 구약시대 이스라엘 백성들은 비둘기나 양고기 중에서 특별히 기름부분을 태워서 번제로 제사드리고 남은 고기를 삶아 나눠먹으면서 화목제의 예배를 드렸습니다. 이때 제사장들이 주로 담당하는 역할이 있습니다. 레위기 1장 이하를 보면 번제와 소제와 화목제와 속죄제와 같은 다양한 제사들을 위하여 제사장은 비둘기와 양 또는 소를 잡아 각을 뜨고 부위별로 자른 다음에 기름은 태웁니다. 그런 후 남은 고기는 물에 삶고 언약 식사를 위하여 함께 먹으라는 규정이 나옵니다.

이 과정에서 명심해야 할 중요한 사항은 레위기 3장 17절을 보면, "기름과 피는 절대로 먹지 말라 이는 너희의 모든 처소에서 너희 대대로 지킬 영원한 규례니라" 라는 말씀이 있습니다. "기름과 피는 절대로 먹지 말라"고 하셨습니다. 피는 사람의 생명을 상징하기 때문에 피를 마시는 행위는 사람의 생명을 마시는 것과 진배없습니다. 그래서 하나님은 구약시대에 피를 마시는 행위를 철저하게 금지했습니다.

또 기름을 절대로 먹지 말고 반드시 여호와 하나님께 불로 태워서 "향기로운 제물"로 바쳐야 합니다. 먹지 말고 불로 태워서 하나님께 "향기로운 제물"로 바쳐야 하는 기름은 살코기 속에 박힌 마블링 기름이 아니라 레위기 3장 9절 이하의 말씀처럼 내장 안에서 별도로 뭉쳐진 기름부위입니다. "미골에서 벤 기름진 꼬리와 내장에 덮인 기름과 내장에 붙은 모든 기름과 두 콩팥과 그 위의 기름 곧 허리쪽에 있는 것과 간에 덮인 꺼풀 기름"을 가리킵니다. 성막 안에서 제사를 드릴 때에는 제사장이나 일반 이스라엘 백성들은 이런 기름은 절대로 먹지 말고 반드시 화제로 여호와께 "향기로운 예물"로 불에 태워서 연기로 하나님께 바치라는 말씀입니다.

레위 제사장들은 농사나 생업이 아닌 오직 성막에서 제사 예배를 인도하는 것만을 전문적으로 했습니다. 이에 이스라엘 백성들이 예배를 드리고 남은 예물로 생계를 꾸려가야만 했습니다. 식량 문제도 이스라엘 백성들이 하나님께 드린 예물의 일부분을 떼어 받는 방식으로 해결해야만 했습니다. 하나님이 법으로 그렇게 지정해 주셨습니다.

제사장들이 일반 백성들로부터 예물을 취하여 생계를 꾸려가도록 주님이 법으로 정하시는 이유는 두 가지입니다. 첫째는, 제사장들에게 그 막중한 책임을 지우기 위해서입니다. 제사장들이 하나님을 섬기고 백성들의 예배를 인도하는 일을 일반 백성들이 생계를 위해서 피땀을 쏟는 정성과 같이 이 역할에만 집중하도록 하기 위함입니다. 둘째는, 이스라엘 백성들에게나 신자들에게는 제사장들이나 목회자들이 감당하는 역할, 하나님의 말씀과 은혜를 전달하는 역할에 대하여 사랑과 존경의 마음을 갖도록 하기 위함입니다.

그래서 구약시대 제사장들은 소나 양고기와 같은 제물을 번제단에 태워서 하나님께 바칠 때도 그 마음이 하나님을 향하여 두렵고 떨리는 마음으로 제사를 주관해야 합니다.

주님, 이 시간에 우리의 죄악을 태웁니다. 주님의 심판하시는 불로 태워서 이 연기가 올라가듯이 우리의 죄악이 주님께 올라갑니다. 주님 앞에서 번제단의 불이 기름 찌꺼기들을 모두 태워 도말해버리듯이

하나님 마음에 합한 사람

우리 마음속에 독사처럼 움크리고 있는 죄악의 찌꺼기들을 주님의 심판의 불로 모두 태워 주시옵소서!

또 백성들이 피땀 흘려 준비해 온 제물의 일부분을 받아 누리기 때문에 그저 처분대로 주시면 "감사히 받겠습니다!" 하면 됩니다. 그런데 13절 하반절에 보면 엘리의 두 아들 홉니와 비느하스는 여호와 하나님에 대한 믿음이 없어 화목제물을 큰 냄비나 솥에 넣고 삶을 때 세 살 갈고리로 가마에 찔러 넣어 걸려 나오는 것이 크건 작건 그 덩어리를 자신의 몫으로 가져가는 관습을 시행하였습니다.

2. 예배를 짓밟는 불신자들

이들에게는 하나님의 살아계심에 대한 믿음이 없습니다. 백성들에게서 예물의 분깃을 돌려받는 것이 자신들의 당연한 권리와 특권이라고 생각하기 시작했습니다. 그러다보니 예배 시간에 생각하는 것이 '저 고기는 어느 부위가 맛있을까? 삶아 먹는 것보다 구워 먹는 것이 맛있을 텐데..' 믿음이 없으면 그런 잡생각이 잠깐 들 수 있습니다. 문제는 그런 생각을 계속 붙잡아서 부풀리고 키워 실제 행동으로 옮기는 것입니다. 고기를 삶는 사환들에게 다가가서는 '우리 아버지 엘리 제사장은 삶은 고기를 원하지 않으시고 구워 먹을 고기를 원하신다. 그러니 고기를 삶기 전에 날고기를 달라!' 뻔뻔한 요구까지 합니다.

이런 전례도 없고 법도도 없어서 제사 드리는 사람이 거절합니다. "반드시 먼저 기름을 태운 다음에 네 마음에 원하는 부분을 가져가라. 율법의 말씀에도 먼저 기름을 모두 다 여호와 하나님께 태워 바치고 사람은 절대로 먹지 말라고 말씀하지 않았느냐?" 그렇게 거절해도 고집을 부립니다. '지금 당장 생고기를 내놔라! 그렇지 않으면 내가 억지로 빼앗아 가져가겠다.'

홉니와 비느하스가 이렇게 패역하게 제물을 강탈하는 것은 이들이 여호와의 제사를 멸시하기 때문입니다. 여호와의 제사를 멸시하고 능멸하는 두 가지 이유가 있습니다. 첫째는, 자신의 마음 내면을 하나님의 시각으로 바라보지 못하였습니다. 만왕의 왕이시요 만군의 주인되시는 여호와 하나님을 바라보지 못하니 자신 내면에 부패한 죄악들이 도사리고 있음을 미처 깨닫지 못하는 것입니다. 그저 맛있는 고기만을 탐하는 부패한 본성과 내면의 탐욕대로 행동합니다. 제사가 끝나기도 전에 생고기를 강탈하면서 제사를 능멸합니다. 이뿐 아니라 성막에서 제물을 씻고 삶는 일들을 도와주는 여인들과 동침하면서 성범죄를 저지릅니다. 솥에 장작불을 때고 고기를 삶고 제사장들이 입을 옷을 수선하고 세탁하며 음식을 장만하고 설거지를 하는 여인들을 믿음의 눈이 아닌 본성 그대로의 정욕의 눈으로 바라보고 동침합니다. 예배 시간에 자기 내면의 죄악을 직시하지 못하므로 그 죄악을 정결케 씻어 주실 하나님의 은혜 또한 전혀 기대하지 못합니다.

두 번째 실수는, 하나님에 대한 믿음이 없으므로 다른 신자들의 마음을 이해하지 못하는 것입니다. 하나님을 믿는 사람들이 예배 드리고 이스라엘 백성들이 제사 드리러 나올 때 무슨 마음을 가지고 성소로 하나님을 찾아 나오겠습니까? '하나님은 살아계시다. 그 하나님께서 아직 내 인생에 해답을 주시지 않아서 내가 많이 괴롭다.' 그래서 기도합니다. "주님 나를 외면하지 말아 주시고 내 간구에 귀를 기울여 응답하여 주시옵소서." 그렇게 기도하면서 주님 앞으로 나오는 것입니다. 빈 손으로 나오지 않고 정성스럽게 예물을 준비하여 주님께 전부를 태워 바치면서 정말 두렵고 떨리는 마음으로 예배 드려야 합니다. 그러나 홉니와 비느하스는 하나님을 찾아 나오는 사람들의 마음을 잘 헤아리지 못합니다. 그래서 여호와의 제사를 짓밟고 성소를 능멸하고 온갖 죄악을 스럼없이 자행합니다.

그런 모습을 바라보는 주변 사람들의 심정은 어떠하겠습니까? '하나님이 살아계시다면 어찌 이럴 수 있겠는가?' 실망과 절망감이 생기지 않겠습니까? '아마도 하나님은 살아계시지 않나보다. 제사장들은 입으로는 하나님이 살아계시고 하나님의 말씀을 잘 듣고 마음에 새겨서 순종해야 한다고 가르치지만 정작 자기들의 행동은 아니지 않는가? 정말로 하나님은 살아계신가?' 그렇게 실망하지 않겠습니까? 나중에는 화가 나고 분통이 터지지 않겠습니까?

시편 73편의 말씀은 이렇게 시작합니다. "하나님이 참으로 이스라엘 중 마음이 정결한 자에게 선을 행하신다고 하시지만 그러나 실상 나는 거의 넘어질 뻔하였고 나의 걸음이 미끄러질 뻔하였으니 이는 내가 악인의 형통함을 보고 오만한 자를 질투하였음이로다"(시 73:1-2). 하나님이 평소에 이스라엘 백성들 중에 마음이 정결한 자들에게 복을 내리시고 선을 베푸신다고 그렇게 믿어왔지만 실상의 현실을 보니 거의 넘어질 뻔 하였다는 것입니다. 정말 실망스러워서 믿음을 포기해 버릴 정도가 되었다는 것입니다. 이제 오히려 악인의 형통함을 보니 하나님을 두려워하는 믿음을 포기하고 오만한 자들을 질투하고 부러워하는 마음을 갖게 되었다는 것입니다.

시편 37편 13절 말씀을 보면, "내가 내 마음을 깨끗하게 하며 내 손을 씻어서 무죄하다 한 것이 실로 헛된 일이구나" 하나님께서 불신자들의 악행들을 가만 두시는 것을 보면서 우리가 하나님에 대하여 실망할 수 있습니다. 내 마음을 깨끗하게 하여 마음속으로 죄악을 생각하지 말아야지, 또 내 손으로 죄악을 범하지 말아야지 그렇게 다짐한 것이 참으로 헛일이라고 실망하게 된다는 것입니다.

홉니와 비느하스가 여호와의 제사장임에도 불구하고 결국 이들이 하는 일은 하나님과 그 백성들을 서로 사랑하게 만들기보다 오히려 서로를 밀어내게 만드는 일을 하는 것입니다. 그의 부친 엘리가 두 아들을 불러다가 꾸짖습니다. 24절에 "내 아들들아 그리하지 말라 내게 들리는 소문이 좋지 아니하니라 너희가 여호와의 백성으로 범죄하게 하는도다 사람이 사람에게 범죄하면 하나님이 심판하시려니와 만일 사람이 여호와께 범죄하면 누가 그를 위하여 간구하겠느냐"(삼상 2:24-25).

아버지가 심각하게 충고하지만 두 아들은 아버지 말씀에 순종하지 않습니다. 그 완고함을 가리켜서 성경 말씀은 "여호와께서 그들을 죽이기로 뜻하셨다"고 표현합니다. 이는 두 아들이 부모님 말씀에 불순종하는 심각성의 정도가 하나님께서 이들을 버리시고 심판하여 죽이기로 작정하실 정도로 패역하다는 뜻입니다.

어떤 사람이 다른 사람들에게 범죄하면 하나님이 선악의 재판관으로 중간에 개입하여 재판하시고 악행은 징벌로 또 자비를 구하는 자에게는 은총으로 응답해 주십니다. 그러나 어떤 사람이 여호와 하나님께 직접 죄를 범한다면 그 죄에 대하여 누가 중간에 중재 역할을 감당해 주겠습니까? 여호와의 제사를 멸시하는 죄는 직접 하나님께 범죄하는 것이기 때문에 하나님도 용서해 주실 수 없을 정도로 심각한 범죄라는 말씀입니다. 홉니와 비느하스는 자기 아버지의 경고의 말조차 듣지 않습니다.

홉니와 비느하스가 이렇게 끔찍한 범죄를 자행한 것은 어느 날 갑자기 일어난 일이 아닙니다. 수십 년 동안 서서히 마음속에 먼지가 하나 둘 쌓이듯 점차적으로 진행된 것입니다. 일차적으로는 엘리의 책임이 큽니다. 매일의 모든 삶 가운데 모든 것을 지켜보시는 여호와 하나님 앞에서 언행을 조심한다는 '코람데오'(coram deo)의 자세가 문제였습니다.

성소에서 제사장의 직분으로 제사를 주관할 때에도 점점 하나님이 그 마음에 없습니다. 자신들이 입고 있는 화려한 의복이 자랑스럽고 양과 소의 제물을 불태우는 의식들이 우스울 뿐입니다. 그러다가 제사 절차를 무시하는 악행을 한 번 범했는데 아무런 일이 일어나지 않습니다. 그저 주변 사람들이 수근거릴 뿐입니다. 급한 바람이 불거나 맑은 하늘에 먹구름이 끼고 폭우가 쏟아지면서 번개와 천둥이 내리치는 것도 아닙니다.

악행을 범해도 어떠한 제재나 징계도 없다보니 두려운 생각보다는 파격을 감행하는데서 오는 짜릿한 즐거움이 온 몸을 감쌉니다. 한 번 자행한 악행이 두 번 세 번 반복되기 시작합니다. 점점 반복적으로 악행을 범하면서 하나님에게 민감해야 할 심령은 딱딱하게 굳어져 더는 영적인 것을 전혀 감지하지 못할 정도로 굳어버렸습니다. 악행을 범하는 것이 오히려 즐거울 정도가 되고 말았습니다. 중독의 매력적인 즐거움에 비하여 호통치는 부친의 책망은 들리지도 않습니다.

최근 독일에서 유학하여 신학박사 학위를 취득하고 모 신학교에서 신학을 가르치던 어떤 교수님이 자기 딸을 학대하고 살해한 다음에 11개월을 방치하다 발각된 참으로 천인공노할 일이 발생한 적이 있습니다. 많은 사람들이 '신학교수가 어찌 그럴 수 있느냐?'고 묻습니다. 그러나 저는 이 신학교수는 그러한 범죄를 자행하는 시기까지는 분명

중생한 사람이 아니었다고 단언합니다. 중생의 체험이 없이도 얼마든지 신학교에서 신학생들을 가르칠 수 있습니다. 중생하지 않고서도 얼마든지 목회자가 될 수 있습니다.

이런 문제가 방치되면 이를 바라보는 신자들은 '하나님이 살아 계시지 않은 것 같다'는 결론에 도달하고 실망하여 교회를 떠나 신앙까지 버릴 수 있습니다. 그러나 우리 하나님은 자신의 거룩한 교회를 보존하시고자 교회 안에서 자행되는 범죄나 목회자들이 자행하는 범죄가 폭로되도록 간섭하십니다. 죄악이 폭로되고 정당한 처벌을 받는 것이 오히려 하나님이 살아 역사하시는 증거입니다.

히브리서 6장 4절에는 이렇게 하나님의 은혜를 잠깐 경험하고서도 계속 하나님의 말씀에 불순종하는 사람들에 관한 경고의 말씀이 기록되어 있습니다. "한 번 빛을 받고 하늘의 은사를 맛보고 성령에 참여한 바 되고 하나님의 선한 말씀과 내세의 능력을 맛보고도 타락한 자들은 다시 새롭게 하여 회개하게 할 수 없나니 이는 그들이 하나님의 아들을 다시 십자가에 못 박아 드러내 놓고 욕되게 함이라"(히 6:4). 여기에서 한 번 빛을 받았다는 것은 복음이 선포되는 현장에 참석했다는 것입니다. 하늘의 은사를 맛보았다는 것은 성만찬에도 참여해서 그리스도의 살과 피를 상징하는 성찬을 받았다는 의미입니다. 하나님의 선한 말씀을 맛보았다는 것은 복음 설교도 들어보았다는 것입니다. 내세의 능력을 맛보았다는 것은 세상에서는 일어날 수 없고 오직 하나님의 나라에서만 가능한 신유의 기적을 체험하였다는 것입니다.

그럼에도 불구하고 타락할 수 있을까요? 그런 영적인 체험에도 불구하고 타락하여 주님을 부정할 수 있습니다. 어떻게 그럴 수 있을까요? 성부 하나님께서 자신의 독생자 예수 그리스도로 하여금 십자가에서 모든 물과 피를 쏟으시고 희생제물로 죽도록 하신 죄와 사망의 권세가 바로 옛사람 자기 안에 독사처럼 움크리고 들어 있음을 제대로 직시하지 못했기 때문입니다. 그 죄악의 권세를 계속 묵인하는 것은 그리스도께서 감당하신 십자가의 모든 고통과 저주를 결국 자기가 직접 그대로 당하게 되는 죄악의 심각성과 죄에 대한 하나님의 끔찍한 진노와 저주를 제대로 깨닫지 못하는 것입니다.

회개와 구원의 은혜를 절박하게 간청하는 회심의 과정이 없이도 주변 사람들의 권유를 따라서 교회 안으로 들어오고 중요한 역할을 감당할 수 있습니다. 중생하지 않았지만 적당히 기도하고 찬송 부르고 성만찬에 참여하고 새벽기도회도 참석합니다. 자신의 전 존재를 걸고서 생명과 사망의 갈림길에서 예수 그리스도의 은총을 간구하며 하나님이 만들어 놓으신 생명의 길을 선택한 체험이 없이 교회 생활을 하니 세상적인 유혹과 핍박이 올 때 금방 넘어지고 죄를 범합니다. 마음 속으로 그동안 교회와 목회자들이 이야기한 '하나님이란 존재는 없구나'하고 결론 내립니다. 겉으로는 신자처럼 생활하더라도 속으로는 하나님을 부정하고 하나님의 말씀에 불순종하는 불신자로 살아갑니다.

하나님이 히브리서 기자를 통해서 말씀하시는 것은 이런 사람들은 다시 하나님의 말씀 앞으로 나와서 다시 새 마음으로 회개하는 것이 쉽지 않다는 말씀입니다. 이런 사람들은 어떤 강력한 방식으로 복음을 제시하더라도 마음 중심으로는 다 우습게 생각할 것입니다. '너희들이 지금 나한테 무슨 말을 하려고 하는지 내가 더 잘 안다. 그 복음의 끝에는 결국 허무뿐이다.'라고 생각하는 것입니다.

홉니와 비느하스는 마음 중심에서 하나님을 믿지 않을 뿐만 아니라 하나님의 백성들까지 믿지 못하도록 악행을 범하면서도 그 범죄의 심각성을 전혀 깨닫지 못하고 회개하지도 않았습니다. 게다가 부친 엘리는 하나님보다도 자기 아들들을 더 소중하게 생각해서 두 아들을 처벌을 해서라도 이 악행을 고치려는 강력한 의지가 부족했습니다. 그래서 여호와께서 그들을 죽이기로 결정하십니다. "그들이 자기 아버지의 말을 듣지 아니하였으니 이는 여호와께서 그들을 죽이기로 뜻하셨음이더라"(삼상 2:25b).

3. 참신자의 경건

그런데 사무엘상 2장 전체의 말씀을 묵상하면서 제가 크게 은혜를 받은 부분이 있습니다. 그것은 20절과 26절의 말씀입니다. 먼저 20절에서 엘리가 엘가나와 한나에게 이렇게 축복합니다. "여호와께서 이 여인으로 말미암아 엘가나 당신에게 다른 후사를 낳게 해 주실 것입니다. 그래서 당신들이 여호와께 간구하여 얻어서 다시 성전에 바친 사무엘 아들을 대신하여 다른 후사들을 낳게 해 주시기를 간구합니다." 이렇게 축복을 선언했더니 실제로 그 축복이 이뤄집니다. 21절에 한나가 사무엘 이후에 세 아들과 두 딸을 낳았습니다.

엘리가 하나님의 말씀을 전했을 때 중생하지 못한 홉니와 비느하스는 그 말을 무시하여 결국은 하나님에게서 버림을 받지만 엘가나와 한나는 그 말씀을 아멘으로 받아서 결국 큰 복을 받습니다. 이것은 참으로 모순입니다. 엘리는 자기 아들들의 교육은 제대로 감당하지 못하면서 자기 가정 바깥의 한나의 영적인 문제에 대해서는 축복을 빌어주고 그 축복이 실제로 실현됩니다. 어떻게 이럴 수 있을까요? 하나님의 은혜를 믿고 실제로 그것을 누리는 문제는 사람의 능력이나 지혜의 차원이 아니라 하나님의 절대 주권의 차원이기 때문입니다. 하나님이 은혜를 베풀지 않으시면 아무리 거룩해 보이는 제사장이라 하더라도 아무리 종교적으로 훌륭한 일을 하더라도 안 된다는 것입니다.

제가 두 번째로 은혜를 받는 대목은 26절의 말씀입니다. "아이 사무엘이 점점 자라매 여호와와 사람들에게 은총을 더욱 받더라" 엘리가 제사장으로 있던 시대는 사무엘상 3장 1절 말씀처럼 여호와의 말씀이 희귀하여 이상이 흔히 보이지 않고 사람들이 하나님의 능력과 영광과 권능을 보기 어려웠던 시대였습니다. 하나님이 침묵하신 시대였고 사람들과 제사장들조차 하나님의 말씀을 거역하는 데 앞장섰던 시대였습니다. 그렇게 패역한 시대임에도 불구하고 하나님의 은혜는 사무엘과 엘가나와 한나와 같은 믿음의 사람들을 향하여 강력하게 비추고 있었습니다. 하나님의 은혜가 마치 밤하늘을 아름답게 수놓은 별들처럼 엘가나와 한나와 사무엘의 믿음을 통해서 아름답게 빛나고 있습니다.

지금도 마찬가지입니다. 많은 사람들이 교회를 욕하고 목회자와 신자들을 비난하고 하나님이 어디 있느냐고 하늘을 향하여 삿대질을 합니다. 하지만 저와 여러분의 마음 중심에는 살아계신 하나님에 대한 참 믿음이 있습니다. 우리 안에 내주하시는 성령 하나님은 이 연약한 믿음을 사용하셔서 교회를 세우시고 우리가 함께 예배 드리며 하나님을 섬기도록 인도하고 계십니다. 우리가 주님의 말씀에 순종하며 믿음의 삶을 사는 것은 우리 인간의 힘으로는 전혀 불가능합니다. 오직 우리 안에 내주하시는 성령 하나님께서 우리 안에 있는 이 연약해 보이는 믿음을 사용하셔서 바깥으로 나타난 증거입니다.

그래서 저는 우리 성도님들이 이렇게 함께 모여 예배드리는 것이 너무나도 귀하고 감사하고 놀랍고 기쁜 것입니다. 2천 년 전에 사도 요한이 당시 가장 문명이 발달한 에베소 도시에서 생활할 때 주변 이방인들로부터 멸시를 받으면서도 조롱과 비난과 핍박을 받는 중에라도 하나님의 은혜와 지혜와 능력이 자기와 함께 동행하고 있음을 믿음의 눈으로 바라보며 감사했습니다. 그 감동을 요한복음 1장 14절에 기록하였습니다. "말씀이 육신이 되어 우리 가운데 거하시매 우리가 그의 영광을 보니 아버지의 독생자의 영광이요 은혜와 진리가 충만하더라"(요 1:14). 2천 년 전 에베소에서 사도 요한의 눈으로 분명히 보았던 그 동일한 하나님의 은혜와 영광과 능력과 권능이 지금 우리 성도님들과 함께 드리는 이 예배의 자리에 그리고 성도님들의 삶 속에서도 동일하게 임재하고 있습니다. 그 믿음을 붙잡고 나아갈 때 우리 주님은 더욱 크신 능력과 영광으로 반드시 우리에게 응답해 주실 것입니다. 할렐루야! 아멘.

하나님 마음에 합한 사람

5

사무엘상 3장 10-21절

약속의 말씀을
성취하시는 하나님

예배에 대한 기대

우리가 예배당에 나올 때마다 마음속에 간절한 기대와 소원이 있습니다. '주님, 오늘 말씀을 통해서 주님 만나는 시간되게 하여 주시옵소서.' 그래서 목사님께서 성경 말씀을 열심히 전해 주십니다. 하지만 월요일이 되어 집과 회사로 돌아가면 왠지 모르게 기대했던 하나님이 계시지 않은 것 같은 영적인 답답함이 느껴집니다. 이럴 때 항상 기억하시기 바랍니다.

교회 안에서 하나님이 목사님의 말씀을 통해서 우리에게 찾아오신다면 이제 집, 가정, 회사, 학교에서는 우리 성도님들이 손을 움직이고 발을 움직여 순종하는 삶을 통해 하나님이 우리에게 찾아오십니다. 집, 가정, 회사, 학교에서 하나님을 만나고 체험하는 것이 우리 목표가 아닙니다. 우리가 말씀에 순종하는 삶을 통해서 집, 가정, 회사, 학교에서 만나는 사람들에게 하나님을 대신하는 삶을 살아내는 것입니다. 그러나 우리의 순종의 모습이 세상 사람들 보기에 대단하거나 엄청난 것이 아닐 수도 있습니다.

1. 흑암을 밝히는 하나님의 등불

왜냐하면 세상 사람들은 이런 생각을 합니다. 하나님이 사람과 함께 동행하신다면 그 증거가 엄청난 능력과 기적으로 나타난다고 생각합니다. 폭풍이 휘몰아치고, 천둥번개가 치고, 귀신이 소리를 지르면서 떠나가고, 우리 몸에서 암덩어리가 쑥쑥 빠져나가고, 복권에 당첨되고, 사업이 술술 풀려야 하나님이 우리와 함께 하시는 증거라고 생각합니다.

하지만 성경 말씀을 살펴보면 하나님이 우리 인생 가운데 찾아오시는 방식은 이와 상당히 다른 것임을 알 수 있습니다. 오늘 본문 3장 1절을 보면 "아이 사무엘이 엘리 앞에서 여호와를 섬길 때에는 여호와의 말씀이 희귀하여 이상이 흔히 보이지 않았더라"고 합니다. 제사장 엘리가 살던 시대에는 하나님의 제사장인 엘리가 하나님의 말씀을 올바로 선포하지 못했습니다. 그 결과로 이상(vision)이 흔히 보이지 않았더라고 합니다. "여호와의 말씀이 희귀했다"에서 여호와의 말씀은 우리 하나님이 인생과 역사 속에서 반드시 실행하실 것을 약속하는 말씀을 가리킵니다. 엘리는 하나님 앞에서 그 시대를 향하여 하나님의 말씀을 선포하는 책임을 지고 있음에도 이 역할을 제대로 감당하지 못했습니다. 그래서 이스라엘 백성들의 마음과 그 땅에 하나님의 말씀이 희귀해졌습니다.

또한 '이상'이란 것은 무슨 신비로운 환상이 아니라 하나님이 인생들과 역사 속에서 실행하시겠다고 약속하신 것이 실제로 사람들 마음속에 믿어져 기대감이 형성되는 것을 의미합니다.[7] 때로는 말씀에 근거한 미래의 기대감이 미래에 대한 전망(vision)으로 그려지기도 합니다. 엘리가 살던 시대에는 1절 말씀처럼 하나님의 말씀이 제대로 선포되지 않아서 사람들 마음속에 하나님에 대한 믿음이 제대로 만들어지지 못했습니다. 하나님의 인도하심에 대한 기대감 또한 전혀 형성되지 못했습니다. 이렇게 하나님의 말씀과 하나님에 대한 믿음의 이상이 없는 세상을 가리켜서 하나님의 영광이 떠난 시대, 즉 '이가봇의 시대'라고 부릅니다.

그런데 참으로 감사한 일은 그렇게 답답하고 암담하고 비참한 시대임에도 불구하고 3절 말씀처럼 하나님의 성소 안에서 하나님의 등불은 아직 꺼지지 않고 밝게 빛나고 있습니다. 지금도 마찬가지입니다. 많은 사람들이 한국교회가 무너져간다고 말합니다. 또 교회는 많고 선포되는 설교 말씀도 많지만 제대로 들을만한 하나님의 말씀은 듣기 어렵다는 이야기를 합니다. 하지만 저는 그럼에도 불구하고 한국교회에 대한 희망을 말할 수 있다고 생각합니다.

왜냐하면 신명기 18장에서 모세 같은 선지자를 다시 보내주시겠다고 약속하신 하나님께서 창세 이래로 자기 백성들에게 단 한 번도 선지자를 안 보내주셨던 적이 없었기 때문입니다. 중요한 것은 들을 귀가 있느냐 하는 것뿐입니다. 지금도 마찬가지입니다. 지금도 하나님은 자신의 종들을 통해서 자기 백성들에게 하나님의 말씀을 전하고 계십니다. 지금도 주님의 교회 안에서는 하나님의 말씀이 올바로 선포되고 있습니다.

2. 임마누엘과 무지

문제가 있다면 하나님의 말씀은 계속 선포되지만 당장 사람들 눈 앞에서 그 말씀이 그대로 성취되는 것은 아닙니다. 당장 성취되면 좋겠지만 그렇지 않아서 진리의 말씀을 그대로 받아 믿는 것이 쉽지 않습니다. 3절을 보면 어린 사무엘이 여호와의 언약궤가 봉안되어 있는 성소 안에 누워서 잠을 자는데 4절에 한밤중에 누가 자기를 부르는 소리를 듣습니다. 잠에서 깼으나 자기를 부르는 사람이 보이지 않아서 혹시 엘리 제사장이 부르나 5절에 엘리에게로 달려갑니다. "제사장님이 나를 부르셔서 내가 여기에 왔습니다." 잠을 자고 있던 엘리는 사무엘의 이야기를 듣고서 '이 아이가 혹시 꿈에 무슨 소리를 들어서 그런가?' 하는 생각이 듭니다. "내가 너를 부른 것이 아니니까 그냥 돌아가서 자던 잠을 계속 자라"고 합니다. 사무엘은 자기 자리로 돌아가서 잠을 자는데 또 자기를 부르는 음성이 들려옵니다. 다시 엘리에게로 갔더니 내가 널 부른 것이 아니라고 합니다.

그런 일이 연거푸 세 번 반복되는데 7절에 보면 이상한 말씀이 있습니다. 다 함께 읽어보시겠습니다. "사무엘이 아직 여호와를 알지 못하고 여호와의 말씀도 아직 그에게 나타나지 아니한때라"(삼상 3:7). 이 구절의 전반부를 보면 사무엘이 요즘으로 말해 대략 초등학생 정도니까 여호와 하나님을 제대로 알지 못했다는 표현은 정확합니다. 하지만 7절 후반절에서 "여호와의 말씀도 아직 그에게 나타나지 아니한때라"는 표현은 사무엘의 입장에서는 맞는 표현일는지 몰라도 하나님의 입장에서는 참으로 안타까운 표현입니다. 사무엘은 당장 깨닫지 못하고 있지만 지금 사무엘을 부르고 계시는 분은 바로 만왕의 왕이시요 만군의 주가 되시는 여호와 하나님이시기 때문입니다. 여호와 하나님께서 자기 인생에 노크를 하고 계시는데 사무엘은 거룩하신 여호와 하나님께 어떻게 반응해야 하는지 어떻게 맞이해야 하는지 전혀 교육받지 못했습니다. 그래서 사무엘은 잠만 자다가 엉뚱한 번짓수를 계속 찾아가고 있습니다.

우리가 하나님의 자녀로 출생하는 것도 이와 마찬가지입니다. 하나님이 우리 인생 가운데 이미 찾아오셨고 우리 인생을 이미 주님 품에 품고 계심에도 불구하고 그 시점을 깨닫지 못한 채 다만 나중에 확인하여 깨달을 뿐입니다. 이런 의미에서 구원파가 '당신의 영적인 출생일이 언제인가? 영적인 출생일이 불분명한 사람은 아직도 영적으로 거듭나지 못했다'고 주장하는 것은 하나님 나라의 영적인 출생의 비밀을 잘 모르는 소치입니다.

3. 임마누엘과 사람들의 무시

8절에 하나님이 세 번째로 사무엘을 또 부르시는데 사무엘은 이번에도 엘리를 찾아갑니다. 이때 엘리는 사무엘이 연거푸 세 번씩이나 자기를 찾아오는 모습을 이상하게 생각합니다. 직업적인 본능으로 한 가지 사실을 깨닫습니다. '하나님이 지금 저 아이 사무엘의 인생 속으로 찾아 들어오고 계시는구나.' 그래서 9절에서 사무엘에게 충고해줍니다. 이번에 하나님이 너를 부르시면 이렇게 대답해라! "여호와여! 말씀하옵소서 주의 종이 듣겠나이다" 엘리가 일종의 직무적인 상식으로 알고 있는 지식을 사무엘에게 알려줍니다. 그래서 10절에서 사무엘이 대답합니다. "여호와 하나님! 살아계신 하나님! 저에게 말씀하옵소서. 주의 종이 듣겠나이다."

그렇게 말씀 받을 준비를 하고 하나님을 향하여 귀를 열자 하나님의 말씀이 들려옵니다. 11절 이하의 말씀입니다. 당시 엘리가 자식 교육을 잘못시켜서 아들들이 성소 안에서 예배를 인도하는데 여호와를 알지 못하고 제사를 능멸하면서 여호와 하나님까지 능멸했습니다. 그래서 하나님이 이 가문 전체를 심판하시겠다는 무서운 말씀이 사무엘에게 임합니다.

그 심판의 말씀을 귀로 처음 들었을 때 하나님의 심판에 대한 두려움 때문에 사무엘의 심장이 오그라드는 것 같았습니다. 15절에 보면 사무엘이 계시를 받은 다음에 심장이 두근거려서 아침까지 잠을 자지 못합니다. 아침이 되어서 하루의 일과를 시작하는데 사무엘의 표정이 불안과 공포에 사로잡혀 있습니다. 엘리가 그 모습을 보고 지난 밤에 사무엘에게 무슨 심각한 사건이 벌어진 것 같은 느낌이 들어서 물어봅니다.

17절에 보면 "네게 무엇을 말씀하셨느냐?"고 질문합니다. 그 질문 앞에서 사무엘의 마음이 오그라들고 찢어질 것만 같습니다. 질문하는 당사자가 하나님의 저주를 받는다고 하니 차마 입을 뗄 수가 없습니다. 사무엘이 주저주저하니까 엘리는 크게 호통칩니다. "만일에 나한테 숨기면 하나님이 네게 벌을 내리시고 또 내리시기를 원한다"고 사무엘을 압박합니다. 이에 사무엘이 지난밤에 들었던 하나님의 저주의 말씀을 엘리에게 그대로 선포하자 엘리가 뭐라고 반응합니까? 18절 하반절에서 엘리가 말합니다. "이는 여호와이시니 선하신 대로 하실 것이니라" 이 말 속에서 엘리는 사무엘의 입을 통해서 전달되는 하나님의 계획에 대한 인격적인 신뢰감이 없습니다. 하나님은 좋은 분이시니 알아서 선하게 인도하실 것이므로 너는 그런 말을 크게 마음에 담고서 그리 불안해하지 말라는 것입니다.

엘리가 자신을 향한 하나님의 저주의 말씀 앞에서 이토록 천하태평인 이유는 무엇 때문일까요? 세 가지 이유가 있습니다. 첫째는, 하나님의 말씀이 세상 눈으로 볼 때 별 볼일 없어 보이는 어린 아이 사무엘을 통해서 전달되기 때문입니다. 하나님의 말씀이 천둥과 번개나 엄청난 지진과 쓰나미를 통해서 전달되는 것이 아니라 무시할만한 어린 아이의 입을 통해서 전달됩니다. 어린 아이를 무시하면서 어린 아이가 전하는 말씀도 함께 무시한 것입니다.

엘리가 어린 사무엘의 말씀 앞에서 즉시로 회개하지 못하는 둘째 이유는, 이 저주의 메시지가 오늘 아침에 처음 듣는 내용이 아니라 이미 이전에 다른 선지자가 자기를 찾아와서 전달해 주었던 말씀입니다. 2장 27절 이하 36절까지를 보면 사무엘이 이런 말을 하기 이전에 이미 들어서 잘 알고 있는 메시지입니다. 그 내용도 사무엘이 한 말보다 훨씬 더 자세하고 권위 있게 선포되었습니다. 엘리의 입장에서는 어린 사무엘의 입을 통해서 전달된 하나님의 말씀이 별반 새로울 것이 없습니다. 그리 중요하지 않다고 넘겨 버립니다. 오늘날에도 세상 사람들이 하나님의 말씀을 믿지 않는 이유는 그 말씀을 믿거나 말거나 자기 인생에 별 차이가 없다고 생각합니다. 교회에 다니거나 다니지 않거나 내 인생에 그다지 차이가 없다고 생각합니다. 하나님의 말씀을 믿고 교회에 다니면 다른 사람 보기에 합리적이고 건전한 내 이미지가 비합리적이고 천운이나 바라는 한심한 이미지로 추락할 것으로 생각합니다.

엘리 제사장이나 오늘날 불신자들이 하나님의 말씀을 받아들이지 않는 셋째 이유는, 그 마음에 성령 하나님이 계시지 않아서 양심이 이미 강퍅할대로 굳어져 버렸기 때문입니다. 그래서 현재 상태를 그대로 고집하는 것입니다. 이것을 가리켜서 교만하다고 합니다. 그 마음이 이미 자기 중심적으로 교만해지고 굳어져 당장 자신의 잘못이나 죄악을 돌이켜 행동과 언행을 고칠 생각도 못하는 것입니다.

이런 세 가지 이유로 어린 사무엘이 저주의 말씀을 전달할 때 엘리는 그것을 진정으로 인정할 수도 믿음으로 받아들일 수도 없었습니다. 하나님의 말씀 앞에서 엎드려 자복하며 회개할 수 없었습니다.

4. 말씀이 성취되리라는 믿음

이후 시간이 좀 더 흐른 다음에 4장으로 가면서 블레셋이 이스라엘로 쳐들어와 엘리와 그 두 아들과 며느리까지 모두 죽게 됩니다. 그렇게 시간이 흘러 역사가 펼쳐지는 가운데 하나님의 예언은 점점 분명하게 성취됩니다. 약속하신 하나님의 말씀이 역사 속에서 액면 그대로 한치의 오차도 없이 정확히 성취되는 것을 주변사람들이 지켜봅니다. 점차 사람들이 사무엘의 말을 하나님의 말씀으로 인정하고 믿기 시작합니다.

사무엘상 3장 19-21절입니다. "사무엘이 자라매 여호와께서 그와 함께 계셔서 그의 말이 하나도 땅에 떨어지지 않게 하시니 단에서부터 브엘세바까지의 온 이스라엘이 사무엘은 여호와의 선지자로 세우심을 입은 줄을 알았더라 여호와께서 실로에서 다시 나타나시되 여호와께서 실로에서 여호와의 말씀으로 사무엘에게 자기를 나타내시니라"
(삼상 3:19-21).

'단에서부터 브엘세바까지'는 이스라엘 전역을 의미합니다. 하나님
께서는 사무엘과 함께 동행하시는 증거를 이스라엘 온 땅이 모두 알
수 있도록 널리 소문을 내 주셨습니다. 사무엘이 하나님의 예언의 말
씀을 선포하면 예언한 그대로 성취됩니다. 예언의 말씀이 완벽하게
성취됩니다. 이 과정이 바로 하나님이 사무엘과 함께 하시는 증거입
니다. 이스라엘 백성들은 이 과정을 지켜보면서 하나님이 사무엘과
함께 내주시고 동행하시는 것을 인정할 수밖에 없었습니다. 1절에
서는 하나님이 사무엘과 함께 하시는 임마누엘의 증거가 전혀 나타나
지 않았는데 19절 이하에서는 하나님이 사무엘과 함께 하시는 증거가
온 세상에 널리 소문이 났다는 말씀입니다.

그러면 하나님이 사무엘 자신과 함께 하시도록 사무엘이 감당한 역
할이나 책임은 무엇이 있었을까요? 이 과정을 자세히 살펴보면 실제
로 사무엘이 감당한 역할은 하나도 없습니다. 첫째는, 사무엘은 하나
님이 자기 인생 속으로 찾아와 달라고 간절히 통성기도하고 금식기도
한 것이 아닙니다. 사무엘이 하나님에 대해 잘 모르고 찾지도 못할 때
그의 인생에 일방적으로 찾아오신 분은 하나님 자신이셨습니다. 둘째
로, 사무엘이 하나님의 말씀을 구하지도 않았는데 앞으로 펼쳐질 인
생과 역사의 미래에 대해서 말씀하신 분도 하나님이셨습니다. 사무엘
이 스스로 먼저 구한 것이 아닙니다. 셋째로, 하나님의 말씀이 자기 인
생 속에서 실제로 성취되도록 하기 위해서 사무엘이 무슨 노력이나
헌신한 것도 아닙니다. 그저 하나님께서 그 말씀이 성취되는 방향으
로 사무엘과 이스라엘의 역사를 이끌어가셨습니다. 말씀하신 분도 하

약속의 말씀을 성취하시는 하나님 | 사무엘상 3장 10-21절

나님이시고 그 말씀을 실현하신 분도 하나님이십니다. 그 영광을 우리 사람들 가운데 스스로 나타내시는 분 또한 하나님이십니다.

5. 임마누엘의 증거들

이렇게 1절과 21절의 모든 과정을 하나님이 주도하시고 하나님이 성취하셨다면 과연 사무엘은 무엇을 했을까요? 과연 이 과정에서 그가 한 일이 정말로 하나도 없을까요? 사무엘이 행한 단 한 가지 중요한 것이 있습니다. 그것은 바로 말씀하신 하나님을 성취하시는 하나님으로 믿는 믿음입니다.

하나님은 스스로 계획하시고 말씀하신 그대로 실현하시며 성취하십니다. 우리 편에서의 결정적인 통로는 바로 그 약속의 말씀을 그대로 믿는 믿음입니다. 하나님은 홀로 스스로 모든 것을 행하시지만 그 약속의 말씀을 믿는 믿음의 사람을 통해서 온전히 성취하십니다. 그러므로 우리 마음에 하나님의 말씀이 100% 그대로 성취될 것을 믿는 믿음이 임마누엘의 최고의 증거입니다. 하나님이 목회자들을 통해서 우리에게 말씀하시고 그 말씀을 통해서 우리 심령에 믿음을 선물로 주십니다. 이 믿음의 선물이 임마누엘로서 하나님이 우리와 함께 하시는 최고의 증거임을 믿으시기 바랍니다.

에베소서 2장 4절부터 7절까지의 말씀을 다시 한 번 읽어보시겠습니다. "긍휼이 풍성하신 하나님이 우리를 사랑하신 그 큰 사랑을 인하여 허물로 죽은 우리를 그리스도와 함께 살리셨고 (너희는 은혜로 구원을 받은 것이라) 또 함께 일으키사 그리스도 예수 안에서 함께 하늘에 앉히시니 이는 그리스도 예수 안에서 우리에게 자비하심으로써 그 은혜의 지극히 풍성함을 오는 여러 세대에 나타내려 하심이라"(엡 2:4-7).

하나님은 우리를 그리스도 안에서 그리스도와 함께 십자가에 죽게 하시고, 또 십자가에서 다시 살리시며, 살리셨을 뿐만 아니라 그리스도 예수 안에서 함께 하늘에 앉히셨습니다. 6절 끝부분이 중요합니다. 저와 여러분의 영적인 신분과 위치는 그리스도 예수 안에서 "함께 하늘에 앉힌 바 되었습니다." 여기에서 '함께'는 '예수님과 함께'를 의미합니다. '하늘'이라는 것은 성부 하나님의 보좌 우편을 의미합니다. 저와 여러분은 예수님을 메시아로 믿어서 구원을 받았는데 단순히 구원만 받아서 지옥에 가지 않기로 보장받은 것뿐만 아니라 예수님과 함께 성부 하나님의 보좌 우편에 앉았습니다.

우리가 성부 하나님의 보좌 우편에 앉았다는 의미는 간단히 말하자면 예수님이 천하만국을 통치하시는 통치 권세를 함께 행사할 수 있는 자리에 앉았다는 의미입니다. 천하만국을 통치하는 통치 권세로서 가장 대표적인 것이 기도의 권세, 말씀 선포의 권세, 예배의 권세, 찬양의 권세를 행사하는 것입니다.

우리 주 예수님께서 십자가 처형을 앞두고 최후의 만찬 시간에 이렇게 말씀하셨습니다. "너희는 마음에 근심하지 말라 하나님을 믿으니 또 나를 믿으라 내 아버지 집에 거할 곳이 많도다 그렇지 않으면 너희에게 일렀으리라 내가 너희를 위하여 거처를 예비하러 가노니 가서 너희를 위하여 거처를 예비하면 내가 다시 와서 너희를 내게로 영접하여 나 있는 곳에 너희도 있게 하리라"(요 14:1-3).

우리 주 예수님은 해가 밝으면 곧 십자가에 처형 당하시는 상황에서 마지막 유언으로 제자들에게 말씀하셨습니다. 그 하나는, 자신은 십자가에 달려 죽더라도 사망 권세를 깨고 다시 부활할 것입니다. 또 하나는, 부활하여 하나님 보좌 우편의 자리에 승천하여 제자들도 그 자리로 인도할 것입니다. 그리하여 그 사망 권세를 깨고 부활한 능력과 영광과 권능을 제자들과 함께 누리도록 인도할 것입니다.

그 약속 그대로 죽음에서 부활하신 우리 주님은 성부 하나님 보좌 우편에 앉으셔서 천하만국을 통치하고 계십니다. 우리 하나님의 백성들도 성부 하나님 보좌 우편에 앉히시고 주님과 함께 천하만국을 통치하는 주님의 권세에 동참할 수 있도록 하셨습니다. 그 주님의 권세를 다음 다섯 가지로 생각해 볼 수 있습니다.[8]

첫째는, 삼위일체 하나님을 예배하고 경배하는 권세입니다. 어떤 성도님들은 예배를 영적인 특권이자 권세가 아니라 일종의 힘든 노동이나 족쇄를 짊어지는 힘들고 지루한 일거리로 생각하기도 합니다. 혹시 그렇다면 오늘부터 "예배는 천하에 가장 위대한 특권이다. 명예다. 이 일은 하늘의 천사들이 가장 흠모하는 일이다." 라고 생각하시기 바랍니다. 천국에 가면 거기서는 더는 노동이나 일이나 눈물이 없습니다. 하나님의 얼굴을 직접 바라보면서 그분을 마음껏 즐거워하고 하나님과 말씀을 나누고 하나님의 사랑을 나누는 예배 밖에 없습니다. 하나님이 이스라엘 백성들을 애굽의 노예에서 건져주신 가장 중요한 목적이 광야에서 오직 하나님만을 예배하도록 구원하셨습니다. 예배는 노동이나 힘든 과제가 아니라 하나님으로부터 사랑과 은혜를 충만하게 받는 시간이고 일종의 결혼 축제와 같은 시간입니다. 이 세상에서 결혼 잔치처럼 즐거운 일이 어디 있습니까? 예배의 권세를 사모하시기 바랍니다.

둘째로, 일상생활 중에서나 예배 시간에 하나님을 찬양하는 권세입니다. 하나님께서 저와 여러분에게 주신 최고의 권세가 예배의 특권이라면 그 특권을 실제로 실행하는 구체적인 방법이 찬양입니다. 찬양하는 가운데 하늘의 보좌에 앉으신 주님이 우리에게 귀를 기울이시고 더 큰 은혜를 공급하십니다. 설령 우리가 감옥에 갇혀 있더라도 찬양을 하면 절망의 늪에 빠진 영혼이 소성함을 입고 우리를 옥죄는 감옥의 문이 열리는 역사가 일어날 줄 믿습니다.

셋째는, 기도의 권세입니다. 우리가 지금 하나님 보좌 우편에 앉아서 당장 시행할 수 있는 최고의 권세가 기도의 권세입니다. 기도 시간에 혹여 기도가 안나온다면 최소한 성경 말씀이라도 암송하시기 바랍니다. 기도의 권세가 얼마나 강력한지 모릅니다. 하나님께 내 죄를 아뢰며 회개하다가 죄인이 의인으로 뒤바뀌는 역사가 일어납니다. 세상적인 것을 추구하는 죄인이 하나님의 나라를 먼저 구하는 의인으로 뒤바뀌는 역사가 일어납니다. 기도 중에 내가 먼저 바뀝니다. 기도 중에 내 문제, 가정의 문제, 직장의 문제, 사업의 문제가 해결되는 놀라운 역사가 일어납니다.

넷째는, 가장 놀라운 권세가 복음 전도의 권세입니다. 이는 죽어가는 영혼에게 하나님의 생명을 전달하는 권세로서 우리가 이 세상에서 감당할 수 있는 최고의 권세이자 최고의 특권입니다. 마태복음 16장 26절 "사람이 만일 온 천하를 얻고도 제 목숨을 잃으면 무엇이 유익하리요 사람이 무엇을 주고 제 목숨과 바꾸겠느냐" 하나님 나라에서 천하보다 귀한 것이 한 사람의 목숨이라면 그 한 영혼의 목숨을 얻기 위하여 우리가 복음을 전하는 것보다 더 귀한 권세는 없습니다.

마지막으로 소개할 영적 권세는 영 분별의 권세입니다. 우리 신자들이 하나님의 말씀을 잘 깨닫고 그 말씀이 성취되는 과정에 믿음으로 동참하려면 우리 마음에 내주하시는 성령 하나님의 감동에 민감해야 합니다. 중요한 선택과 결정의 순간에 세상적인 사고방식으로 선택하는 것이 아니라 늘 하나님의 나라와 하나님의 공의가 좀 더 적극적으로 이루어지는 쪽을 선택해야 합니다. 당장은 어리석어 보입니다. 당장은 손해나는 것처럼 보입니다. 그러나 장기적으로 보면 결국 복된 길입니다. 천지를 창조하시고 지금도 우주 만물을 다스리시는 주님은 오늘 우리에게 늘 말씀을 들려주시고 주의 성령을 통해서 그 말씀에 순종하도록 이끄십니다. 그리고 믿음으로 동참하는 자들을 통해 약속의 말씀을 그대로 성취하십니다. 이 믿음을 굳게 붙잡고 주님과 동행하시길 간절히 축원합니다.

사무엘상 4장 3-11절

하나님의 영광이 머무는 곳

하나님의 영광이 떠나간 인생

오늘날 우리가 신앙생활을 하다보면 우리가 믿는 하나님께서 우리와 함께 하시지 않는 것 같은 답답함을 종종 느끼곤 합니다. 물론 우리는 우리네 인생에 복을 주시는 하나님을 믿지만 현실적으로는 오히려 침묵하시거나 기도에 응답하지 않는 답답한 하나님처럼 느껴질 때가 많습니다. 내 사업이 원하는 대로 풀리지 않거나 자녀들의 성적이 원하는 만큼 오르지 않을 때 '하나님이 나와 함께 하시지 않는구나' 하는 낙심에 빠질 수 있습니다.

오늘 본문에 보면 이스라엘 백성들이 블레셋과 전쟁을 합니다. 이스라엘 백성들은 만군의 여호와이신 하나님과 언약을 맺은 백성들이고 반대로 블레셋 사람들은 하나님이 아닌 다곤 신을 숭배하는 패역한 사람들입니다. 두 진영 사이에 전쟁이 일어나면 우리 생각에 당연히 누가 이겨야 하겠습니까? 이스라엘 백성들이 이겨야지요? 하지만 현실적으로는 블레셋 사람들이 이깁니다. 2절에 보면 "그 둘이 싸우다가 이스라엘이 블레셋 사람들 앞에서 패하여 그들에게 전쟁에서 죽임을 당한 군사가 사천 명 가량"입니다. 이스라엘의 수많은 군사들이 죽임을 당합니다. 말이 4천 명이지 실제로 당시 이스라엘 백성들은 얼마나 충격과 절망에 빠졌겠습니까? 왜 우리에게 이런 끔찍한 비극이 일어났는가? 그 이유와 원인을 철저하게 따져보지 않겠습니까?

이렇게 문제가 발생하면 보통 하나님을 믿는 신자들은 실패의 문제를 하나님과 결부지어 생각합니다. 이렇게 실패의 문제를 하나님과 결부지어 생각할 때는 하나님의 말씀이 가치 판단의 결정 기준으로 작용해야 합니다. 그런데 때로는 하나님의 말씀 대신 종교적인 사고방식이 작용할 때가 있습니다.

당시 이스라엘 백성들은 블레셋과의 전쟁에서 패하자 전쟁에서 패배한 원인을 하나님의 말씀에 비추어 자신들의 행동을 반성하지 않고 종교적인 사고방식으로 접근했습니다. 당시 이스라엘 백성들은 엘리 제사장의 종교적인 리더십 덕분에 일상생활뿐만 아니라 이방민족들과의 전쟁에서의 승리의 근거를 종교적인 의식을 엄격하게 준행했는지의 여부에서 찾았습니다. 종교적인 의식과 절차를 정성스럽게 밟지 않아서 전쟁에서 패했다는 것입니다. 지금도 예수 그리스도에 대한 믿음이 부족한 사람들은 자신의 실패와 불행의 원인을 종교적인 의식과 절차가 부족했기 때문이라고 생각하기 쉽습니다. 자기가 지극정성으로 실행해야 하는 공덕이 하늘에 닿지 못해서 실패했고 불행해졌다고 생각합니다.

당시 이스라엘 백성들도 블레셋과의 전쟁에서 패망한 원인은 실로에 모셔진 여호와의 언약궤를 전쟁터로 모셔오지 않았기 때문이라고 생각했습니다. 그러니 "여호와의 언약궤를 실로에서 우리에게로 가져다가 우리 중에 있게 하여 그것으로 우리를 우리 원수들의 손에서 구원하게 하자" 이런 결론을 내립니다.

1. 임마누엘의 언약궤

이스라엘의 장로들은 어떻게 이런 결론에 도달하게 되었을까요? 사사 시대 이전의 모세 시대나 또 지금 이스라엘의 장로들이 이해하고 있는 모세의 전통을 보면 이스라엘이 다른 이방민족들과 전쟁을 할 때 여호와의 언약궤는 하나님의 능력과 영광이 이스라엘에 함께하여 전쟁에서 승리를 이끌어내는 임마누엘의 상징이었습니다.

민수기 10장 35-36절에도 이런 말씀이 있습니다. "궤가 떠날 때에는 모세가 말하되 여호와여 일어나서 주의 대적들을 흩으시고 주를 미워하는 자가 주 앞에서 도망하게 하소서 하였고 궤가 쉴 때에는 말하되 여호와여 이스라엘 종족들에게로 돌아오소서 하였더라"(민 10:35-36). 이스라엘 백성들이 이방민족들과 전투를 치러야할 때면 제사장들이 언약궤를 메고서 전쟁터로 나갑니다. 언약궤를 앞세워 진군할 때 제사장들은 기도합니다. "여호와여 일어나서 주의 대적들을 흩으시고 주를 미워하는 자가 주 앞에서 도망하게 하소서" 또 제사장들이 언약궤를 한 장소에 내려놓고 쉴 때에도 이렇게 기도합니다. "우리 앞서 전쟁터로 앞서 나가신 만군의 주 여호와 하나님! 이제 다시 우리 이스라엘 종족들에게로 돌아오셔서 우리를 저 원수들의 창칼로부터 지키시고 보호하여 주시옵소서"

이스라엘 백성들은 전쟁터에서 항상 언약궤를 앞세워서 진군하면서 마치 여호와 닛시의 하나님께서 이스라엘 백성들 바로 옆에 붙어서 동행하시는 분으로서의 이미지를 염두에 두고서 주님의 보호와 승리를 기대하였습니다. 또 진군을 멈출 때에도 자신들의 발걸음과 보조를 같이 하시면서 자신들을 보호하시고 승리를 가져다 주시는 만군의 여호와 하나님의 모습을 기대하면서 주님의 승리와 보호를 간구하였습니다.

이러한 전통 때문에 사사 시대 이스라엘 백성들도 전쟁터에서 하나님의 임재를 간구하기 위하여 제사장들이 언약궤를 메고 와서 전쟁의 승리를 기원하는 것이 일반적인 관례였습니다. 그러나 하나님이 모세를 통해서 이런 예식과 절차를 준행하도록 말씀하신 이유는 전쟁과 같이 나라에 중대사가 발생했을 때 언약궤를 무슨 우상단지처럼 지극정성으로 받들어 섬기라는 뜻이 아닙니다. 그 언약궤가 가리키는 거룩하신 여호와 하나님의 임재 앞에서 자신의 부족함과 죄성을 성찰하고 크신 여호와 하나님의 은총과 인도하심을 간구하라는 의미로 언약궤를 앞세우라고 말씀하셨습니다.

하지만 여러 세대를 거치면서 언약궤 속에 숨겨진 심오한 신학적인 의미를 제대로 주지시켜주는 선지자나 제사장이 없어졌습니다. 그래서 당시 이스라엘 사람들은 패전의 원인을 반성할 때 하나님과의 인격적인 관계 여부를 살피지도 않았고 하나님의 말씀에 순종하는지의 여부를 심각한 기준으로 삼지도 않았습니다. 철저한 반성 속에 계시의 말씀이 없기 때문에 아무리 심각하게 뼈를 깎는 반성을 해도 결과는 '무덤을 파는 것' 뿐입니다. 장고(長考) 끝에 악수(惡手)를 두었다고 말할 수 있습니다. 그래서 호세아 선지자가 탄식하는 것이 "내 백성이 지식이 없어서 망한다"고 했습니다(호 4:6). 여기서 말씀하는 지식은 세상적인 정보나 학식에서 나오는 지식이 아니라 하나님의 계시에서 비롯되는 지혜, 성령 하나님께서 알려주시는 지혜를 의미합니다.

당시 이스라엘 백성들이 언약궤를 가져오는 장면에서 참으로 우스꽝스러운 모습이 당시 제사장인 홉니와 비느하스도 함께 따라오고 있다는 것입니다. 뒤에서 아마도 멋있는 관복을 입고서 앞장서서 종교적인 제스처를 취하면서 언약궤를 이끌고 왔을 것입니다. 그때 온 이스라엘이 너무 기뻐서 환호성을 지릅니다. 여호와의 언약궤가 없어서 1차 전쟁에서 4천 명의 군사들이 죽임을 당했지만 여호와의 언약궤가 우리 중에 들어오니 이제 우리는 전쟁에서 이긴 것이나 다름이 없다는 것입니다.

언약궤가 전쟁터로 다가오자 이스라엘의 모든 군사들과 백성들이 너무 기뻐서 환호성을 지릅니다. 모든 백성들이 기뻐서 발을 동동 구릅니다. 그 고함치는 함성 소리와 발을 구르고 뛰면서 즐거워하는 기세가 얼마나 컸던지 주변 수 킬로미터 땅이 진동을 했습니다. 이스라엘 진영 건너편에 블레셋 사람들에게까지 다 들리고 느껴질 정도입니다. 이스라엘이 도대체 왜 저러나 궁금해서 알아보니 여호와의 언약궤가 이스라엘 진영으로 들어오기 때문입니다.

2. 블레셋 사람들에게 자신을 알리시는 하나님

그런데 7절에 블레셋 사람들의 반응을 보면 참으로 이상한 반응이 두 가지가 나타납니다. 블레셋의 반응이 이상한 것은 이 반응이 이스라엘로서는 상상할 수 없는 반응이기 때문입니다.

하나님의 영광이 머무는 곳 | 사무엘상 4장 3-11절

"블레셋 사람들이 두려워하여 이르되 신이 진영에 이르렀도다 하고 또 이르되 우리에게 화로다 전날에는 이런 일이 없었도다 우리에게 화로다 누가 우리를 이 능한 신들의 손에서 건지리요 그들은 광야에서 여러 가지 재앙으로 애굽인을 친 신들이니라"(삼상 4:7-8). 언약궤가 이스라엘 진영으로 들어오자 블레셋 사람들이 두려워하기 시작합니다. 그런데 이들이 언약궤를 두려워합니까? 아니면 만군의 주 여호와 하나님을 두려워합니까? 7절에서 '신'이 진영에 이르렀다고 두려워할 때 '신'은 엘로힘을 가리킵니다. 8절 하반절에 "그는 광야에서 여러 가지 재앙으로 애굽인들을 친 신들이니라"에서 신들과 같은 원어 '엘로힘'입니다.

블레셋 사람들의 반응이 참으로 이상하고 신기한 첫 번째 특징은 이들이 언약궤를 바라보는 관점이 이스라엘과 너무 다르기 때문입니다. 이들은 언약궤의 물건 배후에 있는 하나님의 영광을 제대로 직시할 줄 알았다는 것입니다. 이스라엘 사람들은 그러지 못했습니다. 이스라엘 사람들은 자기들이 전쟁에 패한 이유가 하나님 때문이 아니라 언약궤가 없어서라고 생각합니다. 이스라엘 사람들로서는 하나님과의 인격적인 관계가 중요한 것이 아닙니다. 이들은 언약궤를 그저 하나님의 능력을 조종할 수 있는 어떤 신비한 표적이나 만능열쇠로 생각했습니다.

제사장 홉니와 비느하스가 성전 안에서 얼마나 음란하고 패역한 범죄를 저지르든 관계없이 그저 언약궤만 갖다 놓으면 당장 전쟁에서 승리를 가져다 줄 신통방통한 물건으로 생각한 것입니다. 만군의 주 되시는 여호와 하나님에 대한 믿음이 없다보니 언약궤 앞에서 자신들의 마음을 하나님의 불꽃같은 시각으로 살피지 못합니다. 하나님이 지금 언약궤를 메고 있는 저 홉니와 비느하스의 죄악에 대해서 얼마나 역겨워하고 있는지를 전혀 생각하지 못합니다. 성소에서 제사를 드리는 도중에 생고기를 갈취하는 이들 제사장들의 만행이 하나님을 섬긴다고 하지만 실상은 하나님을 능멸하고 있습니다. 하지만 이스라엘 장로들은 하나님이 홉니와 비느하스의 불신앙에 대해서 얼마나 역겨워하시는지 안중에도 없습니다.

반면에 블레셋 사람들은 언약궤를 바라보면서 무슨 생각을 합니까? 블레셋 군사들이 언약궤가 이스라엘 진영에 나타났음을 알았을 때 첫 번째 반응은 "우리에게 화로다 전날에는 이런 일이 없었도다"는 충격과 공포입니다(삼상 4:7-8). 그리고 이번 전쟁에서 자신들은 결코 이스라엘을 이길 수 없겠다는 절망감입니다. 블레셋 사람들이 언약궤 앞에서 이토록 심각한 충격과 절망, 그리고 패배의식에 사로잡힌 이유는 무엇 때문일까요?

그 실마리는 8절 하반절에서 찾아볼 수 있습니다. "그들은 광야에서 여러 가지 재앙으로 애굽인들을 친 신들이니라" 블레셋 사람들은 언약궤가 이스라엘 진영에 들어왔다는 소식을 듣고서 과거 이스라엘 백성들의 하나님 여호와가 열 가지 재앙으로 애굽의 권세를 무너뜨리고 뒤쫓아오던 바로의 군대까지 홍해에 몰살시켰던 이스라엘 구속의 역사를 떠올렸습니다. 어떻게 이런 일이 가능할까요? 어떻게 언약궤가 이스라엘 진영에 들어왔다는 소식만으로 이스라엘이 과거에 경험했던 크신 하나님의 구원과 이를 대적한 애굽 바로의 권세의 파멸의 역사를 떠올릴 수 있었을까요?

그것은 오직 성령 하나님께서 영적인 깨달음을 허락해 주셔야만 가능합니다. 블레셋 사람들은 여호와 하나님을 주님으로 섬기는 하나님의 백성들이 아닙니다. 그래서 언약궤를 바라보더라도 언약궤의 가시적인 상징(visible symbol)이 가리키는 영적인 실체(spiritual reality)를 자신들의 지혜로는 도저히 깨달아 알 수 없습니다. 오직 성령 하나님께서 그들의 인식 활동에 개입하여 영적인 깨달음의 빛을 비춰주셔야만 가시적인 상징이 가리키는 영적 실체에 도달할 수 있습니다.

그래서 블레셋 사람들은 언약궤만을 생각하면서도 그 언약궤가 가리키는 여호와 하나님의 크신 능력 앞에서 두려워 떠는 것입니다. 자신들이 어떻게 감히 하늘의 하나님과 직접 전쟁할 수 있겠는가? 백번을 싸운들 과연 한 번이라도 이길 수 있겠는가? 하는 두려움과 공포와 절망이 블레셋을 휘감고 있습니다.

블레셋 사람들의 이러한 반응이 참으로 이상한 것은 이스라엘 백성들의 시선은 아카시아나무로 만든 언약궤 자체를 주술적으로나 미신적으로 생각하는 반면 반대편 블레셋 사람들은 언약궤가 의미하는 하늘 하나님의 그 두렵고 떨리는 능력과 영광을 제대로 바라보고 있다는 것입니다. 성령 하나님께서 깨달음을 주시는 조명의 사역(the divine work of illumination)이 아니고서는 설명할 수 없습니다.

3. 영광을 거두시는 하나님

그런데 블레셋의 반응이 더 놀라운 것은 그렇게 하나님의 능력에 대한 두려움과 절망이 이들을 휘감았으면 당연히 전쟁터에서 '나 살려라'하고 뒤도 돌아보지 않고 도망쳐야 하지 않을까요? 참으로 놀랍게도 블레셋의 반응은 정반대입니다. "너희 블레셋 사람들이 강하게 되며 대장부가 되라. 너희가 히브리 사람의 종이 되기를 그들이 너희의 종이 되었던 것 같이 되지 말고 대장부 같이 되어 싸우라”고 오히려 서로를 독려하며 용기를 북돋아주고 있습니다(삼상 4:9-10). 이러한 결사항전의 자세는 도대체 어디에서 비롯된 것일까요?

본문 4장 9절을 보면 블레셋 사람들이 언약궤로 무장한 이스라엘에 대항하여 불굴의 투혼을 발휘해야 하는 이유를 “히브리 사람들의 노예가 될 수 없다”는 자유정신에서 찾고 있는 것처럼 보입니다.[9] 하지만 이들이 연설로 다시 확인한 자유의 가치가 이들이 언약궤를 보면서 그 마음에 압도당했던 여호와 하나님의 능력과 영광보다 더 비교할 수 없이 압도적이었겠는가 하는 의심이 생깁니다. 왜냐하면 이들의 말 속에서 자유의 가치에 대한 묘사는 잠깐 등장하지만 여호와의 궤 때문에 발생한 파죽지세의 승리와 패전에 관한 언급은 압도적으로 많이 등장하기 때문입니다.

그렇다면 블레셋 사람들이 당시 세계 최강의 군사력을 자랑했던 애굽 파라오의 권좌를 박살냈던 여호와 하나님과도 과감하게 싸워보자고 결사항전의 투지를 불태울 수 있었던 이유는 무엇 때문일까요? 그것은 앞서 블레셋 사람들의 논리적인 추론 과정에 개입하셨던 성령 하나님의 조명 때문입니다. 블레셋 사람들은 언약궤가 이스라엘 진영에 나타난 것을 보고 여러 생각을 하기 시작했습니다. 그 순간에 성령 하나님은 그들의 심령에 개입하여 영적인 깨달음을 허락하셨습니다. 성령 하나님께서 블레셋 사람들 마음에 저 언약궤의 진짜 의미는 여호와 하나님께서 이스라엘의 사령관으로 전쟁을 이끌고 계시다는 깨달음을 허락하셨습니다. 그와 동시에 비록 저 쪽에 여호와 하나님이 사령관으로 임재하시지만 그러나 그 하나님께서 이스라엘에게 반드시 승리를 허락하신다는 보장이 뭐 있겠는가? 혹시 우리가 죽을 힘을 다하여 싸우면 오히려 우리가 이길 수 있지 않겠는가? 성령 하나님께서 순간적으로 블레셋 사람들의 마음속에 그러한 자신감과 용기를 허락해 주셨습니다.

블레셋 사람들에게 언약궤의 진짜 비밀을 알려주신 이도 성령 하나님이시지만 그 하나님에 관한 지식으로 용맹스럽게 싸우도록 결단의 자리로 인도하시는 이도 성령 하나님이셨습니다. 블렛셋 사람들이 언약궤를 통해서 여호와 하나님에 관한 정확한 지식에 도달한 것도 하나님이 그렇게 지식을 주셔서 가능한 것입니다. 이와 마찬가지로 이스라엘에 대하여 반드시 이겨야하겠다는 결심을 하게 된 것도 하나님께서 이들의 생각과 사고를 몰아붙이셨습니다.

그렇게 10절로 가면 2차 전쟁에서 블레셋이 대승을 거둡니다. 10절 하반절에 "살륙이 심히 커서 이스라엘 보병의 엎드러진 자가 삼만 명이나 됩니다." 그리고 11절에 하나님의 언약궤마저 블레셋에게 빼앗기고 언약궤를 지키고 있던 엘리의 두 아들 홉니와 비느하스는 언약궤 주변에서 죽임을 당합니다.

저는 9절 말씀에서 전율합니다. 하나님께서는 말씀으로 사람들을 감화감동하실 때에는 못하시는 일이 없으시구나! 하나님이 언약궤를 통해서 블레셋 사람들의 마음에 먼저는 절망감을 안겨주셨다가 다시 결사항전의 의지를 불태우도록 감동하시는 장면을 보면 이사야 선지자를 통하여 선포하신 말씀이 연상됩니다.

"나는 빛도 짓고 어둠도 창조하며 나는 평안도 짓고 환난도 창조하나니 나는 여호와라 이 모든 일들을 행하는 자니라 하였노라"(사 45:7). 우리 하나님 여호와는 빛과 생명을 창조하시지만 동시에 어둠과 죽음도 창조하시는 분이시며, 사람들의 심령에 평안도 만드시는 분이시지만 동시에 환난도 창조하시는 분이십니다. 왜 성령 하나님은 적국 블레셋 사람들의 논리적인 추론 과정에 개입하여 여호와 하나님이 인도하시는 이스라엘 백성들과 결사항전의 투지를 가지고 싸우도록 그들의 심령을 감동하셨을까요? 하나님이 블레셋 사람들에게 전례 없는 '신지식'(神知識, theology)을 허락하신 이유가 무엇입니까? 하나님의 입장에서는 자신의 거룩함을 이스라엘 백성들에게 나타내어 이스라엘의 죄악을 징계하고 심판하셔야 하기 때문입니다.

하나님은 자신의 거룩한 목적을 달성하려고 말씀으로 사람들의 심령을 움직이시고 그 심령에 하나님의 목적지를 향한 강렬한 열망과 의지를 만들어내십니다. 그래서 말씀의 조종을 받은 사람들이 상식적으로 도망갈 것 같은데 정반대로 결사항전의 자세로 달려듭니다. 이것이 바로 하나님의 말씀의 무서운 능력입니다. 하나님께서 자신에 관한 계시를 사람들에게 제대로 허락하시면 그가 선한 사람이든 악한 사람이든 결국 하나님이 하시는 일을 수종드는 도구로 쓰임을 받습니다. 하나님의 사람은 하나님의 말씀의 능력과 생명을 창조하는 일에 쓰임을 받습니다. 반대로 악인은 자신의 고집과 교만으로 하나님의 징계와 심판을 나타내는 일에 쓰임을 받습니다.

언약궤가 없을 때 전쟁에서 지는 것은 하나님이 우리와 함께 하시지 않기 때문입니다. 언약궤가 있어도 전쟁에서 지는 것은 하나님이 우리와 함께 하시면서도 의도적으로 우리를 심판하시고 징계하시기 때문입니다. 하나님이 왜 의도적으로 그분의 영광을 우리에게서 숨기시고 징계하실까요? 그 이유는 우리가 아직 주님 보시기에 주님의 영광을 감당할 정도로 정결하고 거룩하지 않기 때문입니다. 주님의 영광이 우리에게서 떠나간 이가봇은 그만큼 우리가 주님의 영광에 동참할 자격이 없음을 책망하고 징계하는 것입니다. 아직 수준이 되지 않았다는 것입니다.

4. 수치를 감당하시는 하나님

우리가 하나님의 영광을 누릴만한 자격이나 수준이 되지 않았을 때 하나님은 단순히 저와 여러분에게서 하나님의 영광을 거두시고 심판만 하시는 것이 아닙니다. 그뿐 아니라 하나님은 저와 여러분과 함께 그 모든 고통과 치욕을 친히 감당하십니다. 이것이 바로 이가봇의 두 번째 의미인 십자가의 이가봇입니다. '이가봇'이란 말은 '하나님의 영광이 우리 신자들에게서 떠나갔다'는 것입니다. 그래서 우리가 실패하고 망하게 되었다는 것입니다. 그것은 이가봇의 의미를 반쪽만 설명하는 것입니다. 나머지 의미는 우리가 당하는 그 고난 중에 하나님이 없는 것처럼 보이지만 실상은 우리 하나님이 친히 하나님 부재의 모욕과 치욕을 함께 감당하시면서 우리와 동행하고 계시다는 것입니다. 그래서 하나님의 영광이 떠난 이가봇이 있지만 동시에 십자가의 침묵과 고난을 함께 담당하고 계시는 이가봇도 있습니다.

하나님의 영광이 이스라엘에게서 떠나가서 이스라엘이 전쟁에 패배하고 그 다음 11절을 보면 하나님의 언약궤마저도 블레셋에게 빼앗깁니다. 하나님의 임재를 상징하는 언약궤가 블레셋에게 빼앗겼다는 것은 하나님의 거룩하신 이름이 하나님을 믿지 않는 블레셋 가운데 모욕과 멸시를 당하는 것입니다. 하나님의 언약궤가 블레셋에게 빼앗겨서 하나님이 이방 중에 모욕을 당하는 이 사건은 예수님께서 저와 여러분의 죄악 때문에 십자가에 발가벗겨진 채로 십자가에 달려 온 세상의 조롱거리와 모욕과 멸시를 친히 담당하신 사건을 예표합니다. 예수님이 발가벗겨진 상태로 십자가에 달렸을 때 그분이 받으신 최대의 모욕이 무엇입니까? "만일 네가 하나님의 아들이라면 그 십자가에서 내려와 보라!"는 것입니다. 네가 하나님의 아들은 커녕 하나님의 이름을 더럽히고 모독한 신성모독의 죄를 범해서 십자가처형을 받는 것이라는 조롱을 모두 감당해야만 하셨습니다.

주님이 왜 이런 모욕을 모두 감당하셨습니까? 우리를 거룩하고 정결하게 만들어 주시기 위함입니다. 오늘 본문의 사건은 주님이 자기 백성들의 죄악을 심판하시고 정결하게 변화시키고자 어느 정도 열심을 가지고 계시는가 하는 것을 잘 보여줍니다. 우리를 거룩한 존재로 변화시키려는 우리를 향한 열심이 어느 정도로 특심하신가 하면 주님 스스로를 집어 삼켜서 파멸에 이를 정도였습니다.

시편 69편 9절에 보면 "주의 집을 위하는 열성이 나를 삼키고 주를 비방하는 비방이 내게 미쳤나이다" 라는 말씀이 있습니다. 다윗이 주님의 성전을 위하는 열심이 어느 정도인가 하면 자신의 명예와 권세와 자존심을 무너뜨릴 정도로 특심이었습니다. 주님을 비방하고 주님의 영광이 어디에 있느냐고 조롱하는 모욕을 다윗 자신이 기꺼이 감당할 정도로 특심했습니다. 다윗이 고난 중일 때는 "왜 내가 이런 고난을 당해야 하는가?" 이상하게 생각했습니다. 하지만 시간이 지난 다음에 깨닫습니다. 내가 당하는 고난을 주님이 함께 당하고 계시는구나! 앞으로 하나님의 아들 메시아께서 친히 이 고통을 온전히 감당하시겠구나! 다윗은 그렇게 하나님의 마음을 깨달았습니다.

하나님의 영광이 우리로부터 떠난 것은 하나님 편에서도 스스로 치욕을 감당하시는 것입니다. 우리의 죄악을 정결하게 씻기 위해서 친히 우리와 함께 치욕을 감당하십니다. 우리가 다시 주님의 영광을 누리도록 반전시키기 위해서 주님이 친히 우리와 함께 치욕을 감당하십니다.

5. 임마누엘의 반전을 준비하는 이가봇

하나님의 영광이 우리의 삶 속에 나타나지 않았다고 생각하십니까? 그러한 깨달음이 곧 하나님께서 우리와 함께 하시는 증거임을 믿으시기 바랍니다. 하나님이 나에게 주님의 영광을 허락하지 않으신 것 같다고 생각하십니까? 그러한 생각 자체가 곧 하나님의 영광이 나에게서 떠나간 내 인생의 수치와 모욕을 하나님이 하나님 부재의 방식으로 나와 함께 감당하고 계시는 증거임을 믿으시기 바랍니다. 하나님께서 그러한 영적인 배고픔과 굶주림을 느끼게 해 주신 것은 우리로 하여금 하나님의 영광을 기대하고 또 우리의 삶 속에 회복될 것을 믿음으로 바라보면서 그날을 간구하기 위함임을 믿으시기 바랍니다. 그래서 이가봇의 세 번째 의미는 임마누엘의 반전을 준비하는 이가봇입니다.

사무엘상 4장 19절 이하에 엘리 제사장의 며느리 비느하스의 아내가 해산이 임박한 어느 날 갑자기 인생 최대의 충격적인 소식을 전해 듣습니다. 19절 하반절에 하나님의 언약궤를 블레셋 군사들에게 빼앗긴 소식을 듣습니다. 그의 시아버지가 방금 사망했고 언약궤를 지키던 남편마저도 블레셋 군사들에게 죽임을 당한 소식을 전해 듣습니다. 임신한 비느하스 아내는 인생의 모든 기반이 송두리째 흔들리고 깡그리 사라지는 충격이 폭풍처럼 밀려옵니다. 온 몸이 사시나무 떨듯이 떨리고 눈물이 쏟아지고 충격이 온 몸을 휘감습니다. 산달이 임박한 가운데 온 몸이 엄청난 충격을 받으니 갑자기 몸을 구푸려서 해산을 하게 됩니다. 모든 것을 잃어버린 절망감에 아이를 낳을 힘도 나지 않습니다. 그리고 그만 스스로 생명줄을 놓아버립니다.

옆에서 출산을 도와주는 여인들이 보니 아들이 태어납니다. 반가운 마음에 '두려워하지 말고 힘을 내세요. 아들을 낳았습니다!' 용기를 북돋아 주는데도 이 여인은 대답조차 못합니다. 새로 태어나는 아이에 대해서 그 어떤 희망도 두지 않습니다. 그저 '이가봇!'이라는 말만 되풀이합니다. 히브리말로 이카보드입니다. 이카보드에서 '카보드'는 영광을 의미하고, 그 앞에 접두사 '이'는 '없다'는 부정사나 '어디에'라는 의문사를 뜻합니다. 즉, '이가봇'은 '영광이 없다'거나 '영광이 어디 있냐?' 그런 의미입니다.

이 여인은 이스라엘은 전쟁에서 패하고 시아버지와 남편도 죽고 언약궤도 블레셋으로 빼앗겨 하나님의 영광이 이스라엘에서 완전히 떠났다 여긴 채 이가봇이란 말만 되풀이하면서 죽어갑니다. 이 여인의 심정이 얼마나 원통하겠습니까? 하나님의 영광이 이스라엘에서 떠나가는 이 비통한 현실 때문에 눈을 감지도 못하고 죽어갔을 것입니다.

이 여인이 계속해서 '이가봇! 이가봇!'을 절규하자 출산을 돕던 여인들이 이 아들의 이름을 이가봇으로 지어줍니다. 아이가 점점 자라가면서 사람들로부터 '이가봇'으로 불립니다. 우리나라처럼 한자 문화권의 작명법(作名法)을 따른다면 '영광이 없다'는 의미로 무영(無榮)이나 영무(榮無)처럼 아주 특이한 이름으로 불려집니다. 할아버지와 아버지 그리고 엄마마저 죽어버리고 천애 고아로 자라가는 이 아이 '이가봇'을 부를 때 이스라엘 사람들은 무슨 생각을 했을까요? '부모 없이 자라는 이 아이는 참으로 불쌍하다! 참으로 비참한 인생이로구나!' 혀를 끌끌 차면서 안타까워하고 조롱하고 외면하기만 했을까요?

우리 하나님이 이 아이 '이가봇'을 이스라엘 백성들 가운데 살려 두신 이유가 있습니다. 이 아이를 통해서 자신들의 한심한 처지를 돌이켜보라는 것입니다. 육신의 부모가 없는 고아여서 슬픈 것이 아닙니다. 하늘의 아버지를 모르고 살아가는 패역한 인생들이야말로 참으로 불쌍한 것임을 깨닫도록 하시려고 하나님이 백성들 가운데 이가봇을 남겨 두신 것입니다. 장차 하나님이 이스라엘 땅에 주님의 영광을 다시 회복하실 날이 도래할 것입니다. 그날을 바라보면서 기도로 동참함으로 실제 영광이 나타날 그때에 기쁨의 잔치로 참여하도록 미리 준비시키시는 것입니다.

'이가봇'이란 이 아이는 이스라엘 백성들 사이를 돌아다닙니다. 이스라엘 사람들은 이 아이를 바라보고 그 이름을 부르면서 자기들 가운데 하나님의 영광이 떠나간 것을 한 마음으로 안타까워하도록 하시는 것입니다. 하나님의 영광이 떠나가서 무한정 슬퍼하고만 있을 것이 아닙니다. 다시금 주님의 영광이 이 땅에 다시 찾아올 날을 소망하도록 하시려고 이가봇을 백성 가운데 살려두고 계십니다.

그래서 사람들은 부모 없는 이가봇을 함께 위로하고 주님의 영광이 다시금 자신들에게로 찾아오실 날을 소망하며 함께 기도했을 것입니다. "주님 우리 가운데 주님의 영광을 다시 회복하여 주시옵소서. 이 황폐하여 버림받은 이 땅 이 백성들의 죄악을 용서하여 주시옵소서. 주님과 언약을 맺은 이 백성들 가운데 주님의 영광을 속히 나타내 보여 주시옵소서." 이것이 바로 이가봇의 세 번째 의미인 '하나님의 나라를 구하는 이가봇'입니다.

부모 없는 이가봇을 통해서 주께서 속히 하나님 나라를 이 땅에 회복해 주시기를 간절히 기도할 때 성령 하나님은 우리가 이전에는 주님의 영광을 구름기둥과 불기둥 가운데 친히 목격했던 백성인 것을 생각나게 해주십니다. '지금은 비록 블레셋의 압제와 조롱 가운데 있지만 주님 다시 돌아오셔서 우리 가운데 주님의 영광을 나타내 보여 주시옵소서.' 그렇게 탄식하며 기도하도록 인도하셨습니다.

오늘날도 마찬가지입니다. 주변을 둘러볼 때 '과연 하나님이 우리와 함께 하시나?' 싶은 의문이 들 때가 한두 번이 아닙니다. 교회가 하나님의 영광을 잃어버리고 세상 사람들로부터 손가락질을 당하고 있습니다. 이럴 때 우리는 하나님의 영광이 떠나간 이가봇의 현실을 바라보면서 주님의 영광이 다시 우리 교회에 그리고 이 시대에 이루어지기를 간절히 기도합니다. 주님은 속히 우리 기도에 응답하실 것입니다. 주님의 나라와 권세와 영광이 우리 하나님 아버지와 영원히 함께 하기 때문입니다. 아멘

하나님의 영광이 머무는 곳 | 사무엘상 4장 3-11절

7

사무엘상 5장 6-12절

임마누엘의 용광로

이스라엘의 범죄와 하나님의 심판

하나님은 예나 지금이나 항상 역사 속에서 일어난 사건들을 통해서 교훈하십니다. 오늘 본문의 사건을 통해서도 하나님은 오늘 우리에게 중요한 교훈을 말씀하십니다. 먼저는 이 사건의 진행 과정을 소개하고 그 다음에 이 사건의 의미와 교훈에 대해서 살펴보겠습니다.

오늘 본문의 사건은 이스라엘과 블레셋 사이에 진행된 두 차례 전쟁 중에 일어난 사건입니다. 언약궤가 진중으로 들어올 때 이스라엘 사람들은 모두가 환호성을 질렀습니다. 이제 우리는 전쟁에 완전히 이긴 것이나 다름없다고 땅이 흔들리고 온 천지가 진동할 정도로 환호성을 지르며 발을 동동 굴렸습니다. 이 진동과 함성 소리를 듣고서 블레셋 사람들이 두려워합니다. 하지만 블레셋 사람들은 여호와의 언약궤 앞에서 도망하지 않고 오히려 대장부처럼 담대하게 싸우자고 용기를 냅니다. 그리고 두 번째 전쟁에서 블레셋 군대가 대승을 거둡니다. 이스라엘은 무려 3만 명의 군사들이 죽임을 당합니다.

여호와의 언약궤를 지키던 홉니와 비느하스도 블레셋의 군사들에게 죽임을 당합니다. 하나님의 영광의 상징인 언약궤도 블레셋 사람들에게 빼앗깁니다. 그 충격적인 소식을 전해 들었던 엘리 제사장도 그만 깜짝 놀라 의자에서 일어나다가 넘어져 목이 부러져 사망합니다.

해산이 임박했던 비느하스의 부인이 남편과 시아버지가 한 날에 비명횡사한 소식을 듣고서 갑자기 산통을 느끼면서 아들을 낳습니다. 하지만 이제 아들을 출산한들 남편도 없는 나라에서 사는 것이 무슨 희망이 있겠는가 절망합니다. 하나님의 영광이 떠나갔다고 '이가봇'을 외치면서 그렇게 목숨줄을 스스로 놓아버립니다. 비느하스의 부인이 '이가봇!'이라고 절망하며 스스로 생명줄을 포기해버린 이유는 사무엘상 4장 22절입니다. "또 이르기를 하나님의 궤를 빼앗겼으므로 영광이 이스라엘에서 떠났다 하였더라" 하나님이 스스로 그분의 영광을 이스라엘에게서 거두고 계시다면 이 나라 그 어느 곳에서도 미래 희망을 발견하지 못하겠다는 것입니다. 그래서 이 여인은 산고의 절박한 순간에 그만 스스로 생명줄을 놓아버릴 수밖에 없었습니다.

그런데 비느하스의 부인이 '이가봇'이라고 외치면서 죽어갈 때 전혀 깨닫지 못한 한 가지 숨은 비밀이 있습니다. 하나님께서 무능해서 블레셋을 물리치지 못한 것이 아니라 어떤 목적을 가지고 하나님이 스스로 자신의 영광을 이스라엘로부터 숨기고 계시다는 사실입니다. 그 이유는 이스라엘이 그 중심에 온갖 죄악이 가득함으로 하나님의 능력과 영광과 권능을 수용할 준비가 전혀 되어 있지 않기 때문입니다. 자기 백성들의 죄악을 심판하시려고 하나님이 자기 백성들 속에서 자신의 영광을 스스로 숨기셨습니다.

제사장 홉니와 비느하스는 성전 안에서 여호와의 제사를 멸시하고 능멸합니다. 일반 백성들은 하나님이 홉니와 비느하스의 불신앙에 대해서 얼마나 역겨워하시는지 안중에도 없습니다. 그저 요물같은 언약궤만 있으면 블레셋이 물러갈 것으로만 생각하고 언약궤를 우상단지나 신주단지처럼 떠받들 뿐입니다. 이렇게 이스라엘 백성들이 아직 하나님의 영광을 감당할 수준이나 형편이 아니기 때문에 하나님은 자신의 영광을 잠시 보류하시고 심판하시는 것입니다.

하나님께서 이렇게 자신의 영광을 잠시 보류하시고 심판하시는 것은 하나님으로서도 치욕스러운 일이자 모욕적인 일입니다. 이 세상에서 주님의 영광이 불신자들에게 조롱을 당하고 능멸을 당하는 일이기 때문입니다. 하지만 하나님이 그러한 수치와 모욕을 직접 담당하시면서까지 자신의 영광을 숨기시는 데는 또 다른 하나님의 신비가 숨어 있습니다. 영광의 하나님을 제대로 드러내어 알리시려는 놀라운 반전을 은밀히 준비하고 계시는 것입니다.

1. 블레셋과 다곤 신을 심판하시는 하나님

블레셋 군사들은 파죽지세로 쳐들어 와서 사만 명의 이스라엘 군사들을 살해하고 또 언약궤를 지키고 있던 제사장들을 살해했습니다. 그리고 하나님의 임재를 상징하는 언약궤를 아스돗이라는 동네로 가져갑니다.

옛날 고대 근동에서는 두 나라가 전쟁을 하면 각자가 믿는 자기 신들도 하늘에서 똑같이 전쟁을 치른다고 생각했습니다. 지상전에서 어느 한 나라가 이기는 것은 강한 군사력뿐만 아니라 각자가 믿는 신들 중 더 우세한 신이 상대편의 무능력한 신을 심판하고 처벌하는 것으로 생각했습니다. 이스라엘과의 전쟁에서 블레셋이 이긴 것은 결국 블레셋이 믿는 다곤 신이 이스라엘이 믿는 여호와 하나님보다 더 우월함을 증명한 것으로 생각했습니다.

방금 전 급박한 순간에 성령 하나님의 감동으로 여호와 하나님께서 바로의 군대를 몰살시켰다고 하나님에 관한 올바른 신지식을 생각했던 사람들이었습니다. 그러나 전쟁에서 승리를 거두자 본래 가졌던 세속적인 사고방식으로 자연스레 돌아왔습니다. 블레셋 사람들은 하나님의 임재를 상징하는 언약궤를 아스돗의 다곤 신전 안으로 가져다가 다곤 신상 앞에 가져다 놓습니다. 당시 아스돗이란 해안도시는 토양도 비옥하고 해상무역도 활발하여 블레셋의 다른 도시보다 훨씬 번성하고 사람들도 많이 사는 곳입니다. 블레셋 사람들은 이 신전에 언약궤를 가져다 놓음으로써 이스라엘의 하나님은 다곤 신의 능력과 권세 앞에서 참으로 무능력한 존재임을 온 세상에 공표하려는 것입니다.

다음날 아침에 블레셋 사람들은 다곤 신전에서 참으로 놀라운 장면을 목격합니다. 다곤 신상이 여호와의 궤 앞에서 엎드려져 그 얼굴을 땅에 납작 엎드리고 있습니다. 마치 이 세상에 진정한 왕 중의 왕은 다곤이 아니라 바로 언약궤의 주인이신 여호와 하나님이심을 인정하기라도 하듯이 말입니다.

다곤 신상이 언약궤 앞에 엎드려져 있는 이 현상은 하늘에서 여호와 하나님께서 다곤 신과 비교할 수 없는 능력과 영광과 권능으로 다곤 신을 징벌하신 영적인 의미가 있습니다. 이 엄청난 영적 진리가 그들의 눈 앞에 분명하게 드러났음에도 불구하고 이들은 심각하게 고민하지 않습니다. 영적인 깨달음을 주시는 성령 하나님의 인도하심과 이를 위한 하나님의 말씀 묵상이 전혀 습관이 되지 않았기 때문입니다. 눈 앞에 확연히 드러난 현상은 분명히 영적인 현상인데도 불구하고 그저 물리적으로만 해석합니다.

다곤 신상이 언약궤 앞에 납작 엎드려 있는 것을 보고서는 다곤 신상을 다시 원위치에 똑바로 세웁니다. 이들은 영적인 현상의 배후를 애써 외면하면서 다곤 신상을 다시 원위치에 세웁니다. 일말의 고민도 없이 이전 행동을 반복하는 이유는 자신들의 잘못을 인정하기 싫기 때문입니다. 그동안 자신들이 믿어온 다곤 신은 무능력한 신이며 겨우 나무나 돌에 불과하다는 이 분명한 사실을 인정하기 싫습니다. 또한 자신들에게 여호와 하나님에 대한 올바른 믿음이 없음을 인정하기 싫기 때문입니다. 쓰러진 다곤 신상을 다시 일으켜 여호와의 언약궤 앞에 다시 똑바로 세워둡니다.

다음날 이번에는 다곤 신의 머리와 두 손목마저 절단되어 멀리 문지방까지 나동그라져 있습니다. 여호와 하나님께서 나무와 돌로 만든 다곤 신의 머리를 절단하신 이유는 나무와 돌로 만든 다곤 신의 머리는 어떤 생각이나 계획도 없음을 분명하게 밝히시기 위함입니다. 또두 손목을 절단하신 이유는 다곤 신은 실상 아무런 능력도 없음을 만천하게 분명하게 밝히시기 위함입니다.

이 장면에서 우리는 질문을 해 볼 수 있습니다. 무한히 거룩하신 여호와 하나님께서 자신의 거룩하신 능력과 영광을 다곤 신상에게 나타내 보이신 것은 일종의 계시사건입니다. 그런데 왜 목격하는 사람들이 아무도 없을 때 나타내셨을까요? 만일에 그 놀라운 계시 사건을 블레셋 사람들이 우상에게 경배하며 축제를 즐길 때 나타내셨더라면 여호와가 참 하나님이심을 만 천하에 즉시로 나타내셨을 텐데요.

하지만 이는 죄인을 구원하기 기뻐하시는 하나님의 무한한 자비를 알지 못하는 것입니다. 하나님이 만일 자신을 전혀 모를 정도로 죄악에 철저하게 오염된 죄인들에게 거룩한 신성을 나타내신다면 그 무한할 정도로 영광스러운 계시의 자리에 제대로 남아 있을 죄인들은 단 한 사람도 없을 것입니다.

몇 해 전에 러시아의 체르노빌 원자력발전소나 일본의 후쿠시마 원자력발전소에서 원자로가 폭발하는 끔찍한 사고가 발생했습니다. 온 인류의 걱정은 원자로가 폭발하면서 분출하는 방사선과 방사능이 주변 지역에 살아 있는 모든 생물들의 세포를 파괴하는 것입니다. 그 강력한 방사선은 두꺼운 철판도 꿰뚫고 녹여서 무너뜨립니다. 하물며 사람의 세포는 어떻겠습니까?

거룩하신 하나님의 영광은 태양빛보다 더 강력하고 원자력발전소의 원자로에서 품어져 나오는 방사선보다 더 강력합니다. 그 앞에서는 그리스도의 십자가 보혈이 아니고서는 이 땅의 모든 죄인들은 서 있었다는 흔적조차도 없이 불태워 사라질 것입니다. 이는 자비가 한이 없으신 우리 주님으로서는 결코 원하시는 것이 아닙니다. 다음 6장에서 발생한 사건을 이어서 살펴보시겠습니다.

벧세메스 사람들이 무례하게 언약궤에 대한 종교적인 호기심에 사로잡혀 여호와의 궤를 들여다봅니다. 이때 거룩하신 하나님의 영광이 그들과 정면으로 격돌하여 그들 모두 현장에서 즉사하는 일이 발생합니다(삼상 6:19-20). 남은 가족들과 이웃들이 탄식하며 통곡합니다. "이 거룩하신 하나님 여호와 앞에 누가 능히 서리요?" 이 질문은 많은 사람들의 목숨이 희생됨으로 나온 질문입니다. 하지만 이들이 궤를 열어보기 전에 이런 신중한 질문을 품고 있었더라면 자기 목숨은 보존할 수 있었을 것입니다.

오늘날 우리 신자들도 마찬가지입니다. 우리가 하나님으로부터 하늘의 크고 신령한 복을 받은 이유는 하나님의 은혜 때문입니다. 즉, 하나님은 참으로 거룩하시지만 우리는 그 앞에 제대로 설 수조차 없는 죄인이라는 사실을 심판대 앞에 서기 전에 미리 깨달았기 때문입니다. 그 은혜로 말미암아 우리 심령이 주님을 향한 경건한 두려움으로 신앙생활을 감당할 수 있는 은혜의 힘을 얻습니다(Cf., 골 3:22).

이런 이유 때문에 우리 주님은 블레셋 사람들이 많이 모여 있을 때 다곤 신상을 향하여 자신의 권능과 영광을 나타내시지 않았습니다. 아무도 없는 한밤중에 다곤 신상의 목과 팔 다리를 부러뜨리는 은밀한 방식으로 자신의 능력을 계시하셨습니다. 하나님의 심판의 능력을 자기 삶 속에서 직접 경험하는 모습을 절대로 부러워하지 마시기 바랍니다. 다른 사람들의 인생에 나타난 하나님의 저주와 심판을 통해서 우리가 간접적으로 경고를 받고 타산지석(他山之石)의 교훈을 받는 것이 얼마나 감사하고 복된 일인가를 생각해 보시기 바랍니다.

여호와 하나님의 권능 앞에서 다곤 신은 아무것도 아니라는 사실이 만천하에 분명하게 드러났습니다. 그럼에도 불구하고 블레셋 사람들은 여호와 하나님 앞에서 그분의 주권을 인정하고 참 하나님으로 섬기려 하지 않습니다. 이들은 하나님에 대한 올바른 지식도 없고 하나님에 대한 올바른 순종의 반응 또한 나타내지 못합니다.

2. 독종으로 심판하시는 하나님

그래서 6절 이하에서 하나님께서 아스돗 사람들에게 독한 종기의 재앙을 보내십니다. 하나님의 주권을 인정하지 않는 이들의 불신앙과 패역함과 교만함을 심판하십니다. 온 들판을 불태우는 거대한 불덩어리처럼 하나님의 영광이 블레셋이 섬기는 다곤 신을 무너뜨립니다. 불같은 하나님의 영광이 백성들의 악행을 심판합니다.

그제서야 블레셋 사람들은 자신들의 고통이 범상치 않은 의미가 있음을 깨닫습니다. '이것은 자연재해도 아니고 다곤 신이 내리는 형벌도 아니라 저 언약궤 때문이다. 저 언약궤의 주인이신 이스라엘의 하나님 때문이다.' 이 사실을 깨달았습니다. 만일에 이 언약궤를 계속 놔두었다가는 한 사람도 살아남지 못하겠다는 엄청난 두려움과 공포를 느낍니다.

블레셋의 여러 부족들의 장로들 전체가 모여서 대책을 고민합니다. 이때 그 자리에 참석하지 않았던 다른 지파 사람들은 언약궤의 위력을 제대로 알지 못했습니다. 그저 아스돗에 사는 사람들만 언약궤가 보통 물건이 아니라는 사실을 감지했습니다. 전체회의를 하면서 혹시 언약궤를 어느 지파가 가져갈지 물으니 가드 지파가 나서서 가드로 옮겨갑니다. 언약궤를 가드라는 도시의 중앙광장으로 옮겨갈 때 가드의 모든 사람들도 아스돗 사람들처럼 환호성을 지르고 자신들의 승리를 기뻐했습니다. 그렇게 환호성을 지르고 승리를 기뻐하자마자 그날부터 그 성읍에 사는 모든 사람들에게 똑같이 독한 종기가 났습니다. 그제서야 아스돗의 사람들이 왜 언약궤를 자신들에게 떠넘겼는지를 깨닫습니다. 이 언약궤가 보통 물건이 아니라 모두의 목숨을 심각한 지경에 빠뜨리는 하나님의 불덩어리 같은 물건임을 깨닫습니다. 이들도 성급히 언약궤를 즉시 에그론으로 보냅니다. 에그론은 블레셋과 이스라엘의 접경지역에 위치한 작은 도시입니다. 아마도 에그론은 블레셋의 여러 부족들 중에서 군사력이 약하거나 세력이 다소 약한 부족 집단일 가능성이 높습니다. 에그론은 당시 장로회의에 참석을 하지 않아서 언약궤를 어디로 보낼 것인지에 관한 논의에 주도적으로 결정을 이끌어내지 못했습니다. 다만 블레셋 전역에 떠도는 소문으로만 언약궤의 공포를 전해 들었습니다.

　이스라엘의 언약궤가 에그론으로 들어온다는 소문이 퍼지면서 에그론 사람들은 전혀 다른 반응을 보입니다. 예전에는 언약궤가 동네로 들어올 때 모든 사람들이 환호성을 질렀는데 이제는 정반대입니다. 10절 하반절에 "저 에그론 사람들이 이스라엘 신의 궤를 우리에게로 가져다가 우리와 우리 백성을 죽이려 한다"고 말합니다. 예상했던 대로 문제가 발생합니다. 언약궤가 들어오자마자 여기에서도 온 도시 사람들에게 악한 종기가 나고 사람들이 죽어가는 심각한 문제가 발생합니다. 언약궤가 떠나간 이전의 아스돗이나 가드에 살고 있는 사람들에게도 독한 종기의 문제가 해결되지 않고 계속 환자들이 죽어가는 상황으로 번집니다. 12절을 보면 아직 죽지 않았지만 여전히 심각한 종기로 고통 당하는 사람들이 한결같이 이렇게 더는 살 수 없다고 통곡하고 절망하고 절규합니다. 블레셋의 모든 방백들이 다 함께 모여서 결국 이 언약궤를 본래 있던 이스라엘로 돌려보내서 우리와 우리 백성들이 죽임을 당하는 일을 면하도록 하자는 결정을 내립니다.

하나님 마음에 합한 사람

3. 사망 권세를 심판하시는 하나님

지금으로부터 3천 년 전에 이스라엘 백성들이 블레셋과의 전쟁에서 여호와의 언약궤를 빼앗겼습니다. 언약궤의 주인이신 여호와 하나님은 블레셋의 아스돗과 가드와 에그론 사람들을 심한 독종으로 심판하셨습니다. 이 사건이 그 후로부터 3천 년이 지난 오늘을 살아가는 우리에게 무엇을 교훈할까요? 다음과 같은 세 가지 중요한 교훈이 있습니다.

첫째는, 하나님의 백성들이 하나님을 만날 거룩한 성결의 준비가 제대로 되지 않았을 때 하나님께서는 친히 자신의 영광을 숨기시고 보류하시면서까지도 이들을 훈련하시고 연단하신다는 사실입니다. 하나님이 우리의 죄 때문에 친히 자신의 영광과 권세를 보류하시고 또 자기 백성들이 사망 권세에게 집어삼키는 것을 허락하시는 이유는 우리를 연단하기 위함입니다. 이 교훈에 대해서는 이가봇의 심판을 통해서 잘 살펴보았습니다.

그런데 하나님께서 이스라엘 가운데 자신의 영광을 숨기신 두 번째 이유가 있습니다. 그것은 우리 신자들로 하여금 하나님을 대적하도록 부추기는 사단의 권세의 중심으로 들어가서 그 사단의 권세를 근본적으로 무너뜨려 승리를 쟁취하는 여호와의 전쟁에 참여하도록 하기 위함입니다.

하나님의 언약궤가 블레셋의 다곤 신상을 무너뜨리고 또 블레셋의 모든 사람들이 심한 독종으로 고통을 받게 하신 이 사건은 성경에 또 다른 사건과 긴밀하게 연결되어 있습니다. 바로 출애굽 이전에 하나님이 바로와 그 백성들을 열 가지 재앙으로 심판하신 사건입니다. 이스라엘 백성들이 애굽 땅에서 바로의 권세 아래 고통 당하고 있을 때 하나님이 모세를 통해서 자기 백성들을 애굽에서 광야로 인도하도록 말씀하십니다. 모세는 하나님의 명령을 따라서 바로를 찾아가 하나님의 백성들이 광야에서 하나님을 섬기도록 200만의 모든 이스라엘 백성들을 내보내줄 것을 요청합니다. 하지만 바로는 자신의 권력 기반이 무너지는 것을 용납할 수 없어 모세의 요청을 일언지하에 거절합니다. 그러자 하나님께서 열 가지 재앙으로 바로와 애굽 사람들 모두를 심판하십니다.

하나님께서 당시 바로와 애굽 사람들에게 온갖 독종과 재앙을 보내시는 이유는 바로와 애굽 사람들에게 악한 영향력을 행사하는 사단의 권세를 심판하시기 위함입니다. 아홉 가지 재앙에도 불구하고 바로가 고집을 꺾지 않자 하나님께서 애굽의 모든 첫 태 소생의 목숨을 거두십니다. 사단이 가지고 있는 모든 권세의 정점을 심판하십니다.

오늘 본문도 동일한 말씀을 교훈합니다. 하나님의 언약궤가 블레셋의 다곤 신상을 무너뜨리고 또 아스돗과 가드와 에그론 사람들에게 독종으로 심판하신 사건도 하나님이 이전처럼 이 세상을 지배하려는 사단의 권세를 심판하신다는 말씀입니다.

오늘 본문의 사건이 가나안 땅을 천지진동할 정도로 큰 충격을 줄 때 당시 여호와의 제사장이었던 사무엘은 두 눈으로 이 사건을 분명히 목격합니다. 그리고서는 이 사건의 비밀을 다윗에게 가르쳤습니다. 다윗은 사무엘로부터 배웠던 오늘 사건의 교훈을 시편 68편에 다음과 같이 기록하였습니다. "하나님이 일어나시니 원수들은 흩어지며 주를 미워하는 자들은 주 앞에서 도망하리이다"(시 68:1). '하나님이 일어나신다'는 표현은 이스라엘 백성들과 제사장들이 언약궤를 전쟁터로 메어올 때 기도하던 기도문 형식입니다.

이렇게 이스라엘의 언약궤와 함께 하시는 하나님께서는 홀로 사단마귀의 진영으로 들어가서서 그 권세를 완전히 박멸하십니다. 다윗이이 사실을 시편의 찬양으로 기록한 이유는 자기 인생도 그러한 여호와의 싸움에 부름을 받았음을 고백하기 위함입니다. 나아가 자신뿐아니라 시편의 독자들인 성도들도 이미 여호와 닛시의 하나님께서 거두신 승리를 함께 누릴 것을 말하는 것입니다. 다윗은 후대의 성도들도 동일한 싸움에 초청받았음을 깨닫도록 하려고 자신의 경험을 시편에 기록으로 남겼습니다(Cf., 빌 1:30).

4. 그리스도의 십자가 예표

하나님의 언약궤가 블레셋으로 들어가서 그들을 심판한 사건의 마지막 세 번째 중요한 의미는, 이 사건이 예수님이 십자가의 모든 고통과 저주를 친히 감당하신 사건을 예표한다는 것입니다. 오늘 언약궤사건이나 예수님께서 십자가에 달려 돌아가신 사건 모두 겉으로 보자면 하나님께서 자기 얼굴을 자기 백성들에게서 외면하신 것처럼 보입니다. 두 사건 모두 하나님께서 자신의 모든 능력과 영광과 권능을 스스로 포기하신 것처럼 보입니다.

그러나 그 이유는 저와 여러분의 죄악을 하나님이 대신 감당하시고대속해 주시기 위함입니다. 언약궤가 빼앗긴 것은 하나님이 이스라엘의 죄악을 친히 감당하신 것입니다. 그 죄악의 저주를 하나님이 대신감당하신 것입니다. 이와 같이 예수님이 친히 십자가에 달리신 것은 저와 여러분의 죄악의 저주를 예수님이 대신 감당해 주시기 위함입니다.

그런데 언약궤가 빼앗기고 예수님이 십자가에 달려 죽으시면 모든 사건이 끝나버리는 것이 아닙니다. 우리 주 예수 그리스도께서는 하나님의 능력으로 사망 권세를 박멸하시고 그 증거로 십자가에 죽임을 당한지 사흘 만에 성령의 능력으로 사망 권세를 깨고 무덤에서 부활하십니다. 무덤에서 부활하신 사건은 우리 주님이 친히 사망 권세의 중심으로 들어가셔서 성령의 능력으로 심판하시고 사망 권세의 중심으로부터 완전히 짓밟으셔서 승리하셨음을 증명합니다.

오늘 본문의 사건은 예수 그리스도의 사건을 수천 년 전에 미리 예표합니다. 즉, 여호와의 언약궤가 다곤 신상을 무너뜨리고 블레셋 사람들을 독종으로 심판하신 사건은 예수 그리스도께서 십자가에서 죽으시고 사망 권세 속으로 들어가셔서 그 사망 권세를 깨고 부활하신 사건들을 예표합니다. 예수님은 저와 여러분의 구원을 완성하기 위하여 우리가 더는 사단의 권세에 이끌려 살아가지 않도록 친히 사망 권세의 중심으로 들어가서 사단 마귀의 권세를 단 한 번에 최종적으로 무너뜨리고 부활하셨습니다. 오늘 본문의 사건을 통하여 오래 전부터 미리 예표하여 예고해 주셨습니다.

5. 하나님의 영광을 위한 용광로

오늘 본문에 보면 블레셋 사람들이 독한 종기 때문에 고통당하며 하늘을 향하여 울부짖습니다. '이 언약궤를 그 본래 있던 곳으로 돌아가게 하자!'는 것입니다. 이 언약궤가 본래 있던 곳은 바로 이스라엘 백성들 가운데입니다. 사무엘상 6장 20절로 가면 벧세메스 사람들이 거룩하신 여호와 하나님의 영광을 무시하다가 돌격하시는 하나님의 영광과 충돌하여 70명이 즉사합니다. 벤세메스 사람들이 절망 중에 탄식합니다. "이 거룩하신 하나님 여호와 앞에 누가 능히 서리요 그를 우리에게서 누구에게로 올라가시게 할까? 거룩하신 하나님 여호와 앞에 과연 누가 능히 설 수 있겠는가?"

이 질문에 대한 해답은 시편 130편 3절 이하에서 제대로 찾을 수 있습니다. 시편 130편 3절부터 7절까지를 다 함께 읽어보시겠습니다. "여호와여 주께서 죄악을 감찰하실진대 주여 누가 서리이까 그러나 사유하심이 주께 있음은 주를 경외케 하심이니이다 나 곧 내 영혼이 여호와를 기다리며 내가 그 말씀을 바라는도다 파숫군이 아침을 기다림보다 내 영혼이 주를 더 기다리나니 참으로 파숫군의 아침을 기다림보다 더하도다 이스라엘아 여호와를 바랄지어다 여호와께는 인자하심과 풍성한 구속이 있음이라"(시 130:3-7). 아멘!

오직 주님의 인자하심과 풍성한 구속의 은총을 믿고 그 은혜를 간구하는 자들만이 주님의 영광 앞에 설 수 있다는 것입니다. 뜨거운 불 중에서 최고의 불은 모든 쇳물을 녹이는 용광로 속의 불덩어리입니다. 2~3천도의 불덩어리는 모든 것들을 다 집어 삼키고도 남습니다. 오직 용광로만이 그토록 뜨거운 불덩어리를 감당할 수 있습니다.

누가복음 12장 49절에서 우리 주님이 이런 말씀을 하십니다. "내가 불을 땅에 던지러 왔노니 이 불이 이미 붙었으면 내가 무엇을 원하리요" 우리 주님이 성령의 불을 이 세상에 던지러 왔다는 말씀입니다. 우리 주님은 하나님의 백성들의 마음을 더럽히는 모든 죄악과 악행을 불태워서 거룩한 성전으로 만들고자 이 세상에 오셨습니다. 하지만 당시 하나님의 백성이라는 유대인들이 예수님을 거절함으로 예수님이 베푸시고자 하는 성령의 불을 감당하지 못합니다. 그래서 주님이 탄식하신 것입니다. "내가 성령의 불을 이 땅에 던지러 왔노니 이 성령의 불이 이미 붙었다면 내가 더는 무엇을 원하겠는가?"

주님은 십자가에 죽고 부활하시고 승천하셔서 성령 하나님을 이 땅에 파송하심으로 드디어 이 세상에 강림하신 목적을 완수하십니다. 이러한 주님의 구속 사역 덕분에 저와 여러분은 성령의 불을 감당하는 하나님의 용광로가 된 줄 믿으시기 바랍니다. 오직 하나님의 뜨거운 불덩어리 같은 성령 하나님을 감당하고 모실 수 있는 사람은 이 세상에 우리뿐임을 믿으시기 바랍니다. 고린도전서 3장 16절에서 하나님은 이렇게 질문합니다. "너희가 하나님의 성전인 것과 하나님의 성령이 너희 안에 계시는 것을 알지 못하느냐"

저와 여러분 속에는 세상이 절대로 감당할 수 없는 주님의 영광의 불덩어리를 가지고 있습니다. 온 세상을 불태울 성령 하나님의 불덩어리를 담고 있는 주님, 임마누엘의 용광로입니다. 이 믿음을 내 것으로 취하십시오! 하나님의 거룩하심과 같이 하나님의 말씀으로 스스로를 거룩하고 성결하게 유지하여 하나님의 영광을 온 세상에 나타내고 증거하는 하나님의 용광로로 살아가시기를 축원합니다.

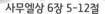

임마누엘의 하나님

1. 언약의 주도권

오늘날과 같이 개인주의가 발달한 세상에서는 내 삶의 모든 행복이나 운명, 이 모든 것이 결국은 나의 지혜로운 선택과 결정에 달렸다고 생각합니다. 행복이나 불행도 본인의 선택이라고 생각합니다. 신앙생활을 잘 하거나 못하는 것도 본인의 선택 문제라고 생각합니다. 하나님이 나를 선택한 것이 아니라 내가 하나님을 선택했다고 생각합니다. 하나님의 예정보다도 내가 하나님을 믿기로 결정한 것이 더 중요하다고 생각합니다. 내가 교회를 선택하고, 내 신앙생활을 위해 내 시간을 헌신하고, 내 재물을 드려 내가 이 자리까지 오게 되었다고 생각합니다.

하지만 요한복음 15장 16절에서 우리 주님은 다른 말씀을 하십니다. "너희가 나를 택한 것이 아니요 내가 너희를 택하여 세웠다"고 말씀하십니다. 에베소서 1장에서는 삼위 하나님께서 우리를 이 세상이 만들어지기 이전인 창세 전에 선택하셨다고 말씀하십니다. 하나님이 나를 선택하든 내가 하나님을 선택하든 그것이 뭐 그리 중요하냐고 질문할 수도 있습니다. 우리가 하나님을 선택한 것이 아니라 하나님이 우리를 선택하시므로 신앙생활이 시작된 것을 명심해야 하는 이유가 있습니다.

그것은 기독교의 핵심 사상은 나 자신이 아니라 여호와 하나님이 구원을 책임지신다는 것입니다. 이 핵심 사상이 우리 마음속에 탄탄해야 신앙생활이 즐겁습니다. 그렇지 않으면 신앙생활은 오히려 부담스러운 규범이자 고역일 뿐입니다. 신앙생활에서 신자의 행복과 불행은 신앙의 대상을 선택한 쪽이 결정합니다. 내가 하나님을 선택하면 선택 이후 행복과 불행은 내 노력에 의하여 결정됩니다. 하지만 하나님이 우리를 선택하시면 그 선택 이후 행복과 불행은 바로 하나님이 책임지시는 것입니다. 이것이 기독교의 핵심 교리입니다.

요즘 청년들은 방학 중에 해외 여행을 자주 떠납니다. 제주도로 2박 3일 여행을 다녀오고 싶은데 여행 경비가 없어서 부모님에게 부탁합니다. '아빠! 제주도 여행 좀 다녀오게 용돈 좀 주세요!' 아빠는 생활비도 빠듯하고 걱정도 되서 허락하고 싶지 않은데 아들이 간절히 원하니 '그럼 다녀와라'하고 신용카드를 내주었습니다. 아들은 신나게 제주도에 가서 흥청망청 재미있게 놀았습니다. 나중에 알고 보니 그 신용카드 결제 청구 통장이 아빠 통장이 아니라 아들 통장에서 지출되는 것이었습니다.

이와 정반대의 경우를 볼까요? 자녀가 제주도로 여행을 가고 싶은데 돈이 없어 이렇게 말합니다. '아빠! 이번에 아빠랑 같이 여행 좀 다녀왔으면 좋겠어요.' 그랬더니 부모가 너무나도 감격을 해서 제주도가 아니라 아예 하와이로 가면서 그 비용은 누가 냅니까? 아빠가 전부 내는 것이지요. 이처럼 자기 힘으로 구원 받는 종교와 하나님의 은혜로 구원 받는 기독교의 차이가 확 느껴지실 것입니다.

2. 헛된 욕망

창세 전에 나를 구원하기로 선택하신 하나님의 선택을 믿는 것이, 신앙생활을 즐겁게 감당할 수 있는 가장 중요한 비결입니다. 이 비밀을 잘 깨닫지 못하면 하나님과의 관계를 자꾸만 내 중심적인 방향으로 끌어가려고 합니다. 하나님을 골방이나 창고에 가두어 두고서 내가 나오라고 할 때나 나오시고 내 일에 참견하지 말아달라고 하나님을 푸대접 하겠다는 것입니다. 하지만 하나님은 그런 방식을 허용하시지 않습니다.

이스라엘 백성들도 이런 생각을 했습니다. 이스라엘 백성들은 블레셋과의 전쟁에서 승리하기 위하여 언약궤를 선택하고 그 언약궤가 전쟁터에서 자기들과 함께 있으면 승리할 것이라고 착각합니다. 사무엘상 4장 3절에 보면 실로에 있는 언약궤를 전쟁터로 끌고 옵니다.

이스라엘 백성들이 언약궤를 전쟁터로 끌고 오는 것을 지켜보면서 4장 7절로 가면 블레셋 사람들이 크게 두려워합니다. 이제 언약궤가 이스라엘 진영으로 오는 것을 보니 '우리는 이제 이 전쟁에서 패할 수밖에 없겠구나!' 하며 두려워합니다.

그런데 이상하게도 하나님의 성령이 블레셋 군사들의 마음에 역사하여 두려워하는 마음을 '대장부같이 열심을 다하여 싸워서 이겨보자'는 용맹스런 결심으로 바꾸어 놓습니다. 결국 블레셋이 승리하고 이스라엘은 대패할 뿐만 아니라 언약궤마저 빼앗기는 이상한 일이 발생합니다. 겉으로는 블레셋 사람들이 언약궤를 빼앗아서 승리한 것처럼 보입니다. 하지만 실상은 하나님께서 승리의 깃발을 이스라엘에게서 빼앗아서 블레셋에게로 옮겨주신 것뿐입니다.

3. 절대주권의 하나님

왜 하나님은 갑자기 승리의 깃발을 이스라엘에서 빼앗아서 블레셋으로 옮기십니까? 두 가지 이유가 있습니다. 첫째 이유는, 이스라엘 백성들의 자기중심적인 생각을 징벌하고 책망하시기 위함입니다. 하나님은 '나는 이스라엘이 침묵하라면 침묵하다가 승리를 가져다주라면 승리를 가져다주는 그러한 꼭두각시가 아니다'라는 것입니다.

두 번째 이유는, 이스라엘에게 중요한 계시를 말씀하기 위함입니다. 전쟁의 승패는 사람이 아니라 여호와 하나님께 달렸다는 것입니다. 우리 사람들의 인생을 섭리하시고 인도하시는 주도권도 사람이 아니라 하나님께 달렸음을 만방에 증명하고자 하십니다.

여기에서 강조하는 것은 하나님께 기도하면 무조건 해결된다는 것이 아닙니다. 하나님이 우리에게 복을 베푸시는 방식을 잘 이해하라는 말씀입니다. 하나님이 우리에게 복을 베푸시는 조건은 먼저 하나님의 권위와 자존심을 인정하는 것이 우선입니다. 이런 목적을 가지고 하나님은 언약궤가 블레셋에게 빼앗기는 것을 허용하십니다. 하지만 당시 이스라엘 사람들이나 블레셋 사람들은 이러한 하나님의 깊은 의도를 전혀 이해할 수 없었습니다.

오늘 6장 1절 말씀처럼 "여호와의 궤가 블레셋 사람들의 지방에 머무른 기간이 일곱 달이 지났습니다." 이 기간 동안에 무슨 일이 벌어집니까? 블레셋 사람들은 마치 하나님을 수갑을 채워서 체포하여 감옥에 구금하듯이 자신들이 섬기는 다곤 신상 밑에 가져다 놓습니다.

그러자 하나님이 다곤 신상을 무너뜨리면서 다곤 신은 죽이십니다. 자신만이 세상의 창조자이자 역사의 주관자로서 살아있는 신이심을 분명하게 선언하십니다. 이후로 또 블레셋 사람들에게 독종을 보내서 전염병이 퍼지고 많은 사람들이 죽게 되는 비극이 발생합니다. 갑작스럽게 비극이 연속적으로 발생하자 블레셋 사람들은 이 모든 비극이 언약궤 때문임을 직감합니다. 이 언약궤를 본래 있던 곳 이스라엘 사람들에게 돌려보내려고 합니다. 언약궤를 계속 자기들 땅에 놔두었다가는 틀림없이 몰살을 당할 것 같기 때문입니다.

4. 인간의 한계

이들은 언약궤를 어떻게 이스라엘로 돌려보낼 것인가 고민하다가 암소 두 마리가 끄는 수레에 실어서 이스라엘로 보낼 방법을 마련합니다. 여기에서 주목할 것이 '멍에를 메어 보지 아니하고 젖 나는 암소 두 마리'입니다. 소는 날 때부터 멍에를 메도록 훈련된 상태로 태어나지 않습니다. 멍에는 가혹한 훈련을 받아야 멜 수 있고 수레를 끌 수 있습니다. 그런데 멍에를 메어본 적이 없는 암소를 선택한 이유는 블레셋 땅의 역병이 언약궤의 주인인 하나님의 심판인지 아니면 우연인지를 알아보려는 것입니다. 하나님의 심판 때문이라면 그 하나님은 멍에를 메어보지 못한 소라도 충분히 제어하여 목적지까지 수레를 이끌도록 간섭하실 것이라는 계산입니다.

블레셋의 무당들과 제사장들은 혹시 이 두 마리의 소의 성품이 아주 착하고 온순하여 멍에를 처음 맨 순간이라도 수레를 잘 끌 수 있지 않을까 하는 아주 깊이 있는 생각을 합니다. 이를 원천적으로 차단하고자 소들에게 두 번째 조건을 추가합니다. 즉, 새끼를 낳아서 젖이 나오는 어미 소를 고른 다음에 송아지는 집에 가둬두고 한 마리가 아니라 두 마리의 암소에게 멍에를 매서 수레를 끌도록 합니다. 그랬더니 12절 말씀처럼 암소가 벧세메스 길로 똑바로 행하여 대로로 나아가는데 갈 때에 두 마리 암소가 '우어! 우어!' 울면서 수레를 끌고 앞으로 나아갑니다. 그런데 좌로나 우로나 치우치는 일도 없이 똑바로 대로를 따라서 벧세메스 경계선 국경선까지 나아갑니다.

지금 집에서는 자기 젖을 먹을 송아지가 어미 소를 찾아서 '메에! 메에!' 울고 있습니다. 어미 소도 새끼 송아지가 자기를 찾는 소리를 듣습니다. 젖은 통통 불어서 새끼 송아지를 기다리고 있습니다. 그런데 어미 소는 본능적인 모성애를 압도하는 성령 하나님의 간섭하심에 이끌려 멍에를 멘 상태 그대로 벧세메스를 향하여 나아갑니다. 어미 소는 자신의 형편과 처지를 이해할 수 없기 때문에 그저 '우어! 우어!' 울면서 가고 싶지 않은 길, 갈 수도 없는 길을 따라 벧세메스로 나아가고 있습니다.[10]

이 모습을 지켜보던 블레셋의 방백들과 귀족들은 자신들에게 임한 전염병의 근원이 여호와 하나님의 심판 때문임을 확실히 깨닫게 되었습니다. 이 사건을 계기로 하나님은 "여호와가 과연 이 세상 우주 만물의 주인"임을 블레셋 땅과 온 세상에 증명해 보이신 것입니다. 하나님은 우리를 구원하시려고 자기 스스로 예정하신 길을 이 세상에서 한 치의 오차도 없이 성취하신다는 말씀입니다. 지금 당장은 하나님의 뜻이 완전히 무너진 것처럼 보이고 오히려 세상의 사단 마귀가 승리하는 것처럼 보입니다. 그러나 사실은 이 모든 것들이 주님이 작정하신 길을 한 치의 오차도 없이 한 걸음 한 걸음 진행되고 있음을 말씀합니다.

5. 누가 능히 서리요?

그렇게 언약궤가 블레셋에서 이스라엘 진영으로 넘어왔습니다. 그러나 하나님의 언약궤가 마땅히 머물러 있어야 할 곳에 완전히 도착한 것이 아닙니다. 19절을 보면 벧세메스 사람들이 여호와의 궤를 들여다 본 까닭에 하나님의 영광이 이들과 충돌하면서 언약궤를 들여다 본 사람과 그 주변에 있던 사람들 대략 70명이 그 자리에서 몰살하는 끔찍한 일이 벌어집니다.

저는 이 본문을 묵상하면서 의문이 들었습니다. 왜 하나님은 어미 소를 마지막 종착지인 아비나답의 집이 아니라 중간에 벧세메스까지만 인도하셔서 70명이 죽는 대참사가 일어나게 하셨을까? 그렇게 고민하면서 말씀을 자세히 살펴보았습니다. 6장 15절에 레위인이 언약궤를 관리하고 있었지만 벧세메스 사람들은 번제와 다른 제사를 드렸습니다. 레위인을 통해서 전달되는 하나님의 말씀을 지키지 않고 자기 생각이나 충동만을 따른 것입니다. 그러다가 여호와의 언약궤에는 무엇이 들어 있기에 이런 신기한 일들이 벌어지는지 궁금한 생각이 들었습니다. 언약궤 상자 뚜껑을 열고 그 속을 들여다 본 순간 하나님의 영광과 직접 충돌하면서 70명의 사람들이 사망하는 끔찍한 참사가 발생했습니다.

20절에 이들이 뭐라고 탄식하는가 하면 "이 거룩하신 하나님 여호와 앞에 누가 능히 서리요 그를 우리에게서 다시 누구에게로 올라가시게 할까" 합니다. 이 거룩하신 여호와 앞에 누가 능히 설 수 있겠는가? 이렇게 공의로 죄악을 심판하시고 벌주시는 하나님이시라면 과연 누가 이런 하나님을 제대로 모시며 살 수 있겠는가? 하는 것입니다.

오늘날 하나님의 공의와 그 공의에 합당하지 않는 사람들에 대한 무서운 심판을 목격한다면 우리 또한 동일한 질문을 던질 수밖에 없습니다. "이 거룩하신 여호와 하나님 앞에 누가 능히 설 수 있겠는가?"

벧세메스 사람들은 이스라엘과 블레셋의 중간 국경선 산악지방에 살고 있던 기럇여아림 사람들에게 전령을 보내서 빨리 언약궤를 이스라엘로 가져가달라고 부탁합니다. 그래서 기럇여아림 사람들이 다시 아비나답의 집으로 옮겨서 그 집안의 아들 엘리아살을 성별하여 이스라엘의 제사장으로서 여호와의 언약궤를 잘 지키도록 조치합니다. 그렇게 하나님의 언약궤는 비로소 아비나답의 집에서 20년 동안을 머무르게 됩니다.

6. 동행하시는 하나님

오늘 본문은 이렇게 언약궤가 블레셋과 여러 장소를 순회하다가 드디어 아비나답의 집에 도착하여 그곳을 거처로 삼았음을 소개합니다. 사무엘서의 저자가 언약궤의 순회 과정을 소개함으로써 결국 우리에게 교훈하시는 의미는 무엇일까요?

첫째는, 하나님은 우리가 살아가는 인생과 삶 속에 찾아오셔서 우리와 맺은 영원한 생명의 언약을 거듭 갱신하십니다. 이 과정에서 우리는 반드시 하나님의 말씀과 성령 하나님의 깨닫게 하시는 인도하심을 따라가야 합니다. 자신의 세상적인 생각이나 예전의 경험을 앞세우면서 하나님의 말씀을 불순종하면 안 됩니다.

언약궤가 실린 수레를 끌고 가는 어미 소가 괴로운 이유가 있습니다. 그것은 자기가 느끼는 감정과 자기가 걸어가는 방향이 서로 일치하지 않기 때문입니다. 느끼는 감정은 새끼 송아지의 울음소리에 자극을 받아서 새끼 쪽으로 달려가고 싶습니다. 하지만 자기가 걸어가는 방향은 정반대 벳세메스 길로 몸이 끌려가고 있습니다. 하나님의 압도하시는 권능 때문에 원하지 않는 방향으로 네 다리가 끌리듯이 움직여지고 있습니다. 어미 소 두 마리에게 어떻게 왜 이런 일이 일어날까요?

하나님의 차원에서 설명하자면 성령 하나님께서 이 어미 소 두 마리를 강력한 권능으로 제압했기 때문입니다. 하지만 어미 소는 자신의 상황을 좀 더 넓은 시각에서 바라볼 능력이나 통찰이 없습니다. 블레셋 사람들이 그동안 자기가 끄는 언약궤 때문에 얼마나 심각한 고통의 세월을 살아야 했는지를 알 수 없습니다. 블레셋의 방백들이 얼마나 간절한 심정으로 수많은 금은보화를 실어 보내면서 정성을 다해 하나님의 진노를 누그러 뜨리려고 하는지를 알 수 없습니다. 블레셋의 제사장들과 복술자들이 얼마나 엄중한 자세로 이 절차를 진행하고 있는지 알 수 없습니다.

만일에 어미 소가 블레셋 사람들이 당했던 고통이나 방백들의 간절한 심정을 조금이라도 이해할 수 있다면 자기 새끼들에게 젖을 못 먹인다고 그렇게 슬퍼하지 않을 것입니다. 그러나 한갓 미물에 불과한 이 소들이 어떻게 그런 깊은 의미를 이해할 수 있겠습니까? 이 두 마리 어미 소로서는 블레셋의 무당들이 찾아와서는 젖먹이 송아지를 묶어 놓고 처음 끄는 수레를 끌게 하는 이유나 목적을 이해할 수 없습니다. 그저 새끼 송아지가 우는 소리에 모성애의 본능으로 '무어! 무어!' 소리를 지르면서 답답한 길을 걸어가는 것입니다.

우리도 마찬가지입니다. 우리는 지금 우리가 선택하지 않은 하나님을 믿고서 우리가 선택할 수 없는 길, 천국으로 가는 길을 걸어가고 있는 사람들입니다. 우리 인간의 의지로서는 선택할 수도 없고 갈 수도 없는 천국의 도성을 향하여 걸어가고 있습니다. 이럴 때 우리가 주변으로부터 무슨 소리를 듣느냐에 따라서 내 마음에 각인된 하나님의 말씀과 하모니를 만들 수도 있고 반대로 충돌할 수도 있습니다. 하모니를 이루면 행복하겠지만 반대로 충돌하면 고통스러울 것입니다. 어미 소가 새끼 송아지의 우는 소리 때문에 고통스럽듯이 우리 신자들도 세상적인 소리를 듣고 새기면 신앙생활은 고통일 수밖에 없습니다. 예배에 참석하는 시간이 아깝고 이 시간에 공부를 하거나 돈을 버는 데 사용한다면 훨씬 이익일 것 같습니다. 그렇게 우리가 느끼는 감정과 실제로 행동하는 방향이 서로 일치하지 못할 때가 있습니다. 그럴 때 우리는 '울면서 나아가는 소'처럼 억지로 나아갈 것입니다.

그럴 때마다 해결은 결국 하나님의 말씀이고 성령 하나님께서 이 말씀의 의미를 깨닫게 해 주시는 은총뿐입니다. 무슨 소리를 들으십니까? 내가 듣는 소리가 내가 느끼는 감정을 결정합니다. 우리 안에 내주하시는 성령 하나님께서는 계속 우리에게 말씀하십니다. 우리가 가는 길이 정말 복된 길이고 기적의 길이라고 말씀하십니다.

우리 신자들은 신앙생활을 하는 도중에 세상 소리를 듣든 하나님의 말씀을 듣든 어미 소가 벳세메스의 길로 나아가듯 결국 천국으로 나아갈 수밖에 없습니다. 하나님이 절대 주권적으로 정하신 일이기 때문입니다. 그 목적지에 도달할 때까지 행복한 순례길입니까? 억지로 울면서 가는 고통스런 순례길입니까? 그것은 우리가 무슨 소리를 듣고 사느냐에 따라 결정됩니다. 성령 하나님의 소리를 들으십시오! 행복한 순례자는 항상 하나님의 말씀을 경청하는 일에 최우선의 가치를 두는 자입니다.

둘째로, 내가 살아가는 현재의 삶을 부정하지 말고 내 삶의 모든 형편과 처지를 수용하며 인정하시기 바랍니다. 나의 삶을 긍정적으로 바라보시기 바랍니다. 내가 지금 하나님의 은혜를 누리지 않는 것이 아닙니다. 하나님이 이미 나에게 하늘의 신령한 복과 은혜를 베풀어 주셔서 지금 하늘의 복을 최고로 많이 누리고 있습니다. 이런 확실한 믿음을 확실히 가지시기 바랍니다. 이런 믿음을 분명히 주장하시기 바랍니다.

셋째로, 내가 지금 더는 욕심도 없고 부족함도 없고 하늘의 복을 최고조로 누리고 있다면 현재 받은 하늘의 복을 주변의 다른 사람들에게 나누어 줄 방법을 고민해 보시기 바랍니다. 내 재물, 시간, 재능, 헌신 등을 다른 사람들에게 더 풍성하게 나누어 줄 수 있는 방법은 무엇이 있을까요? 이렇게 고민하신다면 여러분들은 내 삶 속에 나와 언약을 맺으시며 내 인생을 이끌어 가시는 하나님과 동행하는 삶을 아주 잘 살고 있는 것입니다. 임마누엘의 하나님과 항상 동행하는 삶을 살아가시는 우리 성도님들에게 주님의 은혜와 평강의 복이 함께 하시길 축원합니다.

임마누엘의 하나님 | 사무엘상 6장 5-12절

사무엘상 7장 3-11절

온전한 번제

불확실한 새해의 출발

새해를 맞이하여 우리 주 하나님께서 공급하시는 은혜와 평강의 복이 성도님들과 함께 하시길 간절히 축원합니다. 새해를 맞이하여 올 한 해 작년보다 더 나아지기를 기대하는 희망의 부푼 꿈을 안고 시작하실 것입니다. 하지만 마음 한 구석에는 기대만큼 걱정도 큰 것이 사실입니다. 지금 우리 대한민국은 엄청난 불확실성의 늪에 빠져서 어느 쪽이 번영의 길인지 어느 쪽이 절망과 불행의 길인지 한 치 앞을 내다볼 수 없는 답답한 상황 가운데 있습니다. 동북아 국제 정세 속에서 현재 대한민국은 한 마디로 4강 1미의 판세 속에 처해 있습니다. 대한민국은 미국, 러시아, 중국 그리고 일본의 네 강대국에 둘러싸여 있습니다.

우리 주변 강대국의 지도자들은 한결같이 강력한 리더십과 카리스마로 무장된 사람들입니다. 미국의 트럼프는 강력한 미국을 다시 건설하겠다고 호언장담을 하고 있습니다. 중국의 시진핑도 강력한 통솔력으로 전 세계 앞에 최고 강대국으로 우뚝 서겠다는 대국굴기(大國崛起)를 주창하고 있습니다. 러시아의 푸틴도 KGB 출신다운 강력한 카리스마로 자국의 정치적, 경제적 상황을 동시에 안정시켜서 장기 통치의 기반을 마련하려고 합니다. 일본의 아베 신조도 급변하는 외교정세 속에서 미국의 트럼프와 좋은 관계를 유지하면서 군사력을 더욱 강화하는 가운데 우경화의 길을 질주하고 있습니다.

대한민국은 이들 강대국의 틈바구니 속에서 어떻게 민족 번영의 길을 만들어갈 것인지 고민할 수밖에 없는 상황입니다. 하지만 이 어려운 상황과는 별개로 예수 믿는 사람들의 입장에서 이 세상이 천국이었던 적은 단 한 번도 없었습니다.

오늘 본문을 보면 이스라엘 백성들도 출애굽의 기적을 경험한 다음에 가나안 땅에 들어와 보니 여호와 하나님을 제외하고 모든 것이 불확실합니다. 가장 불안한 문제가 있습니다. 그것은 가나안과 주변에는 나라 전체를 통솔하는 강력한 왕이 있지만 이스라엘은 이방나라의 강력한 군왕과 같은 지도자가 없다는 것입니다. 광야를 지날 때의 모세와 같은 지도자, 가나안 입성의 정복전쟁을 치룰 때의 여호수아와 같은 강력한 리더십의 지도자가 보이지 않습니다.

또 다른 답답한 것은 하나님이 모세를 통해서 시내산에서 말씀하셨던 말씀은 매우 비현실적인데 반하여 주변 이방 우상들의 말씀과 철학은 매우 실용적입니다.

바알과 아스다롯은 고대 근동의 최고 신인 엘과 그의 아내 아세라 여신 사이에 태어난 아들신과 딸신입니다. 바알은 전쟁의 신이고 날씨를 주관하는 기상의 신입니다. 구름과 바람, 천둥과 번개는 모두 바알이 주관한다고 가르치니 당시 가나안 사람들은 매일의 날씨 속에서 늘 바알 신을 연상할 수밖에 없었습니다. 한 해 농사의 풍년이 매일의 기상을 주관하는 바알의 뜻에 따른다고 믿고 온갖 정성을 다하여 바알의 비위를 맞추고자 노력했습니다.

아스다롯 여신도 최고 미녀신으로 별칭은 '사랑의 신'이기도 합니다. 남자와 여자의 사랑과 결혼은 모두 아스다롯이 주관한다고 배웠기 때문에 가나안 사람들은 아스다롯도 지극 정성으로 섬겼습니다. 아스다롯이 얼마나 아름답고 멋진 사랑의 신이었는지 그리스 사람들은 아스다롯 신상을 자기 나라로 가져다가 '아프로디테'로 바꾸어 섬겼고 로마 사람들은 '비너스'라는 이름으로 바꾸어 섬길 정도였습니다.

1. 현대의 패역한 우상들

오늘날 저와 여러분은 바알과 아스다롯을 우상으로 섬기지는 않습니다. 비록 나무나 돌로 만든 우상은 섬기지 않으나 이 세상을 지배하는 허망한 가르침들을 하나님 말씀보다 더 간절히 사모하고 있는 경우가 있습니다. 오늘날 현대의 바알과 아스다롯은 무엇일까요? 저는 현대의 바알과 아스다롯 우상은 첫째는 과학적이고 합리적인 진화론, 둘째로 물질만능주의, 그리고 셋째는 인간을 최고 가치로 높이는 쾌락주의라고 생각합니다.

첫 번째, 진화론은 인류와 세상의 기원을 하나님에게서 우주의 진화로 바꾸어 놓고 있습니다. 오래전부터 사람들은 기원에 대해서 질문을 던집니다. 나는 어디에서 태어났는가? 부모님이 결혼으로 나를 낳으셨다면 또 부모님은 어떻게 태어나셨는가? 우리 조상들은 어떻게 태어났는가? 근본적으로 사람은 어디에서 왔는가? 진화론은 이 모든 것이 빅뱅(Big Bang)에서 시작했다고 설명합니다. 우연히 대략 135억 년 전에 갑자기 빵하고 터지면서 물질이 만들어지고, 무기화합물이 유기물로 진화하고, 어느 날 갑자기 원시 세포가 만들어지고, 그것이 아메바로 진화하고, 고등동물인 원숭이로 진화하고, 마지막에 사람으로까지 진화했다는 논리입니다. 135억 년이라는 오랜 시간 동안 저절로 자연스럽게 진화했다는 것입니다.

신자들 중에도 하나님의 천지창조를 믿는 동시에 진화론을 따르는 경우가 있습니다. 이것을 가리켜서 유신진화론(有神進化論)이라고 합니다. 하나님이 천지를 창조하긴 하셨는데 진화의 방법으로 창조하셨다고 합니다. 아메바에서 원숭이로 진화했고 다시 크로마뇽인을 거쳐서 구석기 인간과 신석기 인간으로 진화해오는 과정을 하나님이 수단으로 이용하셨다는 것입니다.

유신진화론의 치명적인 문제는 아담의 창조와 타락 사건을 신화로 취급합니다. 아담의 타락 이전에도 생명체는 계속 탄생과 죽음을 거듭했다는 것입니다. 그래서 오늘날에도 죽음의 문제는 아담의 타락과 아무런 관계가 없다고 주장합니다. 아담의 타락이 부정되고 죽음의 문제가 아담의 범죄와 아무런 관계가 없으면 결국 그리스도께서 대속의 희생제물로 십자가에서 죽으셔야 할 이유도 사라집니다. 성경은 하나님이 1만 년 전에 온 세상을 창조하셨음을 말씀하지만 유신진화론의 입장에서 볼 때 그것은 논리적으로 합당하지 않다고 주장합니다. 성경 말씀으로 과학을 평가하는 것이 아니라 과학으로 성경 말씀의 진위 여부를 평가하겠다는 논리입니다.

두 번째, 이 시대의 바알과 아스다롯은 물질만능주의입니다. 오늘날에는 사람을 인격이 아닌 돈으로 판단하는 세상입니다. 돈 많은 사람이 가치판단의 기준처럼 작용하는 세상입니다. 아무리 옳은 말을 하더라도 돈 없는 사람이라면 신뢰감이 없어 보입니다. 이런 상황에서 우리는 하나님의 말씀과 성령의 인도하심을 따라서 사람을 하나님의 마음으로 사랑해야 합니다. 또 우리 아이들에게도 가르쳐야 합니다.

이 시대 세 번째 우상은 인본주의(humanism)입니다. 오늘날 사람들의 목적은 자신의 권리를 주장하고 쾌락을 즐기는 것입니다. 옛날에는 강의나 수업이나 교육은 일종의 자기 훈련과 연단의 과정으로 생각했기 때문에 학생들은 훈련이 다소 고통스럽더라도 인내하면서 교육을 받았습니다. 하지만 오늘날에는 유머나 오락이 없으면 학생들도 강의에 집중하지 않습니다. 옛날에는 사람들이 돈을 열심히 벌고 성공하려는 이유도 이웃을 섬기고 나라에 봉사하고 하나님을 섬기기 위함이었습니다. 하지만 오늘날의 사람들은 자기가 즐겁고 자기가 편하고 자기가 만족한 삶을 누리기 위함입니다. TV를 틀면 모든 방송사가 거의 매일 먹방을 보여주는데 정말 지겨울 정도입니다. 이렇게 안타까운 오늘날의 상황에서 우리가 찾고 집중해야 할 하나님의 해답은 무엇일까요?

2. 사무엘이 주도하는 온전한 번제

7절 말씀을 보면 이스라엘 백성들이 미스바에 모여서 하나님의 말씀에 집중하고 있다는 소식이 블레셋 사람들의 귀에 들어갑니다. 그들은 이스라엘 백성들이 블레셋에 모였으니 이곳을 침략해서 모두 몰살시키면 이스라엘을 쉽게 이길 것이라 생각하고 이스라엘로 쳐들어옵니다. 나라가 절박해지자 이스라엘 사람들이 사무엘 선지자에게 도움을 요청합니다. 9절 말씀을 보면 사무엘이 이스라엘 백성들을 위하여 '온전한 번제'를 드렸더니 결국 여호와께서 블레셋 사람들을 무찔러 주셨다고 합니다.

이렇게 드라마틱한 결과를 가져온 '온전한 번제'(עוֹלָה כָּלִיל)라는 것이 무엇일까요? 성경에서는 '온전한 번제'라는 표현이 딱 두 번 등장합니다. 이곳과 시편 51편 19절입니다. 시편 51편에서 다윗은 밧세바와 동침하는 죄악을 범한 직후에 나단 선지자의 책망과 하나님의 심판 앞에서 통절하게 회개합니다. 주께서 다윗 자신의 살을 찢으시고 뼈를 꺾으시는 고통 속에서 철저하게 회개합니다.

그리고 16절부터는 하나님께서 받기를 싫어하는 번제에 대해서 언급합니다. 주님은 종교적인 예식으로만 드리는 번제를 싫어하신다고 말씀합니다. 하나님이 진정 찾으시는 번제는 마음에도 없고 회개도 없고 거룩한 성품의 변화도 없는 예배가 아니라 오히려 상한 심령을 담아 드리는 제사라고 말씀합니다. 하나님은 자기 죄를 회개하며 겸손히 주님의 은혜를 찾는 통회하는 마음이 담긴 번제를 찾으신다고 말씀합니다. 그런 번제를 또 다른 말로 표현하자면 의로운 제사이자 '온전한 번제'입니다.

결국 사무엘이 블레셋의 침공 앞에서 이스라엘과 함께 드렸던 온전한 번제는 다윗이 시편 51편에서 설명하는 온전한 번제와 같은 의미를 담고 있습니다. 바로 자기 죄를 회개하며 주님의 은총을 간절히 간구하는 마음을 담은 예배입니다.

우리 신자들은 거룩하신 하나님께 '온전한 번제'를 어떻게 드릴 수 있을까요? 두 가지 태도가 필요합니다. 첫째는, 오순절의 성령 하나님의 강림 사건이 나 자신에게도 동일하게 발생했음을 믿는 믿음으로 예배를 드리는 것입니다. 우리 모두는 여호와 하나님께 예배를 드리기에 앞서 항상 그러한 믿음을 가지고 주님 앞으로 나아옵니다. 예수님이 부활하시고 승천하셔서 우리 교회를 위하여 파송하신 거룩하신 성령 하나님은 지금으로부터 2천 년 전에 초대교회에 강림하셨습니다. 그 연장선상에서 우리 모든 신자들이 예수 그리스도를 구세주로 처음 믿는 순간에 우리 심령에 그대로 강림하셨습니다. 성령 하나님께서 우리 심령에 찾아오시고 강림하시고 내주하심으로 우리의 옛사람은 죽었고 동시에 새사람이 태어났습니다. 이 일로 인하여 우리 근본이 완전히 바뀌었습니다. 성령 하나님을 중심에 모시고 사는 새사람으로 바뀌었습니다.

둘째로, 여호와 하나님의 말씀에 비추어 우리 옛사람의 부패한 심령을 회개하면서 다시금 은혜 베풀어 주시기를 간구하는 것입니다. 하나님의 은혜가 아니었더라면 우리는 영원한 저주와 형벌로 인하여 죽을 수밖에 없었습니다. 우리를 살리신 주의 은혜가 오늘 우리 인생길을 가로막는 이 문제를 해결하기 위하여 또 다시 필요함을 간청하는 것입니다. 이것이 바로 사무엘 선지자가 하나님께 드렸던 온전한 번제입니다. 사무엘이 간절한 마음으로 어린 양을 번제로 드렸던 제사는 현재의 하나님의 말씀과 예배를 예표합니다.

3. 다가올 미래를 대비하라

오늘날 우리가 온전한 번제를 드린다는 것은 결국 성령 하나님의 인도하심을 따르는 것을 의미합니다. 그 방법은 첫째는, 하나님이 지금

하나님 마음에 합한 사람

우리에게 이미 베푸신 하늘의 신령한 은혜를 깨달아야 합니다. 로마서 8장 11절의 말씀입니다. "예수를 죽은 자 가운데서 살리신 이의 영이 너희 안에 거하시면 그리스도 예수를 죽은 자 가운데서 살리신 이가 너희 안에 거하시는 그의 영으로 말미암아 너희 죽을 몸도 살리시리라"(롬 8:11). 우리가 성령을 받은 이유는 매 순간 부활의 능력을 경험하면서 살도록 하기 위함입니다.

고린도전서 2장 12절도 같은 진리를 교훈하고 있습니다. "우리가 세상의 영을 받지 아니하고 오직 하나님으로부터 온 영을 받았으니 이는 우리로 하여금 하나님께서 우리에게 은혜로 주신 것들을 알게 하려 하심이니라"(고전 2:12). 우리 신자들은 마음 중심에 성령 하나님을 모시고 사는 존재들입니다. 한 번 받은 성령님은 우리 심령에서 절대로 떠나지 아니하십니다.

그러면 성령 하나님을 마음 중심에 모신 신자는 구체적으로 어떻게 세상 사람들과 전혀 다른 삶을 살아갑니까? 우리가 성령을 받은 이유는 하나님이 우리에게 공짜로 주신 은혜를 잘 깨닫도록 하기 위함입니다. 성령을 받은 사람은 내가 하나님으로부터 얼마나 엄청난 은혜를 받은 사람인지 잘 깨달아야 합니다. 그 깨달음을 얻는 방법은 태풍권의 비유로 설명할 수 있습니다.

우리 신자들은 성령 하나님의 인도하심을 태풍권에 비유하여 두 단계로 경험할 수 있습니다. 첫 번째 단계는, 태풍권 바깥에서 태풍권 안으로 진입하는 것입니다. 늦여름과 초가을에 남쪽에서 태풍이 갑자기 한반도로 몰려올 때가 있습니다. 그때는 원래 쾌청한 날씨였다가도 갑자기 비바람이 몰아치고, 간판이 흔들리고, 가로수 나무의 가지들이 꺾이고, 폭우가 쏟아집니다. 태풍권 바깥에 있다가 태풍권 안으로 들어가면 강력한 바람의 위력을 경험할 수 있습니다.

성령 하나님에 대한 경험도 이와 비슷하게 설명할 수 있습니다. 1단계에서는 성령 하나님의 영적인 영향권 바깥에 있다가 그 영향권 안으로 들어갑니다. 복음의 말씀을 듣다가 하나님을 만나게 되면 내가 죄인인 것이 깨달아져서 폭풍 눈물이 쏟아집니다. 영적인 진리가 이해되고 보이지 않았던 하나님의 인도하심이 눈에 들어오기 시작합니다. 영적인 파워를 경험하기 시작합니다. 질병 치유를 위하여 기도하면 응답도 빠릅니다. 이것이 성령 하나님의 영향을 경험하는 1단계라고 말할 수 있습니다.

그런데 성령 하나님은 우리 신자들이 1단계에 눈을 뜬 다음에는 2단계로 인도하십니다. 2단계는 성령 하나님께서 우리를 마치 태풍의 눈같이 인도하십니다. 태풍의 눈은 태풍권의 중심입니다. 여기에서는 태풍의 풍속이나 기압이 태풍권의 원둘레에서 느껴지는 것에 비교할 수 없을 정도로 낮습니다. 태풍권에서는 하늘이 먹구름으로 가득 찼고 풍속도 서 있는 사람이 날아갈 정도입니다. 그러나 태풍의 눈에서는 하늘이 맑고 바람의 세기도 약해서 지금 태풍이 지나가고 있는지 의심스러울 정도입니다.

성령 하나님께서 신자들을 2단계에서 태풍의 눈으로 인도하시는 이유가 있습니다. 태풍의 눈에서 즉 하늘이 맑고 바람이 거세게 불지 않는 이곳에서 높은 하늘을 향하여 '카메라 드론'을 띄우도록 하기 위함입니다. 거시적인 역사의식을 가지고 다가올 미래를 미리 예측하고 준비하는 것입니다. 성령 하나님이 우리 안에서 하시는 일은 마치 '카메라 드론'(Camera Drone, 또는 드론 카메라)과 같습니다. '드론'(drone)은 작은 무인비행체를 말합니다. 작은 헬리콥터처럼 생긴 드론 안에 카메라가 달려 있어서 수십 수 백 미터 상공에서 저 멀리 아래로 펼쳐진 들판이나 도시 전경을 훤히 내려다볼 수 있습니다. 옛날 사람들이 생각했던 '천리안'과 같은 것입니다. 걸어가다가 장애물이 나타나더라도 카메라 드론을 띄우면 지름길이 어디인지 어느 쪽이 더 편한 길인지 알 수 있습니다.

우리 믿는 사람들이 카메라 드론으로 과거의 역사를 살펴보는 이유는 우리가 앞으로 걸어갈 미래의 인생살이를 미리 내다보기 위함입니다. 우리 믿는 신자들이 살펴봐야 할 과거 인생살이에는 두 종류가 있습니다. 내 개인의 과거 히스토리와 다른 성도들의 과거 히스토리가 첫 번째 종류입니다. 이 인생살이는 실제로 살아낸 역사입니다. 두 번째 주목해야 할 인생살이는 성경 속 등장인물들의 인생살이입니다. 역사 속의 인생살이와 성경 속의 인생살이 중에서 어느 것이 우선인가요? 당연히 성경 속의 인생살이가 먼저입니다. 역사 속의 인생살이는 성경 속의 인생살이가 실제로 적용된 여러 실제 사례들입니다.

역사 속의 인생살이나 다른 사람들의 인생살이, 그리고 내 인생을 잘 이해하려면 성경 속의 인생살이를 먼저 잘 이해해야 합니다. 성경의 등장인물들의 인생살이가 우리 인생을 미리 예상해볼 수 있는 기준이고 잣대입니다. 성경의 등장인물들의 인생살이는 모든 인생들의 표준입니다. 성경 속의 인생살이는 하나님께서 직접 섭리하시고 다스리시며 간섭하시고 통치하신 결과이기 때문입니다. 즉, 성경 속의 인생살이는 역사적으로나 오늘 우리 주변의 인생살이를 이해하고 평가할 잣대입니다. 이를 통해서 우리 자신과 주변 모든 사람들의 인생살이를 제대로 이해할 수 있고 앞으로 펼쳐질 인생을 정확하게 예측할 수 있습니다.

예수를 안 믿는 사람들은 지금 당장 눈에 보이는 것만을 바라봅니다. 그래서 고난이 없으면 행복하다고 생각하다 고난이 닥치면 당장 죽을 것 같은 절망에 빠집니다. 하지만 예수를 믿는 사람들은 성령의 '카메라 드론'을 띄워서 과거에 내가 걸어왔던 10년, 20년, 30년의 세월을 주욱 돌아봅니다. 내가 걸어왔던 과거 스토리를 하나님의 시각으로 정리해보는 것입니다. 같은 방법으로 내가 걸어갈 미래를 예상해봅니다. 1년 후, 5년 후, 10년 후에는 내가 어떤 모습이 되어 있을까? 내 후손들은 내가 걸어온 길로 인하여 어떤 인생을 살아갈 것인가? 내 미래, 나와 운명적인 관계를 맺고 있는 가족들, 믿음의 식구들, 우리 자녀들이 걸어갈 미래를 미리 예상해보는 것입니다.

예상되는 미래의 전망이 부정적이라면 예상되는 악재들을 피하기 위하여 미리 대비해야 합니다. 교통 혼잡이 예상되더라도 안전한 귀가를 원한다면 안전 운전을 하는 것이 하나님의 뜻입니다. 시험에 합격하기를 원한다면 열심히 공부하는 것이 하나님의 뜻입니다. 믿는 성도들에게는 미래를 미리 내다보면서 오늘 내가 실천할 수 있는 것을 하나하나 진행해 가는 것이 내 안에 성령 하나님이 충만하게 역사하시는 증거입니다.

성령이 충만한 신자의 삶은 언뜻 보면 별로 드라마틱해 보이지 않고 뭔가 기적적인 모습도 보이지 않습니다. 적지 않은 성도들이 2단계 태풍의 눈으로 나아가려 하지 않고 1단계에 머물러 있으려고 합니다. 1단계가 더 다이나믹해 보이고 뭔가 기적적인 일들이 일어날 것 같기 때문입니다. 하지만 그것은 오해입니다.

카메라 드론을 미리 띄운다면 그 성도는 겉으로는 매일 평범한 삶을 사는 것 같지만 1년 후, 3년 후, 5년 후의 삶을 미리 준비하며 살아가고 있습니다. 이렇게 시간이 흐른 후 다른 사람들이 볼 때는 범상치 않고 기적적인 자리에 도달한 것처럼 보이지만 당사자에게는 그저 매일의 일상일 뿐입니다.

사람들이 느끼는 바람의 힘은 불어오는 바람의 압력과 이 압력에 저항하는 힘의 차이라고 할 수 있습니다. 바람의 세기가 초속 10미터 또는 20미터로 불 때 그 바람의 위력을 느끼는 느낌은 버티는 힘이 어느 정도로 약하거나 강한가에 따라 결정됩니다. 바람의 세기가 약해도 노약자 어르신이라면 강하게 느낄 것이고 바람의 세기가 강해도 체력이 강한 청년이라면 약하게 느낄 것입니다.

영적으로도 마찬가지입니다. 사단 마귀의 권세에 붙잡힌 사람들은 성령의 권세와 조우(encounter)했을 때 두 세력의 격차를 서로 크게 느낍니다. 하지만 같은 종류의 권세에 붙잡힌 사람들끼리 만나면 이질감이나 격차보다는 오히려 동질감을 더 크게 느끼는 법입니다. 내 안에 성령 하나님이 계시지 않을 때는 내 바깥에서 성령 하나님이 일하시는 것이 강하게 느껴집니다. 하지만 성령 하나님이 내 안으로 들어오시고 내가 성령에게 완전히 사로잡히면 내가 생각하는 것이 곧 성령 하나님이 생각하는 것입니다. 성령이 충만한 상태에서는 내가 말하는 것이 곧 성령 하나님이 말씀하시는 것이고 내가 행동하는 것이 곧 성령 하나님이 행동하시는 것입니다. 성령이 충만한 사람은 외부의 변화나 사건에 대해서 악령들의 역사에 강력한 압력이나 충격을 받을 일이 많지 않습니다.

빌립보서 2장 13절의 말씀입니다. "너희 안에서 행하시는 이는 하나님이시니 자기의 기쁘신 뜻을 위하여 너희에게 소원을 두고 행하게 하시는도다"(빌 2:13). 우리 안에서 내주하시고 우리와 함께 동행하시는 주 성령 하나님께서 우리 마음속에 하나님 아버지의 마음을 이해할 수 있도록 깨달음을 주십니다. 그 아버지의 마음으로 우리 가족들과 믿음의 식구들, 그리고 교회와 내 사명을 바라보게 하십니다. 그 아름다운 소원을 우리가 자발적으로 이루도록 헌신의 자리로 인도하십니다. 그러한 성령 하나님의 세미한 인도하심과 동행하심이 우리 성도님들과 늘 함께 하시기를 주님의 이름으로 간절히 축원합니다.

사무엘상 8장 19-22절

왕이신 하나님

대선에 임하는 신자의 자세

고대 그리스의 철학자 플라톤은 정치에 대하여 이런 명언을 남겼습니다. "정치에 대한 무관심의 가장 고통스런 대가는 가장 수준이 낮은 인간의 지배를 받는 것이다." 현재의 대한민국은 여러 가지 혼란스럽고 어려운 상황 가운데 있습니다. 사회적, 경제적, 정치적, 외교적으로 총체적 위기라 생각될 정도입니다. 서민들의 한숨이 늘어만 가고 있습니다. 헬조선이 된지 오래입니다. 여기저기 희망이 사라졌다는 소리만 늘어가고 있는 작금의 시기입니다.

그럼에도 우리가 지금 살고 있는 이 대한민국 땅은 하나님 나라가 구현되는 역사의 현장입니다. 우리 자녀들과 후손들도 우리처럼 동일하게 하나님의 은총을 누리면서 살아가야 할 주님의 보금자리입니다. 또한 주님의 재림으로 하나님 나라가 온전히 실현되기까지 거쳐 가는 하나님 나라의 훈련장입니다.

우리가 사는 대한민국 땅, 내 가정, 우리 교회 안에서 하나님 나라가 확인되지 않고 경험되지 않는다면 우리가 기대하는 천국은 공허한 신기루에 불과합니다. 예수 믿고 이제 남은 것은 죽어서 천국 가는 것이니 이 대한민국은 어찌되든 믿는 우리는 열심히 성경책만 읽고 주일날 교회에 나와 예배만 드리면 모든 책임과 의무는 끝난다고 생각한다면 올바른 신앙인의 자세가 아닙니다.

1919년 3·1 운동 때 발표된 기미독립선언서의 서명자 33인 중에서 16명이 한국기독교 지도자들이었습니다. 당시 기독교인들은 약 20만 명으로서 전체 인구의 1.3%에 불과했지만 독립운동에 적극 참여한 비율은 20-30%를 차지할 정도로 초기 한국교회 교인들의 나라 사랑은 매우 적극적이었습니다. 이러한 나라사랑의 헌신은 일반 교인들뿐 아니라 목회자와 같은 기독교 지도자들의 비율도 매우 높았던 것입니다.

최근 한국사 스타강사 한 분이 한국근대사 강의 도중에 33인 중의 대부분이 나중에 변절해서 일제로 돌아섰다고 주장해 문제가 되고 있습니다. 33인 중 나중에 변절한 사람은 정확히 3명 정도에 불과합니다. 실제 사실을 말씀드린다면 당시 한국교회는 역사의 초기 때부터 지금까지 하나님의 나라를 이 한국사회 속에 만들어내기 위해 남다른 노력을 기울여 왔습니다. 정부도 인정하는 바와 같이 한국에서 가난한 사람들의 복지를 위해 가장 많이 기부하는 종교인과 단체는 모두 기독교인들과 교회입니다. 최근 기윤실이 일반시민들을 대상으로 설문조사한 결과에 의하면 사회봉사를 가장 많이 하고 있는 종교를 묻는 질문에 기독교가 1위 44%를 차지했고, 가톨릭이라고 지목한 사람은 2위 42%, 3위 불교는 9.5%입니다. 이런 이유로 향후 10년 이후 증가할 종교를 묻는 질문에서 1위로 기독교를 선택한 응답자가 40%로 나타났습니다. 한국사람들 100명 중에 40명이 앞으로 부흥할 종교로 기독교를 선택했습니다. 왜 그렇습니까? 한국교회가 많은 비판을 받고 있지만 그래도 오늘날 한국사회 속에서 하늘의 해답을 이 땅에 만들려고 노력하는 것을 사려 깊은 불신자들이라면 모두가 인정하고 있습니다.

이런 현실을 생각하면서 우리 믿는 사람들은 5월 9일 대통령 선거에 어떤 자세로 준비해야 할까요? 첫째는, 하늘의 하나님은 5월 9일 대통령 선거에 대해서 우리에게 분명한 책임을 요구하신다는 사실을 명심해야 합니다. 우리가 믿는 하늘의 하나님은 우리의 투표로 다득표자가 대통령으로 선출되면 그 다음 벌어지는 국정운영의 결과에 대해서 국민들이 함께 책임질 것을 요구하신다는 말씀입니다.

1. 선지자 사무엘의 한계

오늘 사무엘상 8장 1절을 보면 이스라엘 백성들은 사사 시대에 왕권 통치가 확립되기 전의 시대를 살면서 불편함을 많이 겪습니다. 8장 1절을 보시면 당시 이스라엘은 선지자 사무엘이 신정정치의 형태로 이스라엘을 다스렸습니다. 선지자 사무엘이 하나님의 말씀을 연구하고 예배를 인도하면서 이스라엘 이곳 저곳에 말씀도 전하고 백성들의 소송사건에 판결도 내려줍니다. 나이가 들면서 아들들이 마차를 대신 끌면서 이스라엘 전역에 말씀도 전하고 판결도 내려줍니다. 그 과정에서 사무엘이 백성들을 재판하는 모습을 통해 그 방식을 아들들이 자연스레 배웁니다.

점차 시간이 흐르면서 이스라엘 백성들이 늘어나고 규모가 커지면서 점차 사람들 사이의 복잡한 소송 사건들이 늘어갑니다. 사무엘 손발이 열두 개라도 모자라게 됩니다. 그래서 자기 대신 첫째 아들, 둘째 아들을 보내기 시작했습니다.

문제는 사무엘은 백성들의 소송사건을 판결할 때 그 마음속에 하나님의 말씀이 기준으로 작용하고 있었지만 아들들은 그러지 못했습니다. 사무엘 대신에 아들들이 지방에 파견을 나가면서 문제가 발생합니다. 3절에 "그의 아들들이 자기 아버지의 행위를 따르지 아니하고 이익을 따라 뇌물을 받고 판결을 굽게 하니라"

사무엘의 아들들이 뇌물을 착복하고 재판을 불의하게 진행하면서 백성들 사이에 원망이 자자해지기 시작합니다. 이스라엘의 모든 장로들이 그의 아들들을 탄핵하면서 결국은 사무엘마저 탄핵합니다. 5절에 "그에게 이르되 보소서 당신은 늙고 당신의 아들들은 당신의 행위를 따르지 아니하니 모든 나라와 같이 우리에게 왕을 세워 우리를 다스리게 하소서 한지라" 이 말은 당신은 이제 이전처럼 이스라엘을 다스리는 통치행위를 멈춰달라는 것입니다.

이스라엘 백성들이 사무엘의 역할을 폄하하고 또 자기 아들들이 사사역할을 감당하는 것을 비난할 때 사무엘로서는 상당한 충격에 빠졌을 것입니다. 그동안 사무엘은 백성들을 위해 불철주야 하나님 아버지의 사랑을 대신 전달하겠다는 두렵고 떨리는 심정으로 돌보았습니다. 오늘 이렇게 이스라엘 백성들에게서 더는 사사 역할을 멈춰달라는 탄핵의 소리를 듣게 되리라고는 전혀 생각해보지 못했을 것입니다. 사무엘은 한편으로 사람들에 대한 분한 마음과 또 다른 한편으로 하나님 앞에서 억울한 마음으로 여호와께 기도를 시작했습니다.

그러자 7절에 곧바로 하나님의 응답의 말씀이 들려옵니다. "여호와께서 사무엘에게 이르시되 백성이 네게 한 말을 다 들으라 이는 그들이 너를 버림이 아니요 나를 버려 자기들의 왕이 되지 못하게 함이니라" 이스라엘 백성들이 그동안 사무엘과 같은 사사들의 통치를 따르다가 갑자기 왕을 구하는 이유를 표면적인 동기와 심층의 동기로 나누어볼 수 있습니다. 표면적으로는 사무엘의 아들들이 재판 과정에서 부자 쪽이나 힘 있는 소송 당사자 쪽에서 뇌물을 받고 판결을 불의하게 진행했기 때문입니다.

하지만 하나님은 백성들이 왕을 요청하는 마음속 숨은 동기에 주목하십니다. 이스라엘 백성들이 새로운 왕을 요구하는 진짜 이유는 이스라엘 백성들 생각에 이 세상에서 성공하는 데 하나님 말씀보다는 현실적인 왕의 리더십이 더 좋다는 것입니다.

겉으로는 사무엘의 아들들이 백성들을 재판할 때 어느 한 쪽으로부터 뇌물을 받고 소송 재판을 불공정하게 판결했습니다. 그런데 재판의 결과에 대해서 한 번 되짚고 지나갈 부분이 하나 있습니다. 재판에서 판결을 내리면 승소하는 쪽이 생기지만 반대로 패소하는 쪽도 생긴다는 사실입니다. 승소하는 쪽은 사무엘과 그 아들들의 재판을 칭찬하고 널리 그들의 선행을 소문낼 것입니다. 문제는 패소하는 쪽에서는 그럴 수 없습니다. '내가 도대체 무엇을 잘못했길래 이런 비난과 손해를 감당해야 하는가? 나는 억울하다.' 아들들이 재판하면 늘 이런 후속문제가 발생했습니다.

아들들이 재판하면 억울하다고 호소하는 문제가 거듭 발생했지만 사무엘이 재판할 때에는 그리 심각할 정도는 아니었습니다. 이번 판결이 억울하다는 말들이 그리 많이 나오지 않았다는 것입니다. 이유가 무엇일까요?

그 비밀이 사무엘상 7장 17절에 숨어 있습니다. "라마로 돌아왔으니 이는 거기에 자기 집이 있음이니라 거기서도 이스라엘을 다스렸으며 또 거기에 여호와를 위하여 제단을 쌓았더라"(삼상 7:17). 사무엘이 라마를 본거지로 정하고 이곳을 중심으로 이스라엘 전역을 통치할 때 그는 두 가지를 병행했습니다. 하나는 사사로서 하나님의 말씀으로 이스라엘 전체를 통치하고 재판의 일을 감당하는 것입니다. 두 번째는 사무엘은 하나님의 선지자로서 이스라엘 백성들의 소송을 판결하고 시시비비를 가릴 때 항상 여호와의 제단, 여호와 하나님의 말씀이 선포되는 제단을 중심으로 통치사역을 감당했습니다. 재판을 진행하는 모든 과정 속에서 항상 하나님의 뜻, 하나님의 공의, 하나님의 말씀이 백성들의 마음속에 각인되도록 했습니다.

그 결과 사무엘의 재판에서 승소한 쪽도 하나님의 말씀 앞에서 '내가 재판에서 이겼다'고 패소한 쪽을 깔보거나 무시할 수 없었습니다. 패소한 쪽에서도 절망하거나 낙심하기 보다는 오히려 하나님의 말씀으로 위로를 받을 수 있었습니다.

2. 왕을 요구하는 패역한 동기

그러나 사무엘의 아들들이 소송을 판결하는 과정에서는 그의 부친 사무엘 선지자의 판결 이후에 나타나는 거룩한 영적 조화가 제대로 만들어지지 못했습니다. 게다가 사무엘 선지자나 그 아들들이 소송 사건에 하나님의 엄격한 말씀의 잣대만 들이대는 상황에서는 힘 있는 권력자들이나 부자들은 현재 누리고 있는 이상의 기득권이나 권력의 확장을 기대하기 어려웠습니다. 이스라엘의 경제 규모가 발전하고 귀족들, 장군들, 부자들이 대거 등장하면서 하나님의 말씀이 허용하는 수준 이상의 부귀영화를 추구하려고 합니다. 하지만 사무엘 선지자가 선포하는 하나님의 공의가 항상 발목을 잡습니다.

하나님의 말씀보다는 세상의 왕이 우리를 통치하는 것이 오히려 더 부자가 되기 쉽다고 판단합니다. 여호와 하나님은 왕을 요구하는 이스라엘 귀족들의 마음속에 있는 악한 동기를 꿰뚫어보시고 사무엘을 통하여 이들에게 경고합니다. 사무엘상 8장 9절 이하의 말씀입니다. "그러므로 그들의 말을 듣되 너는 그들에게 엄히 경고하고 그들을 다스릴 왕의 제도를 가르치라 사무엘이 왕을 요구하는 백성에게 여호와의 모든 말씀을 말하여 이르되 너희를 다스릴 왕의 제도는 이러하니라 그가 너희 아들들을 데려다가 그의 병거와 말을 어거하게 하리니 그들이 그 병거 앞에서 달릴 것이며"(삼상 8:9-11).

이스라엘의 귀족들이나 부자들이 사무엘에게 왕정을 요구할 때 놓치는 것이 하나 있습니다. 왕권을 유지하려면 군사력이 확보되어야 하고 아들들을 데려다가 군대를 만들어야 합니다. 결국 일반 백성들이 군사로 징집당해야 하고 그들의 피땀 어린 세금으로 충당할 수밖에 없습니다.

이방나라처럼 강력한 왕권이 유지되려면 군사력, 행정력, 사법권이 왕권을 지탱해 줄 수 있어야 하고 이를 위해서는 결국 일반 백성들의 고혈을 짜내야만 한다는 말씀입니다(삼상 8:13-18). 정말 하나님의 말씀은 너무나도 현실적이고 너무나도 정확하고 예나 지금이나 틀린 말씀이 하나도 없습니다. 당시 이스라엘 백성들이나 오늘 우리나 하나님의 말씀으로 현실을 살아가기를 포기하고 왕정제도와 같은 세상적인 방법으로 부귀영화를 쌓으려고 하면 결국 세상을 지배하는 사단 마귀의 종이 될 수밖에 없다는 말씀입니다.

미국이 작년에 대선을 치룰 때 선거전 초기에 트럼프 당선 가능성은 매우 낮았습니다. 트럼프의 최고 문제점은 국정운영을 위한 도덕적이고 윤리적인 투명성과 인격적인 진정성이 수준 이하라는 것입니다. 한 국가의 진정한 발전은 지도자의 윤리적인 투명성과 인격적인 진정성이 뒷받침되어야 가능합니다. 절대권력은 절대부패하게 되어 있는데 그나마 이를 차단할 수단은 일반 시민들이나 감찰기관이 지도자의 국정운영을 투명하게 들여다볼 수 있는 윤리적인 투명성과 도덕적인 진정성을 확보해야 합니다. 집에서 가족들과 친구들에게 하는 말, 식당 음식점에서 종업원에게 하는 말, TV 앞에서 국민들에게 하는 말이 서로 다른 사람이라면 그가 권력의 장막 뒤에서 자신에게 주어진 무소불위의 권력으로 무슨 일을 하는지 전혀 알 수가 없습니다. 사람 위에 사람 없고 사람 밑에 사람 없는데 우리 인간이 연약하기 때문에 권력을 가지게 되면 사람은 조종 가능한 숫자로 보이면서 상상 이상의 범죄를 저지르는 것을 역사가 늘 보여줍니다.

작년에 옥스포드영어사전 편찬위원회에서 2016년을 post-truth라는 한 단어로 압축하여 평가하였습니다. '포스트 트루스'(post-truth)는 '탈-진실'이란 뜻입니다. 그 의미는 오늘날 사람들이 중요한 평가를 내릴 때 또는 대통령 후보를 투표할 때 평가대상에 대한 객관적인 지식이나 자료에 근거하는 것이 아니라 순간적인 기분과 감정을 자극하는 몇 가지 구호에 휩쓸리어 평가하는 현상을 '탈-진실'이라고 합니다. 현대인은 더는 진실을 심각하게 고려하지 않는다는 것입니다. 과거 그가 어떤 사람이었는지, 현재 그가 무슨 생각을 하고 있는지도 관심이 없습니다. 그저 감정을 자극하는 구호나 이미지가 좋으면 선택을 해버리린다는 것입니다.

트럼프가 미국 중산층을 겨냥해서 '중국이 우리 돈을 다 가져갔다'고 주장합니다. 이것은 객관적인 사실이 아니지요. 트럼프가 "내가 미국을 강대국으로 만들겠다"고 선언하지만 한 대통령이 어떻게 할 수 있겠습니까? 하지만 일반 대중들은 그런 끌리는 구호를 좋아한다는 것입니다. 짧막한 구호는 복잡한 현실을 제대로 다 담아낼 수 없습니다. 그러나 문제는 구호가 아니라 복잡한 현실을 제대로 직시하지 못하는 것입니다.

3. 통치자와 백성들의 언약

국민들은 후보의 선거 공약을 자세히 알아보면서 이 사람이 무슨 생각으로 정치인이 되겠다고 나선 것인지, 그 배후에는 권력에 대한 욕망 때문인지, 국민들을 섬기고 봉사하겠다는 것인지를 잘 살펴볼 필요가 있습니다. 대통령이 된 다음에 국정을 사리사욕으로 끌고 가면 하나님께 기도해도 하나님이 해결해 주시지 않습니다. 18절 말씀을 다 함께 읽어보시겠습니다. "그날에 너희는 너희가 택한 왕으로 말미암아 부르짖되 그날에 여호와께서 너희에게 응답하지 아니하시리라"

지도자와 추종자의 관계는 추종자들의 요청으로 시작되고 위에서는 하나님께서 하나님을 대신하여 통치하는 군신의 언약체결로 시작됩니다. 지금도 미국에서는 투표로 대통령을 뽑더라도 직무를 시작하는 취임식은 성경에 손을 얹고 하나님 앞에서 선서하며 시작합니다. 그래서 선한 대통령이 선출되어 제대로 국정을 운영하면 그것은 그 백성들의 복입니다. 반대로 악한 독재자가 선출되어서 국정을 엉망으로 운영하면 피해는 백성들이 고스란히 감당해야 합니다. 나중에 문제가 발생해서 하나님께 기도한들 하나님이 해결해 주실 수 없습니다.

2014년 4월 16일 오전 8시 50분경 진도 앞바다에서 세월호가 침몰할 당시에 그 소식을 들었던 많은 기독교인들이 간절히 기도했습니다. 안타깝게도 침몰하는 배가 다시 원상으로 회복되지는 못했습니다. 이 기도와 침몰의 비극을 인과관계로만 생각한다면 하나님이 그들의 기도에 침묵하셨다는 결론을 내릴 수 있습니다. 그러나 그런 결론을 내리는 것은 기독교의 하나님을 전면 부정하는 것입니다. 여호와 하나님을 무능하고 무책임한 신으로 격하하는 처사입니다.

이러한 결론의 심각한 문제는 이 참사의 일차적인 책임 당사자들에 관한 냉철한 판단이 흐려진다는 것입니다. 일차적인 책임은 선장의 책임이 가장 큽니다. 그 배후에 세월호가 속한 해운의 사장과 임원진의 책임 또한 무겁습니다. 그리고 운항을 허가해 준 행정 관계자들과 관리감독을 철저하게 집행하지 않은 공무원들 모두의 책임을 물어야 할 것입니다. 그렇게 접근해야 제 2의, 제 3의 세월호 참사를 제대로 피할 수 있을 것입니다.

은밀한 범죄가 이미 시작되었고 그 범죄로 인한 피해 사고는 훨씬 나중에 발생합니다. 하늘의 하나님이 우리 삶을 불꽃같은 눈동자로 지켜보고 계신다는 진리를 우리 모두가 심각한 자세로 의식해야 하는 순간은 피해사고가 발생하는 순간이 아니라 그보다 훨씬 전에 은밀한 범죄가 시작되는 바로 그 순간입니다. 자격 없는 사람들이 중요한 일을 맡도록 허가하는 순간은 당장 그리 중요하지 않게 보이지만 결국 시작 순간의 판단 착오와 결정 착오가 원인이 되어 시간이 흐른 다음에 돌이킬 수 없는 사고가 발생합니다. 운항 능력이 없는 배의 운항 여부를 허가하는 행정 당국의 공무원들은 허가 업무를 맡아서 처리할 때 정말 하나님 앞에서 두렵고 떨리는 자세로 신중하게 결정해야 합니다. 만일 뇌물이나 이해관계에 의하여 사사로이 결정한다면 이는 수많은 사람들의 목숨을 돈 몇 푼으로 바꾸는 파렴치한 일입니다.

하나님을 믿는 신자들이 간절히 기도해야 하는 순간은 사고가 급박하게 일어나는 순간이 아닙니다. 오히려 운항 허가에 관한 심사 업무와 운항 자격을 갖춘 사람들을 훈련하고 양성하는 절차들이 하나님의 공의와 원칙대로 진행되도록 기도해야 합니다. 또 그런 행정 업무가 올바로 진행되도록 두 눈을 부릅뜨고 신앙의 양심으로 감시해야 할 것입니다.

마찬가지로 신자가 지도자를 위하여 간절히 기도할 시점은 선거가 끝나고 대통령 취임식을 통해서 서로 언약을 체결한 이후가 아니라 오히려 그 이전입니다. 선거 전에 먼저 하나님의 말씀의 기준과 잣대를 가지고 대통령 후보들의 정치견해를 면밀히 살펴봐야 합니다. 그 정견 속에 사리사욕을 채우려는 악한 동기가 숨어 있지 않은지, 국민과 대한민국의 미래를 미리 예상하면서 나라의 장래를 위한 고충을 얼마나 담아내고 있는지를 살펴봐야 합니다. 그렇게 정견을 살펴보고 검증하는 자리가 바로 미래의 열매를 위하여 미리 눈물로 씨앗을 뿌리는 자리입니다. 미리 점검해서 악의 씨앗을 걸러내면 미래에 선한 열매가 맺히는 것입니다. 미리 점검하지 못해서 악의 씨앗을 방치하면 결국 미래에 악한 열매가 맺힐 수밖에 없습니다. 그때는 기도해도 이미 늦습니다.

사무엘이 왕정 배후에 있는 이러한 문제점을 지적하지만 백성들은 계속 고집을 부립니다. "백성이 사무엘의 말 듣기를 거절하여 이르되 아니로소이다 우리도 우리 왕이 있어야 하리니 우리도 다른 나라들 같이 되어 우리의 왕이 우리를 다스리며 우리 앞에 나가서 우리의 싸움을 싸워야 할 것이니이다 하는지라"(삼상 8:19-20). 백성들의 지속적인 요구에 사무엘은 하는 수 없이 여호와 하나님께 백성들의 요청을 아룁니다. 여호와께서도 그들의 말대로 왕을 세워줄 것을 허락하십니다. 사무엘은 이스라엘 백성들에게 각기 성읍으로 돌아가서 하나님의 말씀을 기다리도록 권면합니다.

4. 국제 정세와 영적 분별력

지금 동북아시아 국제 정세가 우리나라에게 너무나도 불리한 방향으로 돌아가고 있습니다. 중국, 미국, 일본, 러시아 네 나라 강대국의 틈바구니 속에서 우리나라는 역사적으로 가혹한 외환을 겪어왔습니다. 조선시대 임진왜란과 병자호란 때에도 우리 조선의 의지와는 관계없이 일본의 세력 확장의 야망을 담은 '정명가도'(征明假道) 때문에 전쟁이 시작됩니다. 일본의 침공을 막아내려는 명나라도 오랑캐 일본은 오랑캐 조선으로 막아낸다는 이이제이(以夷制夷) 전략 때문에 두 나라 전쟁이 우리 한반도에서 진행되었고 두 나라의 휴전 때에도 우리 조선 사신들은 양국의 휴전 테이블에 낄 틈도 허락되지 않았습니다. 임진왜란 당시 조선 왕실은 당파싸움 때문에 바깥에 신경 쓸 겨를이 없었고 결국 임진왜란을 이겨낸 것은 이순신 장군과 의병들과 같은 민초의 힘이었습니다.

지금도 미국과 중국, 중국과 미국 그리고 일본 이 두 강대세력의 싸움에 약소국(弱小國)인 한국이 중간에서 피해를 보고 있습니다. 미국과 중국이 무역전쟁을 시작하려 하지만 직접 두 나라가 부딪히면 그 피해가 너무나도 심각하기 때문에 한국을 선발대로 이용하면서 국지적인 대리전쟁(代理戰爭)을 치루는 것이 사드배치 갈등으로 나타나고 있습니다. 이런 상황에서 이번 대선은 다음 대한민국 5년, 10년의 미래를 결정할 매우 중요한 단계라고 할 수 있습니다.

누구를 뽑을 것인가요? 어느 누구라도 5년 후, 10년 후 대한민국이 갑자기 뒤바뀌는 것은 아닙니다. 신자들에게는 대통령은 최선책이 아니라 다만 차선책에 불과함을 직시해야 합니다. 때로는 최악(最惡)을 피하기 위한 차악(次惡)의 선택일 뿐입니다. 하지만 그 차선책이나 차악책도 그나마 최악의 비극을 막고 이 땅에서 하나님 나라를 조금이라도 소망하며 맛볼 수 있는 현실적인 방안이 될 수 있습니다. 그 믿음을 가지고 후보자들의 정견을 잘 들어보시고 또 독수리의 눈으로 이들의 선거 공약을 잘 살펴서 투표를 잘 준비하시기 바랍니다.

사무엘상 9장 15-24절

하나님이 찾으시는 일꾼 1

하나님이 찾으시는 일꾼

가을학기를 열심히 감당하고 있는 전도사님들에게 주님의 위로가 함께 하시길 바랍니다. 대부분의 전도사님들과 부교역자들은 가을이 되면 마음이 복잡해집니다. 올 한해가 저물고 내년이 되면 어느 교회에서 사역할 것인가? 지금 있는 교회에서 내년을 계속 보낼 것인가? 아니면 다른 사역지를 찾아야 할 것인가? 우리가 하나님 나라 일꾼으로서 자신의 진퇴를 결정할 때 항상 중요한 기준은 하나님이 나와 함께 하시는지의 여부가 아닙니다. 나는 과연 하나님 편에 서 있는가? 나는 과연 하나님의 나라와 의를 구하는 하나님의 사람인가? 내가 하나님 편에 서 있다면 과연 그 증거는 무엇인가? 내가 하나님 편에 서 있다는 것을 무엇으로 증명할 수 있는가? 이런 질문에 해답이 분명하다면 고민의 시간과 번민의 밤은 그리 길지 않을 것입니다.

1. 작은 일에 충성하는 일꾼

우리가 하나님 편에 서 있는 하나님의 일꾼이라는 첫 번째 증거는 나를 세상적인 시각이 아니라 하나님의 입장에서 바라볼 줄 아는 믿음의 시각입니다. 주관적인 확신의 믿음이 아니라 객관적인 시각의 믿음을 말하는 것입니다. 자신의 형편과 처지를 세상의 시각으로 바라본다면 하나님의 일꾼이 반드시 갖추어야 하는 영적인 자질이 한참 부족한 것입니다. 그러나 우리 자신의 형편과 처지, 주변의 여러 일들과 사건들을 하나님의 시각으로 바라보는 자질이 곧 하나님의 일꾼이라는 증거입니다.

사무엘상 9장 3절에 보면 사울의 아버지 기스가 어느 날 암나귀들을 잃어버립니다. 아마도 집에서 키우던 암나귀 두세 마리가 집을 나가버렸으니 기스의 입장에서는 크나큰 재산 손실이 발생했습니다. 그의 아들 사울에게 '너는 일어나 한 사환을 데리고 나가서 암나귀를 찾아와라' 지시합니다.

당시 사울의 나이가 몇 살 정도였을까요? 대부분의 주석가들은 아마도 30대 후반, 40대 초반 정도였을 것으로 추정합니다. 이미 10대 후반 또는 20대 초반으로 자란 요나단을 아들로 두었기 때문입니다.

사울은 한 집안의 가장이면서도 아버지의 말씀에 순종하여 사환과 함께 암나귀를 찾으러 집을 나섭니다. 4절에 보면 사울과 사환은 에브라임 산지와 살리사 땅을 두루 다녀봅니다. 하루 종일 둘러봐도 찾지 못하고 이틀이 지나고 사흘을 걸려서 온 동네와 들판을 헤매지만 암나귀들을 찾지 못합니다.

이렇게 사울이 사환과 함께 여러 동네와 마을과 들판을 헤매면서 집나간 암나귀를 찾고 있었으나 사울이 전혀 깨닫지 못한 한 가지 중요한 사실이 있었습니다. 그것은 암나귀를 찾는 사울을 여호와 하나님께서 유심히 지켜보고 계셨다는 사실입니다. 뿐만 아니라 하나님은 사울을 이스라엘의 초대 임금으로 점찍어 놓고 계셨다는 사실입니다. 사무엘상 9장 16절에서 하나님께서 사무엘 선지자에게 말씀하십니다. "내일 이맘 때에 내가 베냐민 땅에서 한 사람을 네게로 보내리니 너는 그에게 기름을 부어 내 백성 이스라엘의 지도자로 삼으라 그가 내 백성을 블레셋 사람들의 손에서 구원하리라 내 백성의 부르짖음이 내게 상달되었으므로 내가 그들을 돌보았노라"(삼상 9:16).

하나님께서 가나안 들판을 헤매면서 정신없이 암나귀를 찾는 사울을 유심히 지켜보시다가 그를 이스라엘의 지도자로 세우시는 이유가 무엇일까요? 사울의 행동 속에는 하나님의 마음에 맞는 두 가지 코드가 들어 있었기 때문입니다. 첫째는, 사울이 간절한 마음으로 찾고 있던 암나귀는 고대사회에서 왕권을 상징합니다. 옛날 고대근동에서 말은 강력한 군사력을 상징한다면 암나귀는 왕권을 상징합니다. 나귀는 말보다 천천히 걷기 때문에 이동수단으로 최고의 가축이었습니다. 하지만 일반 서민들이 타고 다닐 정도로 흔한 가축이 아니라 귀족들이나 겨우 사용할 수 있을 정도로 귀한 가축이었습니다. 암나귀를 귀족들이나 왕처럼 신분이 아주 높은 사람들의 이동수단으로 사용하다보니 자연스럽게 나귀는 당시에 한 나라의 왕권을 상징했습니다. 예수님도 예루살렘에 입성할 때 나귀를 타신 것은 하나님 나라 왕권을 상징하는 의미가 있습니다.

사울은 하나님이 위에서 자기 행동을 지켜보고 계시는 줄도 모릅니다. 그저 아버지의 근심과 염려를 덜어드리고 싶은 간절한 마음으로 암나귀를 찾고 있습니다. 그런데 위에 계신 여호와 하나님께서는 사울이 간절한 마음으로 암나귀를 찾고 있는 그날의 한 순간에 주목하십니다. 한 정점을 바라보고 계십니다. 하나님의 시선은 하나님 편에서는 내려다보시는 것이지만 사울 편에서는 봐주시는 것입니다. 우리가 보통 '좀! 봐주세요.' 이렇게 부탁을 하는데 '봐주다'는 동사는 '보다'와 '주다'의 두 가지 동사가 합쳐졌습니다. 그 의미는 호의를 베풀어 달라는 것입니다. 하나님이 위에서 사울을 내려다보실 때 하나님의 시선을 따라서 하나님의 호의가 사울에게로 부어졌습니다. 하나님은 사울이 암나귀를 찾는 한 사건이 상징하는 영적인 지향성에 주목하셨습니다. 그 영적인 지향성이 도달하는 자리, 즉 하나님 나라의 왕권을 간구하는 이스라엘 백성들의 간절한 기도에 응답하시는 자리로 사울을 내보내시는 호의입니다. 우리가 이 땅에서 행하는 여러가지 언행과 한 평생의 일생은 무한히 광대한 여호와 하나님 앞에서는 그저 한 순간의 그림자나 정점에 불과합니다. 그러나 무한히 광대하신 우리 하나님은 우리 인생들을 먼지나 티끌로 무시하지 않으십니다. 그 언행이 추구하고 지향하는 하나님 나라의 실제와 관련을 맺어주시고 그 지향하는 자리로 인도하십니다. 할렐루야!

암나귀를 찾을 때 사울은 자신의 작은 행동이 거대한 하나님 나라 안에서 그토록 심오한 지향성을 가지고 있는 줄 알았을까요? 당연히 알 수 없었습니다. 저는 하나님께서 자기 백성들의 사소한 행동을 이렇게 심오하게 바라보고 계시는 것이 한편으로는 참으로 두렵기도 하고 또 한편으로는 참으로 감사합니다. 만일 나의 작은 행동이 하나님을 대적하고 악을 지향한다면 하나님은 그 악행에 대하여 참으로 엄중한 책임을 물으시고 끔찍한 지옥의 형벌로 그 책임을 물으십니다.

반대로 내 작은 행동이 하나님의 공의와 은총을 지향할 때 하나님은 이 세상의 그 무엇으로도 비교할 수 없을 정도로 막중하고 광대하고 엄청난 은혜를 베푸십니다. 그래서 이 세상 최고의 투자는 바로 하나님 나라에 투자하는 것입니다. "네 보화를 하늘에 쌓으라"(마 6:20)는 예수님의 말씀은 예수님을 위한 이기적인 요구가 아니라 우리를 위한 이타적인 은혜의 말씀입니다.

하나님께서 사울이 암나귀를 찾는 그 행동을 보시고 그를 이스라엘의 지도자로 세우시는 두 번째 이유는, 사울의 사소한 행동 하나는 그 시대 이스라엘 백성들 전체의 간절한 기도에 응답하는 행동이기 때문입니다. 9장 16절 하반절의 말씀입니다. "그가 내 백성을 블레셋 사람들의 손에서 구원하리라 내 백성의 부르짖음이 내게 상달되었으므로 내가 그들을 돌보았노라" 당시 이스라엘 백성들의 간절한 기도제목은 블레셋 사람들의 침략과 압제에서 구원해 달라는 것이었습니다. 하나님은 자기 백성과 언약을 맺으셨기 때문에 이 기도를 외면할 수 없습니다. 하나님은 이들의 탄식에 대한 해답을 내놓으셔야 합니다.

하나님은 그 해답을 어떻게 내놓으실까요? 하나님은 예나 지금이나 자기 백성들의 간절한 기도에 응답하실 때 기도하는 사람들 주변에 있는 자기 일꾼들을 동원하십니다. 2019년 가을에 인천의 교회에 출석하는 어느 성도가 하나님께 어떤 필요를 아뢰며 기도한다면 하나님은 누구를 동원하여 그 기도에 응답하실까요? 1850년 한양에 살던 어느 부잣집 양반을 동원할 수도 없고 1970년대 부산에 살던 어느 능력의 종을 동원할 수도 없습니다. 지금으로부터 100년 후 미국에 사는 어느 부자를 동원할 수 없습니다. 지금 기도하는 성도 주변의 사람들을 동원하여 기도 응답의 기적을 만드십니다.

하나님은 기도하는 사람들 주변의 인물들을 통하여 응답하시기 때문에 사사 시대 왕을 구하는 이스라엘 백성들의 기도에 가장 적절한 응답이 되어줄 구원투수로 사울이 등장하고 있습니다. 사울의 입장에서는 얼떨결에 휩쓸려가는 것 같지만 하나님으로서는 최고의 필연으로 사울의 등을 밀고 계십니다.

여러분도 만일 진로에 대해 해답을 원한다면 다음을 살펴보시기 바랍니다. 내 고민과 헌신이 하나님의 고민과 하나님의 헌신과 일치하는지를 살피십시오. 내가 깨달은 개혁신학으로 이 죽어가는 영혼들을 분명히 살려낼 자신이 있는지를 살피십시오. 이 시대는 내가 배운 개혁신학을 간절히 듣고 싶어할 것이라는 믿음과 확신이 있는지를 살피십시오. 그러면 우리는 남이 가보지 않은 길이라도 담대하게 걸어갈 수 있습니다.

사울의 심각한 문제는 자신의 행동을 하나님이 위에서 이 놀라운 은혜의 시각으로 내려다보고 계시다는 믿음이 없습니다. 하나님의 시각이 없고 top-down의 관점에서 자기 인생을 조망하지 못하고 있습니다. 우리 전도사님들에게도 이와 비슷한 경우가 종종 발견됩니다. 신학교에 들어와서 신학을 공부하고 앞으로 목회자가 되겠다고 준비하는 이 과정이 얼마나 영광스럽고 소중하고 신비로운 자리입니까? 하늘과 땅의 모든 권세를 가지신 삼위 하나님께서 신비로운 방식으로 섭리하시고 간섭하셔서 여러분이 이 자리에 와 있음을 잘 깨닫지 못합니다. 한 번 깨달았다고 하더라도 그 믿음을 가지고 성실함과 당당함으로 학업에 매진하지 못하는 경우들이 있습니다.

이는 마치 광야에서 방황하던 이스라엘 백성들이 아낙 자손들 앞에서 스스로를 메뚜기 같다고 생각했던 '메뚜기 컴플렉스'(grasshopper complex)와도 같습니다. '나는 다른 사역자들처럼 기적을 경험하지 못했다. 신비로운 체험을 하지 못했다. 합신에는 오고 싶어서 온 것이 아니다. 마땅히 할 것도 없고 진로도 불투명한데 부모님이 가라고 해서 왔다. 실력도 부족해서 겨우 턱걸이로 합격을 했다. 교회에서 제대로 사역도 감당하지 못한다. 아직 결혼도 하지 못했고 나는 이 세상 아낙 자손들 앞에서 메뚜기와 같은 존재다.' 그렇게 위축되어 있는 경우들을 봅니다.

속생각이 이런 형편임에도 불구하고 만일에 하나님이 이런 사람을 굳이 쓰시겠다고 하면 하나님은 반드시 어디로 보내십니까? 필요없는 열등감과 패배의식을 제거하기 위하여 '광야학교'(desert school)로 보내십니다. 그 속에서 죽지 않을 만큼의 고생을 한 후 비로소 그 입에서 '하나님은 정말 대단하신 분이시다'라는 고백을 만들어내십니다. 모든 주의 종들이 다 광야학교로 가는 것은 아닙니다. 지혜로우면 매를 안 맞고도 깨달을 수 있습니다. 지혜로운 사람들은 굳이 자기가 직접 사망의 음침한 골짜기로 내려가지 않습니다. 사망의 음침한 골짜기에서 직접 방황하다 하나님의 능력으로 벗어난 다른 사람들의 사례를 통해서 반면교사(反面教師)의 교훈을 얻습니다. 사망의 음침한 골짜기를 굳이 지날 필요가 무엇입니까. 광야 수업료도 너무 비싸고 감당해야 하는 고통과 희생이 너무나도 심각합니다. 최고의 수업 방법은 교수님들의 강의를 충실히 듣고, 성경 말씀을 묵상하고, 삶으로 순종하는 과정에서 하나님의 진리를 배우는 것입니다. 수업료를 아끼고 장학금을 받아가면서까지 공부할 수 있다면 가장 지혜롭고 똑똑한 학생입니다. 그러려면 필수 조건이 자신과 주변을 세상적인 시각이 아니라 하나님의 시각으로 내려다보는 것입니다. 메뚜기 컴플렉스를 완전히 버리시기 바랍니다. 세상적인 시각은 합신 정문 바깥에 모두 던져버리십시오. 합신 정문 안에서는 하나님이 나를 바라보시는 은혜의 시각으로 자신을 바라보십시오. 이것을 가리켜서 '관점의 전환'이라고 합니다.

2. 말씀과 나아갈 길

물론 그런 관점의 전환이 쉽게 일어나지는 않습니다. 하지만 구원과 성화의 필수 과정은 관점의 전환을 통하여 일어납니다. 구원과 성화는 하나님이 시작하신 일입니다. 구원하시고 성화를 이끄시는 하나님은 신자와 사역자의 인생에 관점의 전환이 일어나도록 아주 강력한 수단들을 사용하십니다. 관점의 전환을 위한 하나님의 가장 강력한 방법이 내 주변에서 하나님의 말씀을 전해 주는 사람들을 동원하십니다.

사울도 마찬가지입니다. 오늘 본문 9장 5절에서 사울이 암나귀를 찾지 못한 채로 하루 이틀이 흘러갑니다. 집에서 걱정하실 부모님 생각이 납니다. 5절에서 사환에게 그만 집으로 돌아가자고 제안합니다. 사환이 6절에서 지혜로운 조언을 제시합니다. 이 성읍에는 사람들에게 존경 받는 하나님의 사람이 살고 있는데 그 사람에게 우리가 가야 할 길을 가르쳐 달라고 부탁해보자는 것입니다(삼상 9:6).

사환은 아마도 사울보다 더 나이와 경험도 많고 근처에 사무엘 선지자가 살고 있는 것이 생각나서 지혜로운 제안을 했습니다. 사울로서는 총명한 사환을 곁에 두고 있었던 것이 인생에 크나큰 축복입니다.

우리는 항상 중요한 선택의 갈림길을 만납니다. 어느 쪽이 지혜롭고 현명한 길인지 잘 알 수 없습니다. 이럴 때 가장 안전하고 가장 좋은 방법은 멘토 역할을 하는 목회자나 지도교수님과 상의하는 것입니다.

동서고금을 막론하고 하나님이 사람을 훈련하는 최고의 방법이 영적인 멘토의 자문을 구하는 것이고 앞서 가시는 선생님의 안내를 따르는 것입니다.

이런 점에서 사울은 참 복이 많지만 그 생각은 아주 고루하고 답답합니다. 사울이 집으로 가겠다고 할 때 사환이 지혜롭게 제안합니다. 이 제안에 대한 사울의 대답을 보십시오. 7절을 보면 사울의 사고방식의 한계를 보여줍니다. "사울이 그의 사환에게 이르되 우리가 가면 그 사람에게 무엇을 드리겠느냐 우리 주머니에 먹을 것이 다하였으니 하나님의 사람에게 드릴 예물이 없도다 무엇이 있느냐"(삼상 9:7).

여기에서 사환의 우선순위와 사울의 우선순위가 서로 비교됩니다. 사환의 생각은 하나님의 선지자에게 찾아가면 틀림없이 우리 인생의 문제가 해결될 것으로 봅니다. 반면 사울은 세상적인 예의범절을 지키는 문제를 더 중요하게 생각합니다. 물론 예의범절도 중요하겠으나 일에도 우선순위가 있습니다. 사울은 하나님의 말씀이 없다보니 무엇이 가장 중요하고, 무엇이 그 다음인지 일에 우선순위를 매길 줄 모릅니다. 사울은 하나님의 시각으로 생각할 줄 모릅니다.

하나님의 선지자를 만나러 가면서도 지금 이스라엘 전체가 어떤 심각한 위기상황에 빠졌는지, 그들 마음속의 간절한 탄식과 눈물의 원인은 무엇인지, 하나님은 지금 이스라엘 백성들의 가슴 찢어지는 고통의 한숨을 어떻게 듣고 계시는지, 그리고 하나님이 이들의 간구에 대하여 누구를 통해서 응답하시려고 하시는지에 대한 하나님의 시각이 전혀 없습니다. Top-down의 시각이 부족합니다. 구속 역사의 시각을 가지고 위에서 아래 전체를 내려다보고 들어볼 수 있는 영적인 분별력이 부족합니다.

그러나 사울에게 한 가지 다행스러운 점은 지혜로운 사환을 곁에 두었다는 것입니다. 사환이 9절에서 대답합니다. "보소서 내 손에 은 한 세겔의 사분의 일이 있으니 하나님의 사람에게 드려 우리 길을 가르쳐 달라 하겠나이다 하더라." 은 한 세겔은 대략 20만 원, 성인의 4일 품삯 정도로 4분의 1이면 대략 5만 원 정도입니다. 5만 원을 챙겨서 사무엘 선지자를 만나러 성읍으로 올라갑니다.

나중에 사울은 그 사례비 5만 원을 사무엘에게 잘 전달했을까요? 18절을 보면 사울이 성문 안에서 사무엘을 만납니다. 사울이 사무엘인지 누군지 전혀 모르고서는 이렇게 묻습니다. "어르신 혹시 선견자의 집이 어디인지 청하건대 나에게 가르쳐주시면 감사하겠습니다." 그러자 사무엘 선지자의 동문서답(東問西答)같은 말씀이 들려옵니다. "사무엘이 사울에게 대답하여 이르되 내가 선견자이니라 너는 내 앞서 산당으로 올라가라 너희가 오늘 나와 함께 먹을 것이요 아침에는 내가 너를 보내되 네 마음에 있는 것을 다 네게 말하리라 사흘 전에 잃은 네 암나귀들을 염려하지 말라 찾았느니라 온 이스라엘이 사모하는 자가 누구냐 너와 네 아버지의 온 집이 아니냐 하는지라"(삼상 9:19-20).

사울이 잃어버린 암나귀를 찾는 자기 고민을 언급하기도 전에 사무엘 선지자는 아주 다급하게 하나님의 말씀을 선포합니다. 두 가지 말씀입니다. 첫째는, 암나귀는 이미 찾았기 때문에 염려하지 말라고 합니다. 둘째로, "온 이스라엘 백성들이 지금 간절한 심정으로 너를 찾고 있다"는 이상한 말씀을 하십니다. 그리고는 사울과 사환을 예상치 못했던 만찬의 자리로 인도합니다.

3. 말씀과 개혁

마지막으로 하나님이 간절히 찾으시는 일꾼은, 우리 마음속에 있는 하나님의 말씀의 기준으로 현실의 문제를 개선하려는 의지가 있는 사람입니다. 또 그런 사람에게 더욱 강력한 말씀과 성령의 능력으로 충만하게 채우십니다. 16절을 보시면 사울이 사무엘을 만나러 오기 전에 미리 하나님이 사울에 대해서 예언의 말씀을 주십니다. "내일 이맘때에 내가 베냐민 땅에서 한 사람을 네게로 보내리니 너는 그에게 기름을 부어 내 백성 이스라엘의 지도자로 삼으라 그가 내 백성을 블레셋 사람들의 손에서 구원하리라 내 백성의 부르짖음이 내게 상달되었으므로 내가 그들을 돌보았노라"(삼상 9:16).

하나님은 이스라엘 백성들이 블레셋 사람들의 노략질에서 고통당하는 것을 보시고 사울을 지도자로 세워서 이스라엘을 고난 속에서 구원하시겠다는 계획입니다. 여호와 하나님께서 사무엘 선지자에게 그런 말씀을 하셔서 사무엘 선지자는 긴장하는 마음으로 어떤 사람을 기다리고 있었습니다. 그런데 어느 날 아침 저기 성문 밖에서 믿음직스런 남자가 자기를 향하여 성큼성큼 다가오고 있습니다. 그 사람을 멀리서 바라보는 순간 사무엘은 직감합니다. "아! 저 남자가 하나님이 어제 미리 말씀하신 이스라엘의 지도자로 세우겠다는 사람이구나." 그래서 사무엘이 사울을 처음 만나자마자 19절과 20절에서 곧바로 하나님의 계획을 말씀합니다.

그런데 사무엘의 처음 계획은 내일 아침에 사울을 집으로 보내면서 하나님의 구속 계획을 말해주려고 생각했습니다. 다음 네 가지를 알려주겠다고 계획을 세웠습니다. 첫째는, 과거 이스라엘이 하나님의 자비와 은혜로 말미암아 언약을 맺으시고 애굽에서 구원을 받은 구속 은혜의 역사를 살아왔다는 것입니다. 이스라엘의 구속 역사의 영광과 은혜를 알려주겠다는 것입니다. 둘째로, 지금 이스라엘 백성들이 그 은혜를 망각하고 하나님과 맺은 언약을 파기해서 하나님의 심판으로 블레셋이 침략해서 이 나라가 위태한 상황이라는 시대적인 상황을 알려주겠다는 것입니다. 셋째는, 하나님은 이렇게 절망적인 상황에서 자기 백성들의 간구를 듣고 계시고 이들을 구원할 의지와 계획과 능력을 가지고 계시다는 것입니다. 넷째는, 하나님이 세우시려고 하는 이스라엘의 지도자가 바로 당신으로서 하나님은 바로 당신을 통해 이 비극적인 상황을 개선하려는 계획을 가지고 계시다는 것입니다. 19절 하반절에 보면 "너희가 오늘 나와 함께 식사를 같이 하고 내일 아침에는 내가 너를 네 집으로 돌려보내면서 네 마음에 있는 것을 다 네게 말해주겠다" 그럴 생각이었습니다.

하지만 사무엘 마음속에 계신 하나님의 이스라엘을 향하신 구원 계획이 너무나도 뜨겁게 끓어올라서 가만히 담아둘 수가 없었습니다. 바로 사울을 보자마자 그에게 하나님의 계획을 말해버립니다. 사무엘 선지자가 19절 하반절에 사울을 향하여 "네 마음에 있는 것을 다 내가 너에게 말해주겠다"고 할 때 사울의 마음은 무엇일까요? 두 가지 염려의 마음입니다. 두 가지 염려의 마음에 대해서 두 가지 해답을 알려주겠다는 것입니다.

첫째는, 아버지의 암나귀에 대한 걱정의 마음입니다. 도대체 이 암나귀들은 어디로 도망을 가버린 것인지 걱정합니다. 사무엘은 사울이 암나귀를 걱정하는 마음을 읽어내면서 그 문제가 이미 해결됐다고 알려줍니다. 원래 나귀나 소나 말들은 가끔 순간적인 충동심 때문에 밤에 마굿간을 도망쳐 집을 나가기도 합니다. 하지만 충동심이 사라지고 집 냄새가 솔솔 올라오면 그 집 냄새를 추적해서 집으로 스스로 돌아오는 경우가 많습니다. 어찌됐건 암나귀는 집으로 돌아왔다는 말씀입니다.

둘째는, 하나님은 사울이 암나귀를 찾는 마음을 일종의 상징(symbol)으로 보았는데, 그 상징이 가리키는 것은 실제 왕권을 찾는 마음입니다. 사울은 이스라엘의 왕권을 구하지 않았지만 하나님이 위에서 아래로 내려다 봐주고 계시는 마음입니다. 하나님은 암나귀를 찾는 사울의 마음속에서 이스라엘의 왕권을 회복하려는 열망을 보신 것입니다. '네 속에 들어 있는 두 번째 마음'은 하나님이 호의를 베풀어서 허락하신 이스라엘의 왕권을 회복하려는 마음입니다.

그렇게 상징의 암나귀를 구하는 마음과 실제의 왕권을 구하는 마음을 사무엘은 읽어내고 그 해답을 제시합니다. 20절 상반절에서는 "하나님 나라의 왕권을 상징하는 암나귀는 찾았다. 그러나 하나님께서 세우시려는 하나님 나라 지도자는 아직 세워지지 않았다." 그래서 사무엘은 이어서 왕권을 구하는 이스라엘 백성들의 간절한 마음에 대한 해답을 제시합니다. '온 이스라엘이 간절히 사모하는 왕권을 감당하기에 적합한 자가 누구냐? 바로 네가 아니냐?', '바로 너와 네 아버지 가문이 이스라엘의 왕권을 책임져야 마땅하지 않겠느냐?' 이런 말씀입니다.

이런 말을 사울이 처음 들었을 때 그 마음의 생각이 어떠했겠습니까? 너무나 황당한 말입니다. 나는 암나귀나 찾으러 왔는데 하나님이 암나귀를 돌려 주시면서 이스라엘의 왕권까지 나에게 맡기시겠다니요. 너무나 황당하고 허황된 이야기입니다. 그래서 21절에 "사울이 대답하여 이르되 나는 이스라엘 지파의 가장 작은 지파 베냐민 사람이 아니니이까 또 나의 가족은 베냐민 지파 모든 가족 중에 가장 미약하지 아니하니이까 당신이 어찌하여 내게 이같이 말씀하시나이까"

사울의 이 말은 겉으로 보자면 매우 겸손한 표현 같습니다. 하지만 객관적으로 보자면 거짓말입니다. 이스라엘 12지파 중에서 레위와 유다, 그리고 베냐민 지파는 그 규모나 지분들이 상위계층의 명문 가문입니다. 베냐민 지파 안에서도 사울과 그의 부친 기스는 상당한 재력과 권세를 형성하고 있었습니다. 즉, 사무엘 선지자의 제안을 하나님의 시각으로 생각해 본다면 당연히 하나님께서 자기 지파와 가문에 넉넉한 부귀 영화를 베풀어 주신 것에 대한 일종의 책임의식을 가져야 할 것입니다. 그런데 하나님 나라의 책임은 회피하면서 겸손한 척 위선을 떱니다.

세상에서는 이러한 겸손의 자세를 가리켜서 인격적으로 훌륭하다고 칭찬합니다. 하지만 하나님은 세상적인 겸손을 위선으로 평가하십니다. 겸손과 위선의 결정적인 기준은 하나님의 말씀입니다. 하나님의 말씀으로 세상의 문제를 개선하려는 의지가 있는지를 보십니다. 하나님의 말씀으로 세상의 문제를 개선하려는 의지가 없고 세상의 사회적인 지위를 상대방 앞에서 낮추어 표현하는 것은 겸손이 아니라 하나님 보시기에 위선입니다. 사울의 마음속에는 구속 역사를 이끌어 가시는 하나님의 시각도 없고 하나님의 마음도 없습니다. 그러다보니 사울은 사무엘 선지자의 말씀을 전혀 이해하지도 못하고 수용하지도 못합니다. 결국 사울은 일평생 하나님의 말씀과 하나님의 사람들을 대적하는 삶을 살다가 비참한 모습으로 인생을 마감합니다.

하지만 하나님은 최후의 심판 이전에 우리 인생들에 대해서 어떻게 역사하십니까? 부드럽고 온유한 방식으로 계속 사울을 설득합니다. 22절에서 사무엘 선지자는 사울을 만찬의 자리로 초청합니다. 그 자리에는 당시 이스라엘의 미래를 염려하며 하나님의 인도하심을 구하던 이스라엘의 지체 높은 귀족들과 장로들 30명 정도가 모여 있었습니다.

사무엘 선지자가 사울을 초청한 만찬상은 일종의 상징(symbol)입니다. 장차 이스라엘 땅에 세워져야 할 하나님 나라의 만찬을 의미하는 상징적인 자리입니다. 당시 이스라엘의 운명을 걱정하던 사무엘과 이스라엘의 원로들과 귀족들이 하나님께 예배드리고 기도하며 하나님이 베푸시는 은혜와 평강을 상징하는 자리입니다. 23절에서 사무엘은 미리 부탁했던 넓적다리 요리를 이제 가져와달라고 부탁합니다. 만찬상의 맛있는 요리와 음식을 먹고, 하나님 나라의 기쁨을 맛보고, 그 특권을 누리고, 이제 그 특권에 합당한 책임을 실행하라는 무언의 간곡한 부탁이 그 식탁 저변에 깔려 있습니다.

여호와 하나님께서 한 사람 사울을 설득하시는 방법이 매우 인격적입니다. 천지를 말씀 한 마디로 창조하신 하나님께서 뭐가 아쉬워서 이렇게 온유한 방법을 사용하실까요? 자기를 대적하는 바로의 권세를 단방에 박살내고 수많은 전차 부대라도 일순간에 홍해에 수장시킨 능력의 하나님께서 뭐가 아쉬워서 이렇게 부드럽고 인격적인 방법을 사용하실까요?

딱 한 가지 이유가 있다면 창세 전의 계획을 완벽하게 완수하시려는 하나님의 절대 주권 때문입니다. 창세 전에 우리의 구속을 계획하시고 예정하신 하나님께서 그 예정을 완벽하게 성취하시려고, 하늘의 하나님께서 죄인 한 사람의 인격의 수준과 그 한계 아래로 낮추어 찾아오셔서, 그 인격의 수준과 한계 안에서 가장 효과적인 설득 방법을 찾고 계시기 때문입니다.

우리 학교 교수님들이 여러분들에게 겸손한 자세로 강의를 진행하고 또 총장님이 매주 목요일 아침에 맛있는 아침식사로 섬기는 이유가 무엇 때문입니까? 여러 교회들이 우리 학생들에게 맛있는 점심을 무료로 제공하는 이유가 무엇이고 또 장학금으로 지원하는 이유가 무엇 때문입니까? 가장 중요한 이유는 여러분을 이 자리까지 부르신 하나님께서 자신의 독생자의 목숨을 바쳐서 그리고 자신의 성령 하나님을 여러분들을 위하여 보내주시고 지금도 동일한 겸손과 헌신으로 여러분을 인격적으로 섬기고 계시기 때문입니다(빌 2:5-12).

그래서 우리 교수님들도 겸손의 하나님을 섬기는 마음으로 여러분을 겸손하게 섬기고자 하는 것입니다. 그러므로 여러분도 지금 하는 학업이나 교회 사역을 가볍게 생각하지 마시고 내 속에 그리스도께서 나와 함께 사신다는 그 믿음을 가지고 스스로를 존귀하게 여기시기 바랍니다. 내 안에 그리스도께서 나와 함께 일하신다는 그러한 명예 의식을 가지고 이 길을 담대하게 걸어가시기 바랍니다.

사무엘상 10장 14-24절

하나님이 세우시는 일꾼 2

하나님이 세우시는 일꾼

우리가 인생을 살다보면 하나님과 사람들 앞에서 때때로 중요한 책임을 맡는 경우들이 생깁니다. 저는 어렸을 때 학교를 다닐 때 같은 급우들이 반장을 하는 것을 지켜보면서 반장은 아무나 하는 것이 아닌 줄 알았습니다. 공부를 1등으로 잘하거나, 리더십이 다른 친구들에 비해서 월등하거나, 집이 부자이거나, 부모님이 학교 선생님과 친하거나, 아주 특별한 사람들만 반장을 하는 줄 알았습니다. 하지만 군대에 입대해보니 맨 처음 모두가 다 졸병이지만 이등병에서 일등병, 상병, 병장으로 자연스럽게 진급하면서 모두가 다 지도자의 위치에 올라서는 것을 보게 됩니다.

하나님을 믿는 신자도 마찬가지입니다. 세상에서는 아파트 동대표나 면장, 시장, 도지사, 대통령에 당선되려면 특별한 노력이 필요합니다. 마치 군대에서 자연스레 진급을 하면서 이전보다 더 막중한 임무와 역할을 감당해야 하듯이 하나님 나라에서도 우리 하나님은 일방적으로 전혀 자격도 없고 준비도 되지 않은 사람을 중요한 자리로 인도하시는 경우를 봅니다. 왜 그렇게 하실까요? 그 이유를 살펴보면 오직 한 가지 이유뿐입니다. 하나님의 말씀을 전하고 하나님의 영광을 나타내야 하기 때문입니다. 바로 그때문에 우리 하나님은 갑자기 우리에게 하나님의 전권 대사라는 엄청난 직위를 맡기시는 경우를 자주봅니다.

이럴 때 생기는 질문은 우리는 혹시 하나님께서 어떤 직무와 책임을 맡겨주신다면 '어떤 자세로 감당해야 하는가?' 하는 것입니다. 오늘 본문의 말씀을 통해서 이런 질문에 대한 교훈을 받고자 합니다.

1. 속된 것을 버리라

하나님이 세우시는 일꾼의 첫째 조건은 세상의 풍습과 습관과 기질을 모두 버려야 한다는 것입니다. 예전의 생각, 말, 행동, 습과, 기질, 성품을 모두 버리고 하나님의 말씀으로 생각하고 말하고 행동하는 사람으로 바뀌어져야 한다는 것입니다. 물론 예수를 믿는다고 하더라도 즉시 거룩한 인격이 되는 것은 아닙니다. 하지만 하나님의 말씀과 기도생활과 신앙생활을 통해서 조금씩 점진적으로 변화와 성숙이 그 삶속에서 나타나야 합니다. 그래야만 하나님이 그 사람을 통해서 자신의 영광이 나타나도록 하시고 이를 위해서 이 세상에서도 계속 높여주십니다.

오늘 본문 앞장 9장 19절-20절에서 하나님은 아버지의 암나귀를 간절히 찾고 있던 사울의 마음을 받아주시고 이스라엘의 지도자로 선택해 주십니다. 사울은 그저 겸손하고 성실한 마음으로 아버지가 잃어버린 암나귀를 찾고 있었습니다. 그러나 위에 계신 하나님은 그 간절하고 순수한 사울의 마음을 하늘 위에서 보시고 이스라엘의 왕권을 찾고 있는 모든 이스라엘 백성들의 대표자로 인정해 주셨습니다.

이것이 크신 은혜가 아닙니까? 우리가 이 세상에서 각자 맡은 일을 성실히 감당하고 있을 때 하나님은 위에서 보시고 그 마음을 단순히 이 세상에서 한 평생을 살다가 없어질 것들을 위해서 수고하는 마음으로 무시하지 않으시고 영원을 사모하는 마음으로 인정해 주십니다. 나아가 그 영원을 사모하는 마음에 하늘의 복으로 채워 주셨다는 말씀입니다.

2. 새사람으로 거듭나라

하나님으로부터 인정과 선택을 받은 사울을 이제 하나님께서 이스라엘의 지도자로 사용하시기 위해서 어떻게 하십니까? 사울이 이스라엘의 지도자로서 하나님에게 쓰임 받기 위해서는 그의 옛사람은 죽어 없어지고 완전히 새로운 하나님의 사람으로 거듭나야만 합니다. 하나님의 선지자 사무엘은 10장 1절에서 기름병을 가져다가 사울의 머리에 기름을 붓고 입맞추면서 하나님의 말씀을 선포합니다. "여호와 하나님께서 네게 기름을 부으시고 그의 기업의 지도자로 너를 선택하셨도다"고 선포합니다.

여기서 말씀하는 기름은 올리브기름을 가리킵니다. 이스라엘 사람들은 본래 올리브기름을 머리에 붓지 않습니다. 치료나 미용의 목적이라면 모를까 일상에서 올리브기름을 300ml나 500ml정도의 분량을 머리에 붓지 않습니다. 그런데 갑자기 하나님의 선지자를 자처한 사람이 머리에 올리브기름을 부으면 어떤 느낌이 들겠습니까? 평소에 냄새를 맡기도 어렵고 맛보기도 어려운 올리브기름을 머리에 부으면 그 고소한 기름 냄새가 코로 밀려오면서 평소에 경험해 보지 못했던 감격과 감동이 느껴집니다. '내가 이렇게 귀한 대접을 받을 정도로 특별한 사람인가? 나같이 부족한 자를 하나님께서 지도자로 선택하신다니. 너무나 감사하고 너무나 영광스럽다.' 그런 감격이 가슴 깊이 밀려옵니다.

저와 여러분도 돌이켜보면 이런 특별한 감동을 받아본 적이 아마도 여러 번 있었을 것입니다. 학교를 졸업하면서 졸업장을 받았을 때도 그렇습니다. 배우자와 결혼식을 진행할 때에도 이곳이 하늘인지 천국인지 알 수 없는 감동이 있었을 것입니다. 또 회사에 취직했을 때나 임명장을 받았을 때 사람들이 나를 인정해 주는 것이 너무나도 고맙고 감사했을 것입니다. 첫 월급을 받았을 때도 그렇고 오랫동안 감기몸살로 고생하다가 교회에 와서 예배를 드리는 중이나 성만찬을 드리면서 주님의 보혈을 의미하는 떡과 포도주를 받으면서 평상시와 다른 감동을 받았을 것입니다.

이렇게 이 세상에서 우리가 중요하고 의미 있는 예식에 참여하는 이유는 이제 앞으로 내 인생은 이전과 결코 같을 수 없으리라는 결단이 그 예식과 함께 뒤따르기 때문입니다. 그래서 우리가 하나님이 세우시는 일꾼으로 인정을 받으려면 하나님의 말씀이 선포되는 예배에 꾸준히 참석을 해야 합니다.

10장 9절의 말씀을 보면 사울이 선지자 사무엘로부터 그 머리에 기름 부음을 받고 이스라엘의 지도자로 인정을 받은 다음에 예식이 끝나고 사무엘을 떠나려고 합니다. 이때 하나님이 사울에게 '새마음'을 주십니다. 한글 번역 성경은 '새마음'을 주셨다고 하지만 히브리어 성경에는 '다른 마음'을 주셨다고 합니다. 하나님이 사울에게 주신 '다른 마음'은 이전에 사울이 당시 이스라엘을 바라보면서 생각했던 것과 다른 생각, 이스라엘을 향한 하나님의 섭리에 대한 다른 생각, 다른 관점을 깨닫게 해 주셨다는 의미입니다.

이러한 은혜는 이미 사무엘 선지자가 사울에게 미리 예고했던 사건입니다. 10장 6절에 보면 이런 말씀이 있습니다. 사무엘 선지자가 사울에게 전하는 예언의 말씀입니다. "네게는 여호와의 영이 크게 임하리니 너도 그들과 함께 예언을 하고 변하여 새사람이 되리라" 하나님이 사울을 이스라엘의 지도자로 선택하신 다음에 사울을 이전과 전혀 다른 새사람으로 변화시키십니다. 그 방법이 무엇입니까? 하나님은 바로 예배시간을 통하여 이 세 가지 방법을 사용하십니다.

첫째는, 사무엘을 통하여 사울의 머리에 성령 하나님의 임재를 상징하는 올리브기름을 붓는 것입니다. 올리브기름을 머리에 붓는 행동은 그 사람에게 성령 하나님이 강림하신 것을 상징합니다. 올리브기름 자체가 무슨 신비한 마력이 있는 것이 아닙니다. 하나님께서 올리브기름을 일종의 상징으로 사용하십니다. 올리브기름이라는 상징을 통해서 성령 하나님이 사람들에게 찾아오시고 강림하시고 떠나지 않으심을 말씀하시는 것입니다. 하나님은 올리브기름을 사용하셔서 사울을 새사람으로 만들고 계셨습니다. 사울이 그것을 깨달아야만 합니다. '아! 지금 하나님이 이 기름을 사용하셔서 나에게 성령을 부어주시고 나를 새사람으로 만들고 계시는구나.'

둘째로, 사무엘을 통해서 사울에게 하나님의 말씀을 선포하도록 하십니다. 올리브기름 자체에 힘이 있는 것이 아니기 때문에, 올리브기름만 머리에 바른다고 새사람이 되지 않습니다. 올리브기름의 상징과 함께 그에게 하나님의 말씀이 선포되어야 하고, 그 말씀을 들은 사울은 그 말씀에 믿음으로 반응하고, 그 말씀을 마음에 깊이 새기고, 순종해야 합니다. 그럴 때 이 모든 변화를 한 마디로 표현한 '새로운 사람'이 될 수 있습니다. 그래서 사무엘이 사울의 머리에 올리브기름을 바르면서 그에게 하나님의 말씀을 함께 선포하는 것입니다. "하나님이 너를 이스라엘의 지도자로 삼으셨도다"라고 함께 말씀을 선포해서 올리브기름의 상징이 가리키는 실제의 의미를 그 마음에 새겨주고 있습니다.

하나님이 사울을 새사람으로 만들기 위해서 사용하시는 셋째 도구는, 약속의 말씀을 그대로 눈 앞에서 성취하는 것입니다. 약속의 말씀이 그대로 성취되는 것을 직접 목격하도록 하는 것이야말로 하나님께서 당신의 사람을 만들어가는 가장 중요한 방법입니다. 코카콜라 사장의 혈관 속에는 코카콜라가 흐른다면 하나님 나라 일꾼의 DNA는 '약속의 말씀은 그대로 성취된다는 믿음'입니다. 하나님은 사울의 마음속에 이러한 영적 DNA를 만들어 주시려고 앞으로 사울이 경험할 세 가지 미래의 사건을 예언합니다(삼상 10:3-5).

첫째 예언은, 3절에서 네가 집으로 돌아가다가 두 사람을 만날 것인데 그들이 암나귀를 찾았다고 하면서 오히려 너를 걱정하는 말들을 할 것이라 합니다. 이 예언은 14절의 말씀으로 성취가 됩니다. 둘째 예언은, 3절에서 하나님께 예배하러 벧엘로 올라가는 세 사람을 만날텐데 그 사람들이 너에게 떡 두 덩어리를 내줄 것이라 합니다. 마지막 예언은, 5절에서 선지자의 무리들이 찬송을 부르면서 내려오는 것을 만날 것인데 그때 네 마음에 찬송으로 감동을 받게 될 것이라 합니다.

언뜻 생각해 보면 사무엘 선지자는 어떻게 이런 미래의 일들을 모두 다 내다보고 있었는지 신기한 생각이 듭니다. 그러나 당시 시대적인 상황을 고려하면 이러한 예언도 그렇게 신기한 일은 아닙니다. 첫째는, 암나귀들은 종종 배가 고프거나 목이 마르거나 기질적으로 순간적으로 밤중에 울타리를 벗어나 도망치더라도, 자기가 살던 외양간의 냄새를 기억하고 다시 돌아오는 경우가 많습니다. 저도 초등학생 시절 시골에서 살 때 한밤중에 외양간 문이 열려서 소들이 모두 밖으로 나가버린 적이 있었습니다. 아버지가 놀라 황급히 동네 사람들한테 모두 연락해서 한밤중에 저희 집 근처 산과 바다를 3시간 정도 샅샅이 뒤져서 들판에 있는 소를 끌고 온 적이 있었습니다. 사울이 살던 당시에도 이런 일들이 종종 일어났을 것입니다.

둘째로, 사울이 집을 떠난지도 벌써 3일이 되었습니다. 암나귀는 이 정도가 되면 집냄새를 기억하고 집으로 돌아오지만 오히려 가족들이 사울을 걱정하겠지요. 집으로 돌아가는 어귀에서 가족 친척들 한두 사람쯤 만날 것은 당연할 것입니다. 사무엘은 지금 사울이 집으로 돌아가는 노선 중에 벧엘 성소로 올라가는 다볼 상수리나무를 지나갈 것을 예상합니다. 이 시점이 절기상으로 하나님께 예배드리는 시간입니다. 예물을 들고 가다가 굶주린 행인을 만나면 이스라엘 율법 상으로도 예물을 드리기 전에 먼저 배고픈 행인에게 떡덩어리 한두 개를 주는 것은 당연할 것입니다. 또 성소 근처에서 예배를 드리고 나오는 선지자들을 만나 그들이 은혜 받아서 찬송을 부르고 있을테니 그 찬양 소리를 듣다보면 사울도 감동을 받을 것을 미리 예상하는 것입니다.

'너 사울은 잠시 후에 벧엘의 성소 근처를 지나가면서 행로에 피곤할 것이다. 그렇지만 성소로 예물을 준비해서 올라가는 하나님의 사람들을 만날 것이다. 사울이 사환과 함께 돌아가는 중이라 그 성소 주변에서 하나님께 예배드리는 선지자 무리를 만날 것이다. 그들로부터 약간의 음식을 공궤받을 수 있을 것이다. 그러는 중에 그들의 찬송 소리를 듣다보면 사울 너도 마음에 감동을 받을 것이다.'

이렇게 사무엘은 사울이 집으로 돌아가는 과정에서 경험할 것들을 미리 내다보면서 사울에게 미리 예언의 말씀을 들려줍니다. 그 예언은 9절 이하를 보시면 예언하고서 얼마 지나지 않아 바로 실현됩니다. "그가 사무엘에게서 떠나려고 몸을 돌이킬 때에 하나님이 새마음을 주셨고 그날 그 징조도 다 응하니라"고 합니다(삼상 10:9).

이런 일을 경험하는 과정에서 사울이 정말 신기하게 생각해야 하는 것은 사무엘 선지자가 미리 말한 세 가지 예언이 하나도 틀림이 없이 그대로 성취된 것이 아닙니다. 그보다 하나님이 선지자를 통해 예언의 말씀을 들려주시고 그 약속의 말씀이 실제로 성취되는 것을 목격토록 하신 이유를 생각해보아야 합니다. 우리 하나님 여호와는 세상이 감당할 수 없는 일을 능히 감당하는 하나님의 사람이 되라고 나를 인격적으로 설득하고 계시는구나! 바로 이 사실을 깨닫는 것이 중요합니다.

사울이 이 깨달음에 도달하도록 삼위 하나님께서 지금 하나님의 사람 사무엘 선지자를 동원하고 계십니다. 이 모든 섭리가 청년 사울을 어느 목적지로 이끄시는지 깨닫는 것이 중요합니다. 오늘날 우리도 때로는 예배를 드리거나, 다른 사람들로부터 귀한 대접을 받거나, 중요한 예식에 참석해서 평소와 다른 감동을 받습니다. 그러한 대접과 배려를 그저 나보다 조금 여유 있는 사람의 자기 과시 정도로 생각하지 마십시오. 당연한 나눔이 아닙니다. 성령 하나님께서 베푸는 사람과 혜택을 받는 사람 사이에 역사하고 계시는 증거입니다. 작고 사소한 감동을 하나님의 섭리로 깨닫지 못하는 사람은 결코 다른 사람들에게 동일한 감동을 줄 수 없습니다. 받아보지 않은 것을 줄 수는 없습니다. 물 한 컵에 담긴 놀라운 사랑의 의미를 이해하는 사람만이 목말라서 곧 죽어가는 사람들을 살리는 하나님의 놀라운 사랑의 사도가될 수 있습니다.

3. 하나님 나라 역사의식

마지막으로 하나님이 자기 백성을 일꾼으로 세우시는 결정적인 방법은 하나님께서 여러 징조들을 주실 때 세상적인 관점과 이전의 습관이 아닌 하나님의 시각으로 바라보도록 하시는 것입니다.

13절 이하를 보면 사울이 하나님의 말씀 그대로 선지자들의 찬송을 듣고서 감동을 받아서 예언을 하고 산당을 거쳐서 집으로 가다가 집에 거의 다 와서 숙부를 만납니다. 사무엘은 당시 이스라엘에서 최고로 존경을 받는 선지자였습니다. 일반 백성들은 사무엘을 자주 만나기 어렵기 때문에 그에게서 현재 이스라엘 땅에서 진행되고 있는 여러 문제와 하나님의 해답을 들을 기회가 많지 않습니다. 그런데 조카가 그 유명한 사무엘을 만났다고 하니 사무엘이 너한테 무슨 말씀을 하시더냐고 궁금해서 묻습니다. 16절에서 "사울이 그의 숙부에게 말하되 그가 암나귀들을 찾았다고 우리에게 분명히 말하더이다 하고 사무엘이 말하던 나라의 일은 말하지 아니하니라"

왜 사울은 암나귀를 찾았다는 말만 하고 나라의 일은 말하지 않았을까요? 그 이유는 아직도 사울은 사무엘이 자기에게 말해 주었던 이스라엘 나라의 일이 마음에 정리되지 못했습니다. 하나님 나라의 일이 자기가 애정과 책임의식을 가지고 감당해야 하는 '내 운명'이라는 확신에 도달하지 못했습니다. 하나님께서 지금 이스라엘을 인도할 군왕이 없음을 안타까워하시고 미력하지만 사울 자신을 대리자로 세워서 이스라엘을 하나님의 말씀으로 인도하기를 원하시는 이 하나님의 시각이 사울 마음에 감당해야 할 부담으로 새겨지지 않았습니다. 그래서 사울은 사무엘 선지자로부터 들었던 나라의 일을 가족들에게 말할 수 없었습니다. 사울이 그동안 경험했던 모든 영적인 사건들, 사무엘의 간절한 부탁, 값비싼 넓적다리 만찬은 그저 무의미한 환상이나 신기루처럼 사라지고 마는 것입니다.

저는 우리 교회 장로님들과 권사님들이 열심히 교회와 예배를 섬기시는 모습을 바라보면서 많은 도전과 감동을 받습니다. 특송으로 교회를 섬겨 주시고 재미없는 설교임에도 불구하고 열심히 들어주시는 모습을 보면서 이것은 주님의 마음이 아니고서는 정말 불가능한 일임을 깨닫습니다. 제 마음에 감동과 도전을 받으면서 늘 새롭게 결단을 다짐합니다. '나도 이 분들처럼 평생토록 교회를 섬겨야겠다. 평생토록 교회를 섬기는 가운데 주님을 섬겨야겠다.' 그렇게 다짐하곤 합니다.

사무엘상 3장 30절의 말씀입니다. "나를 존중히 여기는 자를 내가 존중히 여기고 나를 멸시하는 자를 내가 경멸하리라." 주께서 우리를 구원하시고 하나님을 알게 하시며 하나님을 아버지라고 부를 수 있는 참으로 놀랍고 영광스러운 은혜를 베풀어 주셨습니다. 우리의 능력이나 자격에 넘치도록 많은 물질과 건강, 재물의 복과 인맥, 물질적인 복을 베풀어 주고 계십니다. 주께서 우리에게 많은 복을 베풀어 주신 이유는 딱 한 가지입니다. 그 모든 복을 주님 나라를 위하여 헌신함으로 우리 모두를 주님을 영화롭게 하는 인생으로 만들어가시고 높여주시기 위함입니다. 주님을 존중히 여겨 주님으로부터 존중히 여김을 받는 인생이 되시길 주님의 이름으로 간절히 축원합니다.

하나님 마음에 합한 사람

구원하시는 하나님

사단 마귀의 악한 권세

사단 마귀는 우리의 신앙생활 중에 하나님의 축복을 제대로 누리지 못하도록 여러 방법으로 방해합니다. 사단 마귀가 저와 여러분의 인생을 괴롭히는 세 가지 방식이 있습니다. 첫째는, 질병으로 우리 몸과 마음을 공격합니다. 몸이 아플 때 병원을 찾아가 치료를 받아도 오히려 점점 쇠락해져갈 때 하나님이 나를 버리신 것 같은 절망에 빠집니다. 둘째로, 우리가 죄악 중에 출생하였기 때문에 죄악을 완전히 끊고 살기가 쉽지 않습니다. 우리는 본질적으로 선보다 악을 행하는 것이 더 익숙한 존재입니다. 남을 사랑하기보다는 미워하기 쉽고 말씀대로 살기 보다는 내 맘대로 행하는 것이 더 익숙합니다. 죄악을 범할 때조차 잘못 가고 있는 줄 모릅니다. 하지만 잠시 시간이 지나면 곧 후회가 찾아오고 죄책감이 내 영혼을 짓누릅니다. 이럴 때는 하나님도 나를 버리신 것 같고 기도를 해도 시원한 해결책이 보이지 않습니다.

셋째는, 내 인생에 어느 날 갑자기 환란과 고난이 찾아옵니다. 오늘 사무엘상 11장 1절을 보면 암몬 사람 나하스가 길르앗 야베스 사람들을 공격해 들어오고 있습니다. 군사력을 서로 비교한다면 암몬의 군대는 지금으로 비유하자면 중국이나 러시아와 같은 강대국입니다. 그 강대국 앞에서 길르앗 야베스는 작고 왜소한 약소국입니다. 강대국이 약소국을 침략하면 약소국은 그 앞에서 무너져 패망할 수밖에 없습니다.

강대국이 약소국을 침략하면 약소국의 백성들은 어떻게 반응합니까? 사무엘상 11장 1절에 보면 야베스 모든 사람들이 암몬의 군주인 나하스에게 즉시 항복을 선언하고 복종을 맹세합니다. '우리가 너희 나라 국왕에게 조공을 바치고 군량미를 바치고 아들, 딸을 노예로 바칠 것이니 제발 목숨만은 살려달라'는 것입니다.

길르앗 야베스의 사람들이 이렇게 간절하게 목숨만은 살려달라고 간청하면 어떻게 반응하는 것이 인지상정(人之常情)입니까? 불쌍히 봐줘야지요. 하지만 암몬 사람 나하스왕에게는 자비를 찾아볼 수 없습니다. "암몬 사람 나하스가 그들에게 이르되 내가 너희 오른 눈을 다 빼야 너희와 언약하리라 내가 온 이스라엘을 이같이 모욕하리라"

암몬 사람 나하스 왕이 길르앗 야베스 사람들에 대하여 이렇게 무자비하게 나오는 이유가 무엇일까요? 암몬 족속은 원래 역사적으로 이스라엘 사람들과 사이가 좋지 않았습니다. 무역과 목축업에 종사하면서 주변의 폭력적인 문화들을 배워서 자신들의 삶의 방식으로 채택한 다음에 이런 폭력적인 문화로 자신들의 세력을 과시하는 것을 좋아했습니다.

사람들은 자신의 존재감과 권위를 다른 사람들에게 나타내기를 좋아합니다. 자신의 존재감과 권위를 나타내는 방법에는 하나님의 방법과 사단 마귀의 방법 두 가지가 있습니다. 첫 번째 하나님의 방법은, 권력자가 연약한 상대편의 수준으로 자신을 겸손하게 낮추는 것입니다. 모든 권위의 근거이신 하나님은 자기 앞에 있는 언약 백성들을 하나님과 같은 수준으로 이끌어 올리고자 언약 백성들의 수준으로 자신을 낮추십니다. 오늘날까지도 하나님의 말씀이 보급된 나라나 문화권에서는 권력자가 겸손히 권위를 낮추어서 상대방의 형편을 배려해 주는 문화가 잘 정착되어 있음을 볼 수 있습니다.

두 번째 사단 마귀의 방법은, 권력자가 연약한 상대편을 자기 권력의 밑에 두고서 억누르는 것입니다. 나하스가 모든 야베스 사람들의 오른 눈을 다 빼고 나서야 언약을 맺겠다는 것은 나하스 왕 자신의 무시무시한 권세를 야베스 사람들에게 과시하겠다는 것입니다. 나하스 왕의 권위와 명령에 절대 복종하게 만들고 영원토록 노예로 만들어서 자신을 군왕으로 섬기고 떠받들도록 만들겠다는 것입니다. 절대부동의 왕권 위에서 영원토록 군림하겠다는 것입니다.

옛날부터 사단 마귀의 영향을 받은 문화권에서는 이렇게 권력자들이 자신의 권위를 확고부동하게 다지기 위해서 잔혹하고 무자비한 방법들을 많이 써 왔습니다. 가장 대표적인 방법들이 신체의 일부분에 상해를 가해서 그 기능을 제대로 감당하지 못하도록 하는 것입니다. 고대 페니키아인들은 왕권을 과시하기 위해서 반역자들을 십자가에 매는 형벌을 발명했습니다. 오늘 본문처럼 눈에 상해를 가해서 시각 기능을 제거하는 형벌을 가하기도 합니다. 손목을 자르거나 발목을 자르기도 하고, 말을 하지 못하도록 혀를 자르기도 하고, 임진왜란 때 일본군들은 조선 사람들의 코와 귀를 베어가기도 했습니다. 90년대

서아프리카 시에라리온에서 내전이 진행되는 동안에 반군들이 약 2천 명의 민간인들의 손목을 절단하는 무자비한 범죄가 일어났습니다. 이유는 지문으로 투표권을 행사하는 것을 막아서 민주정권이 들어서는 것을 막겠다는 것입니다.

힘 있는 자가 포악하고 무자비한 방법으로 약한 사람들을 다스리겠다고 나오면 약한 사람들로서는 달리 선택의 여지가 없습니다. 그래서 3절에 야베스의 장로들이 탄식합니다. "야베스 장로들이 그에게 이르되 우리에게 이레 동안 말미를 주어 우리가 이스라엘 온 지역에 전령들을 보내게 하라 만일 우리를 구원할 자가 없으면 네게 나아가리라 하니라"

야베스의 장로들이 이렇게 무능력하게 대답하는 이유가 무엇일까요? 누가 우리한테 '너의 오른 눈을 뺀 다음에 평화의 협상을 맺겠다'고 그러면 우리는 보통 어떻게 반응하겠습니까? '나를 뭘로 보고 이렇게 무시하나? 어디 감히 나를 해치겠다고? 내가 가만히 있나?' 이렇게 반응해야 정상이 아니겠습니까? 그런데 야베스의 장로들은 7일의 말미를 달라고 하면서 이스라엘 온 지역에 전령들을 보내서 우리를 구원할 사람들이 있는지 알아보겠다고 불확실한 대답을 합니다.

야베스 사람들이 이렇게 무자비한 나하스와 이스라엘 사람들의 도움 사이에서 눈치를 보는 데는 역사적인 이유와 배경이 있습니다. 야베스 사람들은 원래는 이스라엘의 므낫세 지파에 속한 이스라엘 백성들입니다. 민수기 32장 39절 이하를 보면 이스라엘 백성들이 가나안 땅을 분배 받을 때 므낫세의 아들 마길의 자손들은 요단강 서편이 아니라 요단강 동편 땅 요르단 지역을 분배 받습니다. 그런데 열 두 지파가 땅을 분배 받은 후 요단강을 경계로 서편의 이스라엘 사람들과 동편의 야베스 사람들 사이에 왕래도 뜸해지고 민족적인 동질감도 점차 사라집니다. 그런 과정에서 암몬 사람들이 길르앗 야베스 사람들을 침공하는 일이 벌어지니 야베스의 장로들이 암몬의 나하스와 이스라엘 사이에서 이리 저리 눈치를 보는 것입니다. 이스라엘과는 왕래가 멀어졌는데 이제 와서 과연 우리를 도와줄 수 있을까? 만일에 우리를 구원할 자가 없다면 결국 우리 장로들이라도 대표로 오른 눈을 바치고서라도 평화의 언약을 맺어야하지 않겠나 하는 것입니다.

1. 악한 권세를 진멸하시는 하나님

이렇게 사단 마귀가 여러가지 방법으로 우리 신자들을 공격할 때 하나님이 자기 백성을 구원하시는 수단과 방법은 무엇일까요? 그 첫 번째 가장 중요한 수단과 방법은 지도자의 역사의식(歷史意識)입니다. 역사의식이란 세상 역사를 위에서 내려다보면서 섭리하시고 통치하시고 이끄시는 하나님의 시각으로 이 세상의 형편과 처지를 바라보는 사고방식입니다. 이런 사고방식은 특히 지도자가 가져야 합니다. 지도자가 역사의식이 없으면 곧 그가 인도하는 공동체 전체가 끔찍한 고난을 경험합니다.

4절에 보면 전령들이 사울이 사는 기브아에 와서 나하스의 무자비한 계획을 말해줍니다. 그 말을 들은 기브아의 이스라엘 백성들이 야베스 사람들의 공포와 절망에 대해서 자기의 문제처럼 함께 슬퍼하며 울어줍니다. 사울이 우연히 밭에서 일을 한 다음에 소를 몰고 집으로 오다가 백성들이 우는 소리를 듣고서는 왜 그러냐 묻습니다. 이때 사울이 2절 하반절의 이야기를 다시 듣습니다. '나하스가 우리 야베스 장로들의 오른 눈을 다 빼고 시각장애인을 만든 다음에야 비로소 평화의 조약을 맺겠다고 그런다.' 이스라엘 백성들은 이전에도 이방인들의 침략을 받았습니다. 사울도 이전에는 이스라엘이나 야베스 사람들이 다른 이방 민족의 침공 때문에 고생을 하든 말든 자기와는 아무런 관계가 없다고 생각했습니다.

하지만 사울이 사무엘로부터 하나님의 말씀을 배우고 기름으로 그 머리에 부음을 받아 이스라엘의 군왕으로 세움을 받고 보니 자기 동족인 길르앗 야베스 사람들이 직면한 고통이 남의 고통이라 생각되지 않습니다. '나하스가 뭔데? 우리 하나님과 언약을 맺은 야베스 사람들에 대해서 이렇게 무자비하게 나올 수 있는가? 우리가 섬기는 여호와 하나님은 어떤 분이신가? 그분은 이스라엘 백성들을 압제당하는 바로의 손에서 구원하신 하나님이 아니신가? 그런데 왜 저 할례 받지도 못한 이방의 암몬 족속 나하스 왕이 우리를 괴롭히려고 하는가? 하나님은 우리와 함께 하신다. 그러니 나가자! 싸우자! 이기자!'

사울은 그런 믿음을 가지고 이스라엘 전군을 소집합니다. 7절 말씀에 '한 겨리의 소를 잡아 각을 떴다'는 말씀에서 '한 겨리'는 소 두 마리가 끄는 쟁기를 가리킵니다. 쉽게 말하자면 두 마리의 황소를 잡아서 각을 떴다는 것은 황소의 몸통을 여러 등분으로 나누었다는 뜻입니다. 그렇게 해서 이스라엘 전국에 그 황소의 큼직한 고깃덩어리를 보내면서 '누구든지 이 소식을 듣는 이스라엘 백성들은 즉시로 나와서 사울과 사무엘을 따라 함께 암몬의 군대를 무찌르러 나가자'고 군사들을 소집합니다. '만일에 사울과 사무엘을 따르지 아니하면 그의 소들도 이와 같이 하리라', '군사로 소집령을 따르지 않는 집에서는 그의 소라도 군량미로 바치라'는 것입니다. 이렇게 사울이 이스라엘의 군왕으로 최초로 전군 소집명령을 내립니다.

하나님께서 절망 중에 있던 야베스 사람들을 구원하실 때 사용하신 두 번째 수단과 방법은 우리는 한 식구라고 하는 공동체적인 연대감입니다. 야베스 사람들이 지금 오른 눈이 뽑히고 노예로 전락하는 위기상황에 직면했다는 소식을 들었을 때 모든 백성들이 소리 높여 울었습니다. 사울도 그 마음에 엄청난 분노가 폭발했습니다. '야베스 사람들의 오른 눈이 뽑히는 일은 곧 내 눈이 뽑히는 문제다. 이것은 남의 일이 아니라 우리 가족의 일이고 우리 형제 자매의 일이다.' 소집명령을 들은 이스라엘 모든 백성들의 마음에 여호와의 두려움이 임하면서 그들 모두가 한 사람처럼 일치단결하여 한 마음으로 싸울 준비를 하고 소집명령에 응답합니다. 8절에 보면 북쪽의 이스라엘 지파가 30만 명이 모이고 남쪽의 유다 지파가 3만 명, 모두 33만 명의 군사들이 소집됩니다.

33만 명의 이스라엘 군사들이 사울의 소집명령 한 마디에 일사불란하게 모였습니다. 그 사기가 하늘을 찌를 듯합니다. 그리고는 9절에서 자신들에게 도움을 요청한 전령들에게 메시지를 줍니다. "너희는 길르앗 야베스 사람에게 전하기를 내일 해가 더울 때가 되면 너희가 분명 구원을 받을 것"이라고 전하도록 합니다(삼상 11:9). 전령들이 돌아가서 야베스 사람들에게 그대로 전했더니 그들이 암몬의 위협을 염려하지 않고 아주 기뻐했습니다. 그리고 암몬의 군사들과 나하스에게는 거짓으로 항복하겠다고 속이면서 "내일 너희에게 나아갈테니 너희 생각에 좋을 대로 우리에게 다 행하라"고 통지했습니다(삼상 11:10). 암몬의 나하스 왕은 야베스의 장로들이 내일 완전히 항복하러 올 것이라고 방심했을 것입니다.

11절에서 사울은 33만의 군사를 세 팀으로 나누고 그중에 최정예 부대를 이끌고 새벽에 암몬의 군사들이 깊이 잠들었을 때 적진 한 가운데로 기습작전을 감행합니다. 깜짝 놀란 암몬의 군사들이 우왕좌왕 도망칠 때 그곳에 매복해 있던 다른 두 팀이 암몬의 군사들을 완전히 진멸합니다. 그래서 11절 하반절에서 날이 더울 때까지 암몬 사람들을 치매 남은 자가 다 흩어져서 두 명의 군사가 함께 움직이는 경우가 없을 정도로 모든 군사들을 완전히 뿔뿔이 흩어지게 만들고 진멸해버렸습니다. 이렇게 하나님께서는 이스라엘 사람들의 공동체적인 연대감을 사용하셔서 야베스 사람들을 암몬의 공격으로부터 구원해주셨습니다.

하나님은 우리는 한 몸이라는 공동체적인 연대감을 통해서 자기 백성을 사단 마귀의 고난에서 구원하시고 보호해 주십니다. 공동체적인 연대감은 수직적인 연대감과 수평적인 연대감으로 나뉩니다. 수직적인 연대감은 하나님과 나를 하나로 묶어주는 연대감입니다. 내 속에 하나님이 나와 함께 내주하시고 동행하신다는 믿음을 말합니다. 그 믿음은 수평적인 연대감이 없이는 만들어지지도 작용하지도 않습니다. 수평적인 연대감은 언약관계를 맺은 당사자를 나와 동일한 존재로 받아들이고 느껴 한 몸으로 살아가게 만드는 동력입니다.

가장 끈끈한 수평적인 연대감은 부부관계입니다. 남편과 아내의 관계는 본질적으로는 서로 다른 존재이지만 언약관계의 차원에서는 서로가 똑같은 한 몸의 관계입니다. 촌수로 따지자면 무촌 관계입니다. 남편과 아내가 서로 다른 사람인데 촌수의 구분이 없을 정도로 한 몸의 관계를 맺는 이유는 사랑 때문입니다. 그래서 에베소서 5장 28절에서는 "자기 아내를 사랑하는 자는 남을 사랑하는 것이 아니라 자기를 사랑하는 것이라"고 말씀합니다. 남편과 아내는 부부의 관계를 맺는데 그 언약관계는 하나님의 사랑 때문에 만들어진 것입니다. 그 하나님의 사랑은 인격적인 장벽을 무너뜨려서 하나로 만들기 때문에 결국 남편이 아내를 사랑하고 아내가 남편을 사랑하는 것은 남을 사랑하는 것이 아니라 사실은 자기 자신을 사랑하는 것이라고 말씀합니다.

하나님은 이러한 언약관계의 사랑이 부부관계에서 시작해서 가족들에게로 확대되기를 원하십니다. 남편과 아내가 한 몸인 것처럼 부모와 자식들도 한 몸입니다. 자식들은 부모의 얼굴이고 부모는 자식의 근본이고 자식은 부모의 분신입니다. 구분이 되지 않을 정도로 한 몸입니다. 하나님은 이러한 부부관계의 사랑과 부모자식간의 한 몸의 관계가 교회로 확장되기를 원하십니다.

우리 주님은 요한복음에서 이렇게 말씀하십니다. "새 계명을 너희에게 주노니 서로 사랑하라 내가 너희를 사랑한 것 같이 너희도 서로 사랑하라 너희가 서로 사랑하면 이로써 모든 사람이 너희가 내 제자인 것을 알리라"(요 13:34). 사랑은 자격을 말하지 않습니다. 허다한 허물을 덮어주고 감싸주고 기다려주는 것이 사랑입니다. 내가 받은 은혜를 다른 성도님들에게 나누어주고 베풀어주는 것이 하나님의 사랑에 보답하는 최고의 방법입니다.

2. 여호와 닛시의 하나님

하나님이 자기 백성을 구원하시는 세 번째 수단과 방법은 사람이 아닌 오직 하나님만이 우리의 구원자이십니다. 우리가 수단이나 방법이란 단어를 사용한다면 우리가 할 수 있는 일은 문제 앞에서 항상 하나님의 말씀을 기억하는 것이고, 하나님의 은혜를 기다리는 것이며, 하나님이 직접 해답을 주시도록 하나님을 앞세우는 일뿐입니다.

11절에서 이스라엘 백성들이 암몬의 군사들을 완전히 무찔렀을 때 12절로 가면 이제 이스라엘 백성들이 사울의 권위를 인정하기 시작합니다. 전쟁에 이겼으니까 공을 논하고 합당한 상을 베푸는 논공행상(論功行賞)을 시작합니다. 귀족들과 장군들이 논공행상하는 목적은 사울의 권위를 높이는 것입니다. 세상 문화의 영향을 받은 사람들의 입장에서 사울의 권위를 더 잘 높이는 방법은 논공행상의 반대로 과오를 저지른 사람을 찾아서 처벌하는 논과행벌(論過行罰)을 함께 하는 것입니다. 12절에서 "백성이 사무엘에게 이르되 사울이 어찌 우리를 다스리겠느냐 한 자가 누구이니이까 그들을 끌어내소서 우리가 죽이겠나이다" 전에 사울의 권위를 무시하던 사람들을 찾아서 그들을 처형하면 사울의 권위가 더 높아지겠다는 생각입니다.

이때 13절에서 사울이 반대합니다. "사울이 이르되 이 날에는 사람을 죽이지 못하리니 여호와께서 오늘 이스라엘 중에 구원을 베푸셨음이니라" 사울의 고백은 전쟁에서 이겼으니 기분이 좋고 마음에 여유가 생겨서 반대파를 용서하겠다는 것이 아닙니다. 이 날 이스라엘이 전쟁에서 이길 수 있었던 비결은 사울을 지지하는 지지파의 헌신과 단결 덕분도 아니고 오직 전적으로 하나님의 말씀과 성령의 동행하심 덕분이었다는 것입니다. 하나님이 우리에게 주신 승리와 행복은 지도자의 역사의식 덕분이기도 하고 공동체의 하나된 마음, 일치단결의 열정과 헌신 덕분이기도 합니다. 그러나 결국 이 모든 것들이 작용하도록 배후에서 말씀하시고 감화감동하신 성령 하나님의 인도하심 덕분입니다. 지금도 하나님은 지도자의 역사의식과 공동체의 사랑과 우리는 하나라는 한몸 의식을 사용하십니다. 그리고 말씀하시는 하나님과 특정한 말씀이 새로운 능력과 권능이 되도록 감화감동하시는 성령 하나님의 역사가 뒷받침하고 있습니다. 이 은혜가 우리 성도님들과 함께 하시기를 간절히 축원합니다.

14

사무엘상 12장 13-20절

코람데오의 신앙

1. 사무엘 선지자의 고별사

성경이 여러 고별사의 메시지를 기록해 두고 있는 이유가 있습니다. 고별사의 메시지는 우리가 인생을 살아가면서 반드시 명심해야 하는 진리의 말씀과 교훈이 보약 엑기스처럼 농축되어 있기 때문입니다. 사무엘의 고별사에서 배울 수 있는 첫 번째 교훈은, 과거를 하나님의 시각으로 정리해야 한다는 것입니다. 우리가 코람데오(Coram Deo)의 신앙, 즉 하나님 앞에서 말씀의 능력대로 성령충만한 신앙생활을 꾸려가려면 우리가 걸어온 과거의 인생을 하나님의 눈과 시각으로 정리하면서 내가 살아온 과거의 인생이 하나님이 지키시고 보호하신 인생임을 인정해야 합니다.

　사무엘 선지자도 사무엘상 12장 8절부터 12절까지에서 이스라엘의 과거 역사를 하나님의 시각으로 정리합니다. 사무엘은 여기에서 이스라엘 백성들의 과거 역사를 네 단계로 정리합니다. 첫째 단계는 하나님이 이스라엘을 구원해 주셨다는 것입니다. 그런데 둘째 단계에서는 이스라엘 백성들은 그 은혜를 잊어버리고 범죄하였다는 것입니다. 그러자 셋째 단계에서 하나님은 이방나라를 막대기와 채찍으로 사용하셔서 이스라엘 백성들을 징계하시고 심판하셨습니다. 그러나 넷째 단계에서는 이스라엘 백성들이 하나님께 구원을 간청하자 하나님이 은혜를 베푸시고 이들을 다시 구원해 주셨습니다.

이러한 구원-범죄-징계와 회개-구원의 패턴이 오늘날 우리에게도 반복됩니다. 우리 신자들은 모두 창세 전에 하나님의 자녀로 예정된 사람들이었습니다. 그런데 육신의 아버지와 어머니에게서 태어나 하나님의 예정을 깨닫지 못하고 하나님의 말씀을 거역하면서 살 때 하나님께서 일방적으로 우리 인생 속으로 찾아오셨습니다. 하나님의 말씀을 들려주시고 하나님이 진짜 우리 아버지임을 깨닫게 해주셨습니다. 입을 열어서 하나님을 아버지라고 부를 수 있는 마음을 주시고 자신의 죄악을 깨달아 회개하도록 이끄셨습니다. 그리스도의 은총을 간구하며 구원 얻는 믿음을 허락해 주셨습니다. 내 열심으로 구원 받은 것이 아닙니다. 내 헌신과 경건과 성품이 좋아서 구원 받은 것이 아닙니다. 전적으로 하나님의 은혜입니다.

2. 일상의 은혜

저도 예전의 일기를 다시 읽어보며 과거를 돌이켜볼 때 늘 확인하는 것이 있습니다. 그것은 하나님의 섭리 안에서 과거에 대한 가정법은 불신앙이라는 것입니다. '지나온 시간 속에서 그때 그것을 선택했기 때문에 오늘날 이 자리까지 왔지만 만일 그때 다른 것을 선택했더라면 훨씬 더 좋았을텐데...' 이렇게 과거를 가정법으로 생각하는 것은 하나님의 섭리를 부정하는 불신앙이라는 것입니다. 물론 과거에 실정법상의 범죄를 범했다면 후에 돌이켜서 '그 범죄를 저지르지 않았더라면 좋았을텐데' 하며 반성하는 것은 필요한 일입니다.

그러나 배우자와의 결혼과 같은 중요한 선택의 문제와 관련하여 '결혼할 그때 다른 사람을 배우자로 선택했더라면 훨씬 더 좋았을텐데', 이런 가정법은 하나님의 섭리를 부정하는 불신앙이라는 것입니다. 올바른 코람데오의 신앙은 내가 살아온 과거 모두를 하나님의 섭리 속에서 이루어진 일임을 인정하는 것입니다. 과거에 내가 이루지 못한 일들이 있더라도 다른 사람들을 비난하거나 탓하지 말아야 합니다. '나는 부모를 잘못 만나서 오늘날 이 정도 밖에 되지 못했다.' '내 주변에 나를 도와주는 사람이 없어서 그럴 수밖에 없었다.' '그때 나를 도와주는 맨토를 잘 만났더라면 내 인생이 오늘처럼 이렇게 어렵지 않았을텐데.' 이런 식의 가정법은 오늘 내가 서 있는 이 자리까지 나를 인도하신 하나님의 섭리를 부정하는 불신앙입니다.

내가 살아온 힘들었던 과거의 인생은 하나님 앞에서 무엇을 말해줍니까? 두 가지로 설명할 수 있습니다. 첫째는, 나는 근본적으로 죄인이었고 하나님의 은혜가 아니었다면 나는 하나님을 대적하고 하나님의 말씀을 불순종할 수밖에 없었음을 말해줍니다. 둘째로, 우리 하나님은 죄인인 나를 하나님의 백성으로 연단하시고자 그렇게 힘든 인생을 살게 하셨습니다. 결국 내가 살아온 힘들었던 과거의 인생은 하나님의 섭리 안에서는 나를 향한 하나님의 최고의 선물이었음을 인정해야 합니다.

이스라엘 백성들의 입장에서 쉽게 이해하기 어려운 것이 하나 있습니다. 왜 여호와 하나님께서는 할례 받지 않은 이방인들을 채찍으로 사용하셔서 이스라엘을 징계하시는가 하는 것입니다. 이때 선지자들을 통해서 주어지는 하나님의 말씀은 무엇인가요? 하나님이 이스라엘 백성들을 이방인들의 징계를 통해서 심판하시는 이유는 이스라엘을 완전히 벌하기 위해서가 아니라 정금같이 연단하고 단련하기 위함이었습니다.

제가 2002년 말경에 남아공에서 박사 학위를 마치고 들어왔을 때 저는 큰 교회 부목사로 들어가고 싶어서 여기 저기 교회를 알아보고 있었습니다. 어느 큰 교회에서 설교하러 오라고 해서 준비하고 있는데 청년부 담당교역자가 구해졌다고 해서 그 큰 교회 부교역자로 들어가는 길이 막혀버리고 말았습니다. 그때가 지금으로부터 15년 전이었는데 만일 그때 그 큰 교회 부교역자로 들어갔더라면 지금쯤 어떻게 되었을까요? 이런 저런 가정법을 생각해 봅니다. 그런 가정법은 지금 오늘 현재 이 자리로 나를 인도하신 하나님의 섭리를 의심하거나 부정하는 불신앙으로 연결되지 않도록 조심해야 합니다. 우리가 걸어온 과거의 세월은 그것이 하나님 앞에서 명백하게 실정법을 어기고 범죄를 저지르는 일이 아닌 한 나를 향한 하나님의 최고의 은혜요 최고의 섭리였음을 믿으시기 바랍니다.

3. 하나님이 섭리하시는 우리 인생들

하나님이 인정하시는 코람데오의 신앙은 지금 현재의 삶을 하나님이 섭리하시는 구속 역사의 시각으로 내려다보는 것입니다. 12절에 보면 이스라엘 백성들이 하나님의 섭리가 마음에 들지 않고 불안해서 자기들을 다스릴 왕을 구합니다. 이것은 어찌보면 하나님의 섭리를 부정하는 불신앙 행위였습니다. 하나님은 그것을 매우 슬퍼하셨습니다. 하지만 하나님이 이스라엘 백성들의 연약함을 충분히 이해하셔서 그런 불신앙 속에서도 최선의 해답을 베풀어 주셨습니다. 그 해답이 바로 사울왕이었습니다(삼상 12:13). 왕을 구한 것은 불신앙이지만 현실적으로 왕이 없으면 체계적으로 발전하기 어려운 것을 충분히 감안해서 이스라엘의 형편에 맞게 하나님이 사울을 왕으로 세워주셨습니다.

미국의 45대 대통령으로 당선된 '도날드 트럼프'(Donald Trump)는 대통령 선거 운동 때부터 미국 대통령 자격에 관한 논란이 증폭되었습니다. 성추문 시비가 계속 선거 유세기간에 쟁점이 되었습니다. 그러한 논란 때문에 트럼프에게는 부정직하고 비도덕적인 정치인이라는 이미지에 부동산개발업자와 탁월한 광고 마케팅 사업가의 이미지가 더해져서 과연 이런 비즈니스맨이 이미지 메이킹(image making)만으로 미국 대통령에 당선될 수 있는가 하는 의구심을 불러일으켰습니다. 그러나 트럼프는 결국 미국의 중서부와 북동부의 러스트 벨트(Rust Belt) 지역의 자동차 산업 불경기에 실망한 유권자들에게 중국에 대한 보호무역 정책을 공약으로 제시하면서 그들의 마음을 사로잡아 미국 대통령에 당선되었습니다.

지금도 트럼프의 진정성에 대해서는 계속 의문의 여지를 남기고 있습니다. 그러나 미국의 복음주의 기독교인들은 트럼프 이전에 오바마가 미국을 전통적인 기독교 국가에서 세속적인 국가로 국가정책의 전반에 걸쳐서 기독교적인 가치관을 희석시켰다고 말합니다. 이슬람 우대 정책이나 동성애 우호적인 정책에 개탄스러워 하다가 트럼프가 등장하면서 이 모든 반기독교적인 분위기가 한 순간에 뒤바뀌었다고 긍정적으로 평가하고 있습니다. 그래서 미국의 유명한 존 맥아더(John MacArthur) 목사님과 같은 복음주의 기독교인들은 21세기 미국의 상황에서 트럼프 대통령을 일종의 하나님이 보내신 대안으로 이해하는 사람들이 많다고 합니다.

2012년에는 미국의 어떤 레즈비언 커플이 크리스찬 제과점 주인에게 웨딩 케익 제작을 의뢰했으나 제과점 주인은 동성애를 지지하지 않기 때문에 이를 거절했습니다. 그러자 손님은 주인이 차별금지법을 어겼다고 고발을 해서 가게 주인이 15만 달러, 우리 돈으로 1억 7천만 원의 벌금을 물게 된 적이 있었습니다. 그 후로 연방법원에 항소하고 미국 대법원까지 올라와서 올해 가을이나 연말에 최종 판결이 나오기를 기다리고 있습니다. 미국의 보수적인 기독교인들은 청교도의 나라인 미국이 이렇게 세속화되는 과정에 무언가 브레이크를 내걸 수 있는 사람이 도날드 트럼프라고 생각하며 많은 기대를 겁니다. 어떤 성도님들은 트럼프 미국 대통령이야말로 세속화로 치닫는 북미대륙 땅에 그나마 하나님의 공의의 말씀을 일반 세속 국가 운영의 정책에 최대한 반영하려고 애를 쓰는 21세기 고레스 왕이 아닌가 하는 분들도 있습니다.[11]

고레스 왕은 누구입니까? 구약시대 이스라엘 백성들이 하나님과 맺은 언약을 파기하고 불순종하여 그 징벌로 모두 바벨론에 포로로 끌려갔습니다. 주전 605년부터 바벨론 강제추방의 역사가 시작되고 그 후로 70년이 지난 다음 고레스 왕이 나타납니다. 그는 이스라엘 백성들이 고향으로 돌아가도록 친유대주의 정책을 베풀었습니다. 이사야 45장 1절 이하에 여호와 하나님께서 고레스 왕의 "오른손을 붙들고 그 앞에 열국을 항복하게 하며 내가 왕들의 허리를 풀어 그 앞에 문들을 열고 성문들이 닫히지 못하게 하리라"는 권세의 말씀을 선포하십니다. 한 마디로 여호와 하나님이 고레스를 사용하셔서 그 시대 구속의 역사를 이끌어가셨습니다. 21세기에도 여전히 하나님께서 트럼프 대통령을 이 시대 고레스 왕으로 사용하고 계시다는 해석도 가능할 수 있겠다는 것입니다.

하나님은 21세기 미국의 정치계에만 섭리하시는 것이 아니라 대한민국의 대통령과 모든 공무원들과 국민들을 섭리하십니다. 뿐만 아니라 하나님은 북한의 지도자를 불꽃같은 눈동자로 지켜보시고 압제 당하는 북한 주민들을 품으시며 섭리하십니다. 만군의 주 여호와 하나님은 내 마음속에 확신의 말씀을 새겨주시는 하나님으로 강력하게 역사하십니다. 뿐만 아니라 내 마음 바깥 역사 현실 속에서, 세상 정부와 사회, 문화, 정치, 경제 속에서, 모든 사람들의 상호 작용 속에서, 시장 질서와 국제 문제 속에서 살아 역사하십니다. 21세기에도 여전히 살아계신 하나님을 믿는 우리는 오늘 하루의 삶을 순종하며 살아가는 것이 매우 중요합니다. 우리가 매일 순종하면서 살아가는 현실적인 방법은 내 10년 후의 모습을 미리 그려보면서 그 미래를 완성하기 위해 오늘 하루 최선을 다해 사는 것입니다.

사울을 이스라엘의 초대 군왕의 자리에 세운 사무엘 선지자는 그의 고별사를 이렇게 마치고 있습니다. "나는 너희를 위하여 기도하기를 쉬는 죄를 여호와 앞에 결단코 범하지 아니하고 선하고 의로운 길을 너희에게 가르칠 것인즉 너희는 여호와께서 너희를 위하여 행하신 그 큰 일을 생각하여 오직 그를 경외하며 너희의 마음을 다하여 진실히 섬기라 만일 너희가 여전히 악을 행하면 너희와 너희 왕이 다 멸망하리라"(삼상 12:23-25).

선을 행하면 미래에 복된 열매를, 악을 행하면 미래에 저주와 심판의 열매를 거둘 것이라는 말씀입니다. 이렇게 종두득두(種豆得豆), 즉 콩 심으면 콩이 나고 팥 심으면 팥이 나며 선을 심으면 선을 거두고 악을 심으면 악을 거둔다는 것을 가리켜서 인과율(因果律)의 법칙이라고 합니다. '뿌린대로 거둔다'는 것입니다.

그런데 인과율은 과거를 이해하는 열쇠로는 부적합합니다. 왜냐하면 오늘 내가 이렇게 행복하게 살게 된 원인을 '내가 노력해서나 실력이 좋아서 오늘의 좋은 결과가 나왔다'고 생각할 수 있습니다. 이것은 하나님 앞에서 올바른 논리적 추론이 아닙니다. 과거에 대해서 우리가 하나님 앞에서 할 수 있는 논리적인 추론은 오직 하나님의 은혜뿐입니다.

그러나 미래에 대해서는 이와는 다른 방식의 논리적 추론이 필요합니다. 하나님의 은혜를 대입하면 우리의 책임 있는 자세가 좀 무뎌질 수 있습니다. 과거에 대해서는 하나님의 은혜라는 시각으로 돌이켜보는 것이 좋겠지만 미래에 대해서는 인과율의 시각으로 내다보는 것이 성경적이라 생각합니다. 과거는 하나님의 은혜였음을 인정하고 미래는 인과율의 망원경으로 내다보면서 오늘 나에게 주어진 길을 성실하게 걸어가는 것! 그것이 코람데오 신앙이고 그것이 성령충만한 삶입니다.

4. 하나님이 친히 세우시는 은혜의 나라

사무엘 선지자의 고별사를 듣다보면 우리 주님이 최후의 만찬에서 제자들에게 남기신 마지막 유언과도 같은 말씀이 연상됩니다.[12] 사무엘 선지자의 고별사를 예수님의 마지막 고별사와 비교하면 공통점과 차이점이 발견됩니다. 공통점은 두 고별사 모두 제자들의 미래가 하나님이 주시는 행복으로 펼쳐지기를 기대하는 간절한 마음이 들어 있다는 것입니다. 차이점은 사무엘의 고별사는 조건적인 인과율로 끝나지만 예수님의 고별사는 제자들을 성삼위 하나님의 영원한 교제 안으로 초청하고 있다는 것입니다.

사무엘 선지자의 고별사에서 계속 강조하는 것이 순종하면 복을 받겠지만 불순종하면 저주를 받는다는 말씀입니다. 행복과 불행이 순종과 불순종의 조건에 달려 있다는 인상을 받습니다. 물론 미래 이스라엘 백성들의 행복과 불행이 전적으로 이스라엘 백성들의 선택에 달려 있다는 것은 아닙니다. 장차 이스라엘 백성들이 경험할 하나님의 선과 공의는 전적으로 하나님 자신과 그 진리를 먼저 깨달은 사무엘과 같은 중보자들에게 달려 있음을 사무엘도 잘 알고 있었습니다. 그래서 사무엘은 고별사의 마지막 대목에 두 가지를 맹세합니다. 첫째는, "너희를 위하여 기도하기를 쉬는 죄를 여호와 앞에 결단코 범하지 않겠다"고 지속적인 중보기도를 맹세합니다. 둘째로, "하나님의 선하시고 공의로우신 길을 너희에게 계속 가르치겠다"고 맹세합니다. 이제 이스라엘의 사사와 선지자로 은퇴하는 마당에 사무엘은 이 두 가지 맹세를 어떻게 지키겠다는 것일까요?

사무엘은 자기 부모님 엘가나와 한나가 신명기 18장 15-18절의 말씀에 근거하여 간절히 기도한 덕분에 하나님이 자신을 이 세상에 태어나게 하셨음을 잘 알고 있었습니다. 여호와 하나님께서는 모세의 입을 통해서 모든 하나님의 백성들에게 분명히 약속하셨습니다. 우리 사람들 가운데 모세와 같은 선지자를 반드시 다시 보내어 세울 것이니 그의 말을 청종하라는 말씀입니다(신 18:15).

사무엘 선지자는 엘가나와 한나로부터 배운 것이 있습니다. 우리 하나님 여호와는 우리 조상들에게 약속하셨던 중보자를 항상 보내주시는 분이시라는 것입니다. 또한 그 중보자를 통해서 우리에게 하나님의 진리를 가르쳐 주시고 우리로 하여금 그 말씀을 준행하도록 인도하시는 분이시라는 것입니다. 우리 하나님 여호와는 이 나라를 대적하는 모든 악한 권세를 친히 무너뜨리시는 분이시라는 것입니다. 그 중보자의 가장 중요한 책임은 주님의 백성들이 하나님의 말씀에 순종하도록 말씀을 가르치고 또 악한 권세로부터 구원해 주시기를 위하여 중보 기도하는 일입니다.

사무엘 자신은 이 평생의 사명을 부모님으로부터 배웠습니다. 모세오경의 가르침을 통해서 그리고 엘리 제사장 가문의 멸망을 지켜보면서 우리 주 하나님이 이 일을 얼마나 엄중하게 이끌어 가시는지를 온몸으로 배웠습니다.

그렇다면 자신은 나이가 많아서 은퇴하면 앞으로 누가 백성들을 위하여 중보하며 말씀을 가르쳐준다는 말일까요? 여호와 하나님은 사무엘을 대신하는 선지자와 지도자를 다시 세워주실 것이고 언젠가는 여호와 하나님께서 친히 이 백성들을 위한 선지자와 지도자로 이 세상에 친히 강림하실 것을 내다보았습니다. 그래서 사무엘이 이스라엘 백성들에게 맹세한 중보기도와 말씀 교육의 사명은 미시적으로 사무엘 선지자가 자기 앞에 모여든 이스라엘 백성들에게만 맹세한 것이 아닙니다. 앞으로 오고 올 모든 지도자들을 포함하여 궁극적으로는 하나님의 기름 부음을 받은 메시아가 친히 하나님 나라 모든 백성들의 중보자가 되어 주시겠다고 사무엘의 입을 빌어서 맹세하는 것입니다. 이런 해석이 성경 전체를 관통하는 거시적인 구속의 역사 관점에서 사무엘의 맹세를 이해하는 것입니다.

사무엘의 맹세 그대로 그리고 다윗의 예언 그대로 예수 그리스도께서 하나님 나라의 참된 지도자로 이 세상에 강림하셔서 우리와 성부 하나님 사이에 친히 중보자가 되어 주시고 그 사이에 막힌 담을 허물어 주셨습니다. 그리고 우리들을 삼위 하나님의 신비로운 교제의 자리로 인도하셨습니다. 또 마지막 영광의 자리로 인도하시겠다고 거듭 약속하셨습니다. "내가 너희를 위하여 거처를 예비하러 가노니 가서 너희를 위하여 거처를 예비하면 내가 다시 와서 너희를 내게로 영접하여 나 있는 곳에 너희도 있게 하리라"(요 14:2-3).

우리 주님이 최후의 만찬 시간에 제자들에게 약속하신 하늘의 처소는 삼위 하나님의 신비로운 교제의 자리, 만물을 통치하는 영광의 보좌입니다. 우리 주님은 하나님 나라 백성들을 그 신비한 교제의 자리, 영광의 자리로 초대하시겠다고 거듭 약속하셨습니다. 이를 위하여 계속 성부 하나님께 중보의 기도를 올리셨습니다. "아버지여 아버지께서 내 안에 내가 아버지 안에 있는 것 같이 그들도 다 하나가 되어 우리 안에 있게 하사 세상으로 아버지께서 나를 보내신 것을 믿게 하옵소서 내게 주신 영광을 내가 그들에게 주었사오니 이는 우리가 하나가 된 것 같이 그들도 하나가 되게 하려 함이니이다"(요17:21-22). 사무엘 선지자가 마지막 고별사에서 맹세했던 중보와 가르침의 맹세는 최종적으로는 예수님의 가르침과 중보의 사역에서 모두 성취되었습니다.

구속 역사의 관점에서 사무엘의 고별사를 살펴보면 예수님의 고별사가 연상되고 또 사도 바울의 고별사도 연상됩니다. 사도 바울의 고별사는 그가 자신의 사랑하는 제자 디모데에게 보낸 서신의 마지막 부분에서 들어볼 수 있습니다. 디모데후서 4장 1절 이하에서 사도 바울은 디모데에게 엄중하게 두 가지를 명령합니다(딤후 4:1-8). 첫째는, 하나님의 말씀을 선포하고 가르치는 일에 집중하라는 것입니다. 둘째로, 하나님은 그렇게 선한 싸움을 잘 감당하고 믿음을 지킨 바울 자신을 위하여 의의 면류관이 예비되어 있다고 합니다.

사무엘의 고별사와 사도 바울의 고별사를 서로 비교해보면 여기에도 공통점과 차이점이 발견됩니다. 공통점은 하나님의 말씀에 순종하는 인생과 불순종하는 인생을 서로 대조하고 있습니다. 차이점은 사무엘의 고별사에서는 순종과 불순종에 따른 행복과 불행이 미시적으로 볼 때 마치 이스라엘 백성 당사자의 선택에 달려 있는 것처럼 보입니다. 그러나 분명한 차이점은 두 고별사를 모두 거시적으로 볼 때 특히 사도 바울의 고별사에서 더욱 뚜렷히 한 가지가 드러납니다. 그것은 사도 바울에게는 하나님의 절대 주권적인 섭리 덕분에 자신이 감당했던 중보자의 책무를 디모데가 그대로 이어받아 뒤따라오고 있다는 사실입니다.

사도 바울은 주님의 일방적인 은혜로 주님의 말씀에 순종하는 인생을 선택할 수 있었습니다. 바울은 주님이 대장으로 이끄시는 여호와의 싸움, 선한 싸움을 잘 싸웠고 자신에게 주어진 말씀의 길을 그대로 걸어왔으며 주님이 주신 믿음을 성령께서 지켜주신 은혜 안에서 잘 지켜왔습니다. 그러니 앞으로 그에게는 구약의 모든 선지자들이 대망했고 예수님께서 최후의 만찬 시간에 그리고 부활하셔서 대위임명령을 통해서 거듭 약속하신 의의 면류관이 예비되어 있음을 확신했습니다. 더욱 감사한 것은 자기처럼 주님의 나타나심을 사모하는 디모데와 그 뒤에 있는 모든 성도들에게 그리고 이 말씀을 함께 배우며 심령에 새기면서 이 길을 함께 걸어가기로 다짐하는 모든 성도들에게도 동일한 상급이 예비되어 있다는 사실입니다. 할렐루야!

이러한 영광스러운 사실을 믿음으로 확신하시는 귀한 성도 되시기를 주님의 이름으로 축원합니다.

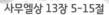

15

사무엘상 13장 5-15절

하나님 편에 서기

무질서하고 불확실한 현실

최근 전 세계의 지도자들이 이구동성으로 심각하게 생각하는 과제가 하나 있습니다. 그것은 이슬람 과격 테러분자들의 잔인무도한 테러 공격을 효과적으로 방어하는 일입니다. 미국이나 영국, 그리고 유럽의 프랑스와 같은 선진국에 사는 이슬람 출신 사람들 중의 다수가 시리아나 중동 지역의 IS테러 캠프로 흘러들어가고 있습니다. 선진국의 청년들이 중동의 산악지대에서 비밀리에 고된 테러훈련을 받은 뒤에 무자비한 테러리스트가 되어 유럽의 대도시에 나타나고 있습니다. 왜 그들은 선진국의 넉넉한 삶을 포기한 채 중동 지역의 IS 캠프에 자발적으로 지원하여 잔혹한 테러리스트로 탈바꿈한 것일까요?

가장 중요한 이유 중의 하나는 선진국의 시민권을 가지고 있는 청년이라 해도 그 혈통이 중동 이슬람권인 경우에는 그 속한 사회에서 출세하기가 어렵습니다. 선진국의 풍요로운 문화생활은 모두 그림의 떡일 뿐입니다. 그런데 IS 캠프 지도자들이 이들을 유혹하는 메일과 동영상을 보내서 캠프에 들어오면 인생의 출세가도를 보장해 주겠다고 약속합니다. '네가 사는 나라에서는 미래가 불확실하지 않느냐? 우리에게로 오면 오일머니나 지금 우리 나라에 매장되어 있는 지하자원 개발권으로 확실한 미래를 보장해 주겠다.' 그렇게 유혹합니다. 유혹당한 청년들이 IS 캠프에 들어가면 많은 사람들한테 큰 환영과 박수를받고 훈련 이후 테러에 가담하면 영웅으로도 인정 받습니다. 그래서주로 사회 부적응자들이 IS 캠프로 흘러들어간다고 합니다.

이렇게 사람은 누구나 현재 느끼는 자기 인생의 불확실성을 확실성으로 바꾸고 싶어 합니다. 현실적으로 지금 당장 이해되지 않는 문제나 요구 앞에서 어떻게 하십니까? 도저히 수용하기 어려운 문제가 있을 때 어떻게 하십니까? 부정할 수도 피할 수도 없는 문제를 만날 때어떻게 하십니까? 다른 사람들이 볼 때는 억지스럽고 비상식적인 논리이지만 자기 안에서는 나름의 논리로 맞닥드린 상황을 합리화합니다. 그러한 합리기제로 현재 납득되지 않은 상황을 그대로 받아들이며 심리적인 불편과 불확실성을 미리 제거하려고 합니다.

이러한 심리기제를 가리켜서 "인지 종결 욕구"(Need for Cognitive Closure)라고 합니다. '인지 종결 욕구'란 심리학의 전문 용어로서 이성적으로나 합리적으로 납득하기 어려운 상황에 직면했을 때 발생하는 불확실성에 대한 책임을 해소하기 위하여 자기 나름으로 합리적인 것처럼 생각되는 대응 논리로 대응하는 것을 의미합니다.

예를 들어서 사람들이 많이 타고 있는 지하철이나 버스에 전혀 예상치 못했던 냄새나 연기가 발생하는 경우에 사람들은 의외의 상황으로 인한 불확실성과 심리적인 불편함을 해소하기 위하여 적극적으로 소리를 지릅니다. 또는 소방훈련이 진행 중일 것으로 판단합니다. 소극적으로는 다른 책임 있는 사람들이 알아서 해결할 것으로 기대하고 가만히 앉아 있습니다. 비록 각자의 반응은 다양하지만 낯선 상황에서 합리적인 대응을 하기 위해 자기 나름의 가장 합리적인 것처럼 보이는 관점이나 행동 방식을 선택합니다. 이러한 사고방식을 '인지 종결 욕구'라고 합니다.

오늘 우리가 읽은 본문에서 사울왕도 현재 불확실성의 문제가 나타났을 때 백성들을 인도해야 하는 자신의 책임을 먼저 의식하면서 '인지 종결 욕구'가 강하게 작동합니다. 불확실한 현재의 심리적인 불편함을 빨리 해결하기 위하여 하나님이 정해 주신 한계를 쉽게 넘어버리고 말씀에 불순종하여 결국 하나님께 버림을 받습니다. 우리는 오늘 본문의 말씀을 살펴보면서 어떻게 '인지 종결 욕구'의 문제를 피하면서 하나님의 섭리를 잘 따라갈 수 있는지 교훈을 얻고자 합니다.

1. 현실을 하나님의 시각으로

현재의 불확실성을 급하게 해결하려는 '인지 종결 욕구'의 유혹에 넘어가지 않을 첫 번째 비결은, 내가 서 있는 자리를 세상 사람들의 시각이 아니라 하나님의 시각에서 바라봐야 합니다. '하나님이 나를 이렇게 불확실한 상황 속으로 밀어 넣으신 이유는 무엇인가? 불확실한 상황 가운데서도 내 인생을 향한 하나님의 최종 목적은 무엇인가?' 하나님의 마음을 먼저 기억해야 합니다.

13장 1절을 보시면 사울이 왕위에 오르고 나서 2년이 지났을 무렵입니다. 사울왕의 아들이었던 요나단은 일천 명의 군사를 거느리고 블레셋의 수비대를 공격했습니다. 이 일로 이스라엘과 블레셋 사이에 급기야 전쟁이 일어나고 블레셋의 군사들이 길갈에 모여들었습니다. 두 나라 사이에 대규모의 전면전이 임박한 상황입니다. 블레셋 군대 진영의 규모는 이스라엘을 단숨에 휩쓸어버릴 정도로 무서운 기세였습니다. 5절에 보시면 "블레셋 사람들이 이스라엘과 싸우려고 모였는데 병거가 삼만이요 마병이 육천 명이요 백성은 해변의 모래 같이 많더라 그들이 올라와 벧아웬 동쪽 믹마스에 진 치매"

그러자 블레셋의 막강한 위력 앞에서 이스라엘 사람들이 얼마나 마음이 불안하고 다급했던지 숨을 만한 곳이 보이는 대로 여기 저기 숨기 시작했습니다. 6절에 보시면 굴과 수풀 사이에 숨기도 하고 바위틈과 은밀한 곳과 심지어 웅덩이 속으로까지 들어가 몸을 숨기기 시작했습니다.

이렇게 풍전등화같이 위급한 상황에서 사울왕은 이스라엘의 지도자로서 백성들에게 현재의 위기에 대한 확실한 해답을 빨리 제시해야 하는 압박을 받게 되었습니다.

사울왕은 블레셋의 적군들이 이스라엘로 쳐들어올 때 왕으로서 어떻게 대응해야 하는지에 관한 사무엘의 가르침을 생각해 보았습니다. 2년 전에 사무엘 선지자는 사울을 왕으로 추대할 때 나라에 심각한 위기상황이 발생하면 대처할 방안을 알려주었습니다. 길갈로 내려가서 7일을 기다리면서 하나님의 뜻을 기다리라고 미리 교육을 시켰습니다.

당시 길갈이라는 도성은 사무엘 선지자가 이스라엘 백성들을 모아놓고 하나님께 예배를 드리면서 사울을 이스라엘의 군왕으로 옹립한 도성입니다. 길갈은 사무엘이나 사울에게 하나님께서 예배를 받으시

하나님 마음에 합한 사람

는 언약의 장소이고 또 이스라엘 백성들 앞에서 자신의 왕권을 하나님의 뜻으로 주장할 수 있는 왕권의 정통성의 본거지입니다. 이곳으로 내려가서 하나님의 뜻을 기다려라! 그러면 나 사무엘도 길갈로 가서 하나님의 해답을 전해주겠다고 단단히 주지시켰습니다. "너는 나보다 앞서 길갈로 내려가라 내가 네게로 내려가서 번제와 화목제를 드리리니 내가 네게 가서 네가 행할 것을 가르칠 때까지 칠 일 동안 기다리라"(삼상 10:8).

블레셋과의 전면전이 임박하자 사울왕은 이 말씀을 기억하면서 일단 길갈로 내려가서 사무엘을 기다렸습니다. 그런데 상황은 점점 심각해져갑니다. 사울왕이 길갈에서 눈이 빠지도록 기다리고 있는데 사무엘은 이레가 지나도록 나타나지 않습니다. 당시 사울왕이 느꼈을 '인지 종결 욕구'의 부담감 세 가지가 13장 11절 하반절에 소개됩니다. "사무엘이 이르되 왕이 행하신 것이 무엇이냐 하니 사울이 이르되 백성은 내게서 흩어지고 당신은 정한 날 안에 오지 아니하고 블레셋 사람은 믹마스에 모였음을 내가 보았으므로"(삼상 13:11b).

사울왕이 애가 타들어가는 느낌이 들었던 이유가 세 가지입니다. 첫째는 백성들은 블레셋 군사들에 대한 두려움 때문에 점점 도망치고 있었습니다. 둘째로 사무엘 선지자는 정한 날 안에 나타나지도 않습니다. 셋째로 블레셋의 군사들은 믹마스에 모여서 곧 이스라엘로 쳐들어오려고 합니다. 이런 급박한 상황에서 이스라엘의 군왕인 나더러 그저 하늘만 쳐다보고 있으란 말인가? 당시 사울왕의 마음은 뜨거운 여름날 프라이팬 위에 치즈가 녹아서 연기로 불타 없어질 정도로 속이 지글지글 타들어가는 심정이었을 것입니다. 이런 답답한 상황에서 사울왕의 마음속에 부글부글 끓고 있던 '인지 종결 욕구'가 폭발을 해버립니다. 그것이 바로 9절 말씀에 사울이 번제와 화목제물을 가져오라하여 자기가 사무엘을 대신하여 직접 번제를 드려버립니다.

사울왕이 절박한 상황에서 직접 번제를 드리면서 이스라엘 군사들의 마음을 다잡으려고 했지만 그가 한 가지 치명적으로 놓친 것이 있었습니다. 그것은 자기가 비록 이스라엘의 초대 왕이지만 제사를 주관할 수 있는 제사장도 아니고 하나님의 위로의 말씀을 전할 선지자도 아니라는 사실입니다. 오직 제사장과 선지자만이 주관할 수 있는 역할을 자신이 대신 감당해버린 것입니다. 급하다보면 제사장이나 선지자 대신에 왕이 주관할 수도 있다고 생각할 수 있습니다. 하지만 이것이 하나님께 큰 죄가 되는 이유는 전쟁과 같이 국가의 운명이 걸린 문제의 해답은 오직 하나님만이 줄 수 있는 해결책입니다. 그런데 자신이 백성들의 지도자이고 왕으로서 하나님이 아닌 자기가 직접 그 해답을 줄 수 있다는 심각한 착각에 빠져버린 것입니다.

2. 모세의 치명적인 실수들

이 사건 이전에 모세오경을 보면 모세가 광야에서 이스라엘 백성들과 함께 40년 동안 고생을 하다가 결정적으로 가나안 땅에 들어가지 못한 이유도 마찬가지입니다. 민수기 20장 2절 이하에 광야에서 방황하는 이스라엘 백성들이 모세에게 불평불만을 쏟아놓기 시작합니다. 마실 물이 없기 때문입니다. 이들이 모세에게 뭐라고 불평불만합니까? 민수기 20장 3-4절입니다. "백성이 모세와 다투어 말하여 이르되 우리 형제들이 여호와 앞에서 죽을 때에 우리도 죽었더라면 좋을 뻔하였도다 너희가 어찌하여 여호와의 회중을 이 광야로 인도하여 우리와 우리 짐승이 다 여기서 죽게 하느냐"(민 20:3-4).

이렇게 백성들이 모세에게 불평할 때 모세가 하나님께 기도하니 하나님이 7절, 8절에서 해답을 주십니다. 7절에 "여호와께서 모세에게 말씀하여 이르시되 지팡이를 가지고 네 형 아론과 함께 회중을 모으고 그들의 목전에서 너희는 반석에게 명령하여 물을 내라 하라 네가 그 반석이 물을 내게 하여 회중과 그들의 짐승에게 마시게 할지니라"

하나님의 명령대로 모세는 이스라엘 백성들을 반석 앞에 모으고 반석에게 명령해서 목 마른 백성들에게 마시도록 할 참이었습니다. 주변의 모든 이스라엘 백성들이 한 편으로는 투덜거리면서 또 다른 한 편으로는 약간의 기대감을 가지고 모세의 얼굴을 바라보고 있었습니다.

그런데 모세의 마음에 기회만 생기면 불평불만하는 이스라엘 백성들이 아주 미워지기 시작했습니다. 이들이 증오스러웠습니다. 이들은 기회가 있을 때마다 늘 불평합니다. 자기는 이들에게 늘 하나님의 해답을 내놔야 합니다. 무거운 책임 의식이 그만 순간적인 분노로 폭발하고 말았습니다. 그래서 그만 손에 들고 있던 지팡이로 반석을 두 번이나 내리치면서 고함을 질렀습니다. "이 반역한 너희여 들어보라 우리가 너희를 위하여 이 반석에서 물을 내겠느냐?" 그렇게 고함을 지르고 분노하면서 지팡이로 반석을 두 번 내려치자 물이 콸콸 솟아나와서 회중과 짐승들이 정신 없이 마시며 목을 축였습니다(민 20:10-11).

그러나 이때 모세는 결정적인 실수를 두 가지 범하고 말았습니다. 모세의 첫 번째 실수는, 지팡이로 반석을 가리키면서 반석에게 물을 내라고 명령해야 하는데 지팡이로 반석을 두 번이나 내리친 것입니다. 왜 '가리키라!'는 말씀에 불순종하면서 내리쳤습니까? 허구헌날 떼로 몰려와서 '당장 기적적인 해답을 내놓으라!'고 다그치는 백성들의 생떼를 참다못해 그만 분노가 폭발한 것입니다. 모세는 광야에서 이스라엘 백성들을 인도하면서 얼마나 그 마음이 힘들었겠습니까? 마실 물 한 컵, 빵 한 조각도 편하게 마련하기 어려운 광야 사막 불볕 더위를 지도 한 장 없이 이리 저리 방황하고 있습니다. 이런 상황에서 백성들은 입만 열면 온갖 불평과 불만을 자기에게 쏟아놓습니다. 그러다가 이제 물을 제대로 마실 수 있는 해답이 보이자 그동안 억눌렸던 부담감이 폭발하면서 지팡이로 반석을 두 번 있는 힘껏 내리쳐버렸습니다.

모세는 반석을 두 번씩이나 내리치면서 백성들에게 해답을 내놔야 하는 자신의 책임을 과도하게 강조하는 말을 해 버립니다. 이것이 모세의 두 번째 실수입니다.

> 항상 하나님의 뜻을 거스르는 이 한심한 사람들아! 너희는 항상 우리한테 찾아와서 네가 이스라엘의 지도자라면 우리에게 마실 물을 내놔보라고 그렇게 따지고 닦달하는구나. 그렇게 요구하면 내가 뭐 해답을 못 줄 것 같아서 그렇게 입만 열면 애굽으로 돌아가자고 그러냐? 이 반석에서 물을 못 내놓을 줄 알고 그러냐? 어디 한 번 배터지게 마셔봐라.

이런 마음으로 지팡이로 반석을 두 번 내리칩니다. 그렇게 해서 물이 많이 솟아나오므로 회중과 그들의 짐승들이 벌컥벌컥 마셨습니다. 그러나 민수기 20장 12절에서 하나님은 모세와 아론이 이 일로 '하나님의 거룩함'을 나타내지 못했다고 평가하십니다. 모세는 일평생 이스라엘 백성들을 향하여 "거룩하신 하나님께서 이스라엘을 구속하시고 오직 그분의 능력으로만 이스라엘 백성들의 모든 문제를 해결하여 가나안 땅까지 인도하신다"는 사실을 분명하게 나타내야만 했습니다. 하지만 막판에 모세는 그만 자신의 한계를 넘어서 하나님의 절대주권을 침해하고 말았습니다.

모세가 하나님의 거룩하심을 백성들 앞에서 나타내지 못했다는 의미는 무엇일까요? 모세는 가데스의 반석 앞에서 하나님의 지시를 어김으로 여호와 하나님은 오직 그분만의 능력과 권능으로 이스라엘 백성들을 가나안 땅으로 인도하신다는 엄중한 진리를 이스라엘 백성들에게 분명하게 각인시키지 못했다는 것입니다. 이스라엘 백성들이 불평할 때 모세가 분노하며 응답했기 때문에 이스라엘 백성들의 마음에는 자신들이나 모세가 하나님 없이 사는 세상 사람들과 별반 다를 것이 없겠다는 생각이 들었습니다. 모세가 분노하며 혈기를 부렸던 까닭에 백성들의 마음에 여호와 하나님의 인내와 사랑, 베푸시는 은총이 제대로 드러나지 못했습니다. 반석에서 터져 나오는 물을 아무리 마시더라도 여호와 하나님의 크신 은총이 제대로 드러나지 못한다면 하나님의 영광을 드러내야 하는 모세의 역할은 그 존재감이 없어지는 것입니다. 모세는 이 일을 그르침으로 하나님의 영광을 드러내지 못하였습니다. 결국 하나님은 그가 가나안 땅에 들어갈 수 없도록 하심으로 하나님의 영광을 다시 나타내셨습니다.

그래서 오늘날에도 가정에서나 교회에서 영적인 지도자의 역할을 맡은 사람은 혈기를 부리며 화를 내지 않도록 특별히 조심해야 합니다. 가장, 목회자, 주일학교 선생님 등의 영적인 지도자의 위치에 있는 사람이 무슨 이유로든 혈기를 부리며 화를 내면 그저 '저 분도 한 사람의 인간으로서 스트레스가 많아서 그럴 수 있으려니' 하고 이해해

주지 않습니다. 오히려 영적인 지도자가 하나님의 권위를 이용하여 자신을 죄인 취급한 것에 대하여 강하게 반발합니다. 지도자의 분노는 당하는 입장에서는 하나님의 심판을 떠올립니다. 지도자의 분노 앞에서 '나는 하나님으로부터 당연히 버림받아 지옥에 가더라도 마땅하다'고 자신을 책망하고 저주할 사람은 한 사람도 없습니다. 오히려 '저 지도자는 무슨 권위로 나에게 하나님의 진노와 저주를 퍼붓는가?' 하는 반발심이 생깁니다. 지도자가 구성원들에게 혈기를 부리며 화를 내면 그 지도자에 대한 신뢰와 존경의 마음은 사라져 버리고 양측의 영적인 관계도 끊어져 버립니다. 더는 그들에게 영적인 리더십을 발휘할 수 없습니다.

3. 사울의 치명적인 실수들

사울왕은 블레셋의 침공이라는 절체절명의 위기상황에서 무언가 해답을 만들어보고자 다급한 마음으로 자기가 직접 나서서 번제와 화목제를 드리며 하나님의 해답을 간구했습니다. 사울왕의 입장에서 아주 억울한 것은 13장 10절 말씀처럼 번제 드리기를 마치자마자 사무엘 선지자가 나타난다는 것입니다. 아니 아무리 사무엘 선지자라도 블레셋 침공 소식을 들었으면 밤을 새서라도 약속 장소에 나타나야 하는 것이 아닙니까? 도대체 7일 동안 뭐하다가 문제가 심각해진 다음에 그것도 번제를 마치자마자 '짠!' 하고 나타난 것입니까?

하지만 사무엘이 이토록 늦게 나타난 이유는 하나님께서 사무엘의 길을 막으셨기 때문입니다. 하나님께서 사무엘이 지체하도록 간섭하신 데에는 아주 중요한 이유가 있습니다. 그 첫째 이유는 사울왕으로 하여금 이번 블레셋과의 전쟁에서 자신의 리더십의 실상을 액면 그대로 정확하게 파악하도록 하기 위함입니다. 사무엘상 13장 1절에서 사울이 왕권을 행사하기 시작할 때 이스라엘 군사들을 3천 명을 소집할 수 있는 영향력이 있었습니다. 블레셋이 쳐들어오기 전 평화로운 시기에 사무엘 선지자는 사울을 왕으로 세웠고 이스라엘 백성들은 모두가 환호성을 지르고 박수를 쳤습니다. 사무엘상 13장 1절을 보시면 사울이 왕으로 세워진 직후에 3천 명의 군사들을 선발하였습니다.

하지만 막상 블레셋이 쳐들어오려고 하니까 몇 명으로 줄어듭니까? 6백 명으로 줄었습니다. 하나님이 사무엘 선지자가 지체하도록 막으신 이유는 사울왕으로 하여금 자신의 리더십으로 전쟁터에서 얼마 정도의 군사력을 확보할 수 있는지, 왕권을 행사하려는 리더십의 실상과 그릇의 크기를 정확하게 파악하도록 하시려는 것이었습니다. 사울왕으로 하여금 블레셋과의 전쟁에서 이스라엘을 승리로 이끌 수 있는 능력이 전무하다는 사실을 뼈저리게 확인하고 오직 전쟁의 승리는 여호와 하나님께 달렸음을 분명히 인지하도록 하기 위함이었습니다.

리더의 중요한 역할은 구성원 전체에게 공동의 목표를 효과적으로 달성하도록 영향력을 행사하는 것입니다. 리더에게는 리더의 인격적인 성품과 리더의 역할을 의미하는 직위가 주어집니다. 이때 직위를 통하여 구성원들을 관리하고 통제하는 리더십을 발휘하는 것을 가리켜서 관리형 리더십(management leadership)이라고 합니다. 구성원들을 사랑하고 돌보는 인품으로 리더십을 발휘하는 것을 가리켜서 성품 리더십(character leadership)이라고 합니다. 우리나라 속담에 '완장을 차면 사람이 달라진다'는 것은 완장이라는 타이틀을 가지고 사람들을 통제하려는 리더십의 특징을 잘 보여줍니다.

평화로울 때에는 이스라엘의 왕이라는 타이틀만 가지고도 얼마든지 백성들을 소집할 수 있습니다. 축제나 제사에 모인 많은 사람들 앞에서 왕권을 과시하는 화려한 행사를 주도할 수 있습니다. 이러한 방식의 리더십을 관리형 리더십, 또는 타이틀 리더십이라고 할 수 있습니다.

그러나 목숨을 바쳐서라도 충성을 요구하는 전쟁터에서는 이러한 관리형 리더십은 더는 통하지 않습니다. 이것으로는 군사들에게 목숨을 건 충성을 요구할 수 없습니다. 그러면 다 도망가버릴 것입니다. 전쟁터에서 통하는 리더십은 부하들과 한 몸으로 연합한 성품 리더십뿐입니다. 전쟁터에서는 지도자가 구성원 한 사람 한 사람을 인격적으로 사랑하고 섬기며 그들과 생사고락(生死苦樂)의 운명을 같이 하겠다는 것을 증명하는 성품 리더십(character leadership)이 갖추어져야만 합니다. 그럴 때 그 휘하의 군사들에게 목숨 건 충성을 기꺼이 요구할 수 있습니다. '전쟁터에서 나라와 민족, 그리고 군주를 위해서 자기 목숨을 기꺼이 바칠 수 있는가? 군사들 마음속에 자신의 목숨을 기꺼이 바칠 진정한 충성이 있는가'의 여부는 문제가 발생해봐야 알 수 있습니다. 문제가 발생해서 상황이 절박해지면 헛된 거품의 가짜 충성인지 목숨도 아끼지 않는 진짜 충성인지 그 실상이 드러납니다.

따라서 전쟁터에서 군사들을 지휘해야 하는 지도자는 군사들의 충성심의 실상을 정확하게 파악해야 합니다. 충성을 약속하는 맹세 속에 진짜 충성심과 가짜 거품을 정확하게 파악해야 합니다. 거품을 실제 능력으로 믿어버리고 일을 시작하면 패망으로 귀결될 수밖에 없습니다. 그래서 하나님은 사울왕에게 생각할 시간을 주시면서 말씀하십니다. '네 능력과 형편과 처지와 수준을 정확하게 파악하라'는 것입니다. 6백 명 밖에 모으지 못하는 것이 지금의 네 수준이니 네 힘으로는 절대로 전쟁을 시작하지도 말고 네 능력만 믿고서 군사들을 지휘하지도 말라는 말씀입니다.

하나님께서 사무엘 선지자의 길을 막으셔서 그가 늦게 나타나도록 섭리하신 두 번째 이유는, 불확실한 현재를 참고 인내하면서 하나님의 섭리를 생각하고 불확실한 현재의 분명한 해답은 오직 하나님께만 있음을 교훈하기 위함입니다. 블레셋의 군사들이 쳐들어오려고 하는 절체절명의 위기상황에서 사울왕이 분명히 기억해야 할 말씀이 하나 있었습니다. 그것은 바로 민수기 10장 35-36절의 말씀입니다. "궤가 떠날 때에는 모세가 말하되 여호와여 일어나사 주의 대적들을 흩으시고 주를 미워하는 자가 주 앞에서 도망하게 하소서 하였고 궤가 쉴 때에는 말하되 여호와여 이스라엘 종족들에게로 돌아오소서 하였더라" (민 10:35-36).

구약시대 이스라엘 백성들은 광야에서 언약궤를 앞세워 행진을 하면서 항상 이 말씀을 기억했습니다. 하나님은 두 가지 인도 방식과 두 가지 행진 방식으로 이스라엘 백성들을 인도하였습니다. 두 가지 인도 방식은 낮의 구름기둥이 뜨거운 햇빛을 막아주었고 밤의 불기둥이 추위에서 이스라엘 백성들을 보호했습니다. 밤이고 낮이고 구름기둥이 멈추면 이스라엘 백성들도 멈추고 구름기둥이 일어나면 다시 행진을 시작합니다.

이스라엘 백성들은 언약궤를 따라서 행진을 시작하거나 행진을 멈추는데 이 행진을 앞장서 주도한 사람들은 레위 제사장들입니다. 레위 제사장들은 모세와 아론의 지시를 받아서 행진을 지도했습니다. 모세와 아론은 하늘에 떠 있는 불기둥과 구름 기둥의 이동을 살피면서 불기둥, 구름기둥이 멈추면 행진도 멈춥니다. 몇 시간이고 몇 날이고 멈춘 채로 지냅니다. 그러다 불기둥, 구름기둥이 이동을 시작하면 다시 행진을 시작했습니다. 이스라엘 백성들은 행진하면서 이렇게 기도했습니다.

> 우리 앞에서 일어나서 앞장서 나아가시는 여호와 하나님이시여! 주께서 우리 먼저 일어나셔서 우리의 행진을 가로막은 주의 대적들을 모두 물리쳐 주시옵소서. 주님의 섭리를 대적하고 미워하는 모든 원수들을 모조리 물리쳐 주시옵소서. 한 길로 쳐들어왔더라도 열 길로 도망치도록 물리쳐 주시옵소서.

반대로 언약궤가 가던 길을 멈추고 쉴 때면 주님의 귀환을 간구하였습니다. "여호와여 이스라엘 종족들에게로 돌아오셔서 우리를 지키시고 보호하여 주시옵소서." 그래서 이스라엘 백성들은 언약궤가 일어서면 앞길을 열어달라고 기도하고 언약궤가 멈추면 하나님께서 우리에게로 돌아오셔서 지켜달라고 기도했습니다. 이러한 민수기의 기도가 사사 시대에는 '전쟁은 여호와께 속한 것'이라는 신앙으로 발전하였습니다. '전쟁에서의 승리는 칼과 창의 군사력의 강약에 달린 것이 아니다. 여호와 하나님께서 이기게 하시면 이기는 것이고 지게 하시면 지는 것이다. 전쟁은 오직 여호와께 달린 것이다.'

하나님께서 사울왕을 불확실한 현재의 멍에 아래 붙잡아 두신 세 번째 이유는, 사울왕으로 하여금 전쟁의 해답이 자기의 능력에 달린 것이 아니라 하나님의 능력에 달렸음을 깨달을 시간을 주기 위함입니다. 지금 블레셋의 군사들이 믹마스에 진을 치고 공격준비를 하고 있지만 이들이 당장 이스라엘로 쳐들어 오지 못합니다. 13장 3절에서 요나단의 매복 공격 때문에 블레셋의 수비대가 패배를 당했습니다. 이로 인한 이스라엘 군사력에 대한 두려움과 공포로 당장 공격을 하지 못하고 있습니다. 하나님께서 블레셋의 마음에 이스라엘의 군사력과 매복 공격에 대한 두려움을 심어 주셔서 분별력을 흐트러뜨려 놓았습니다.

이렇듯 전쟁의 성패는 항상 여호와께 달린 것임을 믿고 자신감과 담대함을 가져야 합니다. 나중에 이 비밀을 깨달아 결국 하나님께서 이스라엘 최고의 자리에 세워주신 사람이 있습니다. 그가 바로 다윗입니다. 다윗이 이 신앙고백으로 블레셋의 최고 전사 골리앗 장군을 물리칩니다. "또 여호와의 구원하심이 칼과 창에 있지 아니함을 이 무리에게 알게 하리라 전쟁은 여호와께 속한 것인즉 그가 너희를 우리 손에 넘기시리라"(삼상 17:47).

블레셋이 골리앗을 앞세워 이스라엘로 쳐들어올 때 사울왕과 이스라엘의 모든 백성들은 벌벌 떨고 있었습니다. 세상적인 시각으로 전쟁을 바라보기 때문에 골리앗 앞에서 모두 죽었다는 생각만 하고 있습니다. 이때 다윗은 당시 모든 사람들과는 전혀 다른 생각을 하고 있었습니다. "여호와의 구원하심은 칼과 창에 있지 않다. 전쟁은 여호와께 속한 것인즉 그가 저 원수 놈들을 우리 손에 넘기고야 마실 것이다."

어찌보면 블레셋과의 전쟁이 임박하여 이스라엘 군사들은 뿔뿔이 도망치는 위급한 상황에서 아무런 현실적 조치 없이 무작정 사무엘 선지자만을 기다리는 것이 능사는 아니라 생각할 수 있습니다. 마찬가지로 오늘날 우리 가정과 자녀들에게 또는 우리 인생에 아주 심각한 문제가 발생했는데 당장 해결할 생각은 하지 않고 그저 예배 드리고 기도한다고 문제가 해결될 것 같아 보이지 않습니다. 이때 우리는 항상 기억해야 합니다. 내 인생의 영적 전쟁의 승리는 결국 하나님 손에 달렸다는 것입니다.

그러면 어차피 하나님이 우리를 이기게 하실 것이라면 왜 전쟁이 일어나게 하시고 왜 우리를 전쟁터로 내모시는 것일까요? 그 이유는 우리로 하여금 전쟁터에서 세상 편에 서지 말고 하나님 편에 서도록 하기 위함입니다. 우리가 전쟁터에서 칼과 창을 의지하지 않고 오직 하나님을 의지하여 결국 우리로 하여금 하나님이 주시는 승리를 경험함으로써 세상이 하나님의 영광을 경험하도록 하기 위함입니다.

때로는 천하가 하나님의 말씀을 거스르는 길을 선택하더라도 바로 나 한 사람은 하나님 편에 계속 선다면 결국은 하나님이 우리를 사용하십니다. 결국 하나님이 소수의 남은 자들을 사용하셔서 세상이 하나님의 살아계심과 통치하심을 보게 될 것입니다. 이 죄 많은 세상이 결국은 하나님의 영광을 목격하는 날이 반드시 오고야 말 것입니다. 이런 귀한 믿음과 이런 충만한 은혜가 우리 성도님들과 함께 하시길 간절히 축원합니다.

16

사무엘상 14장 29-37절

하나님의 뜻과 순종

영적 분별력

저는 지난 추석 연휴 때 <남한산성> 영화를 관람했습니다. 1637년에 청나라 군대가 조선을 침략하여 병자호란이 발생하고 당시 조선의 군왕 인조가 남한산성으로 피신합니다. 청나라는 조선이 명나라와의 외교관계를 끊고 청나라를 섬길 것을 요구하는데 조선의 입장에서는 임진왜란 때 우리를 도와주었던 명나라에 대한 의리와 신의를 저버리고 청나라를 섬길 수 없었습니다. 화친을 요구하는 청나라의 입장을 따르자는 주화파와 전쟁을 해서라도 명나라와의 신의를 지키자는 척화파, 이 두 가지 입장 사이의 심각한 의견 대립이 영화 전체를 관통합니다.

저는 이 영화를 관람하면서 성도가 이 세상에서 하나님의 뜻을 분별하여 순종하며 살아가는 것이 무엇인지를 다시금 생각해 보았습니다. 당장 눈 앞의 이익을 기준으로 본다면 하나님의 뜻을 지키는 것은 현실적으로 아무런 도움이 되지 않습니다. 어쩌면 마치 허울뿐인 대의 명분을 지키는 것처럼 보입니다. 당장 현실적으로는 하나님의 뜻을 거부하는 것이 더 편하고 유익해 보입니다. 이런 상황에서 우리는 어떻게 하나님의 뜻에 온전히 순종하는 삶을 살 수 있을까요? 오늘 말씀을 통해서 우리가 하나님의 뜻에 온전히 순종하는 방법에 대해서 살펴보고자 합니다.

1. 믿음에서 시작하라

진실로 우리가 행복으로 인도하시는 하나님의 뜻을 구한다면 약속의 말씀에 대한 분명한 믿음에서부터 시작하시기 바랍니다. 오늘 본문 사무엘상 14장 전체의 내용은 사울왕과 그 아들 요나단에 관한 이야기입니다. 14장 1절을 보시겠습니다. "하루는 사울의 아들 요나단이 자기의 무기를 든 소년에게 이르되 우리가 건너편 블레셋 사람들의 부대로 건너가자 하고 그의 아버지에게는 아뢰지 아니하였더라" 1절에서 요나단의 무기를 든 소년은 최측근 호위무사입니다. 이 두 사람이 블레셋을 습격해서 큰 결과를 얻어냅니다. 14절에 보면 "요나단과 그 무기를 든 자가 반나절같이 땅 안에서 처음으로 쳐죽인 자가 이십 명 가량이라" 두 명이 20명을 무찌른 것입니다. 10대 1의 싸움에서 승리한 것입니다. 어떻게 이런 일이 가능했을까요? 어떻게 이런 기적이 오늘날 우리의 기적이 되게 할 수 있을까요?

그 첫 번째 비결은 바로 하나님의 약속에 대한 믿음 때문입니다. 6절 하반절에 보면 당시 요나단이 품은 하나님의 말씀에 대한 믿음이 두 가지로 소개됩니다(삼상 14:6).

요나단의 첫 번째 믿음은 여호와께서 우리를 위하여 일하신다는 것입니다. 우리 주님이 지금도 우리의 구원을 위하여 우리와 함께 우리 속에서 일하고 계심을 믿으시기 바랍니다. 두 번째 믿음은 여호와의 구원은 사람이 많고 적음에 달리지 아니하였다는 것입니다. 지금도 마찬가지입니다. 이 세상에서 신자가 하나님의 축복을 누릴 수 있는 비결도 결코 사람의 많고 적음에 달린 것이 아닙니다. 이 세상은 눈에 보이는 숫자와 규모가 적으면 무시와 푸대접을 당하고 크면 인정과 존경을 받습니다.

하지만 하나님 나라는 그렇지 않습니다. 사람의 숫자와 규모의 크고 작음으로 전쟁에서 이기고 지는 것이 아닙니다. 예수님께서 늘 말씀하신 것처럼 사람이 떡으로만 사는 것이 아니라 하나님의 입에서 나오는 모든 말씀으로 사는 것임을 명심하시기 바랍니다.

2. 믿음의 표징

하나님의 뜻이 성취되는 과정에서 우리가 명심해야 할 두 번째 교훈이 있습니다. 그것은 믿음에는 반드시 우리 눈에 보이는 표징(visible sign)이 뒤따른다는 사실입니다. 하나님의 뜻이 실제로 성취되도록 하려면 1단계에서는 먼저 우리 마음속에 하나님의 약속하신 말씀에 대한 믿음이 있는가를 점검해야 합니다. 두 번째 단계에서는 그 믿음이 실제로 우리 바깥의 삶에서 성취될 것을 가리키는 '보이는 표징'이 나타나는가를 점검해야 합니다.

성경을 보면 항상 하나님은 먼저 말씀을 통해서 우리 마음속에 믿음을 만드십니다. 그런데 말씀이 실제 믿음으로 연결되는 중간 단계에서 하나님은 항상 눈에 보이는 표징을 보여주십니다. 눈에 보이는 표징이 없다면 마음속의 믿음은 흔들릴 수밖에 없습니다. 하나님은 우리 마음속의 믿음이 우리 마음 바깥에서 실제로 성취되는 중간에 우리를 위하여 눈에 보이는 표징을 허락하심을 명심하시기 바랍니다.

요나단은 블레셋의 군사들이 수적으로 훨씬 많음을 알고 있었습니다. 그러나 하나님께서 블레셋을 이미 자기 손에 넘기셨다고 믿었습니다. 그것이 하나님의 뜻이었습니다. 하나님의 뜻이 분명하므로 그 뜻을 성취시켜야 하는데 믿음의 표징이 무엇입니까? 4절에 요나단이 블레셋 사람들에게로 건너가려 하는 어귀 사이 양쪽에는 험한 바위가 있습니다. 보세스 바위와 세네 바위가 마치 가파른 절벽처럼 양쪽에 서 있습니다. 절벽이 수직 절벽은 아니더라도 높은 곳에 서면 상대방이 보입니다. 양쪽에 높이 솟아난 가파른 절벽 아래 중간 지대는 울창한 잡목들과 수풀들이 무성하게 자라고 있습니다. 만일 상대편 적군이 가파른 바위 위에 나타났다가 그 아래 중앙 지대로 내려오면 이들이 지금 어느 지점을 통과하고 있는지 잘 알 수 없습니다. 내려왔던 곳으로 다시 올라갔는지 우리 편으로 침투해 들어오고 있는지 확인하기 어렵습니다. 요나단은 블레셋 군사들과의 대치 상태 전반을 주의 깊게 살펴본 후 다음과 같은 작전 계획을 세웁니다(삼상 14:8-10).

요나단 일행은 가파른 계곡 속으로 들어가기 전에 먼저 상대방에게 소리를 지릅니다. '야! 이 할례 받지도 못한 블레셋 놈들아! 우리가 이제 그쪽으로 건너가서 너희 놈들을 다 죽일테다.' 그러면 저쪽에서도 맞대응으로 고함을 지른다는 것입니다. 9절에서 "그들이 만일 우리에게 이르기를 우리가 너희에게로 가기를 기다리라 하면 우리는 우리가 있는 곳에 가만히 서서 그들에게로 올라가지 말자"는 것입니다. 반대로 10절에서 블레셋의 군사들이 "우리에게로 한 번 올라 오려면 어디 올라와봐라" 그렇게 반응이 나오면 우리가 그들에게로 올라가자는 것입니다.

블레셋의 군사들이 요나단 일행의 협박 소리를 듣고서 "어디 한 번 올라오려면 올라와봐라"고 반응하면 그 반응은 하나님이 저들을 넘겨주셔서 우리가 승리할 것이라는 표징이 되리라는 것입니다. 블레셋의 이러한 태도가 어떻게 하나님이 요나단에게 블레셋을 넘겨주시는 표징이 될 수 있을까요? 그 비밀은 요나단과 블레셋 양쪽 사이에 놓여 있는 크고 험한 바위와 그 바위에 대한 블레셋의 마음자세 때문입니다. 전쟁 중에 양 진영 사이에 놓인 커다란 바위와 수풀은 일종의 불확실성의 세계입니다. 블레셋의 입장에서는 무성한 수풀 사이에 얼마나 많은 이스라엘 군사들이 매복해 있는지 전혀 알 수 없습니다. 요나단과 병기든 소년 두 사람이 크게 소리를 지르지만 바위틈으로 끌어 들이려는 유인책인지를 전혀 알 수 없습니다. 잘못 들어갔다가는 매복한 군사들에게 몰살을 당하거나 화공(火攻)을 당해서 모두 불에 타 죽을 수도 있습니다. 이들이 진을 치고 있다 해도 요나단이 어느 방향에서 어느 규모로 어느 시점에 공격해 들어올 것인지를 전혀 예상할 수 없습니다. 요나단의 고함소리는 블레셋의 입장에서는 불확실성입니다.

블레셋은 이 불확실성 때문에 9절처럼 적극적으로 반응하기가 어렵습니다. "우리가 너희에게로 건너갈 때까지 거기에 가만히 기다려라." 적극적인 공격을 예고하는 호언장담의 반응을 할 수 없습니다. 대신 10절 말씀처럼 "우리에게로 올라오려면 한 번 올라와봐라." 이렇게 허풍만 떠는 것입니다. 요나단은 기껏 크게 허풍만 떠는 블레셋 군사들의 고함소리를 갑작스런 침공에 전혀 준비가 되어 있지 않은 확실한 증거로 간주했습니다. 그리고 이 증거를 하나님이 자기에게 승리를 가져다 주실 표징으로 받아들였습니다. 적군들이 치는 고함소리를 듣고서 그 고함소리의 행간에 숨어 있는 그들의 대비태세의 상태와 수준을 파악해내고 있습니다. 참으로 놀라운 분별력입니다.

요나단은 그 표징을 확인한 다음에 믿음을 가지고 담대하게 적진으로 뛰어듭니다. 14절에 보면 "요나단과 그 무기를 든 자가 반나절 길이 땅 안에서 처음으로 쳐죽인 자가 이십 명 가량이라"고 합니다. 반나절 동안 두 명이서 어떻게 20명을 죽일 수 있었을까요? 10대 1의 결투에서 어떻게 승리가 가능했을까요? 그 중요한 비밀이 13절 하반절과 14절에 나옵니다. "요나단이 손 발로 기어 올라갔고 그 무기를 든 자도 따랐더라 블레셋 사람들이 요나단 앞에서 엎드러지매 무기를 든 자가 따라가며 죽였으니 요나단과 그 무기를 든 자가 반나절 길이 땅 안에서 처음으로 쳐죽인 자가 이십 명 가량이라"

당시 요나단이 무슨 무기를 사용했는지 어떤 전략을 사용했는지 자세하게 소개되지는 않고 있습니다. 하지만 블레셋 사람들이 먼저 요나단 앞에서 엎드러졌고 그 뒤에서 무기를 든 자가 따라가며 죽였다고 합니다. 요나단이 바위틈이나 땅 속에 매복해 있다가 갑자기 튀어나가 블레셋 군사와 일대일 격투 끝에 치명타를 가해 쓰러뜨립니다. 그때 뒤에서 무기를 든 자가 따라가며 죽였습니다. 요나단과 무기를 든 자가 무예가 매우 출중했음을 알 수 있습니다. 요나단은 블레셋 군사들과 일대일 격투에서도 그들에게 조금도 밀리지 않는 무예실력을 갖추고 있었습니다. 하지만 아무리 싸움 기술이 특출하다해도 혼자서 20명을 죽이는 것은 결코 쉬운 일이 아닙니다. 그 뒤에서 무기를 든 자와 함께 하니 가능했던 것입니다. 둘이 힘을 합친 덕분에 이길 수 있었습니다.

14절에 "반나절 길이 땅 안에서"라는 구절이 나오는데 이 표현은 요나단과 블레셋 군사들 사이에 진행된 전투의 두 가지 특징을 말합니다. 첫째는, "반나절 길이"라는 것은 한 30분 정도의 짧은 시간이 아니라 최소한 네다섯 시간을 의미합니다. 두 용사가 블레셋 군사 20명과 한꺼번에 격투를 치른 것이 아닙니다. 요나단과 무기 든 부관이 블레셋 군사 1명이나 2명과 개별적으로 싸워 죽이기를 반복하여 20명 모두를 죽이는 데 반나절의 시간이 걸린 것입니다.

둘째는, "땅 안에서"라는 의미는 요나단과 무기 든 병사 둘이 땅 아래에 은밀히 매복해 있다가 상대방이 눈치챌 겨를도 없이 갑자기 튀어나가 기습공격을 가했다는 의미입니다. 그렇게 반나절의 고된 격투 끝에 20명의 블레셋 군사들을 모두 죽이고 시간도 많이 지났습니다. 블레셋 장군이 부하들이 갑자기 20명이나 죽은 것을 발견하고는 깜짝 놀랐습니다. 적군은 어디 있는지 잘 보이지도 않은데 자기 군사들이 20명 가량이 죽어 나자빠진 것을 보면서 아마도 부하들에게 책임추궁을 할 수도 있습니다. "왜 내 명령대로 방비를 더욱 튼튼히 하지 않았느냐? 이런 꼴이 나도록 뭐하고 있었느냐? 네 탓이다. 내 탓이 아니다." 서로간에 싸움이 벌어졌습니다. 20절에 보면 블레셋 사람들이 자기의 동무들을 서로 칼로 치고 박고 싸우는 큰 혼란이 발생합니다.

하나님께서 일이 그렇게 진행되도록 역사하셨습니다. 그러나 자기 군사들 20명이 영문을 알 수도 없이 칼과 창에 찔려 널브러져 죽어 있는 것을 보니 혼란과 충격, 공포와 두려움에 사로잡혔습니다. 서로에게 책임을 떠넘기며 미움과 분열이 폭발한 채 군심이 흩어졌습니다. 결국 자기들끼리 치고 박고 싸우는 일이 벌어졌습니다. 이런 놀라운 결과는 요나단과 무기를 든 소년의 뛰어난 전술과 용맹스런 합동작전 때문만은 아닙니다. 하나님께서 간섭하신 결과입니다. 성경은 23절에서 "여호와께서 그날에 이스라엘을 구원하시고 블레셋을 멸망시키셨다"고 종합적으로 기록하고 있습니다.

3. 세상적인 가치관을 포기하라

하나님의 뜻이 성취되는 과정에서 우리가 조심해야 할 것은 세 번째로 대의명분이나 체면에 얽매이지 않는 것입니다. 사울왕은 이 부분에 실수를 하였습니다. 24절에 보면 그날 전쟁이 진행되면서 사울왕은 백성들에게 한 가지 맹세를 하도록 합니다. 오늘 저녁 적군을 완전히 물리칠 때까지 아무 음식물이든지 먹는 사람은 저주를 받을 것이라고 맹세하게 합니다(삼상 14:24). "우리가 이번 전쟁에서 마지막 승리할 때까지는 절대로 무기를 손에서 내려놓아서는 안 된다. 바닥에 앉거나 누워서도 안 된다. 편하게 음식을 먹고 포도주를 마시는 것도 절대로 안 된다. 정신줄을 놓는 놈은 가만두지 않겠다. 반드시 죽이겠다. 군기 빠지는 행동을 하나라도 하면 하나님의 벼락을 맞아 죽겠다는 맹세를 해라." 그렇게 엄중하게 명하니 이스라엘의 군사들이 만일 전쟁이 끝나기도 전에 음식을 먹으면 하나님께 벌을 받겠다고 사울왕 앞에서 맹세했습니다. 지도자의 입장에서는 현재 상황이 매우 중하고 심각하기 때문에 승리에만 집중하도록 군사들의 마음과 자세를 올바로 통솔하는 일이 매우 중대합니다.

그런데 사울왕은 군사들의 군기를 엄격하게 세우는 것으로 전쟁에서 이길 수 있겠다는 표징을 삼고자 했습니다. 군사들이 음식을 먹을 생각도 없이 눈에 불을 켜고 칼과 이를 갈며 블레셋 사람들을 죽일 생각만 하고 있는 모습을 본다면 지도자는 힘을 얻어 전쟁에서 이미 이길 것 같습니다. 하나님만이 우리가 이기도록 하신다 약속했건만 군기가 바짝 들어간 군대를 보니 이것이야말로 승리를 보장하는 참표징처럼 보입니다.

그런데 요나단의 표징과 사울의 맹세의 결정적인 차이점이 있습니다. 그 중요한 차이점은 백성들의 마음과 필요를 진실로 이해하는가 하는 것입니다. 요나단의 표징은 블레셋 군사들의 불안심리를 정확하게 파악해서 저들이 불확실성에 전혀 대비가 되어 있지 않은 것을 간파하고 그 불안심리를 표징으로 삼았습니다. 반면에 사울왕의 표징은 백성들의 속마음을 잘 파악하지도 못한 채 그들의 필요를 전혀 배려해주지 못한 것이었습니다. 사울왕은 그저 자신의 만족과 확신만을 위해서 백성들의 필요를 희생시켜 음식 먹는 것조차 절대 금지하는 맹세를 시킵니다. 백성들의 희생을 담보하는 맹세를 전쟁에서 승리할 표징으로 삼으려 했습니다.

그런데 27절에 보면 요나단은 사울왕이 군사들에게 맹세를 시키는 것을 듣지 못했다고 합니다. 그러다가 전투 중에 배가 고픈데 마침 야생꿀이 보여서 지팡이 끝으로 벌집의 꿀을 찍어서 조금 맛보았더니 금방 기운을 차릴 수 있었습니다. 그 모습을 옆에서 지켜보던 이스라엘 백성 중에 한 사람이 요나단을 걱정합니다. "그렇게 하면 오늘 하나님 앞에서 맹세한 것을 어겨서 죽임을 당하기로 했는데 어떡하느냐?" 이때 요나단이 대답합니다. "요나단이 이르되 내 아버지께서 이 땅을 곤란하게 하셨도다 보라 내가 이 꿀 조금을 맛보고도 내 눈이 이렇게 밝아졌거든 하물며 백성이 오늘 그 대적에게서 탈취하여 얻은 것을 임의로 먹었더라면 블레셋 사람을 살륙함이 더욱 많지 아니하였 겠느냐"(삼상 14:29-30).

사울왕이 하나님의 승리를 실현하기 위해서 백성들의 마음을 다잡고 승전에 대한 의지를 불태우도록 하는 것은 지도자의 중요한 책무입니다. 하지만 백성들의 마음을 다잡는 과정에서 그들의 형편과 처지를 잘 살펴 자기 문제처럼 처리하면서 상식을 지켜야 합니다. 사울왕은 백성들을 살피는 배려심이 부족하여 허세를 부리고 엄격한 대의명분만 만든 것입니다. 결국 이스라엘 백성들은 사울왕의 명령을 오히려 절대 따르지 않고 맹세한 것도 모두 어겨버립니다.

백성들이 탈취한 물건에 달려들어 양과 소와 송아지들을 끌어다가 즉시로 잡아서 피째 먹어버립니다(삼상 14:32-35). 이스라엘 백성들이 양과 소와 송아지에 대하여 정결규례를 거치지 않고 피째 먹는 것은 레위기의 규범을 침범하는 범죄행위입니다. 그러자 사울왕이 나타나서 이스라엘 백성들이 "믿음이 없이 행하였도다"라고 비난하기 시작합니다. 주변 사람들을 재촉하여 하나님께 제사를 드리는 제단을 쌓도록 지시합니다. 성경은 이 제단이 사울왕이 여호와를 위하여 처음 쌓은 제단이었다고 말씀합니다. 이 표현은 사울왕에 대한 칭찬일까요 책망일까요? 책망의 말씀입니다.

왜냐하면 사울이 여호와를 위하여 처음 쌓은 제단은 이스라엘의 진정한 왕이신 여호와 하나님의 절대 주권을 인정하며 경배드리기 위함이 아니었습니다. 자신의 성급한 맹세 때문에 백성들이 억지로 금식하다 굶주린 끝에 고기를 피째 먹음으로 레위기의 율례를 어기게 되었습니다. 이스라엘의 영적인 질서가 무너지고 그 파급효과가 사울왕의 권위까지 무너뜨렸습니다. 이러한 상황을 다시 만회해보고자 하는 의도입니다. 이스라엘 백성들의 기본적인 식욕을 먼저 해결해서라도 사울왕의 체면과 왕권까지 위협받는 심각한 상황을 만회해보려는 것입니다.

이렇게 상황이 급박하게 돌아간 책임은 누구의 잘못 때문입니까? 요나단이 아니라 사울왕의 잘못 때문입니다. "너희가 믿음 없이 행하였도다"는 꾸지람은 레위기의 말씀대로 피를 먹으면 안 되는데 그 말씀을 어기고 믿음이 없이 행동했다는 책망입니다. 하지만 이 모든 문제의 원인은 사울왕이 하나님의 약속을 성취하는 과정에서 백성들의 마음을 살피지 못하고 헛된 맹세로 사람들의 마음을 휘어잡으려고 했던 불신앙 때문입니다. 그래서 믿음이 없이 행동했다는 사울왕의 말은 백성들이 아니라 사울 자신에게 해당되는 책망입니다.

'남한산성'의 영화를 보면 추운 날씨에 성벽에서 보초를 서는 군인들과 백성들이 추위에 얼어 죽고 있습니다. 이때 대장장이가 마을에 쌓아둔 가마니를 군사들과 백성들에게 풀어 추위를 막을 수 있게 해달라고 간청합니다. 그 가마니 덕분에 군사들과 백성들이 추위를 면하는 장면이 나옵니다. 왕과 신하들은 두꺼운 방한복을 입고 있으니 일반 백성들이 얼마나 추운 날씨에 성을 지키는지 전혀 알지 못합니다. 아무것도 없는 백성들에게는 낡은 가마니 한 장이라도 살인적인 추위를 덜어 주는 데 큰 도움이 되는 것을 전혀 알 턱이 없습니다. 하지만 전쟁에서 실제로 싸우는 사람들은 백성들입니다. 그 백성들의 수고와 간절한 마음을 읽어내는 군주만이 진정한 군주가 될 수 있습니다.

하나님은 오늘도 여전히 우리 삶의 한가운데 살아계셔서 말씀을 통해서 역사하시고 일하십니다. 하나님의 뜻이 나를 통해서 성취될 때 하나님은 그의 뜻이 성취되기 전에 미리 우리에게 표징을 보여주십니다. 하나님이 일방적으로 보여주시기도 하고 내가 하나님이 주시는 표징을 만들어내도록 책임을 주시기도 합니다. 하나님의 말씀은 내 심령 속에 믿음으로 뿌리를 내린 것이라면 그 말씀이 성취될 증거와 표징은 내 마음 바깥에서 보이는 것입니다. 그 증거와 표징을 찾을 때에는 철저하게 사람의 마음과 형편과 일반적인 심리를 잘 이해하고 존중해 주는 것이 매우 중요합니다.

저는 과거에 자녀들이 책상에 앉아 있어야 공부를 열심히 하는 것이라고 생각했습니다. 자녀들이 책상에 앉아 있는 것은 좋은 성적을 내는 중요한 표징이라고 생각했습니다. 하지만 나중에 깨달았습니다. 자녀들이 책상에 앉아 있다고 해서 공부를 잘 하는 것이 절대로 아니라는 것입니다. 저는 가부장적인 문화에 길들여져서 아이들이 나갔다가 들어오면 반드시 "아빠 다녀왔습니다." 하고 인사 하기를 원했습니다. 인사하는 것은 아들들이 아빠를 존경하는 표징이라고 생각했습니다. 그래서 인사를 잘 하라고 열심히 잔소리했습니다. 하지만 나중에 깨달았습니다. 겉으로 인사를 잘 한다고 해서 그것이 꼭 아빠를 존경하는 표징인 것은 아니라는 것입니다. 중요한 것은 아빠가 먼저 우리 아들들이 원하는 사랑을 많이 베풀어주면 그만 하라 말리더라도 인사를 잘 한다는 것입니다.

우리 인생에서 하나님의 뜻을 성취함에 있어 가장 중요한 것은 먼저 그 무엇보다 사람의 마음을 얻는 것입니다. 사람의 마음을 얻기 위해서 연약한 소자에게 물 한 컵이라도 정성을 다해서 섬기면 그들의 마음을 얻을 수 있습니다. 먼저 사람의 마음을 얻는 인생이 되십시오! 그럴 때 하나님께 귀하게 쓰임 받을 수 있습니다. 먼저 사랑하는 사람의 지혜와 삶을 통해 하나님의 뜻이 실현되는 귀한 은총이 우리 성도님들과 함께 하시길 주님의 이름으로 축원합니다.

17

사무엘상 15장 17-24절

자기 선택을 철회하시는 하나님

알미니우스와 항론파들의 주장

지금으로부터 400여 년 전 야코부스 알미니우스(Jacobus Arminius, 1560-1609)는 네덜란드의 유명한 목회자이자 레이든 대학교(Leiden University)에서 신학을 가르친 탁월한 신학자였습니다. 그는 당시 유명한 신학자이자 목회자였던 칼빈의 제자 데오도르 베자(Theodore Beza, 1519-1605)에게서 신학을 배웠습니다. 알미니우스가 칼빈의 제자였던 베자로부터 신학과 성경 해석을 배웠음에도 불구하고 그는 신자의 성화에 관한 칼빈의 입장에 동의하지 않았습니다. 칼빈이나 베자는 하나님께서 신자를 창세 전에 예정하셨고 그 예정은 이 땅에서 절대로 취소될 수 없다고 가르쳤습니다. 그리스도 안에서 거듭난 신자는 반드시 구원을 확신하고 하나님이 정하신 그대로 천국에 들어간다고 가르쳤습니다. 하지만 알미니우스는 이 주장에 동의하지 않았습니다. 아무리 하나님이 창세 전에 예정하셨더라도 신앙생활을 하는 동안에 성령 하나님의 인도하심을 거역하고 믿음을 저버리고 다시 타락할 수 있다고 생각했습니다.

알미니우스는 1609년에 사망하였습니다. 이듬 해 그의 제자들은 칼빈의 개혁신학을 거부하고 스승 알미니우스의 입장을 좀 더 발전시켜 네덜란드 연방 정부에 개혁신학의 입장을 강요하지 말 것을 요청하는 항의서를 발표하였습니다. 그 항론서에는 다섯 가지 관점에서 칼빈의 입장에 거스르는 내용을 담고 있습니다. 그 중의 네 번째 주장이 신자는 신앙생활 과정에서 성령 하나님이 공급하시는 은혜를 거부할 수 있다는 것입니다. 이어 다섯 번째 주장은 참된 중생을 경험한 신자라도 천국에 들어갈 것인지 중간에 타락할 것인지 그 믿음만으로는 알 수 없기 때문에 인생의 끝인 죽는 순간까지 지켜봐야 한다는 것입니다.

1619년 네덜란드 연방 정부는 네덜란드 전체 교회와 유럽 전체 개혁교회 신학자들과 목회자들을 소집하였습니다. 총회를 개최하여 항론파들의 다섯 가지 주장에 관한 개혁파 교회의 입장을 확립하고 이를 전체 개혁교회에 발표했습니다. 그렇게 정립된 교리가 바로 '도르트 신경'입니다. 오늘 설교 시간에 도르트 신경 전체 내용을 다룰 수는 없지만 신자가 중간에 타락할 수 있는가의 질문과 관련하여 오늘 본문을 통한 해답을 찾아보겠습니다.

오늘 본문에서 우리가 만나는 두 가지 문제가 있습니다. 첫째는, 본문 해석에 관한 문제입니다. 하나님께서 이스라엘의 왕으로 선택한 사울이 중간에 하나님 말씀에 불순종하고 하나님 뜻에 대적하여 결국 버림 받은 것을 어떻게 이해할 것인가 하는 것입니다. 둘째는, 하나님께서 선택한 사울이라도 결국 타락하여 버림 받은 사례를 오늘날 우리 신자들에게 어떻게 적용할 수 있는가 하는 것입니다.

1. 사울을 선택하신 하나님

첫째 문제부터 살펴보겠습니다. 이스라엘은 사울이 초대왕으로 세워지기 전 사사들이 백성들을 지도하던 시대였습니다. 사사 시대의 특징은 사사기의 마지막 구절에서 잘 묘사하고 있습니다. "그때에 이스라엘에 왕이 없으므로 사람이 각기 자기의 소견에 옳은 대로 행하였더라" 하나님의 말씀대로 지도해 주는 왕이 없어 사람들이 각자 마음속에 생각하는 것을 최종 권위로 내세워 이 사람은 이리 저 사람은 저리 우왕좌왕하고 있다는 말씀입니다. 잠깐 삼손과 같은 사사가 나타나 블레셋 적군을 물리쳐 평화가 찾아오면 사람들은 다시 하나님의 계명을 잊어버리고 방종의 삶을 살아갑니다. 하나님이 십계명과 같은 말씀으로 이스라엘을 다스리신다해도 저 높은 곳에 거하시는 하나님께서 직접 천둥과 번개 가운데 강림하셔서 백성들의 일거수일투족을 일일이 지도할 수는 없는 법입니다. 중간에 사람 지도자가 세워져야 합니다. 그런데 사사 시대에는 백성을 지도할 왕이 없어서 이땅의 하나님 나라에 영적인 무질서가 극을 향하여 치닫고 있었습니다.

사무엘상 8장으로 가면 이스라엘 백성들이 먼저 하나님께 왕을 요청합니다(삼상 8:4). 이 장면만 보면 하나님께 왕을 세워달라 요청하는 이스라엘 백성들이 마치 하나님을 대적하는 것 같습니다. 이스라엘의 진정한 왕은 오직 여호와 하나님뿐인데 그의 통치를 거절하고 이 세상의 강력한 권세로 다스려주는 왕을 요구하는 것처럼 보입니다.

곧 이어 6절 이하를 보시면 사무엘이 이스라엘 백성들의 요청을 기뻐하지 않았다고 합니다. "우리에게 왕을 주어 우리를 다스리게 하라 했을 때에 사무엘이 그것을 기뻐하지 아니하여 여호와께 기도하매 여호와께서 사무엘에게 이르시되 백성이 네게 한 말을 다 들으라 이는 그들이 너를 버림이 아니요 나를 버려 자기들의 왕이 되지 못하게 함이니라" 당시 사무엘은 하나님의 말씀을 전하는 선지자 역할뿐만 아니라 자기 아들들과 함께 사사의 역할도 수행했습니다. 이스라엘 백성들의 민사, 형사 재판을 포함하여 통치의 권세도 함께 행사하고 있었습니다. 사사기의 사사들은 히브리어로 '쇼페팀'인데 재판하다 또는 통치하다의 뜻인 '솨파트'라는 동사의 분사형 명사입니다. 이스라엘 역사에서 사사 시대의 사사들은 잠정적으로 일종의 왕권을 행사하던 지도자들이었습니다. 사무엘 또한 선지자이자 사사로서 두 가지 역할을 감당하고 있었습니다.

당시 이스라엘의 장로들, 귀족들, 돈 많은 부자들이 자신의 권력을 더 늘리고 싶어했습니다. 사무엘과 그의 아들들이 선지자와 사사의 두 역할을 동시에 감당하는 것을 몹시 못마땅해 했습니다. 사무엘의 아들들이 재판을 굽게 한다는 약점으로 핑계를 대면서 사무엘의 선지자 업무와 통치권에 강하게 거부하였습니다. 그리고 선지자와 분리된 왕을 요구하기 시작했습니다. 사무엘은 장로들의 요구 속에 들어 있는 바로 그 불신앙적인 동기를 책망한 것입니다.

11절 이하에서 사무엘은 왕을 요구하는 장로들과 백성들에게 이스라엘에 잘못된 왕이 세워질 경우 발생하는 문제점들을 미리 경고합니다. 11절 이하, 왕이 군사력을 증강하려고 너희 아들들을 마구잡이로 징발할 것이다. 13절, 너희 딸들을 데려다가 궁궐에서 이런 일 저런 일을 마구 시킬 것이다. 17절 이하, 너희에게 무거운 세금을 징수할 것이

다. 그러나 18절에서, 이미 한 번 왕을 뽑은 후 그가 너희를 가혹하게 통치할 때 너희가 하나님께 기도하더라도 하나님은 너희를 구원할 수 없다. 너희가 왕과 통치권에 관한 군신의 언약을 세웠기 때문이다. 그 언약은 쌍방이 살아 있는 한 하나님도 파기할 수 없다고 경고합니다.

그렇다면 하나님 나라 백성들인 이스라엘에게는 절대로 왕이 세워져서는 안 되는 것일까요? 이 질문에 대한 하나님의 입장은 무엇일까요?

하나님은 자기 백성들이 이 세상 사는 날 동안 "절대로 왕이 세워져서는 안 된다!"고 말씀하시는 것이 아닙니다. 오히려 사사 시대 왕이 없어 이리저리 방황하는 백성들의 모습을 안타깝게 보시고 여호와의 말씀대로 이스라엘 백성들을 올바로 지도할 의로운 왕이 필요하다고 생각하셨습니다. 그 진정한 왕은 근본적으로 우리 구주 예수 그리스도이십니다. 하지만 예수 그리스도께서 참다운 의의 왕으로 강림하시기 이전부터 이스라엘 백성들에게 그런 의로운 왕을 예표할 인간 군왕이 필요하다고 생각하신 것입니다.

그럼에도 하나님이 사무엘에게 왕을 요구하는 이스라엘의 요청을 나쁘게 보신 것은 왕을 구하는 그들의 숨은 동기 때문입니다. '자신들의 권력과 성공가도를 향해 돌진하는 욕망'이라는 자동차에 '하나님의 공의'라는 브레이크를 거신 것입니다. 하나님 나라가 아닌 세상을 향해 달려가는 욕망을 보셨기 때문입니다. 하나님은 사무엘 선지자의 입을 빌려서 왕권 제도의 필요성 자체를 부정하신 것이 아닙니다. 왕권 제도를 구하는 숨은 욕망, 탐욕스런 동기를 책망하신 것입니다.

그러나 하나님은 이스라엘 백성들이 왕권 제도가 없이는 이 땅에서 계속 이리저리 방황할 수밖에 없음을 깊이 통감하셨습니다. 이스라엘을 위하여 왕권을 감당할 적임자를 찾으셨습니다. 초대 왕권을 감당하기에 가장 최고의 적임자로 하나님 눈에 들어온 사람이 누구였습니까? 바로 사울이었습니다. 하나님께서 그리고 사무엘 선지자가 이스라엘의 초대 왕으로서 사울을 최고 적임자라 판단한 근거는 무엇일까요? 몇 가지 이유를 생각해 볼 수 있습니다.

첫째는, 초대왕으로서 사울이 가장 적합할 수밖에 없었던 당시 이스라엘의 시대적인 배경 때문입니다. 사무엘이 사사로 활동하던 당시 블레셋은 틈만 나면 이스라엘을 침략하였습니다. 사무엘이 이스라엘 장로들과 함께 백성들 중에 농민 장정들로 급하게 군대를 편성하여 전쟁을 치르다보니 블레셋의 침략에 재빠르게 대처하는 것이 쉽지 않았습니다. 사무엘상 7장 7절 이하를 보면 이스라엘 자손들이 미스바에 모여서 기도회를 하는데 이 소문이 블레셋에 들어갑니다. 이때를 놓칠세라 블레셋 방백들과 군사들이 침략해 들어오려고 합니다. 10절을 보면 사무엘이 번제를 드릴 때에 블레셋이 쳐들어오나 사무엘이 급히 장정들을 모아 이들을 막아냅니다. 14절로 가면 블레셋 사람들에게 빼앗겼던 땅도 다시 되찾습니다.

이렇게 이스라엘은 주변 이방 민족으로부터 자주 침략을 당합니다. 그때마다 나이 많은 선지자 사무엘이 일반 백성들 중에 장정들을 모아 전쟁터에서 힘겹게 방어합니다. 이스라엘 백성들 마음이 늘 불안에 시달립니다. 주변 나라들은 점차 강력한 왕권의 군주제로 발전해 나가니 점점 그들의 침략을 막기 어려워지는 것입니다. 난세로 인한 시대적 필요로 이스라엘은 강력한 리더십의 왕을 요청하고 있습니다. 적당한 인물만 나타난다면 하루라도 빨리 그를 왕위에 앉혀 강력한 왕권으로 나라를 지켜내야 하는 상황입니다. 이러한 이스라엘의 시대적인 배경에 가장 적합한 사람이 바로 사울이었던 것입니다.

　사울이 적임자였던 둘째 이유는, 사울은 이스라엘의 열 두 지파 중 가장 영향력이 강한 베냐민 지파로서 베냐민 지파 중에서도 특히 영향력 있는 기스의 아들이었습니다. 9장 1절을 보시면 베냐민 지파 중에서도 기스라 이름하는 유력한 가문에 속한 사람이 바로 사울입니다. 사울은 당시 이스라엘 전역에 가장 영향력이 높은 명문 귀족 가문의 젊은이였습니다. 당시 이스라엘 자손 중에 사울보다 더 준수한 자가 없을 정도로 잘 생겼고 모든 백성보다 어깨 위만큼 키가 더 컸습니다(삼상 9:2). 성경이 이렇게 사울을 잘 생겼다고 평가하는 것은 외모만을 말한 것이 아니라 그가 이스라엘 왕으로 세워지기에 모든 면에서 부족함이 없었다는 말씀입니다.

　하나님이 사울을 이스라엘의 초대 임금에 적합한 인물로 여기신 셋째 이유는, 아버지가 잃어버린 암나귀를 되찾아오려는 그의 간절하고 진심어린 겸손한 마음 때문입니다. 하나님은 사울의 이런 마음을 왕권이 없어 방황하는 이스라엘 마음을 붙잡아주기에 가장 적합한 마음 자세라고 보셨기 때문입니다. 대략 30대의 젊은 청년이 집안의 암나귀가 집을 나갔다고 이틀이고 사흘이고 온 이스라엘을 헤매 찾아다니는 그 마음과 자세는 무엇을 보여줍니까? 그가 참으로 진실하고 겸손한 젊은이임을 보여줍니다. 잃어버린 암나귀를 염려하는 아비의 마음을 헤아리고 위로하려는 그의 따뜻한 마음을 보여줍니다. 이 마음은 잃어버린 영혼을 회복시키려는 하나님의 마음에 가장 근접한 마음입니다. 10장 11절로 가면 사무엘 선지자가 사울을 이스라엘의 왕으로 지목할 때 그는 자신이 이 역할을 감당할 자격이 없음을 잘 알고서 짐보따리 사이에 숨었습니다. 사울의 평소 겸손한 성품을 잘 보여줍니다. 즉, 하나님은 당시 이스라엘 백성들이 왕권 제도가 필요한 상황에서 시대적 요청에 가장 최적의 조건을 갖춘 인물이 바로 사울이라고 판단하셨습니다. 사무엘 선지자는 이런 맥락의 하나님의 뜻을 좇아 사울을 이스라엘의 초대 임금으로 세웠습니다(삼상 10:24).

2. 기대에 응답했던 사울왕

하나님께서 왕이 없는 이스라엘을 위하여 최고 적임자로 사울을 세우셨음을 보여주는 증거가 세 가지로 드러납니다. 첫째 증거는 11장 1절 이하입니다. 암몬 사람 나하스가 길르앗 야베스를 침략하자 야베스의 장로들이 사울이 사는 기브아에 찾아와서 대성통곡하며 도움을 요청합니다. 5절을 보시면 마침 사울이 밭에서 소를 몰고 오다가 야베스의 장로들이 대성통곡하며 우는 소리를 듣고 이유를 묻습니다. 그랬더니 암몬의 군사들이 야베스로 쳐들어와서 대화로 해결하기를 거부하고 우리 눈을 빼서라도 모두 짓밟겠다고 합니다. 6절을 보시면 이 이야기를 들으면서 사울의 마음에 거룩한 분노가 일어납니다. 하나님의 성령께서 그 마음에 거룩한 분노의 마음을 심어주십니다.

자기와 한 핏줄 같은 동포들이 이방민족의 침략으로 고통을 당한다고 할 때 사울은 무관심할 수 없습니다. 당장 이스라엘의 초대임금으로 화려한 취임식을 한 것은 아닙니다. 당장 왕궁으로 들어가 그 아래 수많은 문무백관들과 모여 국사를 의논하고 왕권으로 명령을 내린 것도 아닙니다. 그러나 인도자가 없어 방황하는 야베스의 동포들이 가엾고 불쌍합니다. 암몬 사람들의 침략에 대하여 사울이 거룩한 분노를 느낀 모습은 그가 앞으로 이스라엘의 군왕으로 하나님과 사람들 앞에서 제 역할을 감당하기에 부족함이 없음을 보여줍니다.

둘째 증거는, 11장 8절 이하에서처럼 사울이 이스라엘 백성 30만 명과 유다 사람 3만 명 모두 33만 명을 소집하여 암몬 사람들을 완벽하게 물리쳤다는 것입니다. 그가 이스라엘의 군왕으로서 제 역할을 감당하기에 부족함이 없었다는 것입니다.

더 중요한 셋째 증거는, 사울은 구원자 하나님에 대한 분명한 믿음을 가지고 있었습니다. 부족함 없는 세속적인 리더십으로 전쟁에서 승리한 것이 아닙니다. 13절을 보시면 하나님께서 이스라엘에 구원을 허락하셨음을 인정하는 믿음을 가지고 있었습니다. 사울은 암몬 사람들이 쳐들어왔을 때 성령의 감동으로 거룩한 의분을 느낄 줄 알았습니다. 군왕에 합당한 제왕적 리더십을 제대로 발휘할 줄 알았습니다. 이 모든 과정 위에 결국 여호와 하나님께서 승리를 허락하셨음을 분별하는 영적인 분별력을 갖추고 있었습니다. 사울의 이 세 가지는 하나님께서 그를 이스라엘의 초대 군왕으로 세우신 것이 아무런 문제가 없었음을 반증합니다.

12장에서 사무엘 선지자는 이스라엘의 통치권을 사울왕에게 모두 이양하고 이제 더는 사사의 역할을 감당하지 않겠노라 선언하며 자기가 살던 라마라는 시골 고향으로 내려갑니다. 하나님이 사울을 이스라엘의 초대 군왕으로 세우신 것이 아무런 문제가 없었음을 성경은 다음의 말씀으로 간단명료하게 정리합니다. "사울이 이스라엘 왕위에 오른 후에 사방에 있는 모든 대적 곧 모압과 암몬 자손과 에돔과 소바의 왕들과 블레셋 사람들을 쳤는데 향하는 곳마다 이겼고 용감하게 아말렉 사람들을 치고 이스라엘을 그 약탈하는 자들의 손에서 건졌더라"(삼상 14:47-48).

3. 중심을 못 바꾼 사울왕

그런데 사무엘 15장으로 들어가면 사울왕의 모습이 이전과 전혀 다르게 펼쳐집니다. 이스라엘에 가장 적합한 왕으로 세워졌건만 얼마 못 가 하나님으로부터 버림을 받습니다. 이유가 무엇일까요? 사울왕이 하나님과 백성들 앞에서 평생토록 감당해야 하는 가장 중요한 사명을 일순간에 거부하고 스스로 불순종의 길을 선택했기 때문입니다.

하나님이 사무엘 선지자를 통해서 사울왕에게 한 가지 사명을 말씀하십니다. 하나님께서 당시 이스라엘의 구속 역사가 진행하는 과정에서 반드시 정리해야 할 아말렉 성을 진멸하라고 명령하십니다. "지금 가서 아말렉을 쳐서 그들의 모든 소유를 남기지 말고 진멸하되 남녀와 소아와 젖 먹는 아이와 우양과 낙타와 나귀를 죽이라 하셨나이다" (삼상 15:3).

앞의 14장 48절을 보시면 "사울이 이스라엘 왕위에 오른 후에... 용감하게 아말렉 사람들을 치고 이스라엘을 그 약탈하는 자들의 손에서 건졌더라"고 말씀하십니다. 그런데 15장 3절에서는 다시 아말렉의 모든 소유와 백성들을 젖 먹는 아이까지 철저하게 진멸할 것을 말씀하실까요? 하나님이 폭군처럼 너무 잔인한 것이 아니냐 생각할 수 있습니다.

하지만 하나님이 사울왕에게 아말렉을 완전히 진멸할 것을 명령하시는 중요한 이유가 있습니다. 당시 아말렉 족속은 하나님의 거룩한 나라 이스라엘 백성들 주변에 살면서 출애굽 때부터 시시때때로 침략해 들어와서는 이스라엘을 짓밟았습니다. 이는 단순한 침략 너머의 영적인 의미로서 하나님 나라 백성을 타락하게 만드는 사단 마귀의 권세, 죄악의 권세를 상징하는 것입니다.

출애굽기 1장 8절을 보시면 이스라엘 백성들이 애굽을 탈출하여 신광야 르비딤에 진을 치고 머물러 있을 때 아말렉의 군사들이 쳐들어옵니다. 그러자 모세가 여호수아에게 명령합니다. "군사들을 선발해서 나가 싸우라! 나 모세는 아론과 함께 산꼭대기에 올라가서 두 팔을 들고서 여호와께서 아말렉을 물리쳐 주시도록 기도하겠다." 그 말 그대로 모세가 아론과 함께 산꼭대기로 올라가서 기도합니다. 산 아래에서는 여호수아가 백성들과 함께 아말렉 군사와 격렬한 전투를 진행합니다. 모세가 손을 들고 기도하다 피곤하여 팔을 내리면 이스라엘이 패합니다. 다시 팔을 들어 올리면 이스라엘이 이깁니다. 왜일까요? 모세의 손에 힘이 있는 것입니까?

이것은 일종의 상징적인 예언 활동입니다. 아말렉 사람들은 이 세상에서 하나님의 주권을 대적하는 사단 마귀의 권세를 상징합니다. 사단 마귀의 권세는 오직 하나님께서, 오직 하나님의 능력으로, 하나님이 직접 물리치십니다. 모세는 하나님과 이스라엘 백성들 사이의 중보자로서 하나님의 말씀과 하나님의 능력을 가시적으로 보여주는 역할을 하고 있습니다. 이것이 바로 상징적인 예언 활동입니다. 비록 사단 마귀가 죄악의 권세를 동원하여 이스라엘 백성들의 진로를 방해하지만 하나님께서 이미 자기 백성들을 구원하셨고, 최종적으로 승리를 주실 것을 분명히 믿으며, 그 믿음을 하나님께 향한 기도로 표현하는 것입니다.

그래서 모세와 아론은 산 꼭대기에서 하나님을 향하여 도움의 간구를 올립니다. 하나님 편에서 보실 때는 이미 이스라엘은 아말렉을 물리쳤습니다. 하지만 아말렉과 전쟁을 치러야 하는 이스라엘 편에서는 하나님의 승리가 미래의 일처럼 보입니다. 그 미래의 승리를 이미 과거에 결정된 것으로 믿고 나아가는 자세가 모세와 아론의 기도인 것입니다. 그래서 하나님은 모세와 아론이 두 팔을 들어올려 기도하는 그대로 응답해 주시고 아말렉을 물리쳐 주셨습니다. 하나님께서 모세의 기도를 통해서 아말렉을 물리치신 후 출애굽기 17장에서 다음과 같이 말씀하십니다. "여호와께서 모세에게 이르시되 이것을 책에 기록하여 기념하게 하고 여호수아의 귀에 외워 들리라 내가 아말렉을 없이하여 천하에서 기억도 못하게 하리라 모세가 제단을 쌓고 그 이름을 여호와 닛시라 하고 이르되 여호와께서 맹세하시기를 여호와가 아말렉과 더불어 대대로 싸우리라 하셨다 하였더라"(출 17:14).

여호와께서 아말렉과 더불어 대대로 싸우시겠다고 하십니다. 여호와 하나님께서 이 세상이 남아 있는 날까지 계속해서 싸우시고 아말렉을 진멸하시겠다고 하십니다. 그 이유가 무엇 때문일까요? 아말렉 족속이 다른 민족들에 비하여 하나님 보시기에 특별히 더 나쁘거나 특별히 무슨 죄가 더 많아서가 아닙니다. 하나님의 백성 이스라엘을 타락하게 만드는 사단 마귀의 권세를 상징하기 때문입니다. 하나님은 우리의 구원을 방해하는 사단 마귀의 권세에 대하여 분명한 입장을 갖고 계십니다. 반드시 무너뜨리고 반드시 완전하게 진멸하는 것입니다.

하나님의 은혜로 구원 받은 성도들은 위로는 모세와 아론, 모든 이스라엘의 선지자들과 제사장들과 군왕들, 그리고 그 아래 모든 이스라엘 백성들과 성도들은 이 입장을 분명히 새겨야 합니다. 여호와 닛시! 여호와께서 아말렉과 더불어 대대로 싸우리라! 하나님은 이 사실을 성경책에 분명히 기록하여 오고 오는 모든 하나님의 백성들이 분명하게 명심하라고 말씀하셨습니다.

자기 선택을 철회하시는 하나님 | 사무엘상 15장 17-24절

'여호와 닛시!'의 신앙은 신자들의 개인적인 야망이나 세속적인 성공을 보장해준다는 의미가 아닙니다. 여호와 닛시'(יְהוָה נִסִּי)의 의미는 여호와께서 자신의 존재와 성격과 능력을 스스로 규정하시면서 설명하시는 말씀이 '여호와가 아말렉과 더불어 대대로 싸우리라'는 의미입니다(출 17:16). 여호와는 사단 마귀의 권세와 대대로 걸쳐 싸우십니다. 이 세상이 주님 재림으로 새롭게 되는 그날까지, 사단 마귀의 권세가 영원한 지옥 불못에 던져져 영원한 심판으로 봉인될 때까지 싸우십니다. 여호와께서 이 어둠의 권세와 대대토록 싸우시고 무너뜨리시며 영원히 진멸하시겠다는 것입니다.

하나님은 사무엘 선지자를 통해서 사울왕에게 이것을 명령하십니다. "네가 이스라엘의 초대 군왕이 된 이유는 하나님 나라를 대적하는 권세, 사단 마귀의 권세를 대표하는 아말렉을 진멸하도록 하기 위함"이라는 것입니다. 그러니 군사들을 소집하여 아말렉을 대적하고 무찌르되 "그들의 모든 소유를 남기지 말고 진멸하라. 남녀와 소아와 젖먹는 아이와 우양과 낙타와 나귀를 죽이라." 하나님은 자신의 구속을 방해하는 사단 마귀의 권세를 가장 심각하게 생각하시면서 가장 집요하게 심판하시고 무너뜨리시며 진멸하십니다.

하나님께서 사울왕에게 아말렉의 철저한 진멸을 요구하시는 이면에는 성부 하나님께서 예수 그리스도를 통하여 이 세상의 모든 사단 마귀 권세를 반드시 철저하게, 하나도 남김없이, 완전히 진멸하시겠다는 절대적이고 필연적인 의지가 들어 있습니다. 이제 이 의미를 제대로 이해했다면 젖먹는 아이까지 죽여야 하냐는 질문이 합당하지 않을 것입니다.

왜냐하면 구속 역사의 상황이 다르기 때문입니다. 당시 이스라엘은 하나님의 말씀이 완전히 시행되어야 하는 하나님의 나라를 상징합니다. 당시 아말렉은 그들의 모든 소유와 자녀들까지 하나님 나라를 대적하는 사단 마귀의 권세를 상징하기 때문입니다. 그러나 오늘날의 중동 지역의 사람들이나 무슬림 자녀들에게 이 말씀을 그대로 적용하는 것은 성경의 구속 역사가 예수 그리스도에게서 성취된 것을 오해하는 것입니다.

사울왕은 하나님이 아말렉과 모든 소와 양들을 미워하시고 진멸하라는 그 말씀 그대로 순종해야만 했습니다. 모든 소와 양들과 어린 아이들까지 전부 진멸하라는 것은 번제물처럼 불로 모두 태워 이 땅에서 그 흔적조차 남기지 말라는 말씀입니다. 사단 마귀의 권세를 향한 하나님의 무서운 심판과 죄악을 깨끗하게 정결케 하시는 하나님의 강한 의지를 분명하게 보여주라는 말씀입니다. 하나님의 일에 수종드는 선지자들과 사도들, 제사장들과 이스라엘의 왕들, 그리고 오늘날의 목회자들은 사단 마귀의 권세를 무너뜨리라는 하나님의 명령에 절대 순종해야 합니다.

사울왕도 마찬가지입니다. 아말렉을 진멸하여 그 모든 소유를 전부 불태우라는 명령을 거부하는 것은 사단 마귀의 권세를 최종적으로 진멸하시는 예수 그리스도를 대적하는 것입니다. 구약시대 모든 직분자들, 즉 선지자들과 제사장들과 왕들의 사명은 무엇입니까? 사단 마귀의 권세를 상징하는 모든 것들을 진멸하시는 하나님의 사역을 섬기는 것입니다. 사단 마귀의 권세를 진멸하러 장차 세상에 강림하실 그리스도의 사역을 예표하는 것입니다. 구약시대 직분은 장차 그리스도께서 감당하실 구속 사역을 예표하고 대행하는 것입니다. 그래서 사울왕이 아말렉 진멸을 거부하는 것은 곧 사단 마귀의 권세를 진멸할 그리스도를 대적하는 일입니다.

하지만 사울왕은 아말렉을 진멸하라는 하나님의 명령을 영적인 차원에서 이해하는 데 실패하였습니다. 그저 이스라엘을 위협하는 적국과의 전쟁으로만 여기고 이스라엘 군사 21만 명으로 아말렉에 쳐들어가 크게 승리합니다. 그런 후 기름진 양과 소와 모든 보화들을 불태우지 않고 일종의 전리품으로 챙겨서 이스라엘 땅으로 가져옵니다. 그러자 그 즉시 하나님이 사무엘에게 하시는 말씀으로 임합니다. "내가 사울을 왕으로 세운 것을 후회하노니 그가 돌이켜서 나를 따르지 아니하며 내 명령을 행하지 아니하였다"(삼상 15:11). 그리고 그 즉시 하나님은 사울을 대신할 다른 사람을 이스라엘을 위하여 찾기 시작하신다고 말씀합니다(삼상 16:11).

4. 사울왕의 변명

어찌보면 사울왕은 좀 억울할 수 있고 하나님이 너무 급하게 일을 처리하시는 것은 아닌가 질문할 수 있습니다. 사울왕으로서는 하나님께서 아말렉 성을 함락하라는 말씀 그대로 아말렉 성을 함락시켰고 "사울이 하윌라에서부터 애굽 앞 술에 이르기까지 아말렉 사람을 치고 아말렉 사람의 왕 아각을 사로잡고 칼날로 그의 모든 백성들을 진멸하였습니다"(삼상 15:8). 이 정도 했으면 사울왕이 칭찬을 받을 만하지 않을까요? 이전에 사울왕이 이스라엘 백성들 중 30만 명으로 전쟁에서 승리를 거두었을 때 못지않은 전승을 거둔 것처럼 보입니다.

그런데 기름진 소와 양과 온갖 보물들을 전리품으로 챙긴 것 때문에 하나님은 즉시로 사울의 왕권 자체를 부정하시고 버리며 다른 사람을 임금으로 찾아보겠다고 말씀하십니다. 하나님이 너무 급한 것은 아닐까요? 하나님이 너무 작은 문제로 추궁하시는 것은 아닐까요? 혹시 하나님은 애초에 다윗을 염두에 두셨던 것은 아닐까요? 왜 하나님은 적임자로 세운 사울을 사소해 보이는 명령을 어겼다고 헌신짝 버리듯이 과감하게 버리시는 것일까요?[13]

이 모든 질문에 대한 대답은 하나입니다. 사울왕은 아말렉을 완전히 모두 진멸하라고 말씀하시는 하나님의 의도를 제대로 이해하지 못하여 결국 그 말씀에 불순종했기 때문입니다. 하나님 나라에서 아말렉 사람들이 하나님을 대적하는 사단 마귀의 권세를 상징하는 것임을 잘 이해하지 못했습니다. 여호아 닛시의 하나님께서 대대에 걸쳐 아말렉과 싸우시면서 사단 마귀의 권세를 계속 물리치고 계시는 '여호와의 전쟁'의 거시적인 의미를 제대로 이해하지 못했습니다. 그 하나님께서 미천한 자신에게 이스라엘 왕권을 맡기신 참뜻과 목적을 온전히 이해하지 못했습니다.

이 땅의 그 무엇으로도 사단의 권세를 무너뜨리지 못하기에 결국 자신의 독생자를 십자가의 희생 제물이 되게 하심으로 사단의 권세를 최종적으로 진멸하시겠다는 그 하나님의 놀라운 신비를 깨닫지 못했습니다. 그날이 오기까지 이 땅의 모든 하나님의 종들이 하는 역할은 마귀 권세를 실제적으로 박멸하시는 주님의 능력을 믿고 그 능력에 의지해서 자기 책임을 감당해야 한다는 것을 제대로 이해하지 못했습니다. 그 크신 하나님의 뜻을 이해하지 못하면 누구나 불순종할 수밖에 없고 하나님의 계명을 불순종하면 누구나 극단의 징계와 심판을 받을 수밖에 없습니다. 그 누구도 이를 거역하거나 방해할 수 없습니다.

구약 시대 수많은 하나님의 백성들, 이들에게 하나님의 말씀을 전하던 선지자들과 제사장들, 그리고 하나님의 말씀으로 통치하던 군왕들이 존재했습니다. 이들은 모두 두 종류로 나뉩니다. 하나님의 말씀에 순종하던 사람들과 불순종하던 사람들입니다. 그들이 하나님에게서 직접 기름 부음을 받을 때 특별한 자연 현상이나 기적적인 현상이 동반되었을까요? 아니면 평범한 직분자로부터 평범해 보이는 예식을 통해서만 임명받았나요? 이것은 그다지 중요한 기준이 되지 못합니다. 중요한 것은 구속 역사를 이끌어가시는 하나님 말씀의 연장선상에 위치하느냐 마느냐 하는 것입니다.

오늘날 신자들과 목회자들 모두 하나님의 비상한 인도하심 속에서 구원을 받았고 또 목사 안수를 받았습니다. 그 자리까지 오는 것도 대단한 것이지만 그 이후가 더 중요합니다. 아무리 열심히 특심인 신자라도, 아무리 능력있는 목회자라도, 그가 하나님과의 인격적인 교제를 평생 갖지 않으면 예수를 믿는다 할 수 없습니다. 구원 받았다 단정할 수 없습니다. 외면적으로 훌륭한 모습이라해도 그 자체가 구원 여부를 결정하는 것이 아닙니다. 자기 근본이 영원한 지옥의 심판을 받아 마땅한 존재임을 마음 깊이 인정하고 그리스도의 은총을 간절히 구하며 회개를 했는가가 결정적입니다. 더욱 중요한 것은 구원 받은 이후입니다. 계속해서 우리 심령과 세상에서 예수의 보혈로 사단 마귀의 권세를 무너뜨리고 계시는 여호와 하나님의 거룩한 싸움에 자기 의지를 동원하여 적극 동참해야 합니다.

이 세상에서 군인의 정체성은 군복을 입고 국경선에서 군복무를 감당하는 것으로 알 수 있습니다. 신자와 목회자들이 하나님의 거룩한 싸움에 제대로 동참하는지의 여부는 입은 옷이나 임명 받은 타이틀만으로는 정확하게 알 수 없습니다. 하나님의 거룩한 싸움에 그리스도의 군사로 동참하려면 하나님의 말씀과 성령의 인도하심과 당사자의 순종이 필수적입니다. 이러한 영적인 요소들이 하나로 결합하여 영적 전쟁을 제대로 감당하는지는 전체 과정을 살펴봐야 합니다. 무엇보다 영적 전쟁에 참여하는 자의 성품이 옛성품에서 새롭고 거룩한 성품으로 변화하고 있는가를 면밀히 살펴야 합니다. 겸손한 자세로 예배로 나아가며 매일 조금씩 거룩한 성품으로 진보하는 모습만이 여호와의 싸움에 동참하는 것입니다. 그렇지 않으면 의심스럽습니다.

사울왕이 폐위된 이유는 그가 아말렉과의 전쟁 속에 숨어 있는 영적인 의미를 이해하지 못했기 때문입니다. 그리고 그 여호와의 싸움에 동참하기를 거부했기 때문입니다. 오히려 여호와의 전쟁을 세상 관점으로 바라보면서 소와 양들과 전리품을 잔뜩 챙기고 아각 왕까지 사로잡아서 이스라엘 백성들 앞에 과시하는데만 신경을 썼기 때문입니다. 예전의 세속적인 사고방식들과 탐욕이 왕으로 추대된 이후 2년 동안 별반 달라지지 못했습니다.

어떤 사람들은 사무엘상 15장 24절 이하에서 사울왕이 자신의 범죄와 죄악을 깨닫고 사무엘에게 회개하는 장면에 주목합니다. 사울이 자기 죄를 회개하고 있으니 은혜의 하나님께서 당연히 용서해 주셔야 하지 않느냐고 질문할 수 있습니다. 사울왕의 범죄가 다윗이 밧세바를 범하고 그녀의 남편인 충신 우리아마저 암살한 범죄에 비하면 작은데 왜 다윗왕이 회개할 때는 용서해 주시고 사울왕이 회개할 때는 용서해 주시지 않았느냐고 의문을 제기할 수 있습니다.

그러나 하나님이 사울왕의 회개를 인정해 주시지 않은 이유는 그 회개가 진정한 회개가 아니라 자신의 실수를 그저 변명하는 것에 불과하기 때문입니다. 자신의 영적 무지를 근본부터 철저하게 회개해야 하는데 15장 24절에서 이렇게 변명하고 있습니다. "내가 여호와의 명령과 당신의 말씀을 어긴 것은 내가 백성을 두려워하여 그들의 말을 청종하였음이니이다" 이것이 올바른 회개입니까? 사울왕이 하나님의 명령을 거역한 이유가 백성들의 주장을 묵살하기가 두려웠기 때문입니까? 물론 아말렉 전쟁의 일부 군사들이나 장로들은 기름진 소와 양들을 왜 다 불태우고 금은보화들까지 왜 모두 불태워야 하는지 문제를 제기하며 격렬히 불평했을 수도 있습니다.

그렇다해도 사울왕이 얼마든지 하나님의 계명을 올바로 지키는 것이 얼마나 중요한지 그들에게 충분히 설득할 수 있었습니다. 이스라엘의 군왕이 하나님의 심판을 이 땅에서 대행하는 왕권이 얼마나 지엄한지를 얼마든지 보여줄 수 있었습니다. 방금 전 11장을 보면 야베스의 성읍에 암몬의 군사들이 쳐들어 왔을 때 그가 한 겨리의 소를 잡아 각을 떠서 이스라엘 열 두 지파의 장로들에게 모두 보내면서 왕권의 무서움을 충분히 보여주었습니다. "누구든지 나와서 사울과 사무엘을 따르지 아니하면 그의 소들도 이와 같이 하리라 하였더니 여호와의 두려움이 백성에게 임하매 그들이 한 사람 같이 나온지라"(삼상 11:7). 이랬던 사울왕이 이제 와서는 백성들의 주장을 묵살하기가 두려워서 그들의 주장대로 진멸하지 않았다고 변명합니다. 그런 변명이 하나님께 통할 리 없습니다.

하나님이 사울왕의 회개를 인정해 주시지 않은 두 번째 이유는, 사울왕이 자기 죄를 책망하는 사무엘 선지자를 자신의 전승업적을 찬양하는 축제에 끌어들일 목적으로 자기 실수를 변명하기 때문입니다. 25절입니다. "청하오니 지금 내 죄를 사하고 나와 함께 돌아가서 나로 하여금 여호와께 경배하게 하소서" 사울왕은 아말렉과의 전쟁에서 이긴 이스라엘 백성들을 모아놓고 겉으로는 하나님께 감사의 예배를 드린다고 하지만 속으로는 자신의 업적을 과시하려는 것입니다. 사람들을 모아놓고 전리품을 과시하고 전쟁에 공을 세운 귀족들과 군사들에게 금은보화를 나눠주면서 자신의 왕권을 과시하고 싶은 것입니다. 아말렉의 왕 아각을 죽이지 않고 살려서 이스라엘에 끌고 온 이유도 이스라엘 사람들 보는 앞에서 적군의 왕 아각의 무릎을 꿇려 자신의 왕권을 드러내고 싶은 것입니다. 그 자리에 사무엘 선지자도 함께 와서 축복을 해 달라는 것입니다.

그런 목적을 간파한 사무엘 선지자는 사울왕의 회개를 인정하지 않습니다. 그리고 사울왕의 요구를 거절하는 것입니다. "사무엘이 사울에게 이르되 나는 왕과 함께 돌아가지 아니하리니 이는 왕이 여호와의 말씀을 버렸으므로 여호와께서 왕을 버려 이스라엘 왕이 되지 못하게 하셨음이니이다"(삼상 15:26).

5. 하나님의 선택은 무효한가?

오늘날 신자들이 사울왕이 하나님께 이스라엘 왕으로 선택을 받았다가 그의 불순종 때문에 다시 버림 받은 모습을 보면서 두 가지 질문을 던질 수 있습니다. 첫째는 '하나님은 자신의 선택을 후회하시고 번복하실 수 있는가?', 둘째로 '신자는 신앙생활을 하다가 중간에 다시 타락할 수 있는가?'입니다.

먼저 하나님은 자신의 선택의 결과를 미리 예상하지 못하셔서 자신의 선택에 후회하시고 번복하실 수 있는 것인가요?

사무엘상 15장 10절 이하를 보면 사울왕이 하나님의 말씀대로 아말렉을 진멸하지 않고 그중에 가치 있는 것들은 남겨서 가지고 들어올 때 즉시 "내가 사울을 왕으로 세운 것을 후회한다"고 말씀하십니다(삼상 15:10).

하나님은 왜 후회할 일을 하셨을까요? 사울왕을 선택하셨던 하나님은 그가 불순종할 것을 미리 예상하지 못하셨단 말입니까? 그러나 이러한 질문은 사실 하나님의 주권을 무시하는 질문입니다. 아담을 창조하신 하나님은 아담이 타락할 것을 전혀 예상하지 못했느냐는 질문과 마찬가지입니다. 40년 광야의 이스라엘 백성들이 하나님께 불평하면서 다시 애굽으로 돌아가겠다고 하기 전에 이들의 집단적인 반역을 전혀 예상하지 못했느냐는 질문과 마찬가지입니다. 예수님이 가룟 유다가 배신할 것을 전혀 모르셨을까요? 이는 마치 하나님의 예측 능력을 조롱하는 것이나 다름 없습니다.

더 나아가서 아담의 범죄나 사울왕의 불순종, 그리고 가룟 유다의 반역 사건 하나를 하나님의 전체 구속 역사에 확대하여 전체 구속 역사와 하나님의 섭리까지 판단하는 인본적인 사고방식이라 말할 수 있습니다. 인간의 이성과 합리성의 기준으로 사울왕의 범죄 사건을 해부하는 것입니다. 사울왕의 범죄 사건은 하나님의 구속 역사의 관점에서 아말렉의 악한 권세에 대한 하나님의 심판입니다. 이를 예수 그리스도의 십자가 구속과 부활을 통해서 사망 권세를 박멸할 것에 대한 예표적인 사건으로 이해하지 못하여 제대로 해석하지 못하는 것입니다. 하나님의 뜻을 우리 인간의 제한된 이성과 합리성의 기준으로 바라보고 이해할 때 심각한 오류를 범하게 되는 것입니다.

그러나 하나님은 절대로 우리 인간의 이성이나 합리성, 또는 철학적인 관점으로 이해할 수도 없고 설명할 수도 없습니다. 만일에 합리적인 이성만을 동원한다면 절대로 설명할 수 없는 신학적인 난제가 하나 있습니다. 하나님의 선하심과 이 세상 악의 존재에 관한 합리적 설명을 시도하는 것입니다. 이 주제를 가리켜서 '신정론(神正論, theodicy)'이라고 합니다.

1755년 11월 1일 토요일 만성절 축일 날 아침 포르투갈의 리스본에 모멘트 규모 8.5~9.0 정도의 대지진이 발생하여 적게는 1만 명에서 많게는 10만 명 정도의 사망자가 발생했습니다. 당시 포르투갈의 리스본은 유럽의 다른 도시들에 비해 가장 문명이 발달한 도시입니다. 크고 작은 성당들이 모여 있을뿐 아니라 만성절을 기념하여 수많은 성직자들과 신도들이 축제와 같은 시간을 보내고 있었습니다. 그런데 왜 하나님께서 그런 끔찍한 비극이 일어나도록 방치하셨을까요? 미리 대비하도록 환상이나 기적으로 왜 미리 경고해 주시지 않았나요? 임마누엘 칸트나 라이프니츠와 같은 철학자들이 선하신 하나님과 이 세상에 존재하는 악의 문제를 서로 합리적으로 조화시켜서 설명해보려고 시도했지만 성경 바깥의 논리로는 지금까지도 설명이 되지 않고 있습니다.

좁게 보자면 사무엘상 15장 11절에서 하나님은 사울의 선택을 후회하셨다고 말씀합니다. 이 말씀의 의미는 하나님께서 사울왕의 불신앙을 전혀 예상하지 못하셨다는 의미가 아닙니다. 하나님은 모든 것을 미리 아시는 전지전능하신 분이십니다. 하나님은 악인의 행동을 미리 아시고 그들이 지옥에 갈 운명을 미리 알고 계십니다. 하나님은 시간과 공간을 초월하시기 때문에 의인과 악인들이 특정 시간과 공간 속에서 어떤 역할을 감당할 것인지 미리 알고 계십니다. 우리가 이렇게 예수를 믿고 하나님의 말씀을 청종할 것까지 미리 알고 계셨습니다.

자기 선택을 철회하시는 하나님 | 사무엘상 15장 17-24절

하나님은 모든 자기 백성들이 예수 그리스도의 말씀 따라 살아갈 것을 미리 아시고 그들의 인생을 그리스도 안에 머물도록 미리 선택하시며 예정하셨습니다. 반대로 하나님은 모든 악인들이 그리스도의 말씀을 대적하여 살다가 결국은 지옥에 떨어질 것을 다 아셨습니다.

그러나 하나님은 절대로 선인과 악인 각자에게서 의지를 제거하지 않으셨습니다. 그래서 악인들은 자신의 부패하고 타락한 의지대로 행동하는 것입니다. 하나님이 악인들을 자기 의지가 전혀 없는 로봇으로 만들지 않으셨습니다. 악인은 자신의 반역과 악한 의지로 인하여 하나님의 심판을 받습니다. 즉, 사울왕은 자기 고집과 자기 뜻대로 하나님의 말씀을 대적한 것입니다.

그런 결과를 하나님이 미리 아셨느냐 질문하는 것은 하나님을 인간의 제한된 이성의 합리성 안에 가두는 것과 마찬가지입니다. 사울왕의 불순종이라는 제한적인 주제와 하나님의 능력이라는 두 주제를 성경 전체의 맥락으로부터 분리하여 인간의 이성과 합리성 안에서 서로 연결시켜보려 하는 것입니다. 이는 크신 하나님을 시험하는 것이 됩니다. 하나님의 뜻대로 계획하시고 집행하시며 성취하시는 신비한 지혜와 능력과 영광을 조롱하는 것이 됩니다.

마태복음 4장 6절 이하를 보면 사단 마귀가 세례 요한으로부터 세례를 받으신 예수님을 성전 꼭대기에 세워놓고 시험합니다. "네가 만일 하나님의 아들이라면 여기에서 뛰어내려봐라." 시편 91편 11~12절의 말씀을 인용하면서 시험합니다. "그 하나님께서 너를 위하여 그의 천사들을 명하시리니 그들이 손으로 너를 받들어 너의 발이 돌에 부딪히지 않게 하시겠다고 약속했다. 네가 성전 꼭대기에서 저 아래로 뛰어내리더라도 천사들이 와서 너를 받아주시겠다고 약속했다. 그 약속의 말씀을 믿는다면 뛰어내려봐라."

이때 예수님이 뛰어내려야 됩니까? 그렇지 않습니다. 다음의 세 가지 이유 때문입니다. 첫째로, 예수님이 이 세상에 강림하신 이유나 성전 꼭대기에 마귀와 올라간 이유는 예수님 자신이 하나님 아들로서의 능력과 권능을 가지고 있음을 마귀에게 증명해 보이려는 것이 아니기 때문입니다. 예수님은 십자가에서 죽으시고 사흘 만에 다시 부활하심으로 하나님의 백성들을 사단 마귀의 권세로부터 구속하여 주시기 위함입니다.

둘째로, 만일 예수님이 마귀의 제안대로 뛰어내리면 자기 목숨을 성부 하나님의 뜻대로 십자가에 바치는 것이 아니라 예루살렘 성전의 바닥에 바치는 것입니다. 십자가의 희생제물로 온 세상을 하나님과 화해해야 하는 예수님의 목숨을 무용지물로 버리는 것입니다. 신자들도 때로는 하나님의 권세를 부정하는 세상 사람들 앞에서 천둥이나 번개와 같은 신비한 능력으로 그들을 꼼짝 못하게 만들어주고 싶은 유혹을 느끼기도 합니다. 그들의 코를 납작하게 만들어주고 싶은 욕심이 생기기도 합니다. 예수님도 마귀 앞에서 과감하게 뛰어내려 깃털처럼 가볍게 착지해서 자신의 큰 능력을 얼마든지 보여주실 수 있습니다.

하지만 셋째로, 예수님은 자신의 신성한 능력을 오직 십자가를 통한 속죄 사역을 위해 사용하셨습니다. 만일 그렇지 않았다면 예수님은 성부 하나님이 보내신 메시아의 정체성을 부정하는 것입니다. 예수님이 세상에 보란 듯이 능력을 행하셨다면, 우리가 그런 예수님을 구세주로 믿게 되었다면, 예수님은 이후의 모든 신자들이 그대로 적용하고 실천해야 할 롤 모델을 만드신 것입니다. 그래서 오늘날 신자들도 예수님의 선례를 따라 사람들이 모두 보는 앞에서 고층 건물에서 뛰어내려야 하고 하나님은 그들을 자신의 약속의 말씀에 근거하여 모두 받아주셔야 하는 헤프닝이 발생하는 것입니다.

무슨 뜻입니까? 하나님의 절대 주권이 인간들의 필요에 종속되는 것을 말합니다. 그러면 누가 하나님이 되는 것입니까? 하나님이 하나님이 되시지 못하고 오히려 신자들의 필요를 섬기는 종이 되는 것입니다. 우리 인간이 하나님의 자리에 올라 마치 신용카드 긁듯이 자기가 필요할 때면 언제 어디에서든 하나님을 동원하는 것이 됩니다. 이는 인간이 창조주와 구속주와 심판주의 삼위 하나님을 섬기는 것이 아니라 마술램프를 문질러서 지니를 불러내듯 마음대로 하나님을 불러내는 것입니다.

이러한 이유들 때문에 예수님은 마귀의 요구를 거절한 것입니다. 충분한 능력에도 뛰어내리지 않으신 것입니다. 만일에 성경의 구절 하나를 가져와서 지금 당장 그 말씀을 그대로 시행하라고 요구한다면 마치 사단의 요구처럼 하나님의 절대 주권을 무시하고 하나님을 시험하는 행동이 됩니다. 하나님은 자신의 절대 주권을 무시하고 자신을 시험하는 사람들을 반드시 심판하십니다.

그러면 사울왕이 범죄했을 때 하나님이 그를 선택한 것을 후회하셨다고 말씀하시는 것을 어떻게 이해해야 할까요? 이 표현은 '신인동형동성적'인 표현입니다. 시간과 공간을 초월하는 하나님의 계획과 작정과 섭리의 진행 과정을 사람들이 이해할 수 있는 방식과 그 수준으로 낮추어 표현하는 것을 가리켜서 '신인동형동성적인 표현(神人同形同性的, anthropomorphic expression)'이라고 합니다.

예를 들어 출애굽기 2장 24절에서 "하나님이 이스라엘 백성들의 고통 소리를 들으시고 하나님이 아브라함과 이삭과 야곱에게 세운 그의 언약을 기억하사 하나님이 이스라엘 자손을 돌보셨고 하나님이 그들을 기억하셨더라"고 할 때 하나님이 언약을 기억하셨다는 표현이 나옵니다. 일반적으로 사람들 사이에는 망각과 기억이라는 것이 서로 대조적으로 나타날 수 있습니다. 1년 전에 어떤 사람과 약속했던 것을 그 직후에는 기억했다가 10년이 지나면 잊어버릴 수 있습니다. 그러다 일기나 사진을 보면 다시 기억을 떠올릴 수 있습니다.

이러한 망각과 기억을 하나님께는 적용할 수 없습니다. 여호와 하나님은 아브라함과 같은 족장들과 맺은 언약을 사람처럼 망각하거나 잊어버리시는 분이 결코 아닙니다. 하나님은 인간처럼 그 언약을 다시 기억하여 자신의 인지영역 안에 다시 떠올리실 필요가 없습니다. 하나님은 망각이 없으십니다. 후회하는 것도 없으십니다. 하나님은 시간의 진행에 속박을 당하시지도 않고 특정 공간의 상황이나 사람들의 요구에서도 자유로우십니다. 앞선 시점에서 계획했던 것을 지난 시점에서 후회하거나 바꾸거나 번복하거나 철회하지 않으십니다. 그럴 필요도 없는 분이십니다. "하나님은 사람이 아니시니 거짓말을 하지 않으시고 인생이 아니시니 후회가 없으시도다 어찌 그 말씀하신 바를 행하지 않으시며 하신 말씀을 실행하지 않으시랴"(민 23:19, Cf., 롬 11:29).

그러면 사무엘상 15장 11절에서 "하나님이 사울을 왕으로 세운 것을 후회하셨다"고 말씀하는 것은 어떻게 이해해야 할까요? 이는 하나님이 탄식하시는 것을 인간의 이해를 위해 신인동형동성적인 표현으로 묘사하는 것입니다. 사울왕의 불순종에 대한 하나님의 실망과 절망과 안타까움을 우리 인간이 이해할 수 있는 수사적인 방식으로 표현하는 것입니다. 그것이 '후회한다'는 표현입니다. 하나님이 창세 전에 계획하시고 그의 말씀과 성령의 능력으로 통치하시는 하나님 나라, 구약시대 이스라엘 땅에서는 그리고 신약시대 교회 안에서는 그분의 전능한 말씀과 성령 하나님의 감화감동을 생각한다면 결코 있을 수도 없고 일어나서는 안 되는 일이 일어났습니다. 이로 인하여 하나님이 내면적으로 느끼는 탄식과 분노와 절망을 사람들이 공감할 수 있는 수준의 단어로 바꾸어 묘사하는 것입니다.

성경을 보면 하나님은 하나님 나라에서 결코 일어날 수 없는 자기 백성들의 반역과 불순종에 대하여 사람들이 이해할 수 있는 수준의 이미지들을 동원하여 이렇게 묘사하십니다. "새언약은 내가 그들의 조상들의 손을 잡고 애굽 땅에서 인도하여 내던 날에 맺은 것과 같지 아니할 것은 내가 그들의 남편이 되었어도 그들이 내 언약을 깨뜨렸음이라 여호와의 말씀이니라"(렘 31:32). 하나님은 아담을 창조할 때 아담과 결혼식의 언약을 맺었습니다. 그런데 아담이 사단 마귀의 유혹에 빠져서 하나님의 말씀에 불순종하면서 그 언약을 파기하였습니다. 이후로도 하나님은 계속 다시 찾아오셔서 그 죄악을 용서해 주시고, 다시 회복의 말씀을 들려주시며, 생명의 길로 인도해 주셨습니다. 마치 신랑이 신부를 맹목적으로 사랑하듯이 사랑과 은혜를 베풀어 주셨습니다. 그럼에도 이스라엘 백성들은 이를 계속 거부하고 그 결혼의 언약을 파기하였습니다.

무엇이 잘못된 것일까요? 신랑되신 하나님께서 신부 이스라엘 백성들과 영원한 언약을 맺고 결혼식을 치른 것이 잘못일까요? 하나님이 이스라엘 백성들을 애굽에서 건져내시고 그들과 영원한 언약의 결혼식을 치루시며 이후에도 불기둥 구름기둥으로 보호하시고 인도하셨습니다. 그럴 때마다 이스라엘 백성들은 하나님의 사랑을 거부하였습

하나님 마음에 합한 사람

니다. 이런 이해를 토대로 하나님이 자기 백성들 이스라엘과 결혼하셨는데 그 혼인관계가 깨어졌다면 왜 하나님이 그것을 전혀 예상하지 못했냐고 따질 수는 없을 것입니다. 이혼할 것을 왜 결혼했느냐고, 후회할 것을 왜 실행했느냐고, 하나님께 결코 그렇게 질문할 수는 없는 것입니다.

문제는 단 하나, 바로 이스라엘 백성들의 불순종과 패역과 고집불통의 죄악 때문입니다. 사울왕의 불순종 때문입니다. 사울왕의 마음속에 남아 있는 고집스런 탐욕이 하나님의 말씀을 계속 밀어낸 것입니다. 하나님은 이스라엘의 왕들에게 순종을 기대하셨습니다. 그들이 순종할 수 있도록 인도하시고 어루만져 주시며 성령 하나님을 통해 감화 감동케 하셨습니다. 하지만 구약 시대 이스라엘의 왕들 중에서는 하나님의 기대에 만족할만한 왕들이 별로 없었습니다. 결국 참으로 의로운 왕이신 예수 그리스도께서 성부 하나님의 말씀에 100% 순종함으로 그를 믿는 모든 신자들 역시 하나님의 말씀에 100% 순종할 수 있는 새로운 길을 여셨습니다. 그분이 오셔서 희생제물로 죽으심으로 죄값을 제거해 주시고, 다시 부활하여 승천하셔서 우리들에게 성령 하나님을 보내주심으로 말씀을 깨닫고 순종할 수 있도록 새로운 언약의 시대를 여신 것입니다. 이러한 때까지 구약시대의 수많은 선지자들과 제사장들, 그리고 이스라엘의 왕들은 때때로 넘어지고 하나님의 말씀에 불순종했습니다. 그중의 어떤 이들은 절대로 넘어서는 안 되는 선을 넘어서서 하나님을 대적하여 버림받고 말았습니다. 그런 비참한 선례 중의 한 사람이 바로 사울왕입니다.

6. 신자는 다시 타락할 수 있는가?

본문에서 마지막으로 점검할 질문은 "신자는 신앙생활 중간에 다시 타락할 수 있는가" 하는 것입니다. 사울왕이 중간에 타락했듯이 오늘 우리도 신앙생활을 잘 하다가 중간에 타락한 신자나 목회자들을 종종 발견할 수 있습니다. 이들을 보면서 질문할 수 있습니다. 저가 열심히 예배를 드리고 은혜 체험도 했는데, 또 저 목사님은 최선을 다해 사역을 했는데, 명예의 유혹, 재물의 유혹같은 죄의 유혹에 빠져서 저렇게 넘어졌다면, 과연 구원을 받은 사람이 맞는가? 하나님은 저들이 저렇게 넘어질 것을 모르셨나?

사울왕의 범죄 사건을 오늘날 우리 신자들의 신앙생활에 적용하려고 할 때 조심할 것이 있습니다. 사울왕의 범죄 사건과 타락, 그리고 그가 지옥에 내려간 과정은 절대로 우리 신자들의 신앙생활에 관한 전례나 롤 모델(role model)로 해석할 수 없다는 것입니다.

성경 66권 속의 어떤 말씀을 해석하든지 반드시 성경 전체의 관점, 그리스도 중심의 구속 역사의 관점으로 접근해야 합니다. 어느 한 구절, 어느 한 사건만을 따로 분리해서 여기에 어떤 합리적인 주제들이나 관점을 대입하여 풀면 결국 하나님의 비밀스런 계시의 말씀을 올바로 해석할 수 없습니다. 예를 들어 하나님의 예정과 인간의 자유의지를 조화시키고자 할 때 성경의 구속 역사의 순서를 따라서 '창조-타락-그리스도를 통한 구속-최후 재림을 통한 구속의 완성-심판'의 순서에 따라서 두 주제를 조화시켜야 합니다.

하나님의 예정을 합리적이고 철학적인 관점에서만 설명하는 것은 옳지 않습니다. 또는 인간의 자유의지에 대해서 타락한 인간이라도 그 속에는 이성과 자유의지가 남아 있어서 하나님의 예정이나 성령 하나님의 감화감동을 선택하거나 거부할 수 있다는 식으로 설명하는 것도 옳지 않습니다. 얼른 듣기에는 합리적인 설명처럼 보입니다. 그러나 이런 류의 설명은 성경이 증거하는 그리스도 중심의 구속 역사의 진행으로부터는 멀어지는 것입니다. 성경 말씀을 합리적인 이성의 기준에 맞추어 해석하려고 한다면 신자는 절대로 타락할 수 없다는 결론보다는 오히려 신자는 중간에 타락할 수 있다는 결론이 더 설득력있게 들릴 것입니다.

그런 결론에 붙잡히면 신자는 자신의 구원을 확신할 수도 없어 흔들릴뿐만 아니라 개혁신학의 관점으로 제대로 이해할 길도 없습니다. 잘못된 결론으로 유도하는 논리적 추론들 때문에 결국 하나님의 절대 주권은 알 수도 믿을 수도 없게 됩니다. 그래서 저는 알미니안 관점의 신학적인 견해에는 신자의 확고한 믿음과 목회자들의 헌신적인 사역 속에서 하나님 나라를 대적하는 사단 마귀의 권세와 대대에 걸쳐 싸우고 계시는 하나님의 섭리를 제대로 분별하지 못하게 하는 약점이 들어 있다고 생각합니다.

7. 타산지석의 교훈

그렇다면 사울왕의 범죄와 타락 사건을 보며 우리는 과연 절대 주권의 하나님 앞에서 어떤 결론을 내려야 할까요? 첫째는, 하나님이 창세 전에 작정하시고 이 세상에서 실행하시는 구속 사역과 이를 위한 하나님의 절대 주권이 세상의 그 어떤 것보다 제일 중요합니다. 우리가 볼 때는 사울이 이스라엘의 왕위에 오른 것이 대단해 보입니다. 작은

자기 선택을 철회하시는 하나님 | 사무엘상 15장 17-24절

교회보다 큰 교회에서 예배를 드리는 것이 그럴듯해 보입니다. 목회자들이 큰 교회에서 사역을 감당하는 모습이 더 크게 보입니다. 멋지게 보이는 겉모습과 능력의 모습이 그가 자기 죄를 회개하고 성령을 받았고 그래서 창세 전에 예정된 신자임이 분명하다고 은연 중에 단정하게 됩니다.

그러나 아무리 훌륭해 보이는 모습이라 해도, 아무리 거룩해 보이는 목회 사역이라 해도, 하나님의 절대 주권 앞에서는 다만 상대적인 가치일 뿐입니다. 하나님의 절대 주권의 조건에 부합하지 않거나 하나님의 절대 주권의 말씀에 순종하지 않는다면 그 모든 사회적 명성이나 화려한 행사들과 거룩한 업적들은 한낱 흙먼지에 불과할 뿐입니다. 예수 그리스도를 구세주로 믿는다는 것은 내 인생이 어떤 모양새든 상관없이 결국 삼위 하나님은 사망 권세에 대한 심판과 저주를 반드시 실행하시고 또 우리 인생들을 향하여 무한한 자비와 은총을 베푸시는 하나님의 절대 주권을 인정하는 것입니다. 내 인생이 잘 풀리면 하나님이 살아 계셔서 나를 구원하시는 증거이고 내 인생이 잘 풀리지 않으면 하나님이 나를 버리신 것이 아닙니다. 사무엘의 어머니 한나가 불임의 고난 중에 사무엘을 낳고서 고백합니다. "여호와는 죽이기도 하시고 살리기도 하시며 음부에 내리게도 하시고 올리기도 하시는도다"(삼상 2:6). 예수를 믿는다는 것은 인생을 향한 하나님의 절대 주권을 인정하는 것입니다. 예수를 제대로 믿으면 하나님이 우리를 그분의 절대 주권을 고백하는 자리까지 인도하십니다.

둘째로, 사울이 이스라엘 초대 군왕으로 세워졌지만 하나님의 말씀을 대적하고 범죄하여 버림을 받은 선례는 어떤 사람이 참된 회심으로 구원을 확신했지만 타락하여 천국에 들어가지 못하는 것으로 해석해서는 결코 안 됩니다. 사울왕의 타락은 극히 작은 사건입니다. 이 작은 사건이 성부 하나님께서 독생자 예수 그리스도의 피값으로 백성들의 죄악을 사하시고 부활승천하신 후 성령 하나님의 감화감동으로 지금까지도 자기 백성들을 천국으로 인도하시는 이 크고 놀라운 구원의 신비를 절대 바꿀 수 없습니다. 이 작은 사건이 성경말씀을 다른 방식으로 이해하는 근거 구절이 될 수도 없습니다. 이 작은 성경 구절로 성경 전체의 흐름을 바꾸거나 변경할 수 없는 것입니다.

성경은 창세 전의 예정, 그리스도의 구속과 십자가 죽음, 부활, 승천, 성령 강림, 교회의 탄생, 성화의 필연적인 과정, 그리스도의 재림으로 하나님 나라가 완성되는 전체 구속의 역사의 관점에서 보아야 합니다. 사울왕의 타락과 폐위라는 작은 사건 하나로 구속 역사 전체의 크신 하나님의 생각과 섭리를 판단할 수 없습니다. 우리는 그 크신 하나님의 생각과 섭리를 이해하고 내 삶의 기준으로 가져가기를 소망하며 그 기준으로 성경의 모든 사건과 우리네 인생의 면면을 살펴봐야 합니다.

사울왕의 타락에 근거하여 우리 신자들의 인생을 타산지석의 반면교사로 삼으십시오. 이를 토대로 하나님의 절대 주권에 대한 분명한 믿음을 붙잡는 자의 구원은 확실합니다. 우리 신자들이 받은 구원을 분명하게 확신할 수 있는 이유는 우리 자연인이 대단해서도 아니고 현재 누리고 있는 사회적인 지위나 역할이 대단해서가 아닙니다. 다만 우리를 구원하신 하나님의 지혜와 능력과 권능이 참으로 대단하시기 때문입니다. 우리를 구원하신 성부 하나님, 성자 하나님, 성령 하나님의 인도하심의 역사가 결코 취소될 수도 바뀔 수도 없을 정도이기 때문입니다.

물론 하나님의 절대 주권에도 불구하고 중간에 타락하고 넘어지는 신자들과 목회자들은 무엇 때문인 것인가요? 그 타락한 사람이 복음을 듣고 자기 죄악을 회개하여 예수 그리스도를 구세주로 받아들였다고 할 때, 그 복음의 메시지를 통해서 절대 주권의 하나님을 분명하게 만나지 못했고, 또 자기 죄악의 심각성을 철저하게 회개하지 않았기 때문입니다. 오직 예수 그리스도만이 내 인생의 해답을 위하여 하나님이 보내주신 구세주이심을 철저하게 믿지 못한 채 날마다 하나님의 말씀을 경청하고 그 말씀을 적극적으로 실천하는 일에 게을렀기 때문입니다. 그래서 저와 여러분처럼 먼저 예수님을 인격적으로 만나고 먼저 하나님의 절대 주권을 깨달은 사람들이 반드시 행해야 할 것이 있습니다. 우리보다 믿음이 연약한 사람들에게 하나님의 말씀을 올바로 깨우쳐주고, 그들이 매일의 영적 전쟁에서 승리할 수 있도록, 위로와 권면과 기도와 사랑의 헌신으로 붙잡아줘야 합니다. 그러한 소망스런 역할을 믿음의 능력으로 감당하시기를 예수 그리스도의 이름으로 간절히 축원합니다.

18

사무엘상 16장 1-13절

성령 하나님의 인도하심

성령 하나님의 인도하심

오늘날 전 세계적으로 막대한 자금을 투자하여 발전시키려고 노력하는 분야 중의 하나가 바로 교육 분야입니다. 부모님의 입장에서도 자녀를 훌륭한 인재로 양성하는 것이 인생의 가장 중요하고도 보람 있는 사명입니다. 앞으로 전개될 미래사회의 모습 중의 하나는 지식서비스 산업사회입니다. 앞으로는 산업혁명시대 유형의 제품을 생산하고 소비하는 세상이 아니라 무형의 지식과 정보, 그리고 고품격의 서비스를 생산하고 소비하는 사회라는 것입니다. 앞으로 펼쳐질 지식서비스 산업사회에서는 파편적인 지식이나 정보보다도 실제 세계와 실생활 속에서 다방면의 지식을 독창적으로 통합하고 활용할 줄 아는 지혜(wisdom)가 중요합니다. 지식이 하나의 파편화된 정보라면 지혜는 특정한 상황에 적합한 지식을 생산적으로 활용하는 총체적이고 복합적인 지성적 능력을 의미합니다.

우리 신앙의 세계에서도 단순한 성경적인 지식보다는 특정한 상황 속에서 구체적으로 어떻게 행동해야 하는지를 제시하는 영적인 지혜 가 더욱 중요합니다. 신자가 이 땅에서 누릴 수 있는 최대의 축복은 우 리 마음 중심에 내주하시는 성령 하나님께서 매 순간 말씀하시는 지 혜를 잘 깨달아 순종하는 것입니다. 사무엘상 16장에서 선지자 사무 엘이 사울왕을 대신하여 이스라엘을 다스릴 왕을 간택하는 말씀을 통 해서 우리의 삶 속에서 성령의 지혜를 청종하는 방법에 대하여 살펴 보고자 합니다.

1. 하나님의 시각을 소유하라

우리가 성령의 지혜를 듣고 깨달으며 그 지혜의 가르침에 순종할 수 있는 첫째 비결은 하나님의 시각을 소유하는 것입니다. 하나님이 세 상을 바라보시는 시각으로 우리도 세상을 바라보고, 하나님이 인생을 바라보시는 시각으로 우리도 인생을 바라보며, 하나님이 나를 바라보 시는 시각으로 내 인생을 바라보려고 노력할 때, 우리는 성령의 지혜 를 올바로 청종할 수 있습니다.

이스라엘의 역사를 살펴보면 사사 시대 이후 이스라엘 사람들이 하 나님께 고대 근동의 다른 나라들처럼 자신들을 통치할 왕을 요구하자 (삼상 8:4-9), 하나님께서 사울을 왕으로 지목하여 이스라엘 왕으로 세워 서 다스리도록 하십니다(삼상 9:15-10:27). 하지만 사무엘상 13장 이하에 서 사울왕은 하나님의 계명을 거역하고 자기 마음대로 하나님의 거룩 한 제사를 침범하여 하나님의 진노를 살 뿐만 아니라(삼상 13:8-15), 재물

286
하나님 마음에 합한 사람

에 대한 탐욕과 자신의 왕권에 대한 명예욕 때문에 마땅히 진멸해야 할 아말렉의 전리품들을 진멸하지 않고 남겼습니다. 하나님의 백성들을 대리 통치하는 이스라엘의 왕으로서 마땅히 지켜야 할 하나님의 말씀을 불순종합니다(삼상 15:1-16).

사울왕이 아말렉과의 전쟁에서 승리를 거둔 다음에 "아말렉 살마의 왕 아각과 그의 양과 소의 가장 좋은 것 또는 기름진 것과 어린 양과 모든 좋은 것을 남기고 진멸하기를 즐겨 아니하고 가치 없고 하찮은 것은 진멸한"(삼상 15:9) 처신이 그렇게 심각한 죄인가 하는 의구심이 들 수도 있습니다. 사울왕으로서는 전쟁에서 승리한 전리품을 가능한 많이 챙겨 전쟁에 참여한 군사들과 넉넉하게 나누어 가지는 것도 좋겠다 생각할 수도 있습니다.

하지만 구약시대 이스라엘 백성들이 이방 나라와 벌인 전쟁은 단순히 두 나라 간의 정치적인 갈등만이 아니라 하나님의 나라와 이를 대적하는 사단의 나라 간의 전쟁을 상징합니다. 그런 의미에서 아말렉 진영의 백성들과 가축들은 하나님의 나라를 상징하는 이스라엘의 영적인 순수성을 변질시키는 죄악을 상징합니다. 하나님은 이스라엘의 영적인 순결을 무너뜨리는 모든 악한 요소들에 대해 철저히 진멸하시고자 아말렉에 대한 철저한 진멸을 명령하신 것입니다(삼상 15:3).

사울왕은 이스라엘을 통치하는 최고 권력자인 왕으로 세워졌고 아말렉과의 전쟁에서 이스라엘의 군주다운 리더십을 발휘했습니다. 그러나 자신을 왕으로 세우시고 아말렉과의 전쟁의 배후에서 역사하시는 하나님의 뜻을 올바로 읽어내는데 실패했습니다. 하나님의 뜻과 말씀에 순종하는데도 실패해서 결국은 하나님으로부터 버림받고 말았습니다.

하지만 하나님의 나라는 사울왕의 실패에도 불구하고 결코 중지되는 것은 아닙니다. 사무엘상 16장 1절에서 하나님은 사울왕을 대신하여 계속 하나님의 나라를 이어갈 적임자로서 이새의 아들 중에서 이미한 왕을 바라보고 계십니다(삼상 16:1). 그런데 하나님이 선택한 적임자를 사람들 앞에서 기름 부어야 할 선지자 사무엘의 입장에서는 그 적임자가 쉽게 나타나 보이지 않는다는 것입니다.

사람이 하나님의 뜻을 알 수 있는 유일한 비결은 오직 성령 하나님을 통해서만이 알 수 있습니다. 신약시대의 성령 하나님은 예수 그리스도를 믿는 신자들의 마음 중심에 각각 임재하시지만 구약시대의 성령 하나님은 하나님 나라를 섬기는 직분과 관련하여 짧게 잠정적으로나 간헐적으로 임재하셨습니다. 성령 하나님이 잠깐 강림하여 내주하실 때에는 하나님의 뜻을 잘 이해하고 깨달을 수 있지만 성령 하나님이 다시 떠나시면 하나님의 뜻을 잘 이해하기 어렵고 하나님의 시야로 주변 상황을 바라보기가 어려웠습니다. 선지자 사무엘도 지금 당장 하나님이 사울왕을 대신할 적임자로 누구를 선택하셨는지 잘 이해할 수 없었습니다.

그러나 예수님의 십자가 죽음과 부활 사건, 그리고 오순절 성령 강림 사건 이후의 시대를 살아가는 우리에게는 성령 하나님께서 이미그리스도 안에서 거듭난 우리 마음속에 내주하시고 동행하고 계십니다. 그러므로 오늘날 우리가 하나님을 믿는 자로 살아갈 때 성령의 지혜를 청종할 수 있는 가장 중요한 방법은 우리 안에 역사하시는 성령 하나님의 내주하심을 믿는 것입니다. 하나님의 시각으로 세상을 바라보고, 내 인생을 바라보며, 상호 인간관계를 바라보는 것입니다.

우리가 예수 그리스도께서 내 죄를 모두 사해 주셨음을 믿고, 다시 부활하실 때 내 안에서 새사람이 함께 탄생하였음을 믿는다면, 이미 우리는 성령 하나님을 마음속에 모시고 사는 신자들입니다. 예수 그리스도의 십자가 죽음 사건으로 이미 우리의 옛사람은 죽었고 그 죽어버린 빈 자리에 성령 하나님의 내주와 역사하심으로 새사람이 태어났음을 믿으시기 바랍니다. 이미 우리 안에 내주하시는 성령 하나님께서 매 순간 말씀을 듣게 하시고 깨닫게 하시며 항상 우리에게 말씀하고 계십니다.

아주 위급한 상황을 만나서 간절히 기도할 때만 성령 하나님께서 우리에게 지혜의 영으로 말씀하시는 것이 아닙니다. 우리가 예수 안에서 새롭게 거듭난 이후부터는 항상 하나님께서 우리 마음 중심에 내주하시고 동행하십니다. 우리에게 지혜로운 말씀으로 말씀하시고 언제나 생명의 길로 인도하심을 믿으시기 바랍니다. 성령의 지혜란 평소 하나님에 대해서 전혀 모르다가 어느 날 갑자기 인생의 답답한 상황에 직면하여 전혀 딴 사람으로 뒤바뀌듯 어느 날 갑자기 성령을 받아서 자기도 알 수 없는 신비로운 방법으로 역사하는 것이 아님을 명심하시기 바랍니다.

물론 어떤 이는 예수에 대해서 전혀 모르다가 어느 날 구원의 복음을 전해 듣고 놀라운 깨달음과 사건들을 경험하는 경우도 있습니다. 그러나 믿음의 신자들의 경우에는 성령 하나님의 지혜가 그렇게 돌발적으로 역사하지는 않습니다. 성경적인 가치관과 세계관을 통해서 우리를 지속적이고 꾸준한 방식으로 인도하심을 명심하시기 바랍니다.

성령 하나님의 인도하심 | 사무엘상 16장 1-13절

2. 외모에 속지 말라

  우리가 성령 하나님의 지혜를 청종할 수 있는 두 번째 비결은 외모를 보지 말고 마음 중심을 보는 것입니다. 우리가 하나님 나라의 백성임에도 불구하고 성령 하나님의 지혜를 청종하는 데 실패하는 가장 결정적인 이유가 있다면 그것은 눈에 보이는 현상에 집착하기 때문입니다. 선지자 사무엘의 입장에서는 하나님이 사울왕을 버리신 것은 이해가 되는데 이새의 아들들 중 누구를 사울왕 다음의 왕으로 선택해 두고 계시는지 알 수가 없었습니다. 궁금함과 기대감으로 이새와 그의 아들들을 초청하여 함께 제사를 드린 다음에 식사도 나눌 생각이었습니다. 드디어 이새의 아들들을 만납니다. 이새가 자기 아들들을 한 명씩 소개하는데 먼저 장자 엘리압이 사무엘 선지자 앞으로 다가와 예를 갖추어 인사를 올립니다.

  사무엘은 엘리압을 처음 본 순간 마음속으로 이 사람이 하나님께서 사울왕을 대신하여 왕으로 선택한 인물이라고 생각하였습니다. '여호와께서 왕으로 기름 부어 선택하시겠다고 결심하신 자가 과연 오늘 주님 앞에 제사드리러 나타났구나' 하는 생각이 들었습니다. 엘리압은 이새의 장남으로서 아들들 중 가장 키도 크고 훤칠하며 이미 전쟁에서 용감하게 적군을 물리칠 정도로 용맹스럽습니다. 그 눈빛 속에서조차 지도자다운 권위와 카리스마가 넘쳐납니다. 이런 사람이 이스라엘의 왕으로 발탁되지 않는다면 그 누가 될 수 있겠는가 싶을 만큼 엘리압은 그 외모와 키와 눈빛에서 좌중을 압도하는 자부심과 자신감이 넘쳐났습니다. 이에 선지자 사무엘이 엘리압을 군왕의 제목감으로 인정하여 하나님의 기름을 부을 자로 단정하려는 순간 마음속으로 성령 하나님의 음성이 들려옵니다. "여호와께서 사무엘에게 이르시되 그의 용모와 키를 보지 말라 내가 이미 그를 버렸노라 내가 보는 것은 사람과 같지 아니하니 사람은 외모를 보거니와 나 여호와는 중심을 보느니라"(삼상 16:7).

오늘날에도 우리가 성령 하나님의 지혜를 청종하려고 한다면 눈에 보이는 사람의 외모에 현혹되지 말아야 합니다. 신앙생활의 기본은 눈에 보이는 세상을 바라보는 것이 아니라 눈에 보이지 않는 세상을 바라보는 것입니다. 눈에 보이는 현상 세계를 절대시하는 순간 저와 여러분은 본질을 간파하지 못하고 보이는 현상 세계의 미혹과 속임수에 넘어간다는 사실을 명심하시기 바랍니다.

프랑스의 철학자 장 보드리야르(Jean Baudrillard)가 지은 책 중에 <시뮬라크르와 시뮬라시옹>(Simulacres et Simulation)이란 제목의 책이 있습니다. 이 책에서 저자가 말하는 시뮬라크르는 실제로는 현실 세계에 존재하지 않지만 마치 우리 눈에 보기에 실제로 존재하는 것처럼 만들어 놓은 가공적인 이미지를 가리킵니다. 요즘 텔레비전 속의 광고영상들이나 가상현실(virtual reality)은 실제 현실 세계보다 더 실제처럼 느껴지도록 감동을 줍니다. 이러한 이미지들을 가리켜서 시뮬라크르라고 합니다.

오늘날 전 세계의 수많은 텔레비전 광고영상이나 대중 문화가 쏟아내는 것들이 과연 무엇입니까? 우리 마음속에 웅크리고 숨어 있는 세속적인 욕망들을 현실감 있게 실현해보도록 부추기는 환영들이나 그림자에 불과합니다. 이러한 비현실의 이미지들은 오늘 현대인들로 하여금 실재하는 하나님 나라보다는 우리 마음속에 숨어 있는 속된 욕망과 환상의 세계를 마치 진짜 세계처럼 느끼도록 유혹합니다. 현실 세계보다 더 실감나도록 만드는 환영들로 가득한 이 현대 문명 속에서 우리가 참으로 성령 하나님의 지혜를 청종하기 위해서는 눈에 보이는 현상 세계에 집착하는 것을 버려야 합니다. 오늘 본문에서 하나님은 외모를 보지 말라고 말씀합니다. 이는 단순히 사람의 얼굴로서의 외모뿐 아니라 우리 눈을 현혹하는 '현상계'를 우리 신앙생활 중에 내려야 하는 중요한 선택이나 판단의 근거로 삼지 말라는 말씀입니다.

3. 마음 중심을 보라

성령의 지혜를 따르는 마지막 중요한 방법은 항상 사람의 마음 중심을 바라보는 것입니다. 하나님이 다윗을 사울왕을 대신할 이스라엘의 왕으로 선택하신 가장 중요한 이유는 다윗의 마음 중심이 하나님의 마음 중심과 일치하여 하나님의 마음에 합한 사람이었기 때문입니다 (행 13:22). 사람은 누구나 죄인이기 때문에 근본적으로 하나님의 마음과 사람의 마음이 하나로 일치할 수 없습니다. 사람의 마음이 하나님의 마음과 일치할 수 있는 유일한 방법이 있다면 오직 그 사람의 마음속 중심에 성령 하나님이 강림하시고 내주하셔야만 합니다.

다윗은 무슨 사건을 계기로 언제부터 하나님의 마음에 합한 사람이 되었을까요? 이렇게 질문한다면 성경은 그 획기적인 시점을 단 하나로 제시하지 않습니다. 이 질문은 다윗 한 개인의 일생을 초월하여 구속 역사 전체의 관점에서만 그 해답을 찾아볼 수 있기 때문입니다. 사람의 마음이 하나님의 마음에 합할 수 있는 유일한 방법은 성령 하나님의 강림과 내주하심으로만 가능합니다. 이 일은 구속 역사의 과정에서 오직 예수님의 십자가 죽음과 부활 사건 이후 오순절 성령 강림 사건을 계기로 가능할 뿐입니다. 그 이전에 다윗이 하나님의 마음에 합할 수 있었다면 먼저 다윗에게 성령 하나님이 찾아오셔서 전심을 다하여 하나님을 사랑하고 말씀을 청종하려는 의지와 열정을 회복시켜 주실 때만이 가능할 뿐입니다. 그런 의미에서 시편 51편에서 다윗이 밧세바를 범하고 우리아를 암살한 다음에 이렇게 회개합니다. "하나님이여 내 속에 정한 마음을 창조하시고 내 안에 정직한 영을 새롭게 하소서 나를 주 앞에서 쫓아내지 마시며 주의 성령을 내게서 거두지 마소서"(시 51:10-11).

이러한 회개의 시는 단순히 간음과 살인죄로부터의 회개만을 의미하지 않습니다. 전체 구속역사 속에서 모든 하나님의 백성들이 죄악을 멀리하고 성령 하나님의 강림하심과 내주하심을 누리면서 살아가기를 원하는 모든 신자들의 기도라고 할 수 있습니다.

사이먼 시넥(Simon Sinek)이란 유명한 저널리스트는 골든 써클 이론(golden circle theory)을 통해서 평범한 사람과 유능한 지도자를 구분하는 기준으로 사람의 마음 중심을 제시합니다. 보통 사람들은 눈에 보이는 가시적인 결과물이나 자신이 맡은 임무, 또는 제품 그 자체를 위해서 모든 노력을 다 쏟지만 위대한 리더들은 마음속의 신념이나 동기에 집중한다는 것입니다. 제품을 제작하고 판매할 때 위대한 리더들은 제품 자체 보다는 그 제품을 바라보는 사람들의 마음속 거대한 신념이나 내면적 동기를 자극한다는 것입니다. 세상에서도 이렇게 현상계 보다는 보이지 않는 마음과 동기에 집중하는 것이 성공기술이라 가르치고 있는데 하물며 하나님께서는 어떠하시겠습니까?

여러분은 예수 그리스도를 우리의 구세주와 주님으로 믿으십니까? 그렇다면 성령 하나님께서도 우리 마음 중심에 내주하시고 동행하심

성령 하나님의 인도하심 | 사무엘상 16장 1-13절

도 믿으시기 바랍니다. 우리 마음 중심에 성령 하나님이 내주하시고 동행하심을 믿으신다면 이제 남은 삶은 그 성령 하나님께서 우리에게 말씀하시는 음성을 지혜롭게 깨닫고 청종하는 것뿐입니다. 우리 마음 중심에 내주하시고 역사하시는 성령 하나님께서 우리 각자에게 말씀하시는 지혜의 말씀을 경청하고 청종하는 삶을 살아간다면 곧 우리 모두가 이미 하나님의 마음에 합한 사람입니다. 그 믿음을 가지고 담대하게 각자의 삶 속에서 주님께 영광돌리시기를 주님의 이름으로 축원합니다.

하나님 마음에 합한 사람

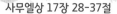

사무엘상 17장 28-37절

영적 전투와 승리의 비결

비현실적인 다윗이야기

여러분은 다윗이 골리앗을 물리친 이야기를 어떻게 생각하고 계십니까? '청년 다윗이 블레셋의 최고 전사 골리앗을 겨우 물맷돌 한 방으로 때려눕혔다? 참 신나고 감동적인 이야기이지. 하지만 오늘날 우리가 사는 21세기 현대 사회에서는 그저 만화책이나 동화책에 나오는 이야기에 불과해.' 비현실적이라고 생각합니다.

1. 우리 속의 골리앗

하지만 다윗과 골리앗의 이야기는 이 땅을 살아가는 하나님 나라 백성들의 영적 전쟁과 승리의 비결을 교훈하시는 하나님의 말씀입니다. 그럼에도 우리가 이 이야기에서 그런 믿음을 배우지 못하는 이유가 있습니다. 내 문제와 다윗의 문제를 공통으로 바라보시는 하나님의 시선으로 보지 못하기 때문입니다. 내가 직면한 여러 문제들은 하나님 나라와 세상적인 문제로 나뉩니다. 세상적인 문제를 다윗처럼 해결하려면 하나님은 성경에 나와 있는 그런 확실한 방식으로 도와주시지 않습니다. 그것은 하나님의 나라와 의와 관계가 없기 때문입니다. 그러나 내가 하나님의 나라와 의를 구하는 과정에서 이를 가로막는 문제들이 등장하면 하나님은 다윗을 도와주시듯이 나를 도와주십니다.

그래서 내 앞에 어떤 문제가 나타나면 문제를 당장 해결하려고 노력하기 보다는 그 문제가 하나님 나라에 관한 문제인지 아니면 내 세상적인 욕심과 죄악 때문인지 먼저 따져봐야 합니다. 만일 하나님 나라와 관계된 문제라면 우리 앞길을 가로막는 모든 문제점들과 그로 인한 낙심과 절망, 무기력감, 열등감은 다윗이 무너뜨렸던 골리앗과 같은 것들입니다.

하나님은 우리 청년들이 하나님 나라의 영광스런 미래를 잘 준비하도록 왕성한 호기심, 뜨거운 열정, 적극적인 수용성 이 세 가지를 주셨습니다. 어떤 청년에게는 운동에 대한 관심, 음악에 대한 열정, 고민을 들어주는 경청과 공감, 외국에 대한 관심과 언어 능력, 지식에 대한 호기심, 다양한 분야의 추구 등을 주십니다. 뿐만 아니라 앞서 나간 선배들이나 선생님을 본받고 싶은 적극적인 수용성을 주십니다. 본 받고 싶은 사람이 나타나면 그 롤 모델을 흉내내면서 그 롤 모델의 장점을 흡수하고 싶은 열정도 하나님이 주신 것입니다. 이런 호기심과 열정을 가지고 우리는 각자 인생의 미래를 준비해야 합니다.

하지만 우리가 그렇게 새로운 지식을 공부하고 새로운 사람을 만나며 새로운 분야에 과감히 시도하려 할 때마다 우리 앞에 거대한 장애물 같은 골리앗이 나타납니다. 그리고 그 골리앗이 우리를 향하여 소리지릅니다. 너는 그렇게 노력해도 안 된다는 것입니다.

오늘 본문을 보면 다윗도 그런 암담한 이야기를 들어야만 했습니다. 본문 17장 21절을 보면 이스라엘과 블레셋 사람들이 전열을 벌이고 양군이 서로 대치상태에 있습니다. 이때 22절을 보면 다윗은 아버지 이새의 지시를 받고서 전쟁터에 나와 있는 형들에게 문안하면서 안부를 확인합니다. 이때 골리앗이 다시 나타나 고래고래 소리를 지릅니다. 17장 8-9절의 내용입니다. "이스라엘 군사들과 블레셋 군사들 전부 싸울 필요 없이 너희가 한 사람의 최고 전사를 선택해서 나에게로 보내라. 그가 나와 싸워서 나를 죽이면 우리가 너희의 종이 되겠고 만일 내가 이겨 그를 죽이면 너희가 우리의 종이 되어 섬길 것이다."

그러면서 10절에 "내가 오늘 이스라엘의 군대를 모욕하였으니 사람을 보내어 나와 더불어 싸우게 하라"고 하며 골리앗이 이스라엘의 군대를 모욕하였다고 주장합니다. 모욕한 내용은 자세히 알 수 없지만 모욕한 내용뿐 아니라 싸움을 요청한 메시지가 미치는 심리적인 충격이 매우 컸던 모양입니다. 11절에 "사울과 온 이스라엘이 블레셋 사람의 이 말을 듣고 놀라 크게 두려워하니라" 대체 뭐라고 모욕했길래 사울왕과 온 이스라엘의 군사들이 충격에 빠져서 크게 두려워했을까요? 아마도 골리앗은 이스라엘 백성들의 근본적인 정체성을 뒤흔들어 놓았던 것 같습니다. 그것도 무려 40일 동안 매일 반복하여 이스라엘 군사들의 마음을 난도질하고 한 발자국도 꼼짝하지 못하도록 붙잡아 두었습니다. 대략 이런 내용일 것입니다.

이스라엘 백성들아! 오늘 너희는 우리 블레셋과 전쟁하러 나왔다.

그런데 우리 모두 다 싸워서 이 전쟁터를 피로 물들일 필요 없다. 나는 이 세상의 어떤 장수라도 이 칼로 한 방에 박살낼 수 있다. 그러나 그럴 필요도 없다. 내가 원하는 것은 단 한 하나, 군신의 조약을 다시 맺는 것이다.

군신의 조약을 갱신하지 않고 이 땅의 소유권을 주장하는 것은 도둑이나 깡패가 하는 짓이다. 여호와 하나님이 이 가나안 땅을 너희에게 소유물로 주셨다고 주장하고 있지 않느냐. 그 하나님은 땅도 주고 땅의 소유물을 증표로 삼아 언약을 다시 맺도록 백성의 지도자도 함께 주시는 신이 아니냐? 너희의 조상들은 모세를 지도자 삼아서 애굽의 바로와 조약을 맺고 애굽에서 나온 것이 아니냐? 너희의 하나님이 지금도 살아계시다면 당연히 언약을 갱신하도록 너희의 지도자도 함께 보내주신 것이 아니냐? 나는 블레셋을 대표하여 이 자리에 나왔다. 너희 이스라엘 쪽에서는 사울이 이 자리에 나와야 하는 것이 아니냐? 그런데 사울왕은 어디가고 조무라기 신하들만 나와 있는 것이냐?

모두 싸울 필요 없이 대표자만 나와 싸우자. 너희가 전쟁에 지더라도 조공만 바치면 되는 것이다. 만일 언약을 갱신하지도 않고 땅의 소유권을 주장한다면 너희는 불의한 도적놈들이다. 너희 하나님이 이 땅을 너희에게 주셨다고? 그러면 지금 당장 너희의 그 하나님의 깃발을 가지고 당장 내 앞으로 나와 봐라. 용기도 없고 믿음도 없고 전사다운 기백도 없는 이 비겁한 겁쟁이들아!! 더럽고 추잡한 도둑놈들아!!

이런 식으로 골리앗이 무려 40일 동안 하나님과 이스라엘 백성들을 모욕하고 있는 것입니다. 골리앗은 자신의 괴력과 엄청난 무장을 믿

하나님 마음에 합한 사람

고 있습니다. 그도 그럴 것이 17장 4절을 보면 그의 키는 여섯 규빗 한 뼘입니다. 한 규빗은 팔꿈치에서 중지끝까지 대략 45cm로서 거의 2m80cm~3m의 장신입니다. 최홍만씨가 2m18cm이니까 2m80cm의 골리앗은 굉장한 거구입니다. 게다가 머리에는 놋으로 만든 투구를 썼고 몸에는 비늘 갑옷을 입었는데 그 무게가 놋 오천 세겔입니다. 1세겔이 11.4g이니 5천 세겔이면 57kg입니다. 양쪽 다리에는 놋 각반을 찼고 어깨 사이에는 놋 단창으로 무장했으며 창 날이 철 6백 세겔이면 창날의 무게만 7kg 정도 무게가 나갑니다. 전신을 차단하는 방패를 부하병사가 운반해 줍니다. 엄청난 괴력을 소유한 장수임에 틀림이 없습니다. 골리앗은 자신의 거대한 힘을 믿고서 하나님과 그의 백성들을 모욕하는 것입니다.

이스라엘 백성들은 그러한 모욕에도 골리앗이 너무 두렵기만 했습니다. 그 앞에 나설 용기도 없었고 무엇보다 그럴 명문도 없었습니다. 이와는 달리 다윗은 골리앗의 모욕을 듣고 마음속에 커다란 분노가 치밀기 시작했습니다. "저 놈이 무엇이기에 감히 하나님의 군대를 모욕하는가?" 당시 다윗은 대략 19세 정도여서 아직 정식 군사로 소집 명령을 받지 못했습니다. 이스라엘에서 군사로 소집을 받으려면 20세가 넘어야 합니다. 나이는 어리지만 골리앗이 하나님을 모욕하는 소리를 들으면서 참고 견디기 어려웠습니다. 그렇다고 당장 자기가 나서는 것도 조심스럽습니다.

그래서 백성들을 격려하기 위해서 26절에 군사들에게 질문을 던집니다. "다윗이 곁에 서 있는 사람들에게 말하여 이르되 이 블레셋 사람을 죽여 이스라엘의 치욕을 제거하는 사람에게는 어떠한 대우를 하겠느냐? 이 할례 받지 않은 블레셋 사람이 누구이기에 살아 계시는 하나님의 군대를 모욕하겠느냐?" 다윗이 이런 질문을 이스라엘 군사들에게 묻는 이유가 있습니다.

골리앗을 죽이면 사울왕이 어떤 대우를 해 줄 것인지 몰라서 묻는 것이 아닙니다. 그보다는 그런 대우가 있는데 왜 가만히 앉아 있느냐고 군사들의 용기를 북돋아주려고 묻는 것입니다. 그런데 이스라엘 백성들은 25절의 말만 되풀이하는 것입니다. "그를 죽이는 사람은 왕이 많은 재물로 부하게 하고 그의 딸을 그에게 주고 그 아버지의 집을 이스라엘 중에서 세금을 면제해 준다더라." 27절에서도 "백성이 전과 같이 말하여 이르되 그를 죽이는 사람에게는 이러이러하게 하시리라" 말만 하고 있습니다.

28절을 보면 이렇게 다윗이 군영을 돌아다니면서 군사들을 위로하는 모습을 큰형 엘리압이 보게 됩니다. 그리고는 호통을 치면서 책망합니다. "네가 어찌하여 이리로 내려왔느냐 들에 있는 양들을 누구에게 맡겼느냐 나는 네 교만과 네 마음의 완악함을 아노니 네가 전쟁을 구경하러 왔도다."

또 33절에 보면 사울왕도 다윗에게 충고합니다. "너는 저 블레셋 사람과 싸울 수 없으리니 너는 소년이요 그는 어려서부터 용사임이니라" 사울왕은 골리앗이 어려서부터 용사로 자라났는지를 어떻게 알고서 말하는 것입니까? 이미 골리앗을 대단한 장수로 생각하고 그의 기에 눌려 그는 태어날 때부터 아마도 무적용사로 태어났을 것이라고 믿는 것입니다. 이렇게 주변 모든 사람들의 심리적인 불안과 불확실성을 더욱 가중시키는 상황에서 우리는 어떻게 해야 할까요?

2. 과거의 하나님을 기억하라

우리가 어떤 상황에서든 우리 앞길을 가로막는 골리앗같은 심리적인 불안을 단방에 무너뜨릴 수 있는 최고의 방법이 있습니다. 그것은 지난 과거에 내 인생 속에 개입하셨던 하나님의 손길을 기억하는 것입니다. 33절에서 사울왕이 다윗에게 "너는 소년이요 그는 어려서부터 용사이기 때문에 너는 그를 이길 수 없다"고 할 때 34절 이하에서 다윗은 대답합니다. "다윗이 사울에게 말하되 주의 종이 아버지의 양을 지킬 때에 사자나 곰이 와서 양 떼에서 새끼를 물어가면 내가 따라가서 그것을 치고 그 입에서 새끼를 건져내었고 그것이 일어나 나를 해하고자 하면 내가 그 수염을 잡고 그것을 쳐죽였나이다"(삼상 17:34-35).

다윗이 예전에 들판에서 목동으로 양 떼를 돌보고 있을 때였습니다. 갑자기 늑대나 곰같은 사나운 짐승떼가 나타나서 양 떼를 위협합니다. 양들이 깜짝 놀라 이리저리 도망치고 어린 새끼들이 사나운 짐승들에 붙잡혀 갈 때 그 모습을 바라보던 다윗의 마음속에 갑자기 의분이 일어납니다. "이 양 떼들과 새끼들은 모두 하나님께서 나에게 맡기신 것들인데 저 놈의 사자와 곰에게 함부로 내줄 수 없다. 이것은 아버지의 양 떼이지만 동시에 하나님께서 나에게 맡기신 사명이 아닌가? 주님이 나와 함께 하시며 주님이 이 양 떼를 나에게 맡기셨다. 이 양 떼들을 잘 돌봐서 아버지의 재산이 불어나게 하는 것이 하나님이 지금 내게 맡기신 일이다! 여기에서 이렇게 사자나 곰에게 다 잡아 먹히게 할 수는 없어!"

다윗은 가지고 있던 물맷돌로 사자와 곰을 물리칩니다. 물맷돌이 떨어지면 돌맹이를 집어서 던집니다. 돌맹이가 떨어지면 들고 있던 막대기와 지팡이로 사자와 곰을 정신 없이 후려칩니다. 다윗의 분노와 고함소리, 용맹히 달려드는 다윗의 공격 앞에서 사자와 곰이 쩔쩔매면서 도망갑니다. 다윗은 그렇게 사자와 곰으로부터 양 떼를 지킵니다. 이런 과정들을 통해 살아계신 하나님이 함께 하신다는 믿음의 확신이 다져지고 또 다져지며 그 마음속에 굳게 새겨집니다.

시간이 흘러 골리앗이 하나님을 모독하고 이스라엘 군사들을 모욕하는 날이 되었습니다. 이스라엘 모두가 골리앗의 엄포가 두려워 벌벌 떨고 있는데 오래전 다윗의 마음속에 각인된 하나님의 말씀이 요동치기 시작합니다. "하나님의 아들 다윗아! 네가 예전에 하나님의 능력으로 사자의 발톱과 곰의 발톱에서 어린 양 새끼들을 건져내지 않았느냐?" 과거의 기억을 통해서 다윗이 골리앗 앞에서 내린 결론입니다. "주의 종이 사자와 곰도 쳤은즉 살아계시는 하나님의 군대를 모욕한 이 할례 받지 않은 블레셋 사람이리이까 그가 그 짐승의 하나와 같이 되리이다 또 다윗이 이르되 여호와께서 나를 사자의 발톱과 곰의 발톱에서 건져내셨은즉 나를 이 블레셋 사람의 손에서도 건져내시리이다"(삼상 17:36-37).

"내가 예전에 하나님의 은혜와 능력으로 사자와 곰을 물리쳤다. 하나님께서 나를 사자의 발톱과 곰의 발톱에서도 건져내셨다. 나를 거뜬히 건져내신 하나님은 지금도 살아계신다! 하나님이 지금은 나를 건져주시지 못한단 말인가? 아니다! 그럴 리가 없다. 그때 거기서 나를 도와주셨던 하나님은 지금 바로 여기서도 나를 더욱 크게 도와주신다." 과거 나를 살리셨던 하나님이 지금 나를 살리실 것이라는 믿음을 가지고 골리앗을 향하여 나아갔습니다.

과거에 제가 초등학교를 다닐 때의 일입니다. 점심 도시락을 먹고 목이 말라 도시락 뚜껑으로 물을 떠먹으려고 우물 속으로 머리를 숙이다가 그만 우물에 빠져서 허우적거리고 있었습니다. 마침 그 우물 옆을 지나가던 어떤 아저씨가 제 소리를 듣고 저를 우물에서 건져 주어서 살았습니다. 하나님의 타이밍(timing)은 참으로 절묘합니다. 아저씨가 5분만 늦게 나타났어도 이미 저는 황천길을 떠나버렸을지도 모릅니다. 하나님이 기가 막힌 타이밍에 그 아저씨를 우물에 보내주셔서 제 목숨을 건질 수 있었습니다. 또 한 번은 집 마당에서 불장난을 하다가 헛간을 태워먹은 적도 있었습니다. 그때에도 화마에 죽지 않고 살아났습니다.

저는 주님의 일을 하다가 실망하고 낙심되면 과거 어렸을 적 죽을 뻔했다가 기적적으로 살아났던 일들을 떠올려봅니다. 그때 주님이 나를 살려주셨다면 그 과거의 하나님은 오늘 지금도 계시지 않겠는가? 그때 그 작은 문제를 너끈히 해결해 주셨다면 지금의 이 문제 또한 거뜬히 해결해 주시리라. 과거의 하나님은 지금도 동일한 능력과 영광과 권능으로 나와 함께 하시는 것이 아닌가? 과거의 하나님은 죽지 않으시고 오늘 나와 함께 하고 계신다. 그런 믿음으로 다시 마음을 추스리곤 합니다.

3. 은혜에서 열정으로

저와 여러분은 어떻게 심리적인 불안의 골리앗을 무찌르고 하나님께 영광 돌리는 삶을 살 수 있을까요? 마지막 해답은 자신에게 익숙한 달란트와 주특기로 하나님께 영광 돌리는 것입니다. 40절을 보면 다윗은 손에는 몽둥이를 들고 또 시내에서 매끄러운 조약돌 다섯을 골

영적 전투와 승리의 비결 | 사무엘상 17장 28-37절

라서 제구 주머니에 넣고 물맷돌을 준비하여 골리앗에게 나아갑니다. 다윗이 골리앗을 물리침으로 하나님께 영광 돌릴 수 있었던 최고의 방법은 물맷돌이었습니다.

학자들의 연구에 의하면 고대 근동에서 전쟁을 할 때에는 창과 칼을 사용하는 보병, 말을 타고 달리면서 적군을 기습적으로 공격하는 기마병, 멀리서 활을 쏘는 궁수, 물맷돌로 적군과 말이나 마차를 공격하는 물맷돌부대도 있었습니다(cf., 삿 20:16) 다윗이 준비한 물매의 끝에는 작은 가죽천이 있고 그 천의 양끝에는 두 줄이 묶여 있습니다. 1미터에서 길게는 2미터의 물매를 가속으로 회전시키다가 한 끝을 풀어 놓으면 가죽천 안에 들어 있던 날카로운 조약돌이 날아가면서 말을 맞추기도 하고 사람의 급소를 맞추면 엄청난 타격으로 사망하게 됩니다.

반면에 골리앗은 자기 손 안에 든 칼, 창, 몽둥이로 괴력을 발휘해 박살을 내는 것이 주특기였습니다. 골리앗의 키가 2m 90cm에 몸무게는 180kg-200kg쯤이니 보통 성인의 다섯 배에서 열배 정도의 괴력을 가지고 있었습니다.

골리앗의 치명적인 약점은 엄청난 몸무게로 무릎 관절이 약하여 행동이 다소 느릴 수밖에 없다는 것입니다. 의학자들이 골리앗을 분석해볼 때 당시 골리앗은 거인증을 앓아서 신체의 신진대사가 원활하지 못했습니다. 가족 거인증 때문에 머리 안의 뇌하수체종양이 뇌의 시신경을 압박해서 일반인보다 시야가 좁았습니다. 또 사물이 선명하게 보이지 않아 때로는 두 개로 보이는 문제점이 있었을 것으로 추정합니다.[14]

그 증거가 첫째는, 40절을 보면 다윗은 목동들이 사용하는 막대기, 즉 몽둥이를 하나 가지고 나아가지만 43절에서 골리앗은 몽둥이들을 가지고 자기에게 나아온다고 묘사합니다. 한글 번역본에는 막대기라고 번역했지만 원어를 살펴보면 막대기들 또는 몽둥이들로 번역할 수 있는 복수명사입니다. 시야에 문제가 있던 골리앗은 다윗의 막대기가 여러 개로 보였던 것입니다.

게다가 골리앗은 적군과 대결할 때 민첩성과 스피드가 현저하게 떨어지는 것이 치명적인 단점입니다. 43절에서 골리앗은 "내게 나아왔느냐"고 묻고 44절에서도 거듭 "내게로 오라"고 요청합니다. 골리앗이 먼저 민첩하게 다윗에게 달려드는 것이 아니라 주로 가만히 서 있으면서 다윗한테 자기에게로 나오라고 말합니다.

마지막 48절을 보면 골리앗의 동작은 느린 화면으로 보는 것 같고 반대로 다윗의 동작은 빠른 화면으로 보는 것 같습니다. "블레셋 사람이 천천히 일어나서 다윗에게로 마주하며 가까이 오려고 할 때에 반대로 다윗은 블레셋 사람을 향하여 빨리 달리며 손을 주머니에 넣어 돌을 가지고 물매로 던졌더니 블레셋 사람의 이마를 치매 돌이 그의 이마에 박히니 땅에 엎드려졌다."

다윗의 마음속에는 하나님의 영광을 모독하는 이 골리앗은 하나님이 반드시 심판하신다는 확신이 있었습니다. 문제는 자신이 어떻게 하나님의 심판을 대행할 것인가에 관한 것입니다. 다윗은 미리 골리앗의 장점과 약점을 충분히 파악했습니다. 그리고 자기의 주특기인 물맷돌을 이용하여 하나님의 심판을 대행하였습니다. 이 원리는 지금도 우리가 그대로 따라야 할 교훈입니다.

오늘날 우리가 미래로 나아가려고 할 때 우리의 앞길을 방해하고 서 있는 불확실성의 장애물을 어떻게 단방에 무너뜨릴 수 있을까요? 그 첫 번째 비결은 먼저 우리 마음속 심리적인 불확실성과 불안의 장애물이 무엇인지 분명하게 생각해 보시기 바랍니다. 내 새로운 사역과 관련한 미래 계획에 대한 불확실성인지, 새로운 전공분야에 대한 불확실성인지, 새롭게 만나는 사람들과의 인간관계의 불확실성인지, 그 심리적인 불확실성의 정체를 분명하게 특정해보시기 바랍니다.

두 번째로 심리적인 불확실성과 불안의 골리앗 앞에서도 하나님은 내 인생에 대해 결코 중도포기하지 않으심을 기억하시기 바랍니다. 중간에 포기하자고 하나님께서 나를 구원하신 것이 아님을 믿으시기 바랍니다. 하나님은 결코 나를 포기하지 않으십니다. 세 번째로 나를 결코 중도포기하지 않으시는 하나님을 믿는다면 지금 내가 겪는 절망적인 상황을 어떻게 극복할 것인가요? 미래 직장을 준비하거나 전공 공부를 하고 있다면 내가 과연 얼마나 좋아하는지요? 중독에 빠진 것이 아니라면 우리가 좋아하는 대부분의 일들은 하나님께서 달란트로 주신 은사일 가능성이 많습니다.

악기를 잘 연주하지는 못해도 연습하는 것이 즐겁다면 하나님께서 음악을 달란트로 주신 것입니다. 사람들을 만나 대화 나누는 것이 즐겁다면 앞으로 사람들을 올바른 진리로 인도하도록 전도자의 사명을 주신 것입니다. 논리적 사고로 지적인 호기심이 왕성하다면 하나님께서 그를 학자나 연구자로 인도하시는 것입니다. 내가 집중해서 하는 일들이 전혀 지루하지 않고 즐겁다면 하나님께서 그 일에 대한 열정과 관심을 달란트로 주신 것임을 믿고 그 일에 더욱 헌신하셔서 전문가 수준의 실력을 갈고 닦으시기 바랍니다. 그 실력을 통해서 우리 마음속의 골리앗을 무너뜨리고 하나님의 영광을 만방에 증명할 날이 반드시 오고야 말 것입니다. 이 은혜가 여러분과 함께 하시길 간절히 축원합니다.

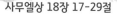

사무엘상 18장 17-29절

여호와의 싸움

하나님 나라와 영적 전쟁

하나님 나라는 세 가지로 구성됩니다. 일반적으로 나라라고 하면 주권, 국민, 영토 이 세 가지가 필요합니다. 대한민국이라고 하면 주권은 대한민국의 헌법을, 국민은 대한민국 사람들, 그리고 영토는 이 주권이 미치는 범위를 의미하므로 한반도와 독도를 포함한 지역이 영토입니다. 마찬가지로 하나님 나라에서 주권은 하나님의 말씀과 성령의 능력이고 국민은 신자들이고 영역은 이 세상과 오는 세상 전체, 우주 전체가 하나님 나라의 영역입니다. 하나님 나라는 성경에서 천국이라고도 표현되는데 천국에 대한 심각한 오해 중의 하나가 천국은 죽은 다음에 들어가는 영적인 영역으로 생각합니다.

하지만 하나님 나라는 우리가 죽은 후 들어가는 나라일뿐 아니라 지금 우리가 살아 있는 동안에 누리는 나라입니다. 즉, 하나님 나라는 우

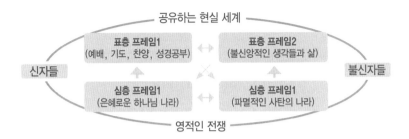

리가 지금 하나님 나라 통치를 따르면서 그 나라 시민으로 살고 있는 나라입니다. 그래서 하나님의 나라 천국은 나의 순종을 통해서 지금 우리가 사는 이 세상에 교회와 가정에서 이루어지는 나라입니다.

문제는 우리가 하나님이 말씀으로 통치하는 세상에서 순종하면서 영광돌리는 삶을 살고자 할 때 이를 적극적으로 방해하는 악한 세력이 존재한다는 것입니다. 그것이 바로 사단 마귀의 권세입니다. 사단이 아담을 유혹해서 타락하여 하나님의 영광을 가리기 시작한 이후로 사단의 나라는 계속해서 하나님 나라와 갈등을 일으키며 전쟁을 계속해 오고 있습니다. 우리 신자들은 예수 그리스도께서 재림하심으로 사단 마귀를 진멸하시는 마지막 날이 오기까지 계속해서 이 세상에서 진행되는 영적 전쟁에 참여합니다. 성경은 전체적으로 영적인 전쟁을 소개하고 있습니다. 영적인 전쟁은 하나님의 나라와 사단의 나라 사이의 능력 대결을 의미합니다.

여기에서 질문 하나 드립니다. 예수를 믿지 않는 사람들에게 하나님 나라와 사단 나라 사이의 영적인 전쟁이 이해가 될까요, 이해가 되지 않을까요? 이해가 되지 않습니다. 하나님이 통치하시는 천국이나 사단과의 영적 전쟁은 오직 하나님이 말씀으로 자기 자녀들에게 계시해 주시고 알려주셔야 깨달을 수 있습니다. 그것을 계시라고 합니다.

그래서 심층 프레임(deep frame)이라고 합니다. '심층(深層)'은 사람들 마음속을 의미하고 '프레임(frame)'은 문자적으로 구조나 틀을 의미합니다. 심층 프레임이란 사람들 마음속에 세상을 바라보며 특정한 말이나 특정한 행동을 하도록 자극하는 사고방식이나 세계관을 의미합니다. 신자들로서는 하나님의 말씀이 우리 심령 속으로 들어와 우리의 영안이 열려서 하나님의 나라를 알 수 있게 되었습니다. 즉, '하나님 나라의 말씀'이나 '예수 그리스도의 복음'이 신자들의 심층 프레임입니다.

그러나 불신자들은 하나님 나라도 모르고 자신들은 사단의 나라에 속했다는 사실도 모릅니다. 다만 자기 이전의 부모 세대로부터 물려받은 사고방식, 학교나 세상에서 교육을 받고 친구들과 어울려 지내며 영향받아 만들어진 세상적인 사고방식이 들어 있습니다. 이러한 세속적인 사고방식은 신자들 속에 있는 '하나님 나라의 말씀'과 서로 대조적인 위치에 있습니다. 그래서 이들의 심층 프레임을 심층 프레임1과 대조하는 위치에 둘 수 있습니다.

저와 여러분은 예수를 믿기 전에는 파멸적인 사단의 나라의 심층 프레임에 속해 있었습니다. 그러나 우리가 예수를 믿기 시작하고 말씀을 배우고 믿어 신앙생활을 시작하면서 마음속에 하나님 나라에 관한 심층 프레임을 갖기 시작합니다. 우리는 하나님 나라의 심층 프레임을 갖고 있고 불신자들은 사단 나라의 심층 프레임을 갖고 있습니다. 사단 나라라고 말하면 공격적인 표현이 될 수 있기에 '비기독교적인 심층 프레임'이라고 표현하겠습니다.

각자의 심층 프레임은 현실 세계에서 표층 프레임으로 드러납니다. 신자들의 경우에는 마음속에 새겨진 하나님의 말씀에 대한 신앙이 주일 예배에 참석하는 행동이나 기도와 찬양, 성경공부, 그리고 거룩한 성품의 표층 프레임으로 나타납니다. 반대로 불신자들의 심층 프레임은 그들 나름의 세속적인 언행으로 나타납니다. 물론 불신자들 중에서 자신의 비기독교적인 심층 프레임이 표층으로 표현되는 것을 알고 있는 사람도 있고 모르는 사람도 있습니다. 하지만 하나님이 우리를 보실 때 두 가지 심층 프레임은 명확하게 나뉠 수밖에 없습니다. 하나님의 눈은 마음 중심을 보시므로 어떤 사람의 표층 프레임이 아무리 그럴듯 하더라도 그 표층 프레임이 하나님 나라와 사단의 나라 중에 어느 쪽에 속한 것인지를 정확하게 아실 것입니다.

이 프레임들에서 우리가 주목할 점은 기독교적인 표층 프레임과 비기독교적인 표층 프레임 모두가 우리가 사는 이 세상에서 서로의 눈으로 보여줄 수 있다는 것입니다. 예를 들어서 예수 믿는 사람도 직장생활을 통해 자신이 신자인 것을 눈으로 증명할 수 있고, 예수를 안 믿는 사람도 직장생활을 통해 자신이 불신자인 것을 눈으로 증명할 수 있으며, 서로 함께 지내다보면 이를 충분히 알 수 있습니다. 그래서 두 개의 표층 프레임은 오늘 우리가 사는 현실 세계 속에서 서로에게 그 존재감을 나타내고 일정한 영향을 주고 받습니다. 이렇게 신자와 불신자는 겉으로는 현실 세계를 함께 공유하지만 그 저변에서는 영적인 전쟁이 진행되고 있습니다.

오늘 본문의 말씀을 통해서 하나님은 어떻게 영적인 전쟁을 승리로 이끌어 가시는지에 대해서 함께 살펴보고자 합니다.

하나님 마음에 합한 사람

1. 최고 스타 다윗

사무엘상 18장 앞에서 다윗은 블레셋의 영웅 골리앗을 한 방에 쓰러뜨리면서 일약 이스라엘 최고 스타로 떠오릅니다. 오늘날 한국 최고의 인기스타는 방탄소년단이라고 할 수 있는데 당시 다윗은 어쩌면 방탄소년단보다 더 멋있는 최고 스타로 떠올랐습니다. "무리가 돌아올 때 곧 다윗이 블레셋 사람을 죽이고 돌아올 때에 여인들이 이스라엘 모든 성읍에서 나와서 노래하며 춤추며 소고와 경쇠를 가지고 왕 사울을 환영하는데 여인들이 뛰놀며 노래하여 이르되 사울이 죽인 자는 천천이요 다윗은 만만이로다 한지라"(삼상 18:6-7).

소년 다윗이 블레셋의 최고 장수 골리앗을 물맷돌 한 방으로 물리친 사건은 참으로 대단한 사건이 아닙니까? 나라 전체가 블레셋의 노예가 될 판에 물맷돌 한 방으로 이스라엘을 구해 주었습니다. 모든 사람들이 다윗에게 열광하고 있습니다. 그런데 오직 한 사람만 다윗의 목을 향하여 칼을 갈기 시작합니다. 그가 바로 사울왕입니다.

왜 그렇습니까? 사울왕의 입장에서는 다윗이 사람들로부터 칭찬을 받는 것이 자기 왕권을 빼앗아가는 잠재적인 경쟁자로 보이기 때문입니다. 사울왕은 다윗의 인기 저변에 자기 왕권을 빼앗을 나쁜 동기가 숨어 있다고 보는 것입니다. 다윗은 당시 그런 마음이나 동기가 전혀 없었습니다. 그렇다면 사울왕이 그렇게 지나친 착각 속에서 다윗을 죽이려고 하는 이유는 무엇일까요? 사울왕이 하나님의 말씀에 불순종하면서 점차 주변 상황을 하나님의 시각으로 바라볼 줄 모르고 자기가 움켜쥔 세속적인 왕권에 집착합니다. 그래서 이스라엘 왕위에 올라앉은 자신을 중심으로 다윗의 찬사를 위협적으로 듣습니다. 내가 이스라엘 왕의 보좌에 앉아 있는데 누가 나보다 더 많은 찬사를 받을 수 있단 말인가? 그런 놈을 가만 내버려두면 자기 왕위를 넘볼 테니 반역의 죄를 범하기 전에 미리 죽여야 한다는 것입니다.

사울왕이 이토록 집요하게 다윗을 시기질투하고 있을 때 정말로 그가 놓치고 있는 것이 하나 있었습니다. 사울왕이 다윗을 시기질투하는 과정에서 자기도 모르게 하나님 나라를 대적하는 사단 마귀의 하수인이 되어가고 있다는 사실입니다. 사울왕이 다윗을 향하여 질투심의 칼을 갈기 시작하면서 하나님 나라와 사단 나라의 두 왕국 사이에 영적인 전쟁이 전면전을 향하여 치닫기 시작합니다. 이를 앞서 설명한 심층 프레임과 표층 프레임의 대결 구조로 그려볼 수 있습니다.

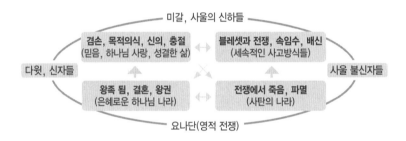

이 도표는 앞의 도표와 동일합니다. 앞에서처럼 네 가지 프레임과 네 종류의 사람들이 등장합니다. 아래의 심층 프레임 두 개, 위의 표층 프레임이 두 개가 있습니다. 먼저 다윗은 은혜로운 하나님 나라를 바라보면서 겸손과 신의를 표층 프레임으로 표현합니다. 그 반대편에 사울왕은 심층에 사단의 나라 프레임에 붙잡혀 있고 그러한 내면의 심층 프레임을 속임수와 배신 같은 세속적인 표층 프레임으로 표현합니다.

요나단은 두 심층 프레임을 간파한 인물로 등장합니다. 성경의 내러티브가 요나단처럼 두 심층 프레임을 간파한 인물을 동원하는 이유는 독자들의 시선을 두 심층 프레임을 제대로 간파한 인물의 시선과 일치시키기 위함입니다. 요나단은 성령 하나님의 감동으로 다윗을 향한 하나님의 섭리를 간파함과 동시에 사울왕이 다윗을 죽이려고 하는 것이 하나님의 뜻과 정면 배치되는 것을 간파합니다. 요나단은 사울왕을 설득해서 다윗을 죽이지 못하도록 하지만 사울왕이 포기하지 않으리라는 것을 깨닫고 다윗을 피신시킵니다.

반면에 미갈은 사울왕의 심층 프레임을 잘 이해하지 못합니다. 그리고 다윗이 자신의 사랑을 동일한 열정이 담긴 사랑으로 받아주기에는 그 마음속에 하나님 나라에 관한 야망이 너무 크다는 것도 눈치채지 못합니다. 그저 당시 현실 세계의 표면적인 차원에 머무르면서 다윗이 이스라엘의 방탄소년단처럼 일약 영웅으로 떠오르자 그 영웅을 짝사랑할 뿐입니다. 신하들도 심층 프레임을 모르고 그저 사울왕의 명령대로 움직일 뿐입니다. 이런 내용이 사무엘상 18장이 전달하는 개념들의 전체적인 윤곽입니다.

그런데 18장 11절에서 사울왕은 본격적으로 다윗을 죽이려는 마음속의 악한 의도를 실행에 옮기기 시작합니다. 다윗을 그냥 살려두면 사무엘 선지자가 경고한대로 자기 왕권이 빼앗기겠다 생각해서 다윗을 죽이려고 합니다. 창을 던져서 죽이려고 하는데 다윗이 재빨리 피해서 번번이 실패합니다(삼상 18:11).

그래서 좀 더 은밀한 음모를 꾸미는 것이 자기 맏딸 메랍을 다윗에게 아내로 주겠다는 것입니다(삼상 18:17). 오늘 설교 제목이 '여호와의 싸움'인데 전쟁터에서 여호와 하나님이 직접 다윗 속에 들어가서 적군을 물리치듯이 그렇게 확실하게 적군을 물리치는 것을 말합니다. "내가 너를 내 사위 삼을 것이니 너는 계속 블레셋과 싸우라." 당시 다윗은 왕족이 아니기에 사울왕의 사위가 될 수 없습니다. 사울왕은 마치 다윗에게 파격적인 제안과 과분한 은혜를 베푸는 것처럼 보입니다. 게다가 사울왕은 "여호와의 싸움을 싸우라"고 거룩한 단어까지 사용하면서 다윗을 격려하는 것처럼 보입니다.

2. 여호와 전쟁의 아이러니

그러나 사울왕이 제안하는 숨은 의도는 무엇입니까? 자기 손으로 다윗을 직접 죽이지 않겠다는 것입니다. 다윗이 블레셋 사람들과 싸우다 전쟁터에서 죽어버리도록 하겠다는 것입니다. 그런 심층 프레임의 악한 동기를 숨기고서 다윗에게는 표면적으로 무슨 단어를 사용합니까? 여호와의 전쟁입니다. 가장 거룩한 단어를 사용하고 있습니다. 과연 사울왕은 '여호와의 전쟁'에 대해서 어느 정도 알고 다윗에게 말하고 있을까요? 사울왕은 '여호와의 전쟁'의 실체를 전혀 아는 바가 없었습니다. 그저 표면적으로 '확실한 승리가 보장된 전쟁' 정도로만 알고 있었을 뿐입니다.

하지만 하나님의 신비는 사울왕과 다윗 사이에 여호와의 전쟁을 치르는 과정을 통해서 다윗을 이스라엘의 군왕의 자리로 인도하고 계신다는 사실입니다. 사울왕은 '여호와의 전쟁'을 통해서 다윗을 죽이려고 하지만 반대로 하나님은 '여호와의 전쟁'을 통해서 사울을 폐하시고 다윗을 세우시려고 하십니다.

다윗이 사울왕에게서 이러한 제안을 들었을 당시에 다윗은 그런 하나님의 내막은 전혀 알 수 없었습니다. 그저 자신의 본래 성품대로 사울의 제안을 겸손하게 거절합니다. 18절입니다. "나처럼 천한 사람이 어찌 왕의 사위가 될 수 있겠는지요? 저는 언감생심 감히 바랄 수도 없고 생각할 수도 없는 비천한 사람입니다." 이렇게 다윗의 표층 프레임은 겸손한 성품을 보여주었습니다.

그런데 사울이 악한 의도를 달성하기 어려워졌습니다. 그 이유는 19절의 말씀처럼 당시 사울왕의 딸 메랍은 이미 아드리엘에게 시집을 가버린 상태여서 메랍을 아드리엘에게서 빼앗아 올 수도 없습니다. 그런데 일이 묘한 것이 20절에 사울의 딸 미갈이 다윗을 짝사랑합니다. 그 사실이 사울왕의 귀에 들어갑니다. 메랍은 이미 결혼해서 음모를 실행하지 못해 아쉬웠는데 이제 잘 됐다 싶어서 다윗에게 당장 오늘 사위가 되어달라고 제안합니다. 그리고는 신하들에게 자기 말을 다윗에게 전하라 합니다. 이번에도 다윗은 자기는 비천한 출신이기 때문에 절대로 왕의 사위가 될 수 없다고 겸손하게 거부합니다. 사울왕은 다윗이 이번에도 거절할 것을 미리 짐작하고서 신하들을 통해서 왕의 원수의 보복으로 블레셋 사람들의 포피 100개를 가져달라고 제안합니다(삼상 18:25).

이 두 번째 제안을 들었을 때 다윗은 이를 좋게 생각합니다. 왜 그럴까요? 지금 다윗은 사울왕이 자기를 죽이려고 음모를 꾸민 것을 깨닫지 못했습니다. 왕의 사위가 되라는 것은 자기가 골리앗도 무찌르고 사울왕의 천부장으로서 일처리도 잘하니까 자기를 가까이 두고 싶어서 그러려니 생각합니다. 또 블레셋 사람들 포피를 100개를 원하신 것은 사울왕이 그만큼 블레셋 군사들을 미워하니 그런 제안을 했을 것이라 막연하게 생각했습니다.

물론 미갈이 자기를 좋아하는 것이 다윗이 왕의 사위가 되어야 하는 하나의 이유가 될 수도 있습니다. 그러나 다윗은 미갈이 자신을 사랑하는 애정과 열정만큼 그녀를 사랑할 수 없었습니다. 다윗에게는 미갈의 사랑보다 더 중요한 것이 있었습니다. 그것은 자신이 왕의 사위가 된다는 것은 하나님께서 자기 머리에 기름을 부으시면서 약속하신 이스라엘의 지도자가 되는 약속이 성취되는 중요한 방법이라 생각했습니다.

말하자면 미갈은 사랑만 있으면 다윗과 결혼할 수 있는데 다윗은 미갈처럼 그럴 수 없습니다. 사랑만으로 결혼할 수 없습니다. 자기가 왕의 사위가 됨으로써 하나님의 약속이 성취될 수 있겠다는 야망이 미갈과 결혼하는 중요한 조건으로 작용하고 있었습니다. 결혼 적령기에 있는 청년들이 참고하시기 바랍니다. 자매들의 입장에서는 맘에 드는 형제를 사랑하는 것이 결혼하는 이유 전부가 될 수 있습니다. 하지만 형제들의 입장에서는 자매를 사랑하는 것이 결혼하는 이유 전부가 아닐 수 있습니다. 자매는 결혼을 사랑이라는 정서를 중심으로 좁게 생각한다면 형제는 결혼을 사랑도 중요하지만 앞으로 이 자매를 평생의 동반자로 여기고 어떻게 행복한 가정을 꾸리면서 살아갈 것인가 좀 더 거시적으로 생각하는 성향이 있습니다.

다윗이 지금 그런 상황입니다. 다윗이 나이 어린 목동 신분으로 있을 때 하나님이 사무엘 선지자를 통해서 자기 머리에 기름을 부으면서 내가 너를 이스라엘의 지도자로 삼겠다고 약속하셨습니다. 처음에는 그 약속이 너무나 허무맹랑한 약속이라 생각했습니다. 그러나 골리앗을 무찌르고 자기 인기가 하늘을 찌르며 사울왕의 궁궐에 들어오고 이스라엘 군사의 총사령관 천부장이 되면서 점차 그 약속이 생각납니다. 정말 내가 하나님 약속 그대로 이스라엘 군왕의 자리에 오르는 것은 아닌가?

그러나 다윗 가문의 배경이 군왕은 커녕 왕족 신분도 아닙니다. 그저 들판에서 양이나 돌보는 목동에 불과합니다. 그런데 어느 날 갑자기 사울왕과 주변 신하들이 자기더러 왕의 사위가 되라고 합니다. 당시 다윗은 자기가 왕의 사위가 되는 것이 어쩌면 하나님의 약속이 성취되는 가장 빠른 방법이라고 기대했을 것입니다.

그런데 그 결혼 조건이 블레셋 사람들의 포피 100개를 가져오라는 것입니다. 포피는 블레셋 군사들의 남자 성기를 의미합니다. 왜 사울왕은 블레셋 군사들의 남자 성기 100개를 요구했을까요? 이것이 무슨 엽기적인 요구일까요? 다윗 당시 이스라엘 남성들은 모두 태어난 지 8일 만에 성기 끝부분 피부를 잘라냈습니다. 이를 할례라고 합니다. 당시 오직 이스라엘 남자들만 할례를 받았습니다. 할례를 받지 않았다면 그는 반드시 이방인이고 이스라엘과 인접한 이방인 남자라면 그는 반드시 블레셋 남자입니다. 할례 받지 않은 남자의 성기 100개를 가져오라는 것은 블레셋 군사 100명을 죽이고 그가 죽었다는 증거로 성기를 잘라 오라는 것입니다. 그야말로 엽기와 광기의 절정이라고 해야 할 것입니다.

이렇게 끔찍한 요청인데도 다윗은 왕의 사위가 되는 것을 좋게 여깁니다. "하나님은 이런 방법을 통해서 나를 향한 그분의 계획을 성취하시려나보다." 27절을 보면 다윗은 그런 간절한 기대감을 가지고 부하들과 함께 캄캄한 밤공기를 가르고 적진으로 들어갑니다. 다윗은 특공대와 함께 가서 블레셋 사람을 200명을 죽입니다. 그리고 포피를 200개를 베어 가져다가 수대로 왕께 드렸습니다. 사울왕은 100개를 요구하면서 그 정도면 다윗도 죽을 것이라고 생각했는데 2배로 200명을 죽여 200개의 포피를 가져다 줍니다. 사울왕으로서도 기절초풍할 노릇입니다. 하지만 다윗은 사울왕이 약속을 이행하기를 원하니 할 수 없이 미갈을 다윗에게 아내로 줍니다.

이 이야기의 결론은 두 가지로 끝납니다. 첫째는 28절 말씀이고 둘째는 29절 말씀입니다. 첫째는, 28절에 여호와께서 다윗과 함께 계심을 사울왕과 주변 사람들은 분명하게 깨닫고 인정할 수밖에 없었다는 것입니다. 사울왕은 다윗을 죽이려고 세 가지를 이용했습니다. 자기 딸 미갈의 사랑을 이용하고, 사위라는 왕족의 일원이 될 수 있는 미끼를 이용하고, 또 블레셋 군사들을 이용했습니다. 그러나 다윗은 이 모든 위기를 기회로 만들어서 결국은 왕족의 일원이 되고야 맙니다. 어떻게 사울왕의 음모와 계략이 번번이 실패했을까요? 그것은 하나님께서 다윗을 향하여 작심하고 계신 것이 있었기 때문입니다. 하나님이 다윗을 이스라엘의 지도자로 세우시겠다면 그 누구라도 그 무엇으로도 막을 수 없습니다.

둘째로, 하나님이 다윗과 함께 하신다는 사실이 분명해졌으면 이제 사울왕은 어떻게 해야 할까요? 다윗을 더욱 인정해 주고 격려해 줘야 합니다. 그러나 오히려 반대의 길을 갑니다. 29절에 사울이 다윗을 더욱 두려워하여 평생에 다윗의 대적이 됩니다. 다윗의 일생을 자세히 살펴보면 다윗이 사울왕의 사위가 되는 이 사건을 계기로 사울과 다윗은 사울이 죽을 때까지 평생 원수로 지냅니다. 사위가 되었는데 왜 서로 원수가 됩니까? 그 이유는 다윗이 사울왕의 사위가 됨으로 왕족이 되어 하나님의 약속이 실현될 수 있는 결정적인 교두보를 확보합니다. 이 일을 계기로 다윗과 사울왕의 갈등은 서로 돌아올 수 없는 강을 건너버릴 정도가 되고 맙니다.

3. 예수님의 사역을 예표하는 다윗

이상의 내용이 오늘 우리에게 교훈하는 메시지는 무엇일까요? 세 가지 의미가 있습니다. 첫째는, 다윗의 인생은 예수님의 사역을 예표합니다. 다윗이 사울왕의 사위가 되고 왕족의 일원이 된 것은 영적으로 볼 때 그가 하나님 나라를 세우는 기초석을 놓은 것입니다. 다윗이 사울왕의 사위가 됨으로써 비로소 다윗은 여호와께서 다윗을 통해서 사단 마귀의 권세를 물리치고 하나님 나라를 세우는 여호와의 싸움, 공식적인 여호와의 싸움의 출발점에 선 것입니다. 다윗이 여호와의 싸움의 출발점에 선 것은 예수님께서 하나님 나라를 완성하기 위하여 이 세상에 아기 예수로 태어나신 것을 예표하고 또 공생애를 시작하신 것을 예표합니다. 다윗과 예수님이 여호와의 싸움의 출발점에 들어섰다는 것입니다.

두 번째는, 다윗과 예수님이 여호와의 싸움의 출발점에 들어서자마자 성령의 능력도 강력하게 역사합니다. 그러나 그를 죽이려는 악령의 역사도 강력하게 나타나기 시작합니다. 그것이 29절의 의미입니다. 사울이 다윗을 더욱 두려워하여 평생에 다윗의 대적이 되었습니다. 다윗이 사울왕의 사위가 되는 순간부터 평생토록 다윗의 대적이 되었습니다. 이와 마찬가지로 예수님께서도 아기 예수로 탄생하셔서 여호와의 싸움의 출발점에 들어서는 순간에 사단 마귀가 총공격을 시작합니다. 사단 마귀가 헤롯을 충동질해서 아기 예수를 죽이려고 했습니다. 또 공생애를 시작하려고 할 때에도 사단 마귀를 보내서 예수님을 시험하면서 예수님이 공생애를 시작하지 못하도록 방해했습니다. 이렇게 여호와의 싸움의 출발점에 들어서는 순간부터 사단 마귀의 총공격이 시작되었음을 본문은 교훈합니다.

4. 하나님의 승리를 누리는 비결

마지막으로 본문이 지금 저와 여러분에게 적용적인 차원에서 교훈하는 의미가 있습니다. 다윗과 예수님이 여호와의 싸움을 시작했던 것처럼 저와 여러분도 예수를 믿어 신앙생활을 시작하는 순간부터 영적인 전쟁이 시작됩니다. 예수를 믿는 청년들의 입장에서 가장 심각한 영적인 전쟁은 사람의 일과 하나님의 일을 잘 구분하지 못하는 것, 또는 잠깐 휘몰아치는 인간적인 감정과 하나님 나라를 향한 지속적인 열망을 쉽게 구분하지 못하는 것입니다. 예를 들어 내가 공무원 시험을 준비하려고 하는데 이것이 내 개인적인 욕심인지 하나님의 뜻인지 구분하기가 쉽지 않습니다.

이것을 구분하는 중요한 기준은 세 가지입니다. 첫째는, 성령의 아홉 가지 열매에 관한 비전과 둘째로, 지속성 여부 셋째는, 현실적인 실행력입니다. 첫 번째 기준이 성령의 아홉 가지 열매에 관한 비전입니다. 예를 들어 공무원 시험을 준비해서 공무원이 되고자 할 때 이것이 내 욕심인지 하나님의 뜻인지 고민합니다. 만일에 예수를 믿지 않는 청년들처럼 고소득 연봉과 안정적인 직장과 명예 때문에 좋은 회사에 취직하거나 공무원 시험에 합격해야 한다면 하나님의 뜻이라고 주장하기 어렵습니다.

반대로 사랑과 희락과 화평과 오래 참음과 자비, 양선, 충성, 온유,

절제와 같은 거룩한 성품의 차원에서 이 땅에 내 도움이 필요한 사람들을 도와주려는 마음이 늘 내 마음 한 구석에서 떠나지 않는다면 그것은 하나님의 뜻입니다. 오늘날 온갖 부정과 비리와 음란과 성폭력이 만연한 이 어려운 세상을 공평과 정의가 강물처럼 흐르도록 대한민국의 한 구석이라도 좀 바꿔보겠다면 그것은 하나님의 뜻입니다.

두 번째 기준은 지속성입니다. 불신 청년들은 눈에 보이는 대로 마음이 갑니다. 돈이 많은 부자를 바라보면 나도 돈을 많이 벌어야겠다. 명예를 가진 사람을 보면 나도 저 사람처럼 떵떵거리면서 살아야지. 그래서 그 마음속의 욕망이 자주 바뀝니다. 그러나 어떠한 고난이 닥쳐온다 하더라도 법률적인 지식이 부족해서 억울하게 고난을 당한 사람들의 피눈물을 닦아주고 싶다. 캄캄하고 답답한 이 대한민국 한 구석만큼이라도 무지와 타락과 탈선의 문제를 몰아내고 싶다. 그러면 그 마음이 쉽게 사라지지 않고 지속됩니다. 1년이 가고 2년이 가도 쉽게 사라지지 않습니다. 이것은 바로 하나님이 주신 마음입니다.

마지막 기준은 현실적인 준비와 실행력입니다. 하나님이 나는 외국으로 나가서 살아보라는 소원을 주신 것 같습니까? 그럴 수 있습니다. 그러나 그것이 개인적인 소원에서 나아가 하나님의 분명한 뜻이라면 1년, 2년 꾸준히 흔들림 없이 외국어 공부를 해야 합니다. 외국에 나가는 비전은 있으나 외국어를 열심히 공부하지 않거나 공부 기간이 1년 미만으로 꾸준하지 않다면 그것은 하나님의 뜻이 아니라 내 순간적인 욕심일 가능성이 많습니다.

주께서 오늘도 우리 안에서 말씀과 성령의 능력을 공급하시며 여호와의 싸움을 싸우고 계십니다. 이 싸움에서 여호와가 결국 우리의 승리자 되심을 늘 기억하며 담대하게 나아가시기 바랍니다.

사무엘상 19장 4-24절

충돌하는 영적 도전의 말씀

사울왕의 사례가 신자들에게 적용되는가?

구약성경 사무엘상을 해석할 때 매우 어려운 문제가 하나 있습니다. 사울왕을 신자의 신앙생활에 어떻게 적용할 것인가 하는 것입니다. 하나님은 사울왕을 이스라엘의 최고 군왕으로 특별히 선택하여 그 머리에 기름 부으시고 그 마음에 성령 하나님을 보내셔서 그를 감화 감동하셨습니다. 사울왕은 크신 하나님의 은혜와 능력에도 불구하고 왜 계속해서 하나님의 말씀을 대적하고 악행을 저질렀을까요? 그는 무당을 통해서 귀신을 불러내는 범죄까지 저질렀습니다. 마지막은 전쟁터에서 비참한 최후를 맞이하였습니다. 과연 이런 사람이 하나님의 선택을 받았다고 할 수 있을까요? 사울이 만일 지옥에 갔다면 신자들도 열심히 예수를 믿다가 타락해서 지옥에 간단 말인가요?

이런 문제를 풀어갈 수 있는 좋은 방법이 있습니다. 그것은 사울왕을 신자의 롤 모델이 아니라 불신자의 롤 모델로 해석하는 것입니다. 우리는 사울왕을 통해 타산지석(他山之石)의 교훈, 반면교사(反面教師)의 교훈을 얻는 것입니다.

1. 사울왕의 영적인 무지

19장 1절은 이렇게 시작합니다. 사울이 그의 아들 요나단과 모든 신하들에게 다윗을 죽이라는 명령을 하달하였습니다. 그러나 당시 사울왕의 신하들과 대부분의 이스라엘 백성들은 다윗이 이스라엘의 구세주나 다름 없습니다. 그런데 신하들 중에 그 누구도 사울왕의 뜻을 반대하지 못합니다. 사울은 그 머리에 기름 부음 받아 세워진 이스라엘의 임금님입니다. 이 땅에서 하나님의 뜻을 대행하는 하나님의 지도자와 같습니다.

그 누구도 사울왕에게 대항하지 못하는데 사울왕의 아들 요나단이 목숨을 걸고 나서서 직언을 고합니다. "요나단이 그의 아버지 사울에게 다윗을 칭찬하여 이르되 원하건대 왕은 신하 다윗에게 범죄하지 마옵소서 그는 왕께 득죄하지 아니하였고 그가 왕께 행한 일은 심히 선함이니이다 그가 자기 생명을 아끼지 아니하고 블레셋 사람을 죽였고 여호와께서는 온 이스라엘을 위하여 큰 구원을 이루셨으므로 왕이 이를 보고 기뻐하셨거늘 어찌 까닭 없이 다윗을 죽여 무죄한 피를 흘려 범죄하려 하시나이까"(삼상 19:4-5).

요나단이 다윗을 위하여 구명운동을 벌이는 이유가 있습니다. 어떤 학자는 요나단과 다윗의 우정을 동성애적인 우정으로 설명하는데 이는 어이없는 해석입니다.[15] 요나단은 성령의 감동으로 다윗을 하나님의 관점으로 바라봅니다. 다윗이야말로 이스라엘을 블레셋의 손에서 구원하기 위하여 하나님이 보내주신 메시아로서 기름 부음 받은 사람이라는 믿음으로 하나님의 말씀을 선포하고 있는 것입니다.

이때 사울왕은 뭐라고 대답합니까? '알았다! 내가 죽이지 않겠다!' 개인적인 화법으로 대답하지 않습니다. "여호와께서 살아계심을 두고 맹세하노니 그가 정녕 죽임을 당하지 아니하리라" 사울왕은 무슨 목적으로 거창한 신앙적인 수사법을 사용하며 대답하는 것일까요?

"여호와 하나님의 살아계심을 두고 맹세한다"는 표현은 사실상 하나님께서 가장 먼저 사용하신 표현입니다. 민수기 14장으로 가면 하나님께서 이스라엘 백성들을 애굽에서 구원하신 다음에 광야에서 인도하십니다. 그런데 광야에서 이스라엘 백성들이 거듭하여 하나님의 계명에 불순종합니다. 그때 민수기 14장 11절에서 여호와 하나님이 진노하셔서 이스라엘 백성 전체를 전염병으로 몰살하고 모세 한 사람으로부터 다시 크고 강한 나라를 만들겠다고 하십니다.

이때 모세가 이스라엘을 위하여 중보기도를 합니다. "하나님이 이스라엘에 실망하고 진노하셔서 다 죽여버리면 이방 백성들이 하나님을 조롱할 것입니다. 여호와 하나님의 은혜와 사랑이 이스라엘 백성들의 패역함을 감당하지 못해서 결국은 다 멸망시켰다고 하나님의 은혜와 사랑이 수준 낮다고 조롱할 것입니다."

그러자 하나님께서 자기가 살아 있음을 두고 스스로 맹세하십니다. 이스라엘을 당장 몰살시키지는 않겠다고 스스로 맹세하십니다. "여호와께서 이르시되 내가 네 말대로 사하노라 그러나 진실로 내가 살아 있는 것과 여호와의 영광이 온 세계에 충만할 것을 두고 맹세하노니 내 영광과 애굽과 광야에서 행한 내 이적을 보고서도 이같이 열 번이나 나를 시험하고 내 목소리를 청종하지 아니한 그 사람들은 내가 그들의 조상들에게 맹세한 땅을 결단코 보지 못할 것이요 또 나를 멸시하는 사람은 한 사람도 그것을 보지 못하리라 그러나 내 종 갈렙은 그 마음이 그들과 달라서 나를 온전히 따랐은즉 그가 갔던 땅으로 내가 그를 인도하여 들이리니 그의 자손이 그 땅을 차지하리라"(민 14:20-24). 하나님께서 자신의 살아계심을 두고서 스스로 맹세하여 이스라엘을 당장은 용서해 주지만 하나님의 말씀에 불순종하는 사람은 결단코 약속의 땅으로 들어오지 못한다고 말씀하십니다.

이렇게 모세의 중보기도에 하나님이 스스로 맹세하셔서 이스라엘 백성들이 불같은 하나님의 진노에서 살아남을 수 있었습니다. 그래서 하나님의 살아계심을 두고 맹세한다는 것은 반드시 지키겠다는 최고의 맹세를 의미합니다. 하나님을 심판관으로 앞세우고 그 앞에서 맹세하는데 이보다 더 분명하고 확실한 맹세가 없겠지요. 그래서 이스라엘 백성들은 하나님께 제사를 드리거나 중요한 계약을 맺을 때 이런 표현을 사용하였습니다(삿 8:19; 룻 3:13).

하지만 사울왕은 거룩하신 하나님의 임재라는 생각과 인식을 백성들에게 자기가 원하는 것을 얻어내는 수단과 협박으로 이용하고 있습니다. 사무엘상 14장 39절에서 사울왕은 블레셋과 전쟁을 할 때 이스라엘 군사들의 사기를 끌어올리려고 일방적으로 금식을 선포합니다. 음식을 먹으면 하나님의 살아계심을 두고 맹세하거니와 반드시 그가 죽임을 당할 것이라고 군사들이 하나님과 맹세 하도록 심리적인 압박을 가합니다.

충돌하는 영적 도전의 말씀 | 사무엘상 19장 4-24절

2. 요나단의 임마누엘 신앙

그런데 자기 아들 요나단은 그런 맹세를 듣지 못했고 들판에서 벌꿀을 먹고 기운을 차려 블레셋 군사들을 크게 물리쳤습니다. 전투가 끝나고 요나단이 벌꿀을 먹은 것이 발각되어 결국 처형을 당할 처지가 되었습니다. 이때 이스라엘의 온 백성들이 반대합니다. 이스라엘이 누구 덕분에 블레셋의 손에서 구원을 받았습니까? 요나단을 죽이면 안 된다고 모든 백성들이 반대합니다.

이스라엘 백성들이 사울왕 앞에서 이구동성으로 요나단을 변호하는 이유가 무엇입니까? 단순히 요나단이 블레셋을 물리쳐 주었기 때문입니까? 고맙고 감사해서 이스라엘 백성들이 죽어가는 요나단을 살리려고 합니까? 그것이 아닙니다.

더 중요한 이유는 성령 하나님이 요나단과 함께 하셨기 때문입니다. 이스라엘 백성들은 요나단의 승리를 통해서 성령 하나님이 지금 요나단과 함께 하고 있다는 사실을 깨달았습니다. 성령 하나님께서 이스라엘 백성들의 마음을 감동하셔서 "하나님이 함께 동역한 사람은 결코 죽임을 당할 수 없다"는 믿음의 고백에 한 마음으로 공감하게 만드셨습니다. 성령 하나님이 이스라엘 백성들의 간청 속에 역사하셨기 때문에 결국 요나단은 죽음을 면할 수 있었습니다. 여기에서 두 가지 교훈을 발견할 수 있습니다.

첫째는, 오늘날 우리가 드리는 일상에서의 믿음의 고백은 우리 마음 속에 성령 하나님이 함께 하고 계시다는 것입니다. 우리가 늘 고백하는 신앙 고백이 무엇입니까? 하나님이 우리와 함께 동행하신다는 믿음의 고백이 아닙니까? 그 믿음의 고백을 예배 시간만이 아니라 집,

학교, 직장에서 그리고 늘 마음속으로 고백하고 있습니다. 이 신앙 고백은 성령 하나님이 우리와 함께 하시기 때문에 흘러나오는 고백인 줄 믿습니다.

둘째는, 우리가 신앙 고백으로 다른 사람을 설득할 때 그 속에도 성령 하나님이 함께 하고 계시다는 사실입니다. 우리가 상대방을 설득할 때 세상의 이익이나 보상으로는 잠깐 몇 사람을 설득할 수 있습니다. 하지만 모든 사람들을 영원히 설득할 수 있는 것은 오직 하나님의 말씀뿐입니다. 우리 입술에 성령 하나님께서 함께 감동해 주셔야만 모든 사람들을 영원히 설득할 수 있습니다. 이러한 성령 하나님의 감동이 지금 요나단과 함께 하고 있습니다.

이에 어떤 결과가 일어났습니까? 사울왕이 이렇게 고백하고 있습니다. "내가 여호와 하나님의 살아계심을 두고 맹세하거니와 그가 결코 죽임을 당하지 않을 것이다." "여호와 하나님의 살아계심을 두고 맹세한다"는 뜻이 무슨 뜻입니까? 여호와 하나님께서 지금 내 머리 위에 재판관으로 강림하신 것을 내가 의식한다는 것입니다. 그 재판관이 내 말과 행위를 저울로 달아서 의로우면 복을 주시고 불의하면 저주하실 것을 믿고 그 앞에 약속하겠다는 것입니다. 이렇게 대답할 정도라면 사울은 분명 하나님의 영에 감동을 받은 것이 분명합니다.

3. 말씀을 거역하는 사울왕

하지만 사울왕의 문제점은 한 번 감동을 주셨던 성령 하나님께서 그 마음 중심에 지속적으로 내주하시고 동행하지 못한다는 것입니다. 사울왕 마음 중심에는 하나님의 말씀보다는 왕권을 지키고 유지하려는 욕망이 꺼지지 않는 불길처럼 맹렬히 타오르고 있습니다. 이 불길이 작은 새싹처럼 움터오르려는 말씀 순종의 의지를 여지없이 불태워 재로 만들어버립니다.

사무엘상 19장 8절에서 이스라엘 백성들이 블레셋과 다시 전쟁이 일어나 다윗이 또 다시 자기 목숨을 돌보지 않고 맹렬히 싸웠습니다. 거듭하여 이스라엘은 다윗 덕분에 블레셋에서 구원 받을 수 있었습니다. 이스라엘의 모든 백성들이 다윗을 칭찬하고 하나님께 감사했습니다. 그런데 오직 한 사람 사울왕은 전혀 다른 생각이 들었습니다.

'저렇게 다윗이 사람들에게 인기를 한 몸에 받으면 내 왕권은 어떻게 되는가?' 자기 왕권이 무너질 걱정을 하고 있습니다. 이 순간에는 하나님도 보이지 않습니다. 오직 저 놈을 죽이지 않으면 나는 정말 죽을 수밖에 없겠다는 불같은 증오심이 심장을 죄어올 따름입니다. 그래서 10절에 사울이 갑자기 옆에 있던 단창을 들어 다윗을 향하여 던집니다. 며칠 전까지만 하더라도 사울왕은 하나님이 다윗과 함께 동역한다고 신앙고백을 했지만 그것도 잠깐 뿐입니다. 상황이 자기 왕권에 불리하게 돌아간다 싶으니 180도 바뀌어서 이제 다윗을 죽이려고 합니다.

사울왕이 왕권에 집착하며 다윗을 경쟁자로 질투하니 결국 마음속에서 성령 하나님의 감동까지 밀쳐내고 있습니다. 이 모습을 예수님은 마태복음 13장 22절에서 하나님의 말씀이 가시떨기에 뿌려진 사람으로 비유하십니다. "가시떨기에 뿌려졌다는 것은 말씀을 들으나 세상의 염려와 재물의 유혹에 말씀이 막혀 결실하지 못하는 자"입니다. 이렇게 사울은 계속해서 하나님의 말씀을 거부하고 다윗을 죽이려고 합니다.

다윗은 하는 수 없이 도망쳐서 사무엘 선지자가 살고 있는 라마로 갑니다. 왜 라마로 도망간 것입니까? 다윗 자신은 하나님으로부터 기름 부음을 받았는데 사울왕이 자기를 죽이려고 하니 이 모든 상황이 이해 되지 않습니다. 기름 부음 받은 사람은 하나님의 뜻을 대행하는 사람인데 왜 사울이 기름 부음 받은 자신을 죽이려고 하는가? 이런 상황에서 하늘의 하나님은 과연 무엇을 하고 계시는가? 앞으로 하나님은 내 인생을 어디로 인도하시려는가? 사무엘 선지자를 만나 그런 질문들에 대한 해답을 듣고 싶어서 라마로 온 것입니다.

4. 말씀으로 되돌아가라!

오늘날에도 우리의 일이 제대로 안 풀리거나 알 수 없는 고난이 찾아와서 꼬여버린 인생의 실타래를 제대로 풀기를 원할 때 어떻게 해야 합니까? 항상 하나님의 말씀과 신앙의 원칙으로 되돌아가야 합니다. 명심하십시오. 하나님의 말씀과 원칙에서부터 다시 새롭게 출발해야 합니다.

18절을 보면 다윗은 오랜만에 사무엘 선지자를 만납니다. 자신이 경험했던 임마누엘의 은혜에 대해서, 블레셋과 싸울 때마다 항상 승리하는 감동적인 경험에 대해서 이야기합니다. 자기 간증을 들려줍니다.

당신의 말씀대로 정말로 주님이 나와 함께 하셨습니다. 덕분에 블레셋을 무찌를 수 있었습니다. 그런데 사울왕은 선지자님으로부터 기름 부음을 받아 하나님의 뜻을 이 땅에 실천하는 지도자가 되었는데 왜 저를 죽이려고 안달복달입니까? 도대체 제가 잘못한 것이 무엇이기에... 그리고 우리 하나님은 왜 이런 상황을 가만 보고만 계십니까?

사무엘 선지자가 다윗에게서 이런 질문을 들었을 때 그 심정은 어떠했을까요? 다윗만큼이나 답답했을 것입니다. 자신이 직접 사울의 머리에 기름을 부어 이스라엘의 왕으로 삼았습니다. 그런데 사울왕이 하나님의 뜻에는 관심이 없고 자기 왕권을 지키는데만 집착하니 하나님께서 사울왕을 버리셨습니다. 여호와 하나님이 다윗을 이스라엘의 대안으로 준비하고 계시다는 것을 잘 알고 있습니다.

사무엘 선지자는 당분간 다윗을 돌봐야겠다 싶어 라마의 집에서 조금 떨어진 들판의 장막으로 데려갔습니다. 18절에 나욧은 특정한 지명이나 장소를 가리키는 고유명사가 아니라 마을 외곽 들판의 장막과 같은 임시 거처나 캠프(camp)를 의미합니다. 이러한 장막이나 임시 거처는 목동들이나 무역상들이 잠시 머무는 장소로 사용되기도 합니다. 또 사무엘 선지자 당시에는 모세오경의 말씀을 연구하고 가르치는 선지자 무리가 함께 모여 기도하고 예배드리던 장막과 같은 곳이었습니다. 오늘날로 표현하자면 교회나 신학교와 같은 곳이라고 할 수 있습니다.

다윗이 사무엘과 함께 라마 근처 나욧에 살고 있다는 첩보가 사울왕의 귀에 들어옵니다. 사울왕은 다윗을 체포하도록 무장한 군사들과 전령들을 라마의 나욧으로 보냅니다. 20절을 보면 전령들이 다윗을 체포하려고 라마의 나욧에 도착하자 그들의 눈에 들어온 장면이 있습니다. 마을 외곽의 들판에 장막(camp)이 몇 개 설치되어 있습니다. 그 장막 안에서 여러 선지자들이 함께 모여 찬양하고 하나님의 말씀을 낭독하며 설명하는 모습이 보입니다. 중앙에는 나이든 사무엘 선지자

하나님 마음에 합한 사람

가 있습니다. 사무엘 선지자의 강력한 외침의 소리가 그들의 심령을 파고듭니다.

"난폭한 사자가 힘 없는 어린 양을 찾듯이 지금 여러분은 누구를 그렇게 수색하고 있습니까? 우리 민족 이스라엘이 블레셋의 손에 망하려던 날에 블레셋의 골리앗을 물리친 청년 다윗을 찾고 있는 것이 아닙니까? 다윗이 골리앗을 물맷돌 하나로 물리쳤을 때 이스라엘 사람이라면 남녀노소 불문하고 다윗을 칭찬하지 않았습니까? "사울이 죽인 자는 천천이지만 다윗이 죽인 자는 만만이로다" 여러분도 함께 다윗을 칭찬하지 않았습니까? 다윗이야말로 정녕 하나님이 우리를 구원하도록 보내주신 하나님의 사람이라고 칭찬하지 않았습니까?

먼 옛날 모세를 통해서 우리 조상들을 애굽왕 바로의 손에서 구원하셨던 하나님께서 이제 다윗을 통해서 우리를 블레셋의 손에서 구원하고 계십니다. 할렐루야! 그럼에도 불구하고 여러분은 다윗을 붙잡아가겠다는 것입니까? 여러분은 과연 이곳 라마 나욧에 임재하시는 여호와 하나님을 대적하겠다는 것입니까? 우리 하나님 여호와는 과연 그 크신 능력으로 우리를 블레셋의 손에서 구원해 주셨습니다. 그 크신 능력과 영광을 찬양할지어다! 할렐루야 아멘!

사울왕의 전령들과 군사들은 불같이 쏟아내는 사무엘 선지자의 준엄한 설교를 듣게 됩니다. 사무엘 선지자의 메시지에 함께 역사하시는 성령 하나님의 감동을 받아서 다윗을 붙잡으러 온 것이 부끄럽다는 생각이 들었을 것입니다. 사울왕이 다윗을 붙잡아 죽이려고 하는 것은 '여호와 하나님을 대적하는 죄악이구나!' 하는 것을 깨닫습니다. 사무엘이 하나님의 말씀을 선포할 때 그 앞에 모여 선 선지자 무리가 이구동성으로 '아멘!'을 연발하는 것을 보면서 감화감동으로 함께 아멘을 외칠 수밖에 없습니다. 이스라엘을 위하여 함께 기도하는 시간에는 이들도 한 목소리로 기도와 찬송에 동참합니다. 이것이 바로 20절 하반절의 모습입니다. "하나님의 영이 사울의 전령들에게 임하매 그들도 예언을 한지라"

당시에는 어떤 사람이 하나님의 말씀을 입술로 고백하고 열광적으로 기도하면 그것은 본인의 인간적인 힘이나 의지가 아니라 하나님의 영이 사로잡았기 때문이라 믿었습니다. 옛날 이스라엘 백성들이 오늘날 우리가 예배 가운데 말씀을 전하고 기도하며 찬송하는 모습을 보았더라면 어떨까요? 그들의 시각으로 우리 모두 다 '여호와의 영에 사로잡힌 사람들'이며 여호와의 영의 감동으로 '예언하는 사람들'일 것입니다. 하나님의 영이 충만하게 임해서 예언을 하는 것이라면 그 사람은 하나님이 자신의 소유물로 만든 것입니다. 때문에 주변 사람들이 그 예언하는 사람을 제지하는 것은 거룩하신 하나님을 대적하는 일이 됩니다. 또는 하나님의 영광과 충돌해서 즉사한다고 생각했습니다.

그러므로 주변 사람들이 제지할 수도 없습니다. 전령들 본인들도 이제 빈손으로 사울왕에게 돌아갈 수도 없는 노릇입니다. 사울왕의 명령을 거역하면 어떤 형벌이 기다리고 있을지 알 수 없습니다. 이들은 사무엘 선지자와 다윗처럼 사울왕의 군사력이 당장 미치지 않는 라마 나욧에 그대로 머물러 있기로 합니다. 그리고 대략 일주일이나 보름의 시간이 흘렀을 것입니다.

사울왕은 보름이 되어도 전령들이 돌아오지 않으니 궁금하고 답답해서 알아봅니다. 전령들이 라마 나욧에 남아서 선지자들과 함께 하나님의 말씀을 전하면서 예언 운동에 동참하고 있다는 소문을 듣게 됩니다. 그렇다고 다윗을 라마 나욧에 가만 내버려 둘 수도 없습니다. 다시 다른 전령들과 군사들을 파송합니다. 이들도 첫 번째 전령들과 같이 사무엘 선지자의 말씀에 감동을 받아서 예언을 해버립니다. 그러면 또 말릴 수 없습니다.

이런 일이 세 번씩이나 반복되자 사울왕은 자기가 직접 나설 수밖에 없었습니다. 도대체 라마 나욧에서 무슨 일이 벌어지고 있는가? 왜 내가 신임하는 전령들이 라마 나욧에 내려가는 족족 모두 여호와 하나님의 말씀을 선포하는 선지자들의 예언운동에 합류해버리는 것일까? 사울왕은 급히 몇몇 신하들과 함께 라마로 달려갑니다.

사울왕이 군사들과 신하들을 거느리고 라마에 도착하자 분명 조그만 라마 마을이 발칵 뒤집어졌을 것입니다. 마을 중앙 광장의 우물 옆에 마을 원로들이 사울왕을 영접하면서 시원한 음료를 대접했을 것입니다. 사울왕이 원로들에게 묻습니다. 내 전령들은 어디 있고 또 사무엘과 다윗이 어디에 있느냐고 말입니다.

라마의 원로들이 대답합니다. "지금 라마 나욧에 모여서 모두 하나님께 제사를 드리며 하나님의 말씀을 가르치는 중"이라고 합니다. 원로들과 마을 주민들이 한 마디를 덧붙입니다. 우리 하나님 여호와께서 과연 우리를 블레셋의 손에서 구원해 주셔서 감사하다는 것입니다. 라마의 원로들이 늘상 서로 모이면 이구동성으로 이야기하던 하나님의 구원에 관한 신앙을 고백한 것입니다. 사울왕이 옆에서 그 이야기를 듣다보니까 며칠 전에 요나단이 자기에게 간청했던 이야기들이 생각납니다. 다윗은 정녕 이스라엘을 블레셋에서 구원하기 위하여 보내주신 하나님의 사람이라는 것입니다.

그래서 사울왕은 무심결에 "다윗은 정녕 하나님이 함께 하는 사람입니다." 주변의 모든 사람들이 하나님의 구원을 다윗과 결부시키고 있는 상황에서 침묵하고 있는 것도 어색해서라도 그렇게 대답했을 것입니다. 주변의 신하들이 약간 당황하는 눈치입니다. 방금 전까지 다윗을 잡아 죽여야 한다고 고집을 피울 때는 언제고 이제 와서 또 다윗을 두둔하는가 싶습니다.

하지만 사울왕의 입장에서는 군왕으로서의 자존심과 명예 때문에 여기에서 그냥 왕궁으로 되돌아갈 수도 없습니다. 사울왕은 다급한 마음에 신하들을 재촉해서 마을 외곽의 들판에 세워진 장막으로 나아가기 시작합니다. 가면서도 사울왕은 계속 횡설수설합니다. "다윗은 정녕 이스라엘의 등불이다." "아니다! 다윗은 이스라엘의 왕권을 조롱하는 놈이다." 이 장면을 성경 말씀 사무엘상 19장 23절은 이렇게 묘사하고 있습니다. "사울이 라마 나욧으로 가니라 하나님의 영이 그에게도 임하시니 그가 라마 나욧에 이르기까지 걸어가며 예언을 하였으며"(삼상 19:23).

그렇게 횡설수설하다보니 금방 마을 외곽의 장막이 눈에 들어옵니다. 말 위에서 바라보니 대략 80명의 사람들이 모여 하나님께 번제의 제사를 드리고 있습니다. 제단 앞에는 그 모습도 생생한 사무엘 선지자가 두 팔을 번쩍 치켜들고 하나님께 간절히 통성으로 기도하고 있습니다. 사울왕은 불원천리길 라마 나욧으로 달려올 때는 말(마차)에서 내릴 필요도 없이 즉시로 다윗을 체포해서 그대로 땅바닥에 질질 끌고 이스라엘로 곧장 달려가겠다고 수없이 다짐했습니다.

하지만 라마 나욧에 도착해서 수십 명이 제단 주변에 함께 모여 거룩하신 하나님께 제사를 드리는 모습을 보니 왕의 체면 때문에 그럴 수 없습니다. 게다가 자기 머리에 기름 부어 이스라엘의 초대 군왕으로 옹립해 주었던 사무엘 선지자의 간절한 기도 소리를 듣고 있자니 말(마차) 위에 그대로 머물러 있을 수 없습니다. 조용히 말에서 내려 선지자 무리에게로 다가갑니다. 기도가 끝나자 곧 이어 사무엘 선지자의 불같은 예언의 말씀 선포가 계속됩니다.

설교 메시지의 핵심은 두 가지입니다. 첫째는, 우리 하나님 여호와께서 영원한 언약을 맺으시고 우리를 블레셋의 손에서 반드시 건져주신다는 것입니다. 둘째는, 우리 하나님 여호와께서는 다윗을 통해서 우리 이스라엘을 구원하신다는 것입니다. 다윗의 운명이 곧 이스라엘의 운명이라는 것입니다.

사무엘 선지자의 불같은 말씀이 선포될 때 성령 하나님께서 강퍅한 사울왕의 심령을 만지시고 영적으로 감동시키셨습니다. 조용히 사무엘 선지자의 메시지를 듣고 있던 사울왕의 마음이 갑자기 요동치기 시작했습니다. 방금 전까지 다윗을 죽이겠다는 불같은 질투심은 봄눈 녹듯이 사라졌습니다. 주변의 선지자들처럼 다윗을 통해서 이스라엘을 구원하시는 하나님을 큰 소리로 찬양하기 시작했습니다. 함께 기도하며 예언 운동에 합류하기 시작했습니다.

그런데 사울왕의 마음속 생각은 너무나도 복잡합니다. 두 가지 상반된 생각이 마음속에서 이리저리 충돌합니다. '다윗은 하나님의 사람이다. 아니다. 다윗은 이스라엘의 왕권을 무너뜨릴 간신이다. 죽여야 한다. 아니다. 결코 죽일 수 없다.' 왔다 갔다 하면서 횡설수설합니다. 마음속에서 성령과 악령이 서로 싸웁니다. 두 생각이 서로 충돌하니 가슴이 답답해서 견딜 수 없습니다. 입고 있던 겉옷을 모두 벗어던집니다. 속옷만을 겨우 걸친 채로 고래고래 소리를 질러댑니다. 그도 지금 다른 선지자들처럼 예언을 하고 있습니다.

사울왕이 다른 선지자들과 전령들처럼 예언 운동에 동참하자 주변 사람들과 신하들이 또 깜짝 놀랐습니다. 하지만 주변의 신하들은 사울왕을 제지할 수 없습니다. 사울왕도 다른 선지자들처럼 하나님의 영에 붙잡힌 상태이기 때문입니다. 그렇게 하루 밤낮을 거의 벌거벗은 몸으로 정신없이 하나님의 말씀을 토설합니다. 그러다가 탈진이 되고 정신이 차려지자 자신의 처지가 한심한 것 같은 생각이 듭니다. 그리고 이전에 보냈던 전령들과 함께 서둘러 왕궁으로 돌아가 버렸습니다.

5. 타산지석의 교훈

사울왕이 떠난 후 라마 나욧에 남아 있던 선지자들 사이에 새로운 토론거리가 생겼습니다. 어제 사울왕도 과연 선지자들 중에 있었는가? 그가 쏟아낸 말들은 다른 선지자들처럼 하나님의 영에 감동을 받아서 증언한 것이 아닌가? 그렇다면 사울왕은 앞으로 다윗을 어떻게 대우할 것인가? 과연 다윗을 향한 적개심을 포기할 것인가? 하지만 사무엘 선지자는 이 모든 것을 간파하고 있었습니다. 사울왕은 분명 그 마음 중심을 감동하시는 하나님의 영을 대적하고 있음을 사무엘 선지자는 충분히 간파할 수 있었습니다.

오늘 본문에 사울왕을 통해서 우리는 불신자들이 왜 하나님의 말씀을 대적하는지에 관한 타산지석의 교훈을 배울 수 있습니다. 불신들의 마음 중심에 세상의 염려와 근심, 명예에 대한 집착, 재물에 대한 욕심, 탐심, 음란, 성중독, 약물중독 등의 사단 마귀의 권세가 뿌리 깊게 남아 있습니다. 그러면 아무리 성령 하나님께서 잠깐 그 마음에 말씀으로 설득하고 감동을 주고 신앙적인 언어를 고백하더라도 타락의 길에서 구원 받을 수 없습니다.

하나님은 히브리서 6장 4절 이하의 말씀을 통해서 분명하게 선포하고 계십니다. "한 번 빛을 받고 하늘의 은사를 맛보고 성령에 참여한 바 되고 하나님의 선한 말씀과 내세의 능력을 맛보고도 타락한 자들은 다시 새롭게 하여 회개하게 할 수 없나니 이는 그들이 하나님의 아들을 다시 십자가에 못 박아 드러내 놓고 욕되게 함이라 땅이 그 위에 자주 내리는 비를 흡수하여 밭 가는 자들이 쓰기에 합당한 채소를 내면 하나님께 복을 받고 만일 가시와 엉겅퀴를 내면 버림을 당하고 저주함에 가까워 그 마지막은 불사름이 되리라"(히 6:4-7).

한 번 성령 하나님의 감동으로 하늘의 은사를 맛보았음에도 불구하고 하나님의 말씀에 순종하기를 거부하는 사람은 다시 사생결단의 회개를 하기가 쉽지 않다는 말씀입니다. 우리에게도 때때로 세상의 유혹과 세상의 사고방식이나 가치관이 우리 마음에 들어와서 우리를 넘어뜨리려고 시도합니다. 우리 믿음이 연약할 때면 잠깐 넘어지고 실수할 수 있습니다. 신앙생활 도중에 실수하고 넘어질때면 자신에게 실망하기도 합니다. 그러나 하나님은 우리의 실망과는 비교할 수도 없이 크신 능력과 영광으로 계속 우리에게 찾아오십니다. 넘어진 우리에게 다시 찾아오셔서 말씀하시고 감동을 주셔서 죄를 깨닫게 하시며 다시 회개하고 일어날 수 있도록 하십니다. 우리가 넘어져도 오뚜기처럼 다시 일어날 수 있는 이유는 우리 안에 성부 하나님의 말씀이 각인되었기 때문입니다. 예수 그리스께서 십자가에서 쏟으신 모든 피와 땀이 우리 심령을 덮고 있기 때문입니다. 우리 주 성령 하나님의 세미한 음성과 인격적인 배려가 영원토록 함께 하고 있기 때문입니다. 그래서 늘 넘어져도 그 이상으로 다시 일어나 하나님의 말씀을 따라 걸어갈 수 있도록 인도하십니다. 이런 충만하고 놀라우신 하나님의 은혜가 우리 성도님들과 날마다 그리고 영원히 함께 하시는 줄 믿습니다.

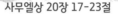

흑암 중의 한 줄기 빛

신앙생활을 하는 것은 캄캄한 한밤중에 한 줄기 등잔불을 의지해서 우리가 가야할 길을 한 걸음 한 걸음 더듬어 가는 것이라고 말할 수 있습니다. 흑암 중에 한 줄기 빛이 없으면 우리는 죄악의 늪에 빠지기도 합니다. 잘못된 선택의 길에 들어서서 여러 사람들에게 상처와 실망을 받거나 줄 수도 있습니다. 하지만 흑암 중에 한 줄기 빛이 주어진다면 우리는 하나님이 기뻐하시는 길을 평강 중에 걸어갈 수 있습니다.

오늘 본문의 말씀을 살펴보면서 흑암 중에 한 줄기 빛을 통해서 우리가 가야 할 이 길을 어떻게 잘 감당할 수 있는지 하나님의 교훈을 배우고자 합니다.

1. 멘토에게 상의하라

흑암 중에 주님의 인도를 잘 받으려면 문제가 생겼을 때 혼자 해결하려 하지 말고 나를 잘 아는 멘토(mentor)와 상담하는 것이 중요합니다. 하나님께서 우리를 위하여 보내주신 세 분의 멘토가 있습니다. 첫째는, 예수님을 우리 인생의 멘토로 삼아야 합니다. 성경 말씀을 많이 연구하고 묵상하며 예수님과 말씀을 절대적으로 붙잡고 의지하는 가운데 말씀의 지도를 받는 것이 매우 중요합니다. 둘째로, 인생의 중요한 결정을 앞두고 부모님과 상의하는 것이 매우 중요합니다. 부모님처럼 우리 형편과 처지, 문제와 해답을 잘 알고 계신 멘토가 없습니다. 문제가 작든 크든 부모님과 상의하고 그 말씀에 순종하는 것이 최고의 축복임을 명심하시기 바랍니다. 셋째는, 성경 말씀으로 우리 신앙생활을 지도해 주는 목회자를 내 인생의 멘토로 정하는 것입니다. 그 멘토의 지도를 하나님의 말씀처럼 존중하고 겸손하게 순종할 줄 알아야 합니다.

다윗에게는 그러한 멘토가 요나단이었습니다. 사무엘상 20장 1절에서 다윗은 자신의 고민을 요나단에게 털어놓습니다. "내가 무엇을 하였으며 내 죄악이 무엇이며 네 아버지 앞에서 내 죄가 무엇이기에 그가 내 생명을 찾느냐?"

당시 사울왕은 어떤 사람입니까? 하늘의 하나님으로부터 직접 기름 부음 받은 메시아이고 하나님께서 이스라엘 백성들을 복 주시기 위해서 세우신 이스라엘의 최고 임금님입니다. 그런데 다윗의 고민은 이것입니다. "도대체 내가 범죄한 것이 무엇이기에 하나님은 사울왕을 통해서 나를 심판하시고 죽이려고 하시는가?"

만일에 다윗이 혼자서 금식기도하고 말씀 묵상하면서 홀로 고민했더라면 이 문제에 대한 해답을 금방 얻을 수 있었겠습니까? 전혀 불가능합니다. 다윗이 자기 부모님과 상담했더라면 해결됐을까요? 아버지 이새나 다른 가족들이 도와줄 수 없습니다. 말씀을 묵상해도 길이 보이지 않고 부모님도 해결해 줄 수 없을 때 인생의 멘토를 찾아야 합니다. 우리를 구원하신 하나님은 우리가 이 세상에서 흑암 중에 방황하다가 절망하도록 내버려 두지 않으시고 반드시 인생의 멘토를 보내주셨음을 믿으시기 바랍니다.

하나님께서 우리를 위하여 멘토를 보내주신다면 우리 주변의 어떤 사람이 하나님이 보내주시는 멘토인지를 어떻게 알 수 있을까요? 하나님이 보내주시는 멘토의 특징이 4절 말씀에 나옵니다. "요나단이 다윗에게 이르되 네 마음의 소원이 무엇이든지 내가 너를 위하여 그것을 이루리라. 네 마음의 소원이 무엇이든지 내가 너를 위하여 그것을 이루어주겠다." 이렇게 말할 수 있는 멘토야말로 진정 하나님이 우리를 위해서 보내주신 생명의 은인 같은 멘토입니다.

요나단이 다윗에게 이렇게 말할 수 있는 이유는 세 가지 때문입니다. 첫째는, 다윗을 잘 알기 때문입니다. 다윗 마음속에 정한 인생의 목표와 간절한 소원이 무엇인지를 잘 알기 때문입니다. 다윗의 마음속에 있는 소원, 즉 하나님에게서 지혜와 능력을 받아서 그 지혜와 능력으로 하나님 나라를 잘 섬기고 싶은 마음이 있다는 것을 잘 알기 때문입니다.

두 번째 이유는, 그 소원이 성령 하나님께서 심어주신 것임을 잘 알기 때문입니다. 소원을 주신 하나님은 소원만 주시는 것이 아니라 그 소원을 하나님이 직접 성취하신다는 것도 잘 알기 때문입니다. 마지막으로, 하나님이 자기 능력과 권능으로 다윗의 마음속에 있는 소원을 이루시는데 요나단이 이 일을 옆에서 도와주고 섬기고 봉사한다면 그것 또한 자기로서는 큰 기쁨이고 영광이기 때문입니다.

2. 숨은 의도를 찾아내라

캄캄한 흑암 중에서 나아갈 방향을 알 수 없을 때 하나님의 인도를 받을 수 있는 두 번째 비결은, 눈에 보이는 표면적인 현상이 아니라 심층에 숨어 있는 간절한 열망과 목적과 의도를 잘 이해해야 합니다. 고린도후서 4장 18절 말씀입니다. "우리가 주목하는 것은 보이는 것이 아니요 보이지 않는 것이니 보이는 것은 잠깐이요 보이지 않는 것은 영원함이라"

다윗이 가장 궁금한 질문은 이것입니다. 사울왕은 하나님의 기름 부음을 받은 메시아이고 이스라엘을 하나님의 말씀으로 통치하는 임금님인데 그런 사울왕이 자기를 과연 죽이려고 하느냐 마느냐? 만일에 죽이려고 한다면 다윗으로서는 그것을 하나님의 뜻으로 알고서 죽임을 당해야 하느냐 아니면 도망을 쳐야 하느냐? 이런 것이 가장 궁금합니다.

다윗은 당장 눈에 보이지는 않지만 분명 사울왕의 마음속에 숨어 있는 깊은 뜻을 파악하기 위하여 한 가지 계책을 세웁니다. 내일 사울왕을 모시고 함께 식사하면서 참모회의에 참석해야 하지만 가족들과의 매년제를 핑계로 빠지겠다는 것입니다. 가족들과 일 년에 한두 차례 드리는 매년제는 반드시 참석해야 하는 중요한 모임입니다.

만일 사울왕이 양해해 준다면 다윗에게는 악의가 없는 뜻이고 만일 사울왕이 불같이 화를 낸다면 죽이려고 결심한 것이 분명한 것으로 받아들이겠다는 것입니다.

우리 속담에 "열 길 물 속은 알아도 한 길 사람 속은 알 수 없다"는 말이 있습니다. 우리가 흑암 중에 한 줄기 빛의 인도를 잘 받으려면 눈

하나님 마음에 합한 사람

에 보이는 표면적인 현상에 집중할 것이 아닙니다. 모든 일들이 시작되고 진행되는 사람들 마음속의 생각과 열망과 목적과 의지를 잘 파악하는 것이 중요합니다. 예를 들어서 직장을 고를 때에도 눈에 보이는 연봉보다 그 직장이 기독교적인 가치관과 잘 부합하는지 아니면 충돌하는지 세심하게 살펴야 합니다. 아무리 연봉이 많더라도 주일성수를 인정하지 않는다거나 반기독교적인 사상이 팽배한 직장이라면 시간이 흐를수록 상처와 갈등이 클 수밖에 없을 것입니다. 결혼을 염두에 두고 이성과 교제를 하더라도 눈에 보이는 미모나 경제적 조건보다 보이지 않는 인품이나 신앙, 가치관을 더 중요하게 여길 줄 알아야 합니다.

3. 일을 성취하시는 하나님

캄캄한 흑암 중에서 하나님의 인도를 올바로 받을 수 있는 세 번째 비결은, 항상 하나님의 말씀을 붙잡는 것입니다. 우리 마음의 소원을 성취하는 최고의 능력은 결국 하나님의 말씀뿐입니다. 일이 되게 하는 것은 세속적인 지식이나 요령이나 인맥이 아닙니다. 오직 하나님의 말씀이 결국 일이 되게 하는 것임을 믿으시기 바랍니다.

사무엘상 20장 전체의 흐름을 파악하는 두 가지 방법이 있습니다. 첫째 방법은 1절부터 23절까지 다윗의 고민을 해결하기 위한 두 사람의 계획이 나오고, 24절부터 42절까지 그 계획대로 일이 진행되는 과정이 나옵니다. 앞부분(1-23절)에서는 사울왕의 숨은 의도를 알리겠다고 계획을 세우고 약속하는 내용이 나온다면, 뒷부분(24-42절)에서는 실제로 그 계획을 집행하는 과정에 나옵니다.

그런데 사무엘상 20장 전체를 두 가지 언약의 관점에서 이해하고자 합니다. 첫 번째 언약은, 1절부터 16절까지에서 사울왕의 악한 결심을 다윗에게 분명하게 알려서 다윗의 목숨을 보존하겠다고 말로 맹세하는 다윗과 요나단의 구두 언약(oral covenant)이 소개된다면, 17절부터 42절 끝까지는 화살을 통해서 서로 맹세하는 화살 언약(arrow covenant)입니다. 화살 언약에 관한 내용은 다시 두 부분으로 나뉘어서 17~23절까지는 계획이 나오고, 다시 35~40절까지에서는 실행 과정이 소개됩니다.

첫 번째 구두 언약과 두 번째 화살 언약의 관건은 사울왕의 숨은 의도를 파악해서 다윗에게 분명하게 알려주는 것입니다. 차이점은 첫 번째 언약 방식은 요나단과 다윗이 말로 약속하는 것이라면, 두 번째 언약에서는 화살이라는 보이는 수단을 사용해서 약속한다는 것입니다. 다윗이 에셀 바위 곁에 숨어 있으면 요나단이 하인과 함께 그 바위 근처로 가서 화살을 쏘겠다는 것입니다. 만일 사울왕이 다윗을 죽일 마음이 없으면 나 요나단은 화살을 쏠 때 하인 앞쪽에 쏘겠다. 그리고는 화살이 너 다윗보다 이쪽에 있으니 네 앞으로 와서 화살을 집어들고 나한테 오라고 하겠다. 하지만 사울왕이 만일 다윗을 죽이려고 하는 것이 분명하다면 내가 화살을 하인의 머리 위로 쏘겠다. 그리고 하인한테 소리치겠다. 화살이 네 앞쪽에 있으니 더 앞으로 나가봐라. 그러면 너도 네 길을 가라. 여호와께서 너를 앞으로 보내고 계신다. 이렇게 계획을 세우는 장면이 17절부터 23절까지 소개됩니다. 이런 계획대로 진행되는 과정이 35절부터 40절까지 소개됩니다.

그런데 제가 별 생각 없이 '화살 내러티브'(arrow narrative)를 읽었을 때에는, '다윗과 요나단이 참 되게 한가하나 보다.'하고 이해가 되지 않았습니다. 16절에서도 요나단은 이미 하나님 앞에서 다윗과 언약을 맺었습니다. 다윗의 목숨을 보존하는 일에 최선을 다하겠다고 하나님 앞에서 언약을 맺었습니다. 그런데 17절로 가면서 요나단은 다윗과 다시 언약을 맺습니다. 17절 말씀입니다. "다윗에 대한 요나단의 사랑이 그를 다시 맹세하게 하였으니 이는 자기 생명을 사랑함 같이 그를 사랑함이었더라" 왜 요나단은 다윗과 다시 언약을 맺었을까요?

지금 다윗의 목숨이 경각에 달린 상황인데 요나단은 다윗을 몰래 불러 직접 말하면 되지 않을까요? 매우 다급한 중에 왜 하인을 데리고 가나요? 그것도 다윗이 숨어 있는 들판으로 하인을 데리고 가서 화살을 세 번씩이나 거듭 쏘면서 말입니다.

여기에는 두 가지 이유가 있습니다. 첫째는, 요나단이 불안해하는 다윗을 안심시키기 위함입니다. 3절과 10절에 다윗의 걱정이 나옵니다. 10절을 보면 "다윗이 요나단에게 이르되 네 아버지께서 혹 엄하게 네게 대답하면 누가 그것을 내게 알리겠느냐 하더라" 사울왕이 요나단에게 엄하게 대답한다는 말은 사울왕이 다윗을 죽이려는 속마음을 요나단한테 털어 놓거나 요나단이 알게 되었을 때 "여호와의 살아계심"을 두고 다윗에게는 절대로 죽이려는 의도를 전달하지 말라고 엄하게 맹세시킬 수도 있다는 것입니다. 그러면 요나단은 거역할 수 없습니다. 요나단이 할 수 없이 사울왕 앞에서 맹세하면 요나단은 하나님의 맹세를 두려워하기 때문에 맹세를 어길 수 없습니다. 그러면 자기에게 사울왕의 악한 의도를 말해 줄 수 없습니다.

다윗으로서는 그것이 걱정입니다. 요나단은 다윗을 안심시키기 위해서 자기 입으로 직접 말하지 않고 화살이라는 수단을 이용해서 간접적으로 말해주겠다고 미리 계획을 세웠던 것입니다. 33절을 보면

흑암 중의 한 줄기 빛 | 사무엘상 20장 17-23절

실제로 요나단은 사울왕이 다윗을 반드시 죽이기로 결심한 것을 알게 됩니다. 요나단은 이 놀라운 사실을 자기 입으로 다윗에게 직접 말해 주지는 않습니다. 다만 화살이라는 수단을 통해서 간접적으로 그 뜻을 전달합니다.

4. 보이는 말씀의 증거

요나단이 화살이라는 수단을 통해서 다윗에게 사울왕의 계획을 알려주겠다고 하면서 두 번째 언약을 맺는 더 중요한 이유가 있습니다. 그 이유는 4절 말씀에 나옵니다. "요나단이 다윗에게 이르되 네 마음의 소원이 무엇이든지 내가 너를 위하여 그것을 이루리라"

요나단이 첫 번째 언약을 맺으면서 다윗에게 약속했던 것은 사울왕의 악한 의도가 분명하면 다윗에게 즉시로 알려서 도망갈 길을 만들어 주겠다는 것입니다. 그런데 그러한 약속만으로는 다윗의 마음속에 있는 간절한 소원, 즉 하나님 나라를 위한 위대한 일꾼이 되는 소원은 아직도 참으로 거리가 멉니다. 하나님 나라의 위대한 지도자로 우뚝 서기까지는 앞으로 다윗은 무수한 난관을 헤쳐 나가야 합니다. 다윗은 지금 당장 사울왕의 칼을 두려워하고 있으니 어떻게 해야 합니까? 하나님이 다윗에게 약속하신 소원이 실제로 성취되기까지 요나단이 다윗을 위해서 해 줄 수 있는 것이 무엇일까요? 그것은 바로 요나단이 다윗의 귀에 들려준 하나님의 말씀이 다윗이 보는 눈으로 분명히 성취될 것을 확인시켜 주는 하나님의 보이는 말씀(the visible Word of God)입니다.

첫 번째 언약을 통해서 요나단은 다윗에게 그 약속을 이루시는 하나님의 들리는 말씀을 다윗에게 들려주고 있습니다. 그런데 하나님의 약속이 이 세상에서 그대로 성취되는 과정에서 약속의 말씀을 귀에 들려주는 것만으로는 충분하지 않습니다. 약속의 말씀이 귀에 들려온 후 우리 마음에 믿음이 만들어지려면 우리 눈에 보이는 말씀이 함께 제공되어야 합니다. 요나단은 두 번째 언약을 통해서 약속을 이루시는 하나님의 보이는 말씀을 다윗에게 분명히 보여주려고 합니다.

요나단이 다윗 앞에서 쏜 세 발의 화살은 무엇을 상징합니까? 하나님의 뜻이 아직 성취되지 않아서 혼란스러운 다윗의 인생을 상징합니다. 화살이 하인 앞에 떨어지는 것은 사울왕이 다윗을 죽일 마음이 없는 평안을 의미합니다. 반대로 화살이 하인 뒤에 떨어지는 것은 사울왕이 다윗을 죽이겠다는 고난을 의미합니다. 그래서 화살만 놓고 보자면 고난과 평안이 함께 뒤죽박죽 섞여 있는 혼란스러운 다윗의 인생을 상징합니다.

하지만 요나단이 다윗 앞에서 화살을 실제로 쏘면서 무엇을 강조합니까? 사울왕이 다윗을 죽이거나 살리는 것과 관계없이 하나님은 결국 다윗의 인생을 지키시고 보호하신다는 것입니다. 다윗을 향한 하나님의 계획은 한 치의 중단됨이나 실패함도 없이 결국은 성취되고 말 것이라는 것입니다. 요나단은 그 약속의 성취를 다윗의 두 눈에 보이도록 보장해 주고 있는 것입니다.

요나단이 화살이라는 수단으로 다윗에게 보이는 말씀을 보여준 것이 다윗에게는 참으로 감동이 되고 위로가 되었던 이유가 한 가지 더 있습니다. 요나단이 화살이라는 보이는 말씀을 다윗에게 보여줄 때 다윗을 향한 하나님의 약속이 성취되는 일에 요나단 자신의 목숨을 함께 헌신했음을 증명해주기 때문입니다.

그 화살은 누가 쏩니까? 요나단이 직접 거리를 계산해서 자기 손으로 화살을 쏩니다. 그 모습을 다윗은 어떻게 지켜보고 있습니까? '요나단은 사울왕의 생각을 그저 말로만 무책임하게 전하는 것이 아니라 자기가 직접 다윗의 미래 운명을 결정하는 책임을 지고서 저 화살을 쏘고 있구나.' 다윗은 요나단의 모습을 바라보면서 자신을 향한 요나단의 애끓는 안타까움을 느낄 수 있었습니다. 그래서 화살 언약의 중요한 목적은 언약 당사자에게 하나님의 계획이 실현되도록 내 목숨을 바치겠다고 다짐하는 것입니다. 요나단의 이런 각오가 23절의 말씀에서 다시 반복됩니다. "나와 내가 말한 일에 대하여는 여호와께서 너와 나 사이에 영원토록 계시느니라" 이 말씀에서 요나단과 다윗 사이에 영원토록 계시는 분은 누구입니까? 여호와 하나님입니다. 그런데 두 번째 언약에서 강조하는 것은 '나와 너 사이에 계신 여호와의 약속이 실제로 너에게 성취되는 일에 나는 내 목숨을 바쳤다'는 의미가 들어 있습니다.

하나님께서 우리에게 허락하신 약속이 우리에게서 성취되도록 하는 일에 자기 목숨을 바치신 멘토가 누구실까요? 예수님과 부모님입니다. 저와 여러분에게는 우리를 향한 하나님의 약속이 성취되는 일에 자기 목숨을 바친 생명의 은인, 멘토 예수님이 계십니다. 요나단은 성령의 감동으로 하나님 나라 백성들을 위해 자기 목숨을 바쳐 하나님의 뜻을 이룰 메시아를 소망하면서 다윗을 위해 헌신하고 있는 것입니다(삼상 20:42).

다윗은 그러한 약속 성취의 확실성과 요나단의 헌신에 감동을 받고 이제 자기가 걸어가야 할 길을 담대하게 떠나갈 수 있었습니다. 시간이 흘러 다윗은 하나님의 약속 그대로 이스라엘 최고 지도자 임금의 자리에 오릅니다. 사무엘하 22장에서 자신에게 승리를 가져다 주신 하나님의 섭리를 찬양합니다. "여호와는 나의 반석이시요 나의 요새시요 나를 위하여 나를 건지시는 자시요" 그렇게 찬양하다 15절에 이르러 "여호와께서 화살을 날려 그들을 흩으시며 번개로 무찌르셨도다" 라고 찬양합니다(삼하 22:15). 다윗이 자기 인생을 돌이켜 보면서 인생에 승리를 가져다 주신 하나님의 모습을 '화살을 날려 원수를 흩으시는 하나님'의 이미지로 찬양합니다. 다윗이 이렇게 하나님을 가리켜 화살을 날려서 원수들을 물리치신다고 표현할 수 있었던 결정적인 배경에는 자기가 가장 절망하고 고통스러워 할 때 요나단이 다윗 앞에서 쏘았던 세 발의 화살 때문이었을 것입니다.

5. 보이는 말씀의 능력

요나단이 다윗 앞에서 쏘았던 화살 세 발을 오늘 우리의 신앙생활에 적용한다면 그 의미하는 것은 무엇일까요? 우리 귀에 들려오는 하나님의 말씀이 진짜인 것을 거듭 우리 눈에 보이도록 확인시켜주는 보이는 말씀들입니다. 하나님께서 지상의 교회와 신자들이 캄캄한 흑암 중에서도 길을 잃지 말고 하나님의 말씀에 잘 순종하도록 눈에 보이는 말씀들(the visible Words of God)을 보여주십니다. 가장 대표적인 보이는 말씀이 세례 예식과 성만찬 예식입니다. 그리고 교회 안에서 목사님과 성도님들이 함께 모여 예배드리는 모습, 찬송하며 말씀을 선포하고 함께 기도하고 교제하며 신앙생활을 해 나가는 이 모습들이 여호와 하나님께서 우리에게 허락하시는 보이는 말씀들입니다. 이는 요나단이 다윗 앞에서 쏘았던 세 발의 화살 같은 보이는 말씀들입니다.

요나단은 어떻게 다윗 앞에서 화살 세 발을 쏘면서 눈에 보이는 하나님의 말씀으로 다윗의 불안한 심령을 붙잡아 주고 계획을 성취하는 하나님의 말씀에게 의탁할 생각을 했을까요? 한 마디로 성령 하나님의 감동하심 덕분입니다. 마찬가지로 저와 여러분도 성령 하나님의 감동으로 우리 주변의 사람들에게 보이는 하나님의 말씀이 되어 그들의 심령을 붙잡아 주고 약속을 이루시는 하나님의 말씀에 그들의 인생을 의탁하는 일을 하고 있습니다.

예를 들어 주일학교 교사들은 성령 하나님의 감동으로 교사의 직분으로서 학생들을 보이는 말씀으로 격려하는 역할을 감당합니다. "하나님이 반드시 네 인생을 책임져 주실 것이다. 내가 이렇게 교사로 헌신하는 것은 너를 향한 하나님의 헌신이 열매 맺을 것을 믿기 때문이다. 그러니 너는 내 헌신을 통해서 임마누엘 하나님을 생각하고 하나님이 펼쳐 보여주시는 네 길을 담대하게 걸어가라!" 그렇게 격려하는 일을 감당하고 계십니다. 또 찬양대 대원들과 반주로 섬기는 형제 자매님들, 여러 부서의 임원으로 교사로 직분자로 섬기는 분들, 자기 형편과 처지대로 선한 말과 위로의 말을 해 주는 것으로 우리 모두가 요나단처럼 다윗 같은 형제 자매들과 주님의 몸된 교회를 섬기는 것입니다. 이러한 결단과 헌신이 우리가 함께 서로를 향하여 주님의 이름으로 언약을 맺으며 서로에게 헌신하는 보이는 말씀들입니다. 이렇게 성령 하나님의 은총 안에서 서로 헌신하시는 우리 성도님들에게 더욱 크신 은혜와 평강의 복으로 함께 하시길 주님의 이름으로 간절히 축원합니다.

하나님 나라의 영적인 손절매

하나님이 기대하시는 믿음의 길

오늘 거룩한 주일을 맞이하여 예배의 자리로 나오신 성도님들에게 우리 하나님 은혜와 평강의 복이 함께 하시길 축원합니다. 우리 청년들이 교회에 나와서 하나님께 예배드릴 때 마음속에 간절한 기대감이 하나 있습니다. 그것은 하나님이 우리 청년들에게 예비하신 믿음의 길을 힘차게 걸어가고 싶다는 것입니다. 승리의 길을 힘차게 달려가는 것입니다. 오늘 다윗의 모습을 통해서 우리가 어떻게 하나님이 원하시는 믿음의 길, 승리의 길을 힘차게 나아갈 수 있는지에 대해서 살펴보고자 합니다.

1. 영적인 손절매의 지혜

우리가 하나님이 예비하신 믿음의 길을 걷고자 할 때 첫 번째로 명심할 교훈은, 내가 가진 모든 권리와 명예, 자존심과 사회적인 지위를 하나님 앞에서 겸손하게 내려놓을 줄 알아야 한다는 것입니다. 사울왕이 다윗을 죽이려고 해서 다윗이 사울의 궁에서 도망 나와 망명생활을 시작합니다. 당시 다윗은 어떤 사람입니까? 다윗은 이스라엘이 풍전등화와 같은 위기상황일 때 골리앗을 때려눕힘으로 일순간에 나라를 구한 민족의 영웅입니다. 초라한 목동에서 일약 밤하늘의 혜성처럼 순식간에 떠오른 이스라엘 최고의 스타였습니다. 얼굴도 잘 생긴 청년이고 악기를 연주하면서 사람들의 마음을 일순간에 폭풍 같은 감동으로 사로잡을 수 있었습니다. 게다가 사울왕의 사위이며 사울왕의 호위대장 경호실장입니다.

무엇보다 다윗은 사무엘 선지자로부터 이미 이스라엘 왕으로 인정을 받았습니다. 그 머리에 기름 부음을 받았습니다. 모든 사람들이 하나님께서 다윗과 함께 하고 계신다는 사실을 알고 있습니다. 이스라엘의 수많은 군사들이 다윗을 가까이하고 싶어하고 주군으로 섬기면서 그 명령을 따르고 싶어 하던 사람입니다.

그러나 다윗으로서는 가장 이해하기 힘든 것이 있습니다. 사울왕은 하나님의 기름 부음을 받은 하나님의 메시아입니다. 하나님의 메시아는 이 땅에서 하나님의 말씀을 대언하고 하나님의 뜻을 실행에 옮기는 하나님의 일꾼입니다. 사울왕이 생각하고 말하고 행동하는 것은 곧 하나님이 생각하고 말씀하시고 실행하시는 것이나 같습니다.

그런데 사울왕이 자기를 죽이려고 합니다. 하나님의 기름 부음을 받은 사울왕이 왜 똑같이 하나님의 기름 부음을 받은 다윗을 죽이려고 하시는가? 이해할 수 없습니다. 사울왕은 다윗을 죽이려고 하지만 다윗은 사울왕을 대적할 수 없습니다. 다윗이 사울왕을 대적하는 것은 하나님을 대적하는 일이나 마찬가지입니다. 다윗이 선택할 수 있는 유일한 길은 사울왕의 칼을 피해서 도망 가는 것뿐입니다.

다윗의 모습을 통해서 우리가 배울 수 있는 첫 번째 교훈은 이것입니다. 참 믿음은 하나님의 모순을 인정하고 받아들일 줄 아는 것입니다. 우리 청년들이 주님 앞에서 믿음의 길을 가고자 한다면 반드시 인정해야 하는 출발점이 하나님의 모순을 있는 그대로 받아들이는 것입니다. 하나님의 모순된 섭리는 하나님이 우리에게 약속하신 두 가지 말씀이 서로 모순을 일으키고 충돌하는 것입니다. 첫째는, 하나님은 나에게 하늘의 선물과 사랑과 양자됨의 특권을 약속하셨습니다. 문제는 하나님은 우리에게 그 약속을 당장 실현해 주시지 않습니다. 오히려 나를 죄인이라고 말씀하시고 그 죄악을 회개하도록 압박을 가하신다는 것입니다.

그러나 성경이 거듭 말씀하는 진리는 우리가 하나님의 모순된 섭리를 인정하지 않고서는 하나님이 우리에게 주시려는 하늘의 신령한 축복이 절대로 우리 것이 되지 못한다는 것입니다. 우리 청년들이 믿음의 길을 향하여 담대하게 나아가고 싶다면 하나님의 모순된 섭리를 인정하시기 바랍니다. 하나님 앞에서 먼저 내가 근본부터 부패한 철저한 죄인인 것을 인정하시기 바랍니다. 내 죄를 회개할 줄 알아야 합니다.

우리가 하나님 앞에서 어느 정도 심각한 죄인임을 인정해야 할까요? 로마서 1장의 말씀은 우리 영혼을 비추어주는 거울과 같은 말씀입니다. 우리가 예수님을 구세주로 믿지 않았을 때 우리가 실상은 얼마나 무지하고 패역한 존재였는가 하는 것을 말씀합니다. 22절에서 스스로 지혜 있는 척 자신감을 가지고 사는 것이 실상은 어리석다는 말씀입니다. 예수 믿고 나서 자신감을 가지고 사는 것을 나쁘다고 말하는 것이 아닙니다. 예수를 믿지 않고 사는 것, 교회를 다니면서도 예수님을 매 순간 의지하지 않고 오히려 자신의 능력만으로 살려고 하는 사고방식을 책망하는 것입니다.

그럴 때 하나님은 우리를 심판하시는데 어떤 심판이 무서운 심판인가요? 하나님이 우리를 그대로 내버려 두는 것입니다. "또한 그들이 마음에 하나님 두기를 싫어하매 하나님께서 그들을 그 상실한 마음대로 내버려 두사 합당하지 못한 일을 하게 하셨으니 곧 모든 불의, 추악, 탐욕, 악의가 가득한 자요 시기, 살인, 분쟁, 사기, 독이 가득한 자요 수군수군하는 자요 비방하는 자요 하나님께서 미워하시는 자요 능욕하는 자요 교만한 자요 자랑하는 자요 악을 도모하는 자요 부모를 거역하는 자요 우매한 자요 배약하는 자요 무정한 자요 무자비한 자라 그들이 이같은 일을 행하는 자는 사형에 해당한다고 하나님께서 정하심을 알고도 자기들만 행할 뿐 아니라 또한 그런 일을 행하는 자들을 옳다 하느니라"(롬1:28-32).

현대 사회는 정상적인 가치관과 세계관이 무너지고 뒤바뀐 세상입니다. 비정상이 정상처럼 보이는 세상을 하나님이 주시는 은혜와 능력으로 제대로 살아가기 위해서는 하나님의 모순을 인정할 줄 알아야 합니다. 하나님이 우리를 죄인으로 바라보시는 그 시선을 인정하는 것은 한 마디로 자기 내면의 죄악을 회개하는 것입니다. 우리가 믿음의 길을 걸어갈 때 그 출발점에서 먼저 실천해야 하는 회개를 가리켜서 저는 '하나님 나라의 영적인 손절매'라고 표현하고 싶습니다.

혹시 우리 청년들은 손절매라는 단어를 들어보셨습니까? 손절매라는 용어는 주식시장에서 사용하는 전문용어입니다. 예를 들어 내가 어떤 회사 주식을 6개월 전에 100만 원어치를 매입했습니다. 그런데 한 달 전에 그 주식 가치가 130만 원으로 올랐습니다. 그때 팔면 30만 원 버는 겁니다. 하지만 더 오를 것으로 기대하고 팔지 않았는데 그 130만원이 100만원으로 떨어지고 80만원까지 떨어졌습니다. 이럴 때 선택할 수 있는 것은 두 가지입니다. 오를 것으로 기대하고 가만히 기다리거나 아니면 더 떨어질 것으로 예상하고 그냥 팔아버리는 것입니다. 팔아버리면 20만 원이 손해입니다.

손절매라는 용어의 의미는 앞으로 주가가 더욱 하락할 것으로 예상하여 가지고 있는 주식을 매입 가격 이하로 손해를 감수하고 파는 것입니다. 손절매의 타이밍은 3대 1의 원칙을 지키는 것입니다. 3대 1이란 기대이익을 3으로 볼 때 손해가 1정도로 떨어지면 즉시 팔아버리는 것입니다. 예를 들어 100만 원어치 주식이 120만 원으로 오를 것으로 기대했다면 20만 원의 3분의 1인 7만원이 떨어져서 93만원 정도로 떨어지면 앞으로 더 떨어질 것이니까 팔아버리라는 것입니다.

문제는 손절매의 타이밍이라는 것이 말은 쉽지만 막상 이익을 기대하고 주식을 매입한 사람들에게는 참으로 어려운 일이라는 것입니다. 주가라는 것이 오를 때가 있으면 떨어질 때도 있는 줄은 알지만 일단 주식을 어느 정도 매입한 다음에는 자기가 매입한 주식은 계속 오를 것으로만 낙관한다는 것입니다. 그러다가 큰 손해를 보는 사람들이 많습니다.

예수님을 잘 믿는 영적 원리도 이와 비슷합니다. 예수님을 믿든 믿지 않든 사업이 망하고 인생이 불행해지는 원인은 영적인 손절매를 하지 않기 때문입니다. 내가 가진 재산이나 능력들이 아무런 문제가 없고 앞으로 더 좋아질 것으로 착각하면서 손절매를 하지 않기 때문에 그 인생에 불행과 비극이 갑자기 찾아오는 것입니다.

지난 추석 때 TV에서 "국가부도의 날"을 보면서 제 마음속에 참으로 안타까웠던 장면이 있습니다. 인천에서 회사원 10명을 데리고 밥그릇을 제작해서 서울 백화점에 납품하는 어느 사장님이 있습니다. 어느 날 서울의 대형 백화점에서 2억원 어치 제품을 납품해달라는 요청에 계약합니다. 대금은 제품을 납품하고 한 달 후나 두 달 후에 주겠다는 것입니다. 사장님은 제품을 만들기 위해 1억의 빚을 사채로 빌립니다. 1억의 빚으로 제품을 만들어 그 백화점에 납품을 했는데 그만 백화점이 부도가 나서 대금을 치룰 수 없게 되었습니다. 백화점에서 돈도 받을 수 없고 사채 빚도 갚을 수 없게 되었습니다. 어떤 사장님들은 자살합니다. 어떤 사장님은 집이 경매로 넘어가 돈을 갚지 못해 감옥에 갑니다.

이 사장님은 잘못도 없이 왜 이런 불행을 맞았을까요? 안타깝게도 앞으로 잘 될 것이라는 정부의 말이나 신문이나 TV의 말을 쉽게 믿어버린 것입니다. 텔레비전, 뉴스, 신문에서는 "한국이 OECD에 가입했다. 한국의 펀더멘탈은 튼튼하다"고 보도합니다. 펀더맨탈은 재무적인 기초를 말합니다. 지금 경기가 좋지 않지만 곧 좋아질 것이라는 말을 액면 그대로 믿기만 한다면 거시적인 한국 경제의 흐름을 놓칠 수 있습니다.

앞으로 잘 될 것이라는 말에 희망을 걸고 빚을 끌어 쓰다가 자기 주변 사람들이 제 때 갚지 못하는 멸망의 도미노에 휩쓸려 결국 자기 사

하나님 마음에 합한 사람

업까지 망하고 가족들까지 길거리에 내몰리는 비극이 발생합니다.

사람들이 인생이 불행해지고 사업이 망하는 이유 첫째는, 자신의 상황을 지나치게 낙관적으로 바라보기 때문입니다. 우리도 하나님의 말씀에서 벗어나면 결국 어떤 일들이 벌어질 것인지를 전체적으로 볼 줄 알아야 합니다. 우리가 왜 예수님을 구세주로 믿고 의지합니까? 예수 아니면 우리는 모두 지옥의 심판을 받을 수밖에 없기 때문입니다. 회개는 예수님 아니면 길이 없다는 사실을 인정하면서 하나님께 은혜를 구하는 것입니다.

2. 신자의 피난처

생활이 편안할 때에는 내가 하나님 앞에서 철저한 죄인인 것을 깨닫기가 쉽지 않습니다. 마음이 평안한 상황에서는 회개하기가 쉽지 않습니다. 그래서 하나님은 우리 인생에 실수라는 수단을 통해서 실패도 맛보게 하시고 그 과정을 통해서 내가 얼마나 완악한 죄인인지 깨닫도록 자극하십니다. 하나님께서 우리 길을 가로막고 질병이나 실패를 주시는 과정을 통해서 우리를 코너로 몰아붙이시면서 압박을 가하십니다. 그럴 때 우리는 하나님 앞에서 내 무지, 패역함, 하나님께 의지하지 않고 내 힘으로 무언가를 해 보려고 했던 교만을 회개하면서 주님의 도우심을 구해야 합니다.

다윗도 마찬가지입니다. 다윗이 사울왕의 칼을 피해 도망자, 망명자의 길을 시작할 때 그 출발점을 어디에 두었습니까? 하나님의 성소에 있는 아히멜렉 제사장을 찾아가서 기도를 부탁하고 음식을 구하면서 망명의 길을 시작하였습니다. 다윗이 아히멜렉을 찾아갔더니 그가 깜짝 놀라며 두려워 떨면서 다윗을 맞이합니다. 왜 그렇습니까? 다윗은 사울왕의 사위이자 경호실장으로 늘 수많은 군사들과 당당하게 찾아와 하나님의 말씀을 구하고 중보기도를 부탁하곤 했습니다. 15절에 보면 아히멜렉이 사울왕에게 이런 말을 합니다. "내가 그를 위하여 하나님께 기도한 것이 오늘이 처음입니까? 결단코 아닙니다. 다윗은 여러 번 나를 찾아왔었고 나는 여러 번 그를 위해서 하나님께 기도해 주고 또 하나님의 말씀을 들려주었습니다."

그런데 오늘 아히멜렉이 보니 다윗 혼자 자기를 찾아왔을 뿐만 아니라 그 행색이 불안해하며 무언가 쫓기는 표정입니다. 아히멜렉은 뭔가 심상치 않은 것을 눈치 채고 앞으로 다가올 먹구름을 예상하면서 두려움에 떨며 다윗을 맞이했습니다. 3절에 다윗은 "이제 당신의 수중에 무엇이 있나이까? 혹시 떡이 대여섯 덩어리나 무엇이나 있는 대로 내 손에 건네주소서." 라고 부탁합니다. 다윗이 놉이라는 작은 마을의 성소에 있던 제사장 아히멜렉을 찾아가서 떡을 구한 행동은 상당히 모순된 행동입니다. 다윗이 아히멜렉에게 진설병의 떡과 칼을 구한 행동 속에는 하나님에 대한 꺼져가는 등불과 같은 작은 믿음과 동시에 하나님의 섭리에 대한 커다란 불신에서 비롯된 심각한 거짓말이 뒤섞여 있습니다.

당시 다윗의 마음을 살펴볼까요. 하나님이 왜 사울왕을 통해서 나를 괴롭히시는지 이해할 수 없는 억울한 마음이 절반, 그래도 하나님께서 나를 죽이시지는 않으시며 성전에 가면 무언가 도움을 얻을 수 있으리라는 기대감이 나머지 절반이었을 것입니다.

먼저 부정적인 차원에서 다윗은 억울한 마음과 두려운 마음 때문에 아히멜렉에게 거짓말을 합니다. 1절에서 "왜 네가 홀로 있고 다른 군사들과 함께 행동하지 않느냐?"는 질문에 2절에서 "사울왕이 나에게 Top secret 최고 비밀의 지시를 내려서 이동 중이고 군사들은 다른 곳에서 다시 만나기로 했기 때문에 혼자 왔다"고 거짓말을 합니다. 이어 4절에서 "제사장들만 먹는 진설병을 먹으려면 아내와 잠자리를 하면 안 되는 정결규례를 반드시 지켜야 한다"고 요구합니다. 그랬더니 5절에서 "이미 길을 떠난 지 3일이나 되었기 때문에 정결규례의 요건을 벌써 충족했다. 또 보통 여행이라도 3일이 지났을 뿐만 아니라 지금 여행은 하나님의 거룩한 이름을 걸고 진행하는 여정이기에 더욱 성결하게 정결규례를 열심히 지켰다"고 거짓말을 합니다.

이렇게 다윗이 하나님의 섭리에 대한 두려움과 절망 중에 자기 목숨을 보존하기 위해 거짓말을 합니다. 하나님에 대한 믿음과는 너무나 거리가 먼 모습을 보여줍니다. 그럼에도 불구하고 하나님은 아히멜렉을 통해서 진설병을 내어주십니다. 다윗은 아히멜렉 제사장에게서 진설병을 받은 다음 8절에서 창이나 칼을 찾습니다. 다윗이 성소에서 무기를 찾는 행동은 비정상처럼 보입니다. 하나님께 예배드리는 성소에서 창이나 칼과 같은 무기를 찾는 행동은 정상이 아닙니다.

하지만 다윗이 진설병의 음식까지 챙기고 나니 이제는 담대하게 무기까지 찾습니다. 진설병으로 굶주림의 문제를 해결하고 나니 이제는 사울왕 군사들의 추격이 두려워졌습니다. 이들의 공격을 막아낼 수단이 없는 것이 불안해서 제사장에게 말도 되지 않는 부탁을 해봅니다.

그랬더니 역사의 아이러니한 장면이 9절입니다. "네가 엘라 골짜기에서 죽인 블레셋 사람 골리앗의 칼이 여기 있으니 그것을 가져가려거든 가져가라" 다윗이 골리앗을 물맷돌로 무너뜨린 후 골리앗의 칼을 빼앗아서 목을 베었습니다. 이스라엘 백성들은 골리앗의 칼을 전리품으로 하나님의 성소에 예물로 드리고 보관하고 있었습니다. 다윗은 그 칼을 챙겨서 망명길을 떠나게 된 것입니다.

당시 다윗은 불완전한 믿음으로 음식과 무기를 성전에서 구했습니다. 이 사건 때문에 도엑이 사울왕에게 고자질을 해서 결국 아히멜렉을 포함한 85명의 제사장들이 대학살을 당합니다. 다윗이 성전에서 음식과 무기를 구했기 때문에 이런 비극이 발생한 것입니다. 그럼에도 불구하고 마태복음 12장에서 예수님께서 오늘 본문의 사건을 인용하시면서 다윗이 제사장들 이외에는 먹으면 안 되는 진설병을 먹고도 아무런 문제가 되지 않았고 죄가 되지 않았다고 하시면서 다윗의 손을 들어주십니다.

그 이유가 무엇일까요? 하나님께서는 다윗의 불안해하고 절망하는 그 마음 한 구석에 들어 있는 겨자씨 같은 믿음을 보셨기 때문입니다. 하나님께서 다윗의 마음속에 들어 있는 참으로 보잘 것 없어 보이는 그 작은 믿음을 보시고 그 믿음에 은혜로 응답해 주셨습니다. 은혜라는 것은 자격이 없는 사람들에게 하나님이 일방적으로 내려주시는 선물입니다.

다윗은 대체 어떤 믿음을 가지고 있었길래 하나님께서 은혜로 응답해 주셨을까요? '여호와께 피하면 하나님이 살 길을 열어주실 것'이라는 간절한 기대감입니다. 다윗은 여호와께 피한다는 것이 막연한 것이 아니라 놉에 있는 아히멜렉을 찾아가도록 안내해 주는 토라의 말씀이 생각났습니다. 다윗이 잘 알고 있는 모세오경을 보면 민수기 35장에는 도피성에 관한 규정의 말씀이 등장합니다. 어떤 이스라엘 사람이 실수로 사람을 죽였고 그 피해자의 가족들이나 친구가 복수를 하려고 할 때 도피성으로 도망가면 그를 죽이지 못합니다. "너희를 위하여 한 성읍을 도피성으로 정하여 부지중에 살인한 자가 그리로 피하게 하라 이는 너희가 복수할 자에게서 도피하는 성을 삼아 살인자가 회중 앞에 서서 판결을 받기까지 죽지 않게 하기 위함이니라"(민 35:11-12).

물론 다윗이 사울왕에게서 도망할 당시 이스라엘에는 도피성 제도가 분명하게 시행되지 않았습니다. 그래서 놉이라는 작은 마을은 당시 도피성이 아니었습니다. 하지만 사울왕에게서 도망하는 다윗의 입장에서는 최소한 하나님의 성소에 찾아가서 제사장에게 자신의 억울함에 대한 하나님의 말씀을 구하고 싶습니다. 그 성소에서 하나님의 도움을 구하고 싶었습니다. 당장 도피성이 없더라도 성소를 찾아가면 거기에서 해답을 얻을 수 있을 것이라는 기대감을 가지고 놉의 제사장을 찾아간 것입니다. 이러한 다윗의 마음을 간략하게 보여주는 시편의 찬송이 시편 2장 12절, 시편 34편 8절의 말씀입니다. "여호와께 피하는 모든 사람은 다 복이 있도다" 시편 121편 1절, 2절 말씀입니다. "내가 산을 향하여 눈을 들리라 나의 도움이 어디서 올까 나의 도움은 천지를 지으신 여호와에게서로다"

3. 작은 믿음과 큰 은혜

이 날에 다윗이 놉의 성소를 찾고 아히멜렉 제사장을 찾고 또 떡을 구한 행동은 참으로 불완전한 믿음이요 거짓말로 자신을 위장하는 초라한 믿음이었습니다. 비록 다윗의 믿음이 궁색하고 죄로 오염된 믿음일지라도 하나님은 그 믿음보다 더 크신 은혜로 응답하십니다. 이유가 무엇일까요? 하나님은 다윗이 성소로 피신한 행동을 하늘의 시각으로 보시면서 결국 다윗이 참 성전이신 예수 그리스도께로 나아온 것으로 인정해 주신 것입니다. 하나님은 다윗이 이때 성소의 제사장을 찾아간 행동을 예수 그리스도에게로 나아온 믿음으로 인정해 주시고 그리스도 안에 있는 온갖 신령한 만나와 성령의 검, 곧 하나님의 능력의 말씀이요 생명의 말씀으로 보호해 주신 것입니다.

다윗의 작은 믿음을 그토록 크게 인정해 주셨던 하나님께서 오늘 우리 청년들이 교회로 나와 주님께 예배 드리고 말씀 듣는 이 모습을 그리스도 안에 머무는 믿음으로 인정해 주고 계심을 믿으시기 바랍니다. 결국 오늘 우리 청년들이 하나님이 예비하신 믿음의 길을 힘차게 걸어가기 위해서는 하나님의 모순된 섭리를 인정하고 받아들일 줄 알아야 합니다. 나 혼자만의 능력과 실력과 열정으로는 이 세상에서 믿음의 길, 축복의 길을 걸어갈 수 없음을 인정하십시오. 내가 예수님 없이는 아무 것도 할 수 없는 죄인인 것을 인정하십시오. 그리고 겸손히 주님의 은혜를 구하십시오. 예수님을 나의 구세주로 인정하고, 그분이 예비하신 하나님의 말씀을 생명으로 여기며, 그 말씀에 순종으로 답해야 합니다.

우리 마음속에 하나님의 말씀이 없으면 방황할 수밖에 없습니다. 친구들이 보내는 카톡 메시지 속에서 뭔가 만족스러운 것을 얻으려고 합니다. 밤새도록 youtube 동영상을 들여다보며 뭔가 만족스런 것을 얻고자 합니다. 쇼핑이나 게임 등으로 뭔가 채워보고자 합니다. 그러나 오직 하나님의 말씀만이 우리에게 참다운 만족과 위로와 분별력과 판단의 기준을 제공합니다. 말씀을 묵상하고 성경 속에 등장하는 수많은 인물들의 삶을 묵상하시기 바랍니다. 그들의 인생을 인도하신 하나님의 섭리를 이해하도록 노력하십시오. 그럴 때 오늘날 21세기가 어떻게 진행되고 있는지 정확하게 판단할 수 있고 그 속에서 우리가 나아가야 할 목표를 올바로 정할 수 있습니다.

오직 하나님의 말씀을 통해서만이 여러분이 고민하는 직업과 장래 일에 대한 지혜를 얻을 수 있습니다. 교사, 공무원, 연구원, 회사원, 기타 여러 가지 다양한 일들이 있을 것입니다. 그 길이 하나님이 나에게 복을 주시는 길인 줄 믿음으로 믿고 그 길에 집중하여 탁월한 성과를 나타낼 수 있습니다. 말씀 속에서 하나님의 섭리를 깨달을 때 비로소 말씀 바깥의 오늘 내가 하는 일 속에서 진정한 만족과 보람을 얻을 수 있습니다. 살아계셔서 길을 인도하시는 하나님의 지혜와 은혜가 우리 청년들과 함께 하시길 주님의 이름으로 간절히 축원합니다.

24

성전에서 변화 받지 못한 사람

험난한 길이 예상되는 새해 아침

오늘은 새해를 맞이하여 첫째 주일입니다. 새해 첫째 주일 주님께 예배드리는 우리 교회 성도님들께 주님의 은총이 함께 하시길 간절히 축원합니다. 지난 해를 보내고 새해를 맞이하시는 성도님들의 마음속에 주님께 간절한 소원이 하나 있을 줄 압니다. '주님! 올 한해 주님 안에서 승리하는 삶을 살게 하여 주시옵소서. 주님! 올 한해 주님의 인도함 받는 신앙생활하게 도와 주시옵소서. 코람데오(Coram Deo)의 삶을 살게 하여 주시옵소서. 여호와 앞에서 축복 받는 삶을 살게 하여 주시옵소서.'

우리가 지난 해도 참으로 쉽지 않은 한해를 잘 견뎠습니다. 이 험난한 세상을 신앙의 힘으로 살아간다는 것이 그리 쉬운 일이 아님을 우리는 잘 알고 있습니다. 하나님을 믿지만 삶의 문제들이 즉각 해결되는 것이 아니기 때문에, 신앙의 힘으로 산다 해도 어렵고 버거울 때가 많습니다. 지난 12월 대통령 선거를 통해서 우리나라 헌정사상 최초로 여성 대통령이 선출되었습니다. 올 한해 우리 정부는 선진국가, 복지 국가를 만들겠다고 인수위를 꾸려 여러 정책들을 구상하고 있습니다. 그럼에도 우리가 늘 확인하는 것은 우리의 행복이 이 세상 정부나 지도자들에게 달려 있는 것이 아니라는 것입니다. 우리의 행복과 소망은 오직 하나님께 달려 있는 줄 믿습니다.

내 인생의 행복, 내 가족의 행복, 그리고 우리 교회의 행복은 이 세상 정부 지도자들의 정책이나 소유의 많고 적음에 달린 것이 아닙니다. 오직 살아계신 하나님께 달려 있음을 믿으시기 바랍니다. 오직 주님과 함께 동행함으로 주님 안에서 인생의 참 행복을 누릴 수 있기를 간절히 축원합니다. 문제는 과연 우리는 어떻게 주님과 함께 동행하는 삶을 살 수 있을까 하는 것입니다.

우리가 올 한해 주님과 함께 동행할 수 있는 가장 첫째되는 비결은, 어떤 상황에서든 항상 나보다 하나님을 앞세우시기 바랍니다. 매 순간 하나님이 가장 기뻐하시는 뜻이 무엇인지 우선순위를 분명히 정하시기 바랍니다. 하나님은 우리가 주님의 뜻 안에서 구원받고 주님의 말씀 안에서 행복을 누리기를 바라십니다. 자신과 능력을 드러내기보다 하나님의 은혜에 기뻐하고 하나님의 사랑에 감사하며 살아가시길 바랍니다.

오늘 본문에 보면 다윗과 도엑이 하나님 앞에서 매우 대조적인 모습을 보이고 있습니다. 이 두 사람의 대조적인 모습을 보면서 하나님과 함께 동행하는 삶의 지혜를 배우고자 합니다.

성전에서 변화 받지 못한 사람 | 사무엘상 22장 9-19절

1. 성소에서 문제를 해결하는 다윗

오늘 본문에 보면 다윗은 사울왕에게 쫓기는 동안에 심각한 위기상황을 만납니다. 20장 33절을 보면 사울이 요나단에게 단창을 던져 죽이려 합니다. 이 단창은 사울이 아들에게 던지고 있지만 사울의 원래 심정은 이 단창을 다윗에게 던지려고 합니다. 다윗을 죽이기로 작심했는데 아들 요나단이 자꾸 말리니 분노가 폭발해서 요나단에게까지 단창을 던지는 것입니다. 그래서 다윗은 갑자기 사울 곁을 도망쳐 나왔는데 어디 딱히 도망갈 피난처가 있는 것도 아닙니다. 사울의 군사들이 갑자기 달려들면 이를 막아낼 무슨 무기가 있는 것도 아닙니다. 참으로 어찌해야 좋을지 모를 앞이 캄캄한 상황입니다.

그런 상황에서 다윗은 가까이 있는 놉의 제사장 아히멜렉에게 가서 도움을 청하고 있습니다. 21장 1절을 보면 제사장 아히멜렉이 다윗을 영접하는데 아히멜렉이 다윗을 오랜만에 다시 만나는 순간 마음속에 엄청난 긴장과 공포가 밀려들면서 음성까지 떨립니다. 다윗은 이미 사울왕의 사위로 온 나라에 널리 알려진 유명 인사입니다. 그러나 사울과 다윗의 관계가 좋지 않다는 소문이 파다하게 퍼진 상태입니다. 다윗이라는 실력자가 뭔가 심각한 이유로 자기 앞에 나타난 것을 직감하고는 음성과 몸짓이 덜덜 떨리는 것입니다. 목회자들은 기도를 많이 하면 앞일이 보이는 경우가 많습니다. 뭔가 느낌이 좋지 않은 것입니다.

그래서 묻습니다. "어찌하여 동행하는 사람들 아무도 없이 혼자 여기에 오셨습니까? 수행원들이나 부하들은 어찌하시고 이렇게 누추한 곳에 혼자 오셨습니까?" 그러자 2절에서 다윗이 거짓말을 늘어놓기 시작합니다. "사울왕께서 나에게 아주 은밀히 지시하신 것이 있어서 내 부하들에게도 알리지 않고 왔습니다. 다만 나중에 적당한 장소에서 다시 만나자고만 하고 지금은 나 혼자 제사장을 찾아왔습니다." 그리고 먹을 음식을 달라 합니다. 자기와 부하들이 함께 먹을 떡을 달라고 합니다. 제사장 아히멜렉은 지금 수중에 성소에서 하나님께 바친 진설병만 있습니다. 그것은 일반 사람들은 먹을 수 없는 거룩한 빵입니다. 정결규례를 지켰다면 모를까 그렇지 않다면 먹을 수 없는 빵입니다.

구약시대 성소에서 진설병을 배치할 때 일반적으로 빵 열 두 덩어리로 만들어서 한 줄에 여섯 개씩 두 줄로 진열합니다. 그 빵을 일주일 동안 진열해 두다가 안식일이 되면 새로 다시 빵을 구워 시간이 지난 빵과 교체합니다. 일주일 된 빵은 물려내서 버리지 않고 일반 사람들에게도 주지 않고 오직 제사장들만이 먹습니다(레 24:5-9). 일반 사람들은 그 빵을 먹을 수도 없을뿐더러 딱딱하게 굳어서 별로 먹고 싶지도 않는 빵입니다. 그런데 다윗이 그 딱딱하게 굳은 빵이라도 달라고 하는 것입니다. 아히멜렉은 그 빵을 다윗에게 내어 주었습니다.

그랬더니 다윗은 창이나 칼 같은 무기까지 요청합니다. 하나님께 예배하는 성전에 무슨 창과 칼이 있겠습니까? 아무리 다윗이 다급한 상황이라 하더라도 어떻게 성전에 가서 창과 칼까지 빌릴 생각을 할까요. 다른 칼은 없고 다만 다윗이 예전에 골리앗을 무찔렀던 골리앗의 칼만 있다고 해서 다윗이 그 칼까지 챙깁니다.

2. 자비의 하나님

　다윗이 성소에서 이렇게 자신의 생존과 안위와 직결된 문제들의 도움을 받을 수 있었던 비결은 무엇일까요? 아히멜렉이 뭔가 불길한 예감이 밀려오는 상황 속에서도 목숨을 걸고 다윗을 끝까지 도와줄 수 있었던 이유가 무엇일까요? 그것은 우선과 차선을 분별할 줄 아는 영적 분별력 때문입니다. 정말로 위급한 순간에도 무엇이 시급하게 중요하고 무엇이 두 번째로 중요한 것인지를 잘 분간했기 때문입니다.

　오늘 본문을 놓고 여러 질문들이 있습니다. 다윗이 성소에 들어가서 그렇게 거짓말을 한 것이 옳은가? 제사장만 먹을 수 있는 진설병을 요구한 것은 또 어떤가? 아히멜렉은 영적인 분별력이 없어 다윗에게 속아 빵과 칼을 내주어 후에 자기를 포함하여 85명씩이나 죽게 만들 정도로 어리석은 사람이었나? 아니면 다윗이 사울에게 쫓기고 있음을 직감하고 그를 도와준 의로운 사람인가?

　저는 다윗이 그 상황에서 그렇게 현실적으로 행동한 것은 그럴 수밖에 없었다고 생각합니다. 진설병을 요구하고 칼을 요구한 것은 나름대로 그럴 수밖에 없었다고 생각합니다. 나중에 예수님께서도 이 사건을 놓고서 다윗과 아히멜렉의 행동을 긍정적으로 평가합니다 "예수께서 이르시되 다윗이 자기와 그 함께 한 자들이 시장할 때에 한 일을 읽지 못하였느냐 그가 하나님의 전에 들어가서 제사장 외에는 자기나 그 함께 한 자들이 먹어서는 안 되는 진설병을 먹지 아니하였느냐 또 안식일에 제사장들이 성전 안에서 안식을 범하여도 죄가 없음을 너희가 율법에서 읽지 못하였느냐"(마 12:3-5).

　예수님이 안식일 규례를 어긴 제자들을 변호하고자 다윗의 사례를 인용한 이유가 있습니다. 바리새인들의 입장에서 다윗도 표면적으로 볼 때에는 레위기의 제사법 규례를 어긴 사람이었습니다. 그러나 다윗에 대한 예수님의 평가는 그들과 달랐습니다. 예수님께서 다윗의 손을 들어주신 이유는 성소 안의 진설병을 먹을 수 있는가 마는가를 분별하는 분별의 기준이 그들과 달랐기 때문입니다. 바리새인들은 표면적인 형식에 매달렸지만 예수님은 하나님의 뜻에 집중했습니다. 진설병이 놓여 있는 성소와 성전에 대한 하나님의 뜻은 사람을 죽이는 것이 아니라 살리는 것입니다. 성소에서 하나님을 섬기는 제사장의 책임은 은혜를 구하는 자들을 판단하고 징계하는 것이 아니라 그들에게 필요한 은총을 베푸는 것입니다(마 12:7).

자비와 규례는 하나님의 마음과 인간의 마음을 대표합니다. 자비는 모든 사람들이 행복해지기를 바라는 하나님의 마음입니다. 하지만 제사 형식과 규례는 나의 의로움을 드러내는 수단입니다. 신앙생활은 하나님의 마음과 인간을 과시하는 수단이 늘 대립하는 연속의 장입니다. 그때마다 항상 질문을 던져볼 필요가 있습니다. 이 상황에서 정말 더 중요한 것이 무엇인가? 인간의 요구와 필요를 내세우는 것이 과연 중요한가? 아니면 모든 사람이 구원 받기를 기뻐하시는 하나님의 마음이 더 중요한가?

당장은 인간의 필요를 채우고 인간을 높이는 것이 더 효과적인 것처럼 보일 수 있습니다. 하지만 그 길은 결국 사망의 길임을 생각하고 매 순간 하나님을 더 높이는 것에 집중해야 합니다. 모든 사람들이 구원받고 행복해지기를 기뻐하는 하나님의 뜻을 선택하실 수 있기를 간절히 축원합니다.

우리에게 이 원칙만 분명하다면 우리가 모인 곳이 바로 하나님이 함

성전에서 변화 받지 못한 사람 | 사무엘상 22장 9-19절

께 하시는 장소인 줄 믿습니다. 우리에게 이 원칙만 분명하다면 우리가 가는 곳에 주님이 동행하시는 줄 믿으시기 바랍니다. 다윗에게 이 성전은 어떤 곳인가요? 한 마디로 말해서 자기의 문제를 해결받은 장소입니다. 다윗은 이 성전에서 사울에게 쫓기던 상황에서 그나마 배고픔을 해결받습니다. 또 다윗은 이 성전에서 무기까지 얻음으로써 사울의 칼에 대항할 수 있는 힘을 공급받습니다.

저와 여러분에게 이 교회가 바로 그런 축복의 장소가 될 수 있기를 축원합니다. 이 교회를 통해서, 그리고 교회에서 함께 드리는 이 예배와 설교를 통해서 성도님들이 직접 하나님의 음성을 들어 영적 배고픔을 채울 수 있기를 축원합니다. 이 교회를 통해서 성도님들이 세상을 이길 수 있는 말씀의 검을 소유할 수 있기를 축원합니다.

3. 성전에서 변화 받지 못한 도엑

이러한 믿음의 원칙이 흔들리면 아무리 성전을 문 닳듯이 지나다녀도 헛수고입니다. 오늘 도엑이 바로 그런 사람입니다(삼상 21:7). 다윗이 아히멜렉에게서 진설병과 칼을 제공받고 있는 그 순간 그 성소에 다윗과 아히멜렉 이외에 또 한 사람이 머물러 있었습니다. 그 인물이 바로 도엑입니다. 성경은 도엑도 여호와 하나님 앞에 머물러 있었다고 말씀합니다. 그런데 다른 사람들은 하나님을 만나고 하나님을 바라보고 하나님께서 이루실 구원을 생각하고 있는데 도엑만큼은 전혀 딴 생각을 하고 있습니다. 마치 화장실에서 남의 대화를 은밀히 엿듣는 것처럼 다윗이 아히멜렉에게 먹을 것과 무기를 요청하고 또 아히멜릭은 다윗에게 진설병과 큰 칼을 내어주는 것을 숨어서 지켜봅니다. 그런 후 22장 9절, 10절을 보면 이를 그대로 사울왕에게 보고합니다.

사울왕은 도엑의 보고를 받고서 아히멜렉이 다윗을 도와서 자기를 모반한다고 생각해서 자기 호위병들에게 제사장들을 다 죽이라고 명령합니다. 17절에 보면 "돌아가서 여호와의 제사장들을 죽이라" 이 말은 당장 달려들어 죽이라는 의미입니다. 호위병들은 이는 상식적으로 말이 안 된다 생각해서 머뭇거립니다. 사울왕은 대신 도엑에게 명령을 내리자 18절 이하에 보듯이 도엑이 당장 달려들어 그날에 85명을 칼로 죽입니다(삼상 22:18-19).

성경이 도엑이 죽인 자들을 가리켜서 굳이 '세마포 에봇 입은 자'라고 기록한 이유가 있습니다. 이스라엘 사람들의 마음속에 '세마포 에봇 입은 자'의 모습은 하나님이 살아계신 거룩한 성전에서 자신들을 대신해 지성소에 들어가 하나님을 만나고 예배를 주관하는 참으로 거룩한 사람들이기 때문입니다. 그런 자를 죽인다는 것은 감히 상상을 초월하는 일입니다. 그런데 도엑이 그렇게 했다는 것입니다. 그것도 85명이나 말입니다. 게다가 "제사장들의 성읍 놉에 함께 살고 있던 제사장의 가족들 남녀와 아이들과 젖을 먹는 어린아이들까지 그리고 소와 나귀와 양까지 모조리 칼로 쳤더라" 도엑은 어린아이들까지 합친다면 아마도 수백 명을 칼로 죽였을 것입니다. 온 사방에 피가 튀고 비명소리와 신음소리와 공포와 고통에 울부짖는 소리들을 들어가면서 그렇게 무시무시한 학살극을 감행했던 것입니다.

도엑이 이렇게 끔찍한 살상을 감행했던 이유는 뭘까요? 두 가지에 주목할 필요가 있습니다. 첫째 이유는, 도엑의 열등감이 출세에 대한 야망과 결합했기 때문입니다. 21장 7절의 말씀처럼 그는 에돔 사람으로서 이스라엘에 들어와 사울의 목자장으로 출세의 길을 걷고 있는 사람입니다. 목자장이라는 직책은 사울왕의 궁궐에서 기르는 가축들과 개인 재산을 관리하는 중요한 요직입니다. 사울로부터 특별한 신임을 얻지 않고서는 이스라엘 사람도 아니고 세일 지금의 페트라 동굴 지역에 살고 있는 이방인으로 야만인이나 다름 없는 에돔 족속이 감히 맡을 수 없는 자리입니다. 이렇게 출신성분이나 능력이나 인맥이 모자르는 가운데 성공의 자리에 도달하기 위해서는 남들과 다른 엄청난 능력과 노력이 요구됩니다. 정말 남보다 피눈물나는 노력이 필요할 것입니다. 그런 노력에도 불구하고 해결되지 않는 것이 있습니다.

그것은 바로 출신성분입니다. 도엑의 마음속에 이 출신성분의 문제는 무엇으로도 해결될 수 없는 마지막 한계입니다. 이 마지막 한계는 도엑의 마음을 무겁게 짓누르는 열등감으로 작용합니다. '나는 이스라엘 족속이 아니기 때문에 남들이 노력하는 정도 가지고는 사울왕 밑에서 목자장의 자리를 오래 보존할 수 없겠다.' 그런 걱정이 떠나지 않습니다.

이러한 염려를 떨쳐버릴 좋은 방법은 사울왕으로부터 확실한 눈도장을 받아두는 것입니다. 확실한 눈도장은 다른 신하들이 감히 보여줄 수 없는 충성심을 나타내는 것입니다. 사람이 열등감에 깊이 시달리게 되면 하나님의 위로도 통하지 않습니다. 깊은 열등감은 세상의 보통 상식도 통하지 않습니다. 상식적으로 볼 때 제사장을 당장 달려들어 죽이라는 사울왕의 명령은 전혀 이해할 수 없습니다. 그래서 호위병들이 왕의 명령이라 해도 쭈뼛쭈뼛하는 것입니다.

하지만 출신성분에 대한 열등감에 찌들어 있던 도엑에게는 사울왕의 명령은 출세의 사닥다리를 오르는 절호의 찬스처럼 느껴집니다.

그래서 비상식적이고 잔인한 대학살을 서슴없이 감행합니다. 한 사람을 칼로 베는 것이 어렵지 한 사람 이후 그 다음 사람부터는 도엑에게는 그저 숫자에 불과할 뿐입니다. 해치워야 하는 일에 불과할 뿐입니다. 자신의 열등감을 지워버리고 사울왕에게 확실하게 인정받기 위해 칼을 휘두릅니다. 도대체 어떠한 이유로 평범해 보이는 한 사람이 순식간에 살인마가 되는 것일까요?

중국 고사에 보면 관포지교(管鮑之交)의 주인공인 관중(管仲)이 제나라 환공을 섬기면서 충신으로 살다가 죽을 날이 얼마 남지 않은 상황에서 일종의 유언을 남깁니다. 지금 환공에게 충성하고 있는 세 명의 충신을 내보내라고 충고합니다. 환공이 이상이 여겨 묻습니다.

"역아라는 충신은 내가 입맛을 잃을 때 자기 자식을 삶아서 요리해서 나에게 바친 충신인데 왜 내치라는 것인가?" 관중이 대답합니다. "부모가 자식을 사랑하는 것은 가장 기본적인 인지상정(人之常情)인데 그것을 무시하고 자식을 사랑할 줄 모르는 사람이 어찌 임금을 사랑할 줄 알겠습니까?"

두 번째로 "수초는 궁궐에 들어와 나를 섬기기 위해서 스스로 고자가 된 사람인데 왜 그런 충신을 내치라는 것이요?" 관중이 대답합니다. "사람이 자기 몸을 귀히 여기는 것이 인지상정인데 어떤 이유 때문에 자기 몸도 귀히 여길 줄 모르는 사람이 어찌 임금의 몸을 귀히 여길 줄 알겠습니까?"

마지막으로 "개방이란 신하는 나를 위해서 충성하느라 자기 부모가 죽었어도 본국으로 돌아가지 않고 헌신한 사람인데 왜 그를 내치라는 것이요?" 관중이 대답합니다. "사람이 자기 부모의 사랑을 애틋하게 여기고 돌볼 줄 아는 것이 인지상정인데 자기 부모가 죽어도 거들떠

보지 않은 사람이 어찌 임금에 대한 애틋함을 가지고 섬길 수 있겠습니까?" 환공이 이야기를 들어보니 나름 일리가 있어서 나중에 관중이 죽자 주변의 반대를 무릅쓰고 이 세 충신을 내보냅니다.

얼마 후 시간이 흐른 다음 왕으로서 정사를 보는 것이 재미가 없습니다. 자기 입에 혀처럼 움직여주는 신하가 없어서 정사가 재미가 없고 음식이 맛이 없어서 이 세 사람을 다시 불러들입니다. 이 세 신하가 권력을 잡고 환공은 나이가 들어 힘을 잃어버리자 궁궐의 담을 높이 쌓아서 이 환공을 굶겨 죽였다는 옛날 이야기가 있습니다. 아무리 하나님을 열심히 믿더라도 기본적인 인지상정(人之常情)이 둔감하면 하나님이 그 사람을 들어 쓰실 수 없다는 교훈을 얻습니다.

4. 여호와 앞에서 변화 받지 못하는 성도

오늘 도엑이 이토록 무시무시한 대학살을 감행한 두 번째 중요한 이유가 있습니다. 내면의 열등감을 포장하고 사람들 앞에서 뭔가를 과시하려는 욕망 때문에 그 눈에 하나님도 보이지 않는 것입니다. 오늘 말씀을 읽으면서 정말 이해하기 힘든 대목이 다음 구절입니다. "그날에 사울의 신하 한 사람이 여호와 앞에 머물러 있었는데 그는 도엑이라 이름하는 에돔 사람이요 사울의 목자장이었더라"(삼상 21:7).

사무엘서의 기자는 다윗이 놉의 제사장 아히멜렉을 만나는 날에 도엑도 그 성소에 머물러 있었다고 합니다. 사무엘서의 기자는 도엑이 머물렀던 장소를 성소가 아닌 '여호와 앞'이라고 묘사합니다. 성경에서 '여호와 하나님의 보좌 앞'은 참으로 거룩한 공간입니다. 여호와 하나님의 영광과 권능에 모두 압도되어 죄인은 불태워 없어질 것이고 그분의 영광 앞에서 은혜를 구한 자들이라면 모두가 거룩하게 변화될 수밖에 없는 자리입니다.

그런데 '여호와 앞에 머물러 있었던 사람'이 여호와의 제사장 85명 뿐만 아니라 젖 먹는 어린아이까지 모두 칼로 죽일 수 있을까요? 도엑이 에돔 사람으로서 열등감에 사로잡히고 출세하는데 눈이 멀어 사울 왕의 악한 명령을 실천하는 것까지는 이해할 수 있습니다. 그러나 성경은 이렇게 악한 도엑이 어떻게 여호와 앞에 머물러 있었다고 기록해 놓았을까요? 차라리 "그날에 도엑은 성전 마당만 밟고 갔다"고 기록해야 하는 것이 아닐까요? 하나님이 그날 도엑을 만나주셨단 말인가요? 만나주셨다면 왜 도엑은 전혀 변화되지 못했을까요?

저는 이런 고민을 가지고 성경을 다시 살펴보았습니다. 하나님이 사람을 만나 주시는 결정적인 장면들을 다시 살펴보았습니다. 그랬더니 중요한 한 가지 공통점이 있습니다. 하나님이 모세를 만날 때에 무엇을 방편 삼아 만나십니까? 바로 하나님의 말씀입니다. 하나님이 어린 사무엘을 만나 주실 때, 하나님이 다윗을 만나 주실 때, 하나님이 엘리야 선지자를 만나 주실 때, 항상 하나님은 말씀 가운데 만나 주셨습니다. 이날 성소에서 하나님은 말씀 가운데 도엑을 만나 주신 줄 믿습니다.[16] 문제가 있다면 하나님이 도엑을 버린 것이 아니라 도엑이 하나님의 말씀을 버린 것입니다. 도엑의 인생에서 최대의 비극은 하나님이 도엑을 외면한 것이 아니라 도엑이 하나님을 만났어도 전혀 변화받지 못한 것입니다.

하나님이 만나 주셨는데 왜 변화가 없을까요? 사울왕과 다윗을 비교해 볼 때 두 사람의 공통점은 하나님이 사무엘 선지자를 통해서 두 사람 모두에게 기름을 부어 지도자로 세우시고 두 사람 모두에게 하나님의 말씀을 들려 주신 것입니다.그러나 사울은 왕권에 대한 집착과 탐욕 때문에 하나님의 말씀에 불순종했습니다. 반면에 다윗은 하나님의 약속의 말씀은 자기 인생을 통해서 반드시 성취된다는 믿음을 가지고 말씀 순종의 길을 한 걸음 한 걸음 성실하게 감당했습니다.

다윗과 도엑이 놉의 성소에서 아히멜렉을 만났을 때도 마찬가지입니다. 두 사람 모두 하나님이 강림하신 자리까지 다가갔습니다. 그러나 결정적인 차이점은 여호와 하나님이 임재하신 거룩한 성소 안에서 무엇에 주목했는가 하는 것입니다. 다윗과 도엑 두 사람 모두 성소에 들어 왔을 때에는 도움이 절실히 필요한 사람이었습니다. 다윗도 사울왕의 칼을 피하느라 빵과 무기가 필요한 사람이었습니다. 그래서 거짓말을 해 가면서까지 초라하게 제사장에게 도움을 구합니다. 그럼에도 다윗은 자기 백성을 구원하시려는 하나님의 뜻을 절대로 포기하지 않았습니다.

반면에 놉의 성소를 찾아온 도엑의 관심사는 사울왕의 목자장으로서 노새를 관리하는 업무로나 아니면 성소의 제사장에게서 정결규례가 끝났다는 공식적인 선언 문서를 받아가거나 하는 개인적인 목적이 있었을 것입니다. 도엑의 마음속 뿌리깊은 갈망은 이스라엘 땅에서 이방인 출신이라는 신분의 한계를 극복하고 보란 듯이 성공하는 것입니다. 그동안 자신을 이방인이라 조롱하며 비웃었던 주변의 모든 사람들의 코를 단번에 납작하게 만들어주는 것입니다. 이러한 욕망에 사로잡혀 사울왕이 제사장을 처단하라고 명령했을 때 제사장들이 입고 있던 세마포 에봇의 깊은 의미를 생각할 하등의 필요도 느끼지 못한 채 사람의 가장 기본적인 도리조차 짓밟아 버렸던 것입니다.

5. 결어

　올 한해를 새로운 마음으로 시작하면서 우리 마음속에 간절한 소원이 있습니다. '주님과 함께하는 삶을 살게 하여 주시옵소서. 주님과 동행하는 올 한해가 되게 하여 주시옵소서.' 과연 우리는 어떻게 주님과 동행할 수 있을까요? 이 질문에 대한 최고의 해답은 매 순간 사람에게 집중하는 것이 아니라 사람을 구원하기를 기뻐하시는 하나님에게 집중하는 것입니다. 사람에게 복을 베풀어 주시는 하나님의 뜻을 먼저 묻는 것입니다. 내가 잘 되기만을 바라는 관심, 내가 주위 사람들에게 많은 인정을 받고자 하는 관심은 뒤로 물려 놓기 바랍니다. 사람들 앞에서 높아지고자 하는 욕망을 다 내던지시기 바랍니다. 그보다는 하나님을 내 인생의 주인 자리로 모시기 바랍니다. 내 인생을 이끄시는 하나님 앞에서 하나님이 나에게 원하시는 것을 먼저 질문하십시오. 이 질문에 대한 해답이 마음 한 구석에 조용히 생겨난다면 그 생각이 주님의 뜻인 줄 믿으십시오. 그리고 겸손히 그 뜻대로 섬기기 위해 최선을 다 하시는 한해가 되시기를 간절히 축원합니다.

성전에서 변화 받지 못한 사람 | 사무엘상 22장 9-19절

25

사무엘상 23장 1-18절

여호와 앞에서 언약하고

명예욕과 권력욕

사람이 나이가 들어가면 점점 자신의 사회적인 영향력에 관심을 가집니다. 다른 사람들에게 더 많은 영향력을 행사하기 원하고 그러한 영향력을 통해서 자신의 존재가치를 확인하려고 합니다. 신자의 마음속에도 이와 같은 욕망이 자리하고 있습니다. 그렇다고 신자가 정당한 명예를 생각해보는 것 자체가 하나님 보시기에 나쁜 것이 아닙니다. 다만 명예와 권력과 관련하여 조심할 점은 명예와 권력을 행사하는 목적이나 의도가 무엇인가 살피는 것입니다. 또한 자신은 하나님의 영광을 위하여 권력을 행사한다 해도 다른 사람들이 이해해 주지 못할 때 이런 문제를 어떻게 풀어갈 것인가 하는 것입니다. 오늘 본문을 통해서 명예와 권력의 문제에 관한 성경의 교훈을 얻고자 합니다.

1. 하나님의 영광을 위하여

신자가 교회 안과 바깥에서 자신의 권력이나 영향력을 행사할 때 우선적으로 확인할 것이 있습니다. 그 목적이나 의도가 자신의 영광을 나타내기 위함이 아니라 이 세상과 만유를 통치하시는 하나님의 통치를 대행함으로 하나님의 영광을 나타내기 위함이라는 것입니다. 오늘 본문의 배경은 다윗이 사울왕을 피하여 그를 따르는 400명의 사람들과 함께 이스라엘 변방으로 도피하였을 때입니다. 다윗이 머무르고 있는 곳에서 멀지 않은 그일라 성읍이 블레셋 사람들로부터 노략질을 당하고 소중한 가축과 식량을 모두 빼앗겼습니다. 그래서 그일라 사람들이 다급하게 다윗에게 도움을 요청합니다.

이때 다윗은 하나님의 뜻을 따라서 그들을 도와주려고 합니다. 하나님께서 자신에게 소규모이지만 400명이나 되는 신하들을 모아주신 것은 사울왕과 대결하여 권력을 쟁취하라는 것이 아니라 오히려 도움이 필요한 사람들을 섬기라고 허락하신 것을 잘 알기 때문입니다. 다윗은 몇 해 전부터 이스라엘의 지도자로 선택되어 기름 부음을 받고 또 블레셋의 무적 용사 골리앗을 무찌르고 다시 이를 계기로 사울왕에게 시기를 얻어 그에게서 도망하는 비참한 신세로 살아가고 있습니다. 그러나 마음속에 늘 기억하는 자기 인생의 가치와 의미는 세상 권력을 추구하는 것이 아니라 아말렉으로 대표되는 사단 마귀의 권세를 무찌르면서 이 땅에 하나님 나라를 친히 세우시는 여호와의 싸움에 동참하는 것입니다.

하나님은 우리가 예수를 믿고 구원 받은 이후 교회와 이웃 세상을 섬길 수 있도록 일정한 권력과 영향력을 주십니다. 교회 안에서도 직분자들로 또 자기 형편과 처지에 맞게 영향력을 행사할 수 있는 권력을 가집니다. 이러한 권력은 자신의 것이 아니라 하나님께서 주신 것입니다. 다른 사람들을 섬길 목적으로 하나님께서 허락하신 것입니다. 이렇게 하나님이 허락하신 직분이나 권위 또는 영향력을 가리켜서 '은혜로 주어진 재능'을 의미하는 달란트(talent)라고 부르기도 합니다. 달란트나 재능 혹은 능력이나 기술과 같이 내가 가진 모든 선한 영향력은 하나님께서 교회를 섬기고 다른 사람들을 섬기도록 우리에게 허락하신 힘입니다.

다윗도 400명의 사람들이 사울왕의 영향권에서 벗어나서 자기를 따르는 이유가 자신의 능력이 탁월하기 때문이 아니라 하나님께서 주의 나라를 잘 섬기도록 허락하신 달란트와 책임으로 이해하였습니다.

2, 지도자의 공감능력

그러한 이해와 믿음 때문에 다윗은 즉시로 하나님의 뜻을 확인한 다음에 그일라 사람들을 구조하러 나서려고 했습니다. 하지만 다윗을 따르는 사람들의 생각은 다릅니다. 자신들은 사울왕의 핍박을 감당할 수 없어서 힘들게 도피중인데 사울왕의 군사력보다 훨씬 강력한 블레셋의 군사력에 감히 어찌 대항할 수 있겠냐는 것입니다. 이번 출정에는 도저히 승산이 없다는 것입니다. 하나님은 '당장 블레셋 사람들을 치고 그일라를 구원하라'고 말씀하시는데 같은 동역자라는 사람들이 하나님의 뜻을 거역할 때 여러분이 지도자의 위치에 있다면 어떻게 하시겠습니까? 하나님의 뜻을 거역하는 불신앙적이고 패역한 사람들이라고 책망하거나 다윗의 거룩한 의도를 이해해 주지 못하는 사람들이라고 실망하지 않겠습니까?

그러나 다윗은 그들의 입장을 듣고 이해하는 데 충분한 시간을 가집니다. 그리고 아랫 사람들을 충분히 설득한 다음에 그일라로 출정합니다. 결국 하나님의 예언 그대로 블레셋 사람들을 크게 물리치고 승리를 거둘 수 있었습니다(삼상 23:4-5).

오늘날에도 우리가 하나님의 말씀에 순종하고자 할 때 아무리 내가 받은 것이 하나님의 말씀이 확실하다 하더라도 그 뜻을 주변에 관계된 사람들에게 잘 설득하는 일이 매우 중요합니다. 설득하는 과정을 제대로 거치지 않으면 아무리 결과가 좋더라도 서로 간에 인간관계에 금이 가서 나중에 다시 문제가 발생할 수 있습니다.

3. 선한 동기와 나쁜 결과

우리 신자들이 주변의 다른 사람들과 어떤 일들을 감당할 때 동기가 아무리 좋고 선하더라도 그 결과가 나쁘게 나타날 수 있는 가능성을 염두에 둬야 합니다. 다윗은 하나님의 뜻에 순종하여 아랫 사람들과 함께 그일라로 달려가서, 그들을 침략하는 블레셋 사람들과 목숨을 걸고 싸워 물리쳐, 그들이 약탈해간 가축들을 모두 되찾아왔습니다.

그런데 문제는 다윗이 그일라 사람들을 도와주고 있다는 소문이 사울왕의 귀에 들어갑니다. 사울왕은 자기 휘하 모든 백성들을 군사로 불러모아 그일라로 당장 내려가 다윗을 잡고자 다급하게 움직입니다. 다윗도 사울왕의 움직임을 전해 듣고서 그일라에서 도망쳐야 하는지 아니면 그일라 사람들과 함께 사울왕의 침공을 막아낼 수 있는지를 고민하면서 하나님의 뜻을 구합니다(삼상 23:9-10). 다윗이 궁금한 것은 두 가지입니다.

첫째는, 사울왕이 과연 그일라에까지 쫓아오겠는가 하는 것입니다. 둘째는, 자기의 도움을 받았던 그일라 사람들이 배신하여 자기를 사울왕에게 넘겨주겠는가 하는 것입니다. 이 질문에 하나님이 아비아달 제사장의 지혜와 입술을 통해서 답을 주십니다. 사울왕이 그일라의 성읍과 백성들을 모두 몰살하기에 충분한 군대를 이끌고 곧 쳐들어올 것이라는 말씀입니다. 그 엄청난 군사력 앞에서 그일라 주민들은 자기 목숨을 보존하기 위해 다윗을 배신하여 그를 붙잡아 사울왕에게 넘길 것이라는 말씀입니다.

다윗이 이렇게 그일라의 사람들과 관련하여 하나님의 인도를 따르는 과정을 자세히 살펴보면 '참으로 하나님의 섭리는 이해하기 힘들구나' 하는 생각이 듭니다. 왜 하나님은 자기 목숨이 위태로워지면 결국 다윗을 배신할 사람들을 도와주라고 하셨을까요? 블레셋 사람들이 그일라의 타작 마당을 탈취했을 때 도와주지 않았더라면 다윗의 위치가 사울왕에게 노출되는 일도 발생하지 않았을 것입니다. 사울왕이 쫓아오더라도 그일라 사람들에게 배신을 당할 일도 없었을 것입니다. 그런데 왜 하나님은 그일라 사람들을 도와주라고 말씀하셨다가 이제 그들이 사울왕의 군사력 앞에서 자기 목숨이 위태로워지면 다시 배신할 것이니 그일라로부터 다시 도망의 길을 떠나라고 말씀하실까요?

하늘의 하나님께서 우리 작은 인생을 지도하실 때 일사천리(一瀉千里)로 만사형통(萬事亨通)으로 인도해 주시면 얼마나 좋을까요? 하나님의 지도자가 개입하고 능력의 목회자가 임하면 모든 일들이 순조롭게 풀려야 하지 않습니까? 그런데 현실은 하나님의 말씀에 순종하였으나 오히려 더 번거로워지고 오히려 더 절차가 복잡하고 오히려 더 힘들어진다면 굳이 힘들게 하나님의 뜻을 준행하고 따라야 할 이유가 무엇일까요? 참으로 고민이 될 수밖에 없습니다.

하나님이 다윗을 이토록 안개처럼 혼미하고 조변석개(朝變夕改)하는 세력 다툼의 정치판 한 가운데로 인도하신 이유는 단 하나뿐입니다. 이런 혼란스러운 상황 속에서 인간의 연약함과 간사함을 배우라는 것입니다. 인간이 아무리 대단한들 그 마음속에 하나님의 말씀이 없으면 아침 안개처럼 잠깐 나타났다 사라지는 존재인 것을 똑똑히 배우라는 것입니다. 아침에 피었다가 저녁에 스러지는 들풀처럼 달면 삼키고 쓰면 뱉는 참으로 연약한 존재인 것을 이해하라는 것입니다.

다윗이 이스라엘 백성들을 하나님의 말씀으로 섬기고 인도하려면 다음 두 가지가 철저하게 구비되어야 합니다. 첫째는, 하나님의 말씀이 없는 인생의 연약함과 무능함입니다. 목숨을 걸고 구해줘도 새로운 위기 앞에서 인간은 의리나 인정 대신 자기를 먼저 생각하는 참으로 연약한 존재임을 깨달아야 합니다. 둘째는, 이 깨달음은 자연히 이토록 유약한 사람들 속에서 찬란한 하나님의 나라를 세우시는 하나님의 말씀의 능력과 권능에 대한 확신으로 이어집니다. 자기 목숨 챙기려고 배신과 반역을 밥먹듯이 자행하는 험악한 세상에서 도대체 요나단이 이토록 목숨까지 걸며 다윗을 지켜주고 보호해 주는 이유가 무엇 때문일까요? 오직 단 하나의 이유는 다윗에게 약속하신 하나님의 말씀을 하나님이 반드시 성취하신다는 절대 주권에 대한 믿음 때문입니다.

하나님 나라 지도자라면 이 두 가지, 즉 인간의 연약함과 그 속에서도 놀라운 일을 실행하시는 하나님의 말씀의 권능을 분명히 이해해야만 합니다. 하나님이 처음에는 다윗에게 그일라를 도와주라고 하셨다가 나중에는 그들이 배반할 것이니 그일라에서 도망치라고 말씀하셨습니다. 우리 같으면 어떨까요? 보통 매우 분노할 것입니다. 일이 이렇게 꼬이도록 섭리하시는 하나님의 인도하심에 실망하고 낙심할 것입니다.

다윗은 그것이 사람의 마음임을 삶의 현장에서 배워갔습니다. 그럼에도 불구하고 하나님은 이토록 연약하고 가냘픈 사람들 속에서 오직 자신의 능력과 권능으로만 그 나라를 이루어 가시는 하나님의 지혜와 자비를 배워갔습니다. 다윗은 조용히 400명의 사람들과 함께 그일라를 빠져나왔습니다. 이렇듯 하나님이 쓰시는 지도자는 우리 각자에게 권력을 허락하신 하나님의 뜻을 먼저 잘 분별하는 지혜가 필요합니다. 동시에 곤란한 상황에서 사람들이 느끼는 여러 생각들과 감정들도 잘 이해하는 자비심 또한 필요합니다.

4. 다윗의 조력자들

다윗이 하나님의 절대주권에 대한 신앙으로 하나님의 통치를 이스라엘 땅에 세워갈 때 우리가 또 주목해야 할 중요한 인물이 바로 요나단입니다. 요나단은 사울왕의 아들이기 때문에 사울의 뒤를 이어 이스라엘의 왕좌에 오를 자격이 있는 왕자입니다. 하지만 다윗이 하나님의 절대주권에 대한 신앙으로 골리앗을 무찌르는 것을 지켜보면서 하나님의 나라 이스라엘은 자신이나 사울왕이 아니라 다윗이 다스려야 한다는 것을 깨닫습니다. 그리고 사울왕이 다윗을 죽이려는 것을 여러 번 제지하며 다윗에게 자기 왕권을 이양하는 언약을 맺고서 이후로도 계속 다윗을 앞세우는 일에 최선을 다합니다(삼상 23:16-18).

요나단이 이렇게 다윗에게 자신의 왕권을 양보할 수 있었던 이유는 자기에게 주어진 권력에 대한 의미를 분명히 깨달은 때문입니다. 즉, 하나님의 말씀을 대적하는 이 세상의 모든 악한 권세를 친히 무너뜨리시는 여호와의 싸움에 참여하고 그분의 말씀을 섬기는 수단으로 이해하였기 때문입니다. 세상 사람들은 자기가 가진 여러 재능과 권력은 그 재능과 권력을 얻기 위해 수고한 희생과 헌신에 대한 당연한 보상이라 생각합니다. 그래서 자신의 재능과 권력을 자신의 존재가치를 더욱 과시하는 데 사용합니다. 그러나 예수 그리스도를 구세주로 믿는 사람들은 자신이 가진 재능과 은사, 그리고 사회적인 지위를 오직 하나님의 영광이 더욱 분명하게 드러나도록 하는 수단으로 생각합니다. 그래서 수직적으로는 조건 없이 하나님을 사랑하고 수평적으로는 조건 없이 주변 사람들을 섬길 수 있습니다.

중국 사람들은 신화적인 동물인 용을 숭배합니다. 그 이유는 이 세상에서 사람들이 추구하는 권력을 상징하는 모든 상징물들을 한 몸에 가지고 땅에서 하늘로 날아오르며 구름을 부리고 천둥번개를 치며 온갖 길흉화복의 조화를 부리는 존재이기 때문입니다. 주역에 보면 용이 연못에서 나와서 하늘로 올라가는 과정을 사람이 태어나서 세상에 자기 이름을 알리고 권력을 쟁취하는 과정에 비유합니다.

그 첫째 단계는, 잠룡물용(潛龍勿用)으로 용이 아직 세상에 나타나지 않았으니 써먹을 수 없다는 것입니다. 두 번째 단계는, 현룡재전(見龍在田)의 단계로 용이 나타나서 밭에 머무르고 있으니 대인을 만나 볼 만한 단계라는 것입니다. 셋째는, 비룡재천(飛龍在天)의 단계로 용이 하늘을 날아 오르고 그 권세가 온 세상을 떨치고 있는 단계입니다. 이렇게 용이 권력의 정점에 도달하면 그 다음에는 어떤 단계가 기다리고 있을까요? 항룡유회(亢龍有悔)의 단계입니다. 하늘 끝에 도달한 용은 더는 오를 곳이 없어서 안타까워 눈물을 흘린다는 것입니다. 권력으로 남을 섬기지 않고 권력 자체를 목표 삼을 때 그 마지막은 눈물뿐입니다. 우리가 자신의 재능과 권력을 오직 자신의 명예와 부귀 영화를 위하여 사용하려고 한다면 언젠가는 그 목적을 달성할 때가 오기는 올 것입니다. 그러나 이런 사람의 치명적인 문제는 인생의 최고 정점을 찍는 순간에 무한한 행복감보다는 더는 올라갈 수 없는 한계로 절망하며 허무감에 압도될 것입니다.

아담과 하와는 하나님이 가지신 권력을 너도 가져보라는 사단의 유혹에 빠져서 하나님과 같이 되고자 하나님이 금지하신 선악과를 먹고 타락하였습니다. 하지만 하나님은 그렇게 타락한 아담과 하와를 포기하지 않으시고 예수 그리스도 안에서의 구속을 약속해 주셨습니다. 그 약속 그대로 성부 하나님의 독생자 예수 그리스도께서 하늘의 권세를 모두 버리고 이 세상에 오셔서 우리를 대신하여 십자가에 달려 죽으셨습니다. 그리고 다시 우리를 정결한 신부로서 성부 하나님의 영광스러운 보좌로 인도하시고자 죽은 지 사흘 만에 부활하셨습니다. 우리는 그 진리의 말씀을 믿습니다.

그리고 이제 우리 일상의 삶 속에서 가정과 교회 그리고 이 세상 가운데 임하시는 하나님의 나라를 섬기도록 부름 받았습니다. 주님은 그 나라를 잘 섬기도록 우리에게 풍성한 은혜와 달란트, 다양한 권력과 영향력을 허락하십니다. 주님은 우리가 하나님을 섬기는 가운데 그의 모든 능력과 영광과 권능을 우리도 함께 누리도록 초대하십니다. 그 믿음을 가지고 우리가 가진 모든 권세와 능력으로 우리 자신을 과시하기 보다는 우리 가운데 이 세상 속에서 오직 삼위 하나님의 영광만이 높아지도록 최선을 다하시기 바랍니다. 이것이 요나단이 다윗과 언약한 영원한 언약입니다. 그리고 이것이 바로 우리가 그리스도 안에서 하나님과 함께 한 영원한 언약의 기쁨이요 영광입니다.

26

사무엘상 24장 1-7절

신앙의 원칙 속에서
찾아오시는 하나님

기도가 즉시 응답되지 않을 때

과거 2천 년 교회의 역사는 하나님과 사단의 영적인 전쟁의 역사라고
해도 과언이 아닙니다. 이 속에서 때때로 하나님께서 즉시 응답해 주
시지 않고 세상적인 소리가 우리의 분별력을 혼란스럽게 할 때 우리
는 갈 바를 잃어버리고 방황할 수밖에 없습니다. 과거 수천 년간 흘러
온 교회의 역사를 돌이켜 보면 교회가 힘들고 어려울 때 하나님을 부
르짖습니다. 그러나 하나님이 즉각적으로 그 문제를 해결해 주시지
않고 응답을 지체하시는 것 같은 답답함이 있습니다. 큰 어려움과 고
통으로 인해 죽게 생겨서 하나님이 당장 해결해 주시면 좋겠는데 즉
각적인 응답이 없습니다. 하나님의 응답을 기다리다가 인내하는 것을
포기하고 재물을 쌓고 부를 쌓고 권력을 쌓아 그 힘으로 문제를 즉각

해결하려는 쪽을 선택합니다. 이럴 때는 하나님을 믿는 신자라도 하나님의 말씀에 불순종하는 일이 일어납니다. 심지어 하나님의 교회라고 하면서도 하나님을 대적하고 배교하는 일이 일어나기도 합니다. 사이비 이단의 가르침에 미혹되기도 합니다.

왜 이런 문제가 생길까요? 그 이유는 간단합니다. 우리에게 문제가 생겨 하나님께 기도하면 하나님께서 즉시 응답해 주시는 경우가 많겠습니까, 시간이 걸리는 경우가 많겠습니까? 비율적으로 따져본다면 즉시 응답보다는 지체 응답이 더 많습니다. 우리는 즉시 응답을 기대하지만 하나님은 기도 응답에 지체하십니다.

이렇게 하나님이 우리 기도에 지체하시는 분이심을 인정하지 못한다면 결국 참 믿음을 가지기 어렵습니다. 하나님은 맨 처음부터 수 천년, 수 만년이라도 참아 인내하시며 자신의 목적을 이루시는 분이십니다. 우리도 당장 급하게 응답을 받아 내려고 하는 마음을 내려 놓으시기 바랍니다.

그런데 사실 즉답(卽答, 즉시 응답)보다는 '응답 지연'을 하시는 하나님에 대한 믿음을 가지고 응답하실 하나님의 타이밍을 기다리며 인내를 선택하는 편이 오히려 더 은혜가 풍성하다는 사실을 꼭 명심하시기 바랍니다. 그 이유는 우리는 즉시 응답을 요구하더라도 우리 생각과 수준으로는 우리에게 진정 참된 축복이 어떤 것인지 잘 모르는 경우가 많습니다. 몸에 해롭지만 맛있다고 단 것만 좋아하며 먹다가 결국 당뇨병에 걸릴 수 있습니다. 이처럼 영적으로 정말 우리에게 참된 축복이 무엇인지 잘 모른 채 즉시 응답만을 고집한다면 결국 '즉답'(卽答)은 축복이 아닌 재앙이 되는 경우가 많다는 것입니다.

사울은 하나님의 기름 부음을 받고 이스라엘의 초대 왕으로 세움을 입었습니다. 왕으로 세움 받은 처음에 그는 참으로 유능한 인물이었고 매우 겸손한 사람이었습니다. 여호와의 영이 사울에게 임하여 하나님의 말씀과 뜻이 사울왕에게로 충분히 전달되었습니다. 여러 모로 보더라도 사울왕은 이스라엘을 하나님의 말씀으로 다스리기에 참으로 충분한 자격을 갖춘 인물이었습니다. 하지만 사울왕이 끝까지 이스라엘의 왕으로 남지 못하고 결국은 하나님께서 사울왕을 폐위시켜 버리는 가장 중요한 이유가 무엇일까요? 다윗과 비교한다면 사울왕은 하나님이 응답주실 때까지 기다릴 줄 몰랐기 때문입니다.

1. 사울왕의 사면초가

　사무엘상 13장에 보면 사울왕이 블레셋 군대와의 전쟁을 앞두고 있을 때 그는 하나님 앞에서 이제 왕으로서 하나님을 의지하면서 '응답 지체'를 인정하고 받아들일 것인가, 아니면 자기 능력과 실력을 동원해서 '즉시 응답'을 선택할 것인가 하는 중요한 시험을 치루지 않습니까? 사울왕은 이스라엘의 임금으로서 블레셋 군대에 대항하여 전쟁을 승리로 이끌어 내야 하는 책임자의 위치에 있었습니다. 그런데 당시 세 가지 화살이 시시각각으로 사울왕에게로 날아오고 있습니다(삼상 13:11-12).

　첫째 화살은 전쟁을 앞두고 있는데 백성들이 더는 사울왕을 신뢰하지 않고 있습니다. 사울왕은 한 나라의 왕으로서 백성의 존경과 충성심이 무엇보다 필요합니다. 그러나 사울왕이 아직 왕으로서의 경력이 짧아 심각한 위기의 상황에서 백성들이 사울을 그다지 신뢰하지 않은 것 같습니다. 게다가 백성들이 두려운 마음에 전쟁터에서 이리저리

하나님 마음에 합한 사람

도망가기 바쁜 상황이 벌어지고 있습니다.

사울왕을 옥죄는 둘째 화살은 위급한 상황에서 하나님의 승리의 축복을 기도해 줄 당시 최고의 영적 대장인 사무엘 선지자가 오지 않고 있습니다. 13장 8절을 보면 사울은 원래 약속한 대로 일주일을 기다렸으나 약속 날짜가 지나도록 나타나지 않습니다. 제 생각에는 하나님께서 사울왕을 시험하시기 위해 '즉시 응답'이 아니라 '응답 지체'를 허락하셨습니다. 그리고 사울왕이 믿음의 인내로 하나님의 타이밍을 기다리기를 원하셨습니다. 과연 사울왕이 얼마나 하나님을 의지하는지 보시겠다는 것입니다.

사울왕을 힘들게 하는 셋째 화살은 바로 블레셋 군대가 시시각각으로 전쟁터에서 전선을 밀고 이스라엘 쪽으로 쳐들어오고 있다는 것입니다.

위기 촉발의 상황에서 사울왕은 급한 마음에 그만 '응답을 지체하시는 하나님'을 밀쳐 내버리고 '즉시 응답'을 선택합니다. 자기 손으로 직접 제사를 주관해서 번제와 화목제물을 가져다가 예배를 드려버린 것입니다. 하나님 나라의 심부름꾼에 불과한 인간 왕으로서 하나님의 응답을 인내로 기다려야 함에도 불구하고 자기 능력으로 하나님의 일을 해결해 보려고 그만 제사장의 역할을 침범한 것입니다. 그러자 9절에 보면 그 제사가 끝나자마자 사무엘 선지자가 나타나서 하나님이 사울왕을 폐위하실 것이라고 저주를 선포합니다.

2. 지혜로운 리더

즉시 응답을 선택하면 일이 잘 풀릴 것 같지만 시간이 조금 지나보면 우리의 성급함 때문에 일을 망치고 후회하는 경우가 적지 않습니다. 경영학에서는 지도자의 유형 또는 사람의 일처리 방식을 두 가지로 분류합니다. 첫 번째는 거시적인 시각을 가지고 있는가의 여부입니다. 시각이 거시적이고 미래 비전과 전망이 있으면 똑똑한 것이고 그렇지 않으면 멍청하다고 평가할 수 있습니다. 두 번째는 일처리의 속도입니다. 일처리가 빠르면 부지런한 것이고 느리면 게으르다고 평가할 수 있습니다.

이 두 가지 기준을 가지고 네 가지 유형의 리더를 생각해 볼 수 있습니다. 첫째는, 거시적인 비전을 가지고 있으면서 일처리는 좀 여유를 가지고 느긋하게 하면 똑똑하고 게으른 리더라고 합니다. 이를 간단히 줄여서 '똑게형 리더'라고 표현할 수 있습니다. 똑게형 리더의 장점은 거시적인 비전을 가지고 있으면서도 디테일한 일들은 팀원들에게 맡겨서 협업이 가능합니다. 둘째 유형은, 거시적인 비전을 가지고 있으면서도 일처리 속도가 빠릅니다. 똑똑하게 부지런한 유형으로 간단히 '똑부형 리더'라고 합니다. 이런 경우는 리더 혼자서 북치고 장구치고 다합니다. 문제는 팀원들은 할 것이 없습니다. 위기상황이 발생하면 결국 리더 홀로 감당해야 하는데 어떤 조직이든 지도자가 혼자서 모든 일을 감당하려 하면 그 조직은 무너질 수밖에 없습니다. 셋째 유형은, 리더가 거시적인 비전이 없고 일처리 속도도 느린 경우입니다. 멍청하고 게으른 유형으로 간단히 '멍게형 리더'입니다. 이런 조직은 팀원들이 조직을 위해 헌신하기 때문에 어느 정도 잘 굴러갑니다. 가장 문제가 많은 경우는 넷째 유형으로, 멍청하고 부지런한 유형이며 간단히 '멍부형 리더'입니다. 거시적인 비전은 부족하면서 일처리 속도가 빠르기 때문에 시작하는 일마다 결국 그르칠 수밖에 없는 일들을 급하게 시작합니다. 그래서 팀원들은 리더가 벌여놓은 문제를 처리하는 데 급급합니다.

똑게, 똑부, 멍게, 멍부의 네 리더 중에서 가장 이상적인 조직은 '똑게형 리더'가 이끄는 조직입니다. 반대로 가장 좋지 않은 조직은 '멍부형 리더'가 이끄는 조직입니다. 그래서 일반 경영학에서는 지도자는 항상 넓은 시각과 비전을 가지고 있되 디테일한 일들은 팀원들에게 맡겨서 그들이 조직을 위하여 각자의 역량을 최대한 발휘하도록 이끌어야 한다고 말합니다.

이런 생각을 오늘 설교의 주제에 적용해 본다면 어떤 문제가 발생했을 때 급하게 서두르려고 하지 말고 좀 더 느긋하게 하나님의 지혜를 구하는 것이 좋겠다는 말씀입니다. 즉시 응답하시는 하나님 쪽을 선택하려고 하지 말고 조금 지체 되더라도 하나님의 말씀의 원칙을 따라가는 쪽을 선택하는 것이 결국은 모두에게 유익이라는 말씀입니다.

이런 훈련과 연단은 사울왕뿐만 아니라 다윗에게도 동일하게 주어집니다. 다윗도 '즉답'과 '응답 지체'의 갈림길에서 양단간에 결단해야 하는 시험에 직면합니다. 사울왕의 시기를 사서 다윗은 도망자의 신세가 되었습니다. 그러다 오늘 본문 1절에 보면 다윗이 자기 부하 몇몇과 함께 엔게디 광야로 도망갑니다. 이 정보가 사울왕의 귀에 들어가자 사울왕은 군사 3천 명을 거느리고 다윗을 좇아 엔게디 광야 들염소 바위로 갑니다. 이스라엘 광야에 석회암 큰 동굴이 여럿이 있는데 옛날에는 사람들이 뜨거운 여름에 그 시원한 동굴로 들어가서 잠시 쉬면서 낮잠을 자기도 하고 또 대변을 보기도 했습니다.

오늘 본문에 '발을 가리러 갔다'고 하는 표현이 정확히 낮잠을 잔 것인지 아니면 대변을 본 것인지 불확실합니다. 그러나 분명한 것은 같

신앙의 원칙 속에서 찾아오시는 하나님 | 사무엘상 24장 1-7절

은 동굴에 다윗 일행이 먼저 들어와 있었습니다. 다윗과 부하들이 먼저 들어와서 쉬고 있는데 사울이 혼자 동굴 속으로 들어온 것입니다. 만일에 대변을 보기 위함이라면 갑옷과 겉옷을 벗어야 합니다. 잠시 낮잠을 자는 것이라면 다윗과 부하들이 사울왕에게 몰래 접근하기 쉬운 상황이 벌어집니다.

지금 다윗과 사울왕이 어떤 상황입니까? 왕좌를 가운데 놓고 서로 경쟁하는 상황처럼 생각할 수 있습니다. 하지만 지금은 다윗과 사울왕이 비어있는 왕좌를 놓고 똑같은 형편과 처지에서 서로 경쟁하는 것이 아닙니다. 이스라엘의 왕은 누가 세웁니까? 이스라엘 백성들이 아닙니다. 바로 하나님이 세우십니다. 이스라엘 백성들도 이스라엘의 왕은 하나님이 세우신다는 것을 매우 잘 알고 있습니다. 그런데 지금 이스라엘의 왕은 누구입니까? 사울입니까 아니면 다윗입니까?

3. 원칙을 지키는 다윗

참 어려운 질문입니다. 하지만 해답은 신앙의 원칙 속에 들어 있습니다. 첫째 원칙은 무엇입니까? 이스라엘의 왕은 누가 세웁니까? 하나님께서 선지자를 보내 기름을 부으심으로 왕을 세우십니다. 사울도 그렇게 기름 부음을 받았습니다. 하지만 사울이 하나님의 통치를 인내로 기다리는 데 실패해서 하나님께서 사울을 폐위하기로 결심하십니다. 하나님이 사울을 버리신 것입니다. 그 다음에 이스라엘에 왕이 필요하므로 하나님께서 사무엘을 보내셔서 이세의 말째 아들인 다윗의 머리에 기름을 부어 왕으로 선포합니다. 왕으로 기름 부음을 받은 후 다윗에게 성령이 임하여 다윗은 이스라엘을 통치하시는 하나님의 뜻을 분별하게 됩니다. 그 이후 표면적으로 볼 때 이스라엘의 왕은 사울이고 다윗은 그 부하인 것 같습니다. 하지만 하나님의 시각으로 볼 때 목동 다윗이 실제 이스라엘의 왕이고 사울은 이제 그 뒤로 밀려나야 할 장애물에 불과한 것입니다.

그런데 오늘 우리가 사울과 다윗의 대비로부터 배울 두 번째 중요한 교훈은 이스라엘의 왕은 하나님이 기름 부음으로 정하신다는 원칙뿐만 아니라 실제 왕위에 오르는 과정도 하나님이 인도하신다는 것입니다. 사울과 다윗 모두 하나님이 기름 부어서 세우신 첫째 원칙은 같습니다. 그러나 "기름 부으신 하나님은 그 과정도 주도하신다"는 둘째 원칙에서 사울은 '즉시 응답' 쪽을 선택하여 직접 자기 힘으로 블레셋을 무찔러보려 했고 다윗은 '응답 지체' 쪽을 선택하여 하나님이 허락하실 때까지 기다렸습니다.

다윗은 왕으로 모두 세 번 기름 부음을 받으면서 맨 처음 기름 부음 받은 때의 나이가 대략 16~17세 정도로 추정합니다(삼상 16:13). 그러다가 헤브론에서 남쪽 유다 사람들에 의하여 왕으로 기름 부음 받고 실제 왕으로 등극할 때의 나이가 30세 정도였습니다(삼하 2:4; 5:4). 다윗이 이스라엘 왕좌에 대한 약속을 받고 실제 유다 왕으로 오르기까지는 무려 13년 정도 걸렸습니다.

하지만 하나님의 약속이 다윗의 인생 속에서 아직 완전히 실현된 것은 아니었습니다. 왜냐하면 당시 다윗은 북쪽 베냐민 지파를 포함한 이스라엘 사람들 전부를 그 통치권 아래로 흡수하지 못했습니다. 사무엘하 5장 4절에 보면 헤브론에서 30세에 남쪽 유다 지파를 중심으로 통치를 시작한 이후 다시 7년 반 정도 걸려서 북쪽 이스라엘까지 흡수합니다. 37세 정도에 비로소 도성을 예루살렘으로 옮겨서 33년

신앙의 원칙 속에서 찾아오시는 하나님 | 사무엘상 24장 1-7절

동안 이스라엘을 통치하다 70세에 왕권을 솔로몬에게 넘겨주었습니다. 이렇게 다윗의 인생을 살펴보면 하나님의 약속이 그의 인생을 통해서 온전히 성취되기까지 수 십 년의 세월이 걸렸음을 알 수 있습니다.

다윗이 '즉시 응답'과 '응답 지체'의 갈림길에서 '응답 지체' 쪽을 선택하는 가장 대표적인 사례가 바로 오늘 본문입니다. 사울왕이 동굴 속으로 들어와서 쿨쿨 잠을 자든지 아니면 대변을 본다고 방심합니다. 아무튼 성경적인 표현을 쓰자면 완전히 무기를 버리고 방심한 상태는 그 누가 보더라도 하나님께서 사울왕의 목숨을 다윗에게 맡기신 상황입니다. 실제로 주변의 모든 사람들이 이를 인정하고 있습니다. 다윗의 부하들도 4절에서 다윗에게 건의합니다. "하나님이 사울왕의 목숨을 주군께 맡기셨습니다. 왜 그리하셨겠습니까? 저 패역하여 하나님의 말씀에 불순종한 사울왕을 처단하고 주인님이 이스라엘의 왕으로 등극하시라는 하나님의 섭리가 아니겠습니까?" 다윗의 주변에 있던 부하들이 이렇게 강권해도 다윗은 사울왕의 목숨을 해치지 않고 살려주었습니다.

그 이유가 무엇 때문일까요? 다윗에게는 두 가지 진리에 대한 분명한 믿음이 있었습니다. 첫째는, 기름 부음을 받은 사람을 죽이는 것은 여호와께서 금하신다는 것입니다. 사울왕은 하나님이 기름 부어 세운 사람이기 때문에 그를 대적하는 것은 곧 하나님을 대적하는 일입니다. 둘째는, 하나님이 다윗 자신에게 기름 부어 이스라엘의 지도자로 세우시는 일을 시작하셨는데 그 일은 하나님이 친히 성취하신다는 믿음입니다. 다윗의 마음속에는 오직 이 원칙만이 생생하게 살아 있었기 때문에 주변 사람들이 뭐라 하든 흔들림 없이 믿음의 길을 걸어갈

396
하나님 마음에 합한 사람

수 있었습니다.

　다윗에게 우리가 정말 주목해서 볼 것이 하나 있습니다. 다윗은 하나님의 말씀과 원칙을 아주 예민하게 수용하는 마음의 안테나, 양심이라는 마음의 안테나를 가지고 있었습니다. 아무리 하나님의 말씀이 우리 마음판에 쏟아지더라도 그 말씀을 받아들이는 우리 마음의 안테나인 양심이 무뎌져버리면 하나님의 말씀은 우리 안에 능력으로 역사할 수 없습니다.

　'서시'의 윤동주 시인은 들판에 휘몰아치는 바람 때문에 정신 없이 나부끼는 잎새를 바라보면서 심한 비통함을 느꼈습니다. 바람 때문에 정신 없이 휘몰아치는 잎새가 마치 지도자 없이 방황하는 우리 민족의 무기력한 모습 같아서 괴로웠던 것입니다. 또 다른 시인 유치환은 바람에 흔들리는 깃발들이 파락파락 소리치며 나부끼는 모습 속에서 소리없는 아우성이 들려서 괴로워하기도 했습니다

　정말 이 나라의 지도자라면 요즘같이 온 들판이 가뭄으로 말라 비틀어지고 물고기들이 떼죽음을 당하는 것이 마치 내가 하나님 앞에서 죄를 지어 하나님이 이 세상을 벌하시는 것 같은 죄책감에 몸둘 바를 알지 못하는 겸손이 있어야 하지 않을까 생각합니다. 가뭄으로 말라 비틀어지는 논바닥을 바라보면서 하나님 앞에서 내 죄를 돌이켜보려면 다른 사람들의 고통과 처지를 생각할 줄 아는 이타적인 마음이 있어야 가능합니다. 마찬가지로 신자들도 도덕적인 원칙을 끝까지 지키려면 마음속에 하나님의 원칙을 예민하게 수용할 줄 아는 양심이 살아 있어야 가능합니다.

4. 하나님의 마음에 합한 다윗

다윗의 별명이 있다면 그것은 사도행전에서 스데반의 설교에서도 나타나듯이 '하나님의 마음에 합한 사람'이라는 것입니다(행 13:22). 사람이 하나님의 마음에 합하려면 그 사람의 마음이 하나님의 마음과 일치해야 합니다. 도대체 우리 인간의 마음이 어떻게 하나님의 마음과 합할 수 있고 우리 양심이 어떻게 하나님이 기뻐하시는 뜻을 민감하게 깨달을 수 있을까요?

그 비밀은 다윗이 밧세바를 범한 후 나단 선지자의 책망 가운데 즉시로 간절히 기도한데서 찾아볼 수 있습니다. "하나님이여 내 속에 정한 마음을 창조하시고 내 안에 정직한 영을 새롭게 하소서 나를 주 앞에서 쫓아내지 마시며 주의 성령을 내게서 거두지 마소서"(시 51:10-11).

시편은 평행법이라는 것이 있는데 앞의 구절과 뒤의 구절이 평행을 이루면서 같은 의미를 전달합니다. '정한 마음과 정직한 영'이 평행을 이루면서 같은 의미를 서로 지탱해 주고 '창조한다는 것과 새롭게 한다는 것'도 평행을 이루면서 같은 의미를 서로 지탱해 줍니다. 말하자면 우리의 양심은 하나의 심리적인 느낌을 작동시키는 보편적인 기관이 아니라 회심한 신자들의 마음속에 내주하시는 성령께서 우리 안에 새롭게 창조해 주신 새로운 마음입니다. 깨끗한 마음을 창조해달라고 할 때의 창조는 창세기 1장 1절에서 하나님께서 무에서 말씀으로 이 세상을 창조하셨을 때의 '바라'라는 단어를 사용합니다. 예수 안 믿는 사람들도 똑같이 가지고 있는 양심을 좀 더 깨끗하게 씻어달라는 것이 아닙니다. 예수를 안 믿었을 때에는 없는 새롭고 정결한 마음을 내 속에서 새롭게 창조해 주시라는 간청입니다.

그런데 하나님은 우리 안에서 이 새 마음을 어떻게 창조하실까요? 하나님의 말씀이 우리 심령에 선포될 때 성령 하나님께서 말씀과 함께 역사하시면서 우리 마음속에 믿음을 만들어주십니다. 또 그 말씀에 순종하도록 이끄시면서 새로운 마음을 만들어 주십니다. 우리 양심이 하나님 말씀의 원칙을 예민하게 포착할 수 있는 결정적인 방법이 무엇일까요? 그것은 늘 성령충만을 유지함으로 내 속에 거하시는 성령 하나님의 음성에 예민하게 순종하는 것입니다. 그것이 우리가 하나님을 만날 수 있는 결정적인 방법입니다.

5. 진리의 탁월성

하버드의 경제사 교수인 니얼 퍼거슨(Nial Ferguson) 교수가 Civilization이란 제목의 저서에서 서구문명이 과거 500년 동안 이 세상을 재패할 수 있었던 비결을 여섯 가지로 분석합니다. 그 첫 번째는, 기독교라는 유일신을 믿으면서 인류 보편의 공평한 행복을 추구하는 종교가 기본적으로 깔려 있었다는 것입니다. 그 위에 자유경쟁이 허용되고 사유재산권을 인정하는 민주정치 제도가 있었던 것이 세 가지 조건입니다. 이 세 가지의 시스템 속에서 과학과 의학이 발전하고 개인의 행복을 위한 소비 사회라는 두 가지 조건이 결합하여 모두 여섯 가지 조건 때문에 서구 문명이 오랜 세월 동안 강력하게 세계를 장악할 수 있었다고 결론을 내리고 있습니다.

그런데 이 학자가 마지막 결론에서 강조하는 메시지가 하나 있습니다. 2천 년 기독교 중에서도 특별히 종교개혁 이후에 등장한 기독교가 서구 유럽 국가들 속에 전파되면서 열심히 일하고 노동하는 것을 통해 부를 축적하는 것을 하나님의 이름으로 긍정해 주었기 때문에 결국 서양이 500년 동안 전 세계의 패권을 잡을 수 있었다는 결론입니다. 쉽게 말해서 일과 노동에 대하여 하나님의 시각에서 비전과 청사진을 제시해 준 덕분에 신자들이 정직하게 일하면서 쌓은 부를 다시 사회에 투자함으로 서구 기독교 국가들이 부강해질 수 있었다는 것입니다. 그래서 복음과 기독교가 전파되어 하나님의 말씀에 근거한 도덕적인 원칙과 기준, 공평과 정의가 사회에 확산되면 그 나라는 결국 부강해진다는 결론을 내리고 있습니다.

놀라운 사실은 중국의 지도자들도 이에 동의한다는 것입니다. 중국 사회과학 아카데미의 한 학자는 이렇게 평가하고 있습니다. "우리는 무엇이 서양의 세계 패권의 비결을 설명하는지에 대해서 연구해달라는 요청을 받았다... 처음에는 서양이 우리 중국보다 더 강력한 무기를 가지고 있기 때문이라고 생각했다. 다음에는 서양의 정치 체제가 뛰어나기 때문이라고 생각했다. 그 다음에는 서양의 경제 시스템에 초점을 맞추었다. 하지만 지난 20년간 우리는 서양 문화의 중심에 종교, 즉 기독교가 있다는 사실을 깨달았다. 이것이 바로 서양이 그리도 강력한 이유다. 사회적, 문화적 삶의 기독교적 윤리 기반이 자본주의의 출현과 그 후 민주 정치로의 성공적인 이행을 가능하게 했다. 이것은 의심할 여지가 없다."[17]

다시 말해 중국의 여러 지도자들이 현재 중국 지도자들의 부정부패의 문제, 농민공들의 심각한 노동착취와 인권유린의 문제, 양극화 문제, 환경오염의 문제 등을 해결할 수 있는 것은 유일하신 하나님께서 이 역사 속에서 말씀으로 이 세상을 다스리시고 통치하시고 인도하신다는 이 말씀의 원칙 뿐이라고 고백하고 있는 것입니다.

여러분이 보시기에 우리나라는 어떻습니까? 오늘날 우리가 사는 이 세상은 마치 질서가 무너진 것 같고 원칙이 무너진 것 같아 보입니다. 나라의 지도자들과 교회의 지도자들이 때때로 눈살을 찌푸리게 만드는 모습을 보입니다. 이런 일들이 반복되면 일반 시민들의 마음속에는 원칙을 지키며 사는 삶이 바보처럼 보일 수 있습니다. 그러다보면 결국 이 세상을 살아가는 도덕적인 원칙과 질서가 무너집니다. 그러나 이렇게 혼란스러운 상황에서도 하나님은 다스리시고 역사하십니다. 어떠한 상황에서도 하나님의 말씀만이 원칙이 되어 이 땅을 통치하십니다. 우리 삶 속에서 이 한국 땅에서 오직 여호와 하나님의 말씀만이 왕노릇하십니다. 이러한 굳건한 믿음 가지고 상황에 흔들리지 않고 담대하게 주님의 뒤를 따라가시기를 간절히 축원합니다.

신앙의 원칙 속에서 찾아오시는 하나님 | 사무엘상 24장 1-7절

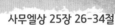

27

사무엘상 25장 26-34절

성화의 은혜

성화의 과정에서 신자의 책임

신자의 신앙생활은 간단히 칭의와 성화의 두 단계로 구분할 수 있습니다. 칭의란 죄인이었던 내가 하나님으로부터 의롭다고 인정받는 것입니다. 어떻게 죄인이 의롭다고 인정받을 수 있을까요? 우리 죄를 용서하시려고 십자가에 죽으시고 부활하신 예수님을 나의 구세주로 믿으면 그 믿음에 근거하여 하나님은 우리 죄를 용서해 주시고 하나님의 자녀 삼으시고 의인 삼으십니다. 이 과정을 간단히 정리하면 이신칭의 (以信稱義, justification by faith)라고 합니다. 예수를 믿음으로 말미암아 죄악에서 구원 받고 성령도 함께 받고 하나님 앞에서 의롭다고 인정받습니다. 우리 모두가 예수를 믿기 때문에 구원 받아 의롭다고 인정받은 줄 믿습니다. 한 번 의롭다고 인정받으면 그 구원은 절대로 취소되거나 바뀌지 않습니다.

이 칭의 다음에는 우리의 영적인 수준에 있어서 예수님처럼 거룩하게 변화하는 성화(聖化, sanctification)가 뒤따릅니다. 하나님이 우리를 의롭다고 인정해 주시는 신분의 변화뿐만 아니라 실제적으로 하나님이 보시기에 의롭고 깨끗하고 거룩하다고 인정해 주시는 수준의 변화도 뒤따릅니다. 이를 성화라고 합니다.

그러면 어떻게 성화되는 것일까요? 그것은 오늘도 우리 심령 중심에 계신 성령 하나님께서 말씀을 통해 우리를 하나님의 사람으로 매일 변화시켜 가십니다. 인간적인 노력과 열심으로 내가 거룩해지는 것이 아니라 오직 성령 하나님께서 말씀을 통해 다시금 예수 그리스도를 바라게 하심으로 우리는 거룩해집니다. 즉 나의 경건의 노력이 아니라 죄인된 우리를 용서하시는 하나님의 은혜로써 이를 계속 기억하고 묵상함으로 조금씩 거룩하게 변화합니다. 사도 바울은 이런 진리를 다음과 같이 고백합니다. "그러나 내가 나 된 것은 하나님의 은혜로 된 것이니 내가 주신 그의 은혜가 헛되지 아니하여 내가 모든 사도보다 더 많이 수고하였으니 내가 한 것이 아니요 오직 나와 함께 하신 하나님의 은혜로다"(고전 15:10). 오늘 나의 나 된 것은 전적으로 나와 함께 동행하신 하나님의 은혜뿐이라는 말씀입니다.

하지만 실제 신앙생활 속에서는 "나의 나 된 것은 오직 하나님의 은혜"라는 고백이 쉽게 나오기가 어렵습니다. 구원이 오직 하나님의 은혜이고 성화도 오직 하나님의 은혜라면, 내가 노력할 필요가 없고 힘들게 신앙생활을 할 필요도 없다는 것인데, 왜 신앙생활이 이렇게 힘든가요? 신앙생활이 예수 믿고 천국을 사모하며 바라보는 것이며 이 모든 것이 하나님의 은혜라면 천국에 올라가는 것은 마치 비행기나 헬리콥터를 타고 올라가듯 쉽고 저절로 올라가야 하지 않나요? 그러나 우리는 칭의로부터 시작하여 성화의 단계에 도달하는 과정에서 자꾸만 넘어지고 그런 내 모습 때문에 절망하고 또 좌절합니다. 신앙생활이 이렇게 힘든데 어떻게 나의 나 된 모든 것이 오직 하나님의 은혜라고 할 수 있나요? 이것은 모순이 아닌가요?

이런 질문이 생기는 이유는 흔히 교회에서 가르치는 교리가 신앙생활이 칭의에서 시작하여 성화의 결론에 도달하는 것으로 보면서 그 중간 과정은 생략하거나 무시하기 때문입니다. 하지만 중간이 없는 신앙생활이 없습니다. 고난과 의심과 회의와 번민과 절망이라는 중간 과정이 없는 신앙생활이란 없습니다.

이런 문제를 더욱 분명하게 밝혀 주기 위해서 성경이 자막과 화면으로 구성된 것입니다. 성경을 마치 영화 보는 것에 비유한다면 이야기체 본문이나 구약은 영화의 화면과 같고 신약의 서신서나 교리적인 내용들은 영화의 자막과 같습니다. 오늘 우리는 성화가 어떻게 우리의 노력이 아니라 오직 하나님의 은혜로, 즉 하나님께서 그분의 말씀과 그 말씀을 깨닫게 하시는 성령의 조명으로 우리를 거룩하게 변화시켜 가시는지 살펴보고자 합니다.

1. 연단하시는 하나님

오늘 우리가 살펴볼 사무엘상 25장은 다윗에 관한 이야기입니다. 25장 초반부에서 다윗은 미래 약속과 오늘 현실 사이에서 갈등하는 모습으로 등장합니다. 다윗은 미래 약속으로는 장차 이스라엘 군왕의 자리로 등극하기로 기름 부음 받았습니다. 하지만 사울왕은 다윗을 자신의 왕권을 위협하는 잠재적인 경쟁자로 생각하고 있습니다. 수많은 기회를 틈타 다윗을 죽이고자 추격하고 있습니다. 다윗은 그렇게 사울왕의 추격을 받으면서 미래를 기약할 수 없고 초라한 도망자 신세로 살아가고 있습니다.

다윗을 더 힘들게 하는 이유가 또 있습니다. 당장 하나님의 약속이 실현되지 않는 것보다 자기를 믿고 따라주는 가족들과 부하들 대략 5백 명 정도의 호구지책을 책임져 주는 일이 더욱 힘듭니다. 이들과 함께 거친 광야에서 이리저리 도망다니면서 생활하고 있습니다. 매일 물 한 모금 곡식 한 톨이라도 구해서 식구들 입에 풀칠하는 문제가 날마다 어렵고 걱정입니다.

어느 날 갈멜이라는 지역에서 거부로 소문난 나발이라는 사람이 양털을 깎는다는 소식이 들려옵니다. 양의 털을 깎는 일은 일종의 추수철이란 의미입니다. 수백수천 마리 양 떼들의 털을 깎는 일은 그동안 양을 돌보고 키운 수고와 땀에 대하여 풍성한 보상을 받는 시기입니다. 이때는 풍성한 수확을 위하여 많은 일꾼들이 필요한 시기이기도 합니다. 그 많은 일꾼들을 격려하여 열심히 수확하는 수고를 잘 감당하도록 맛있는 음식도 풍성하게 장만해서 먹고 마시면서 즐겁게 추수철을 보냅니다.

다윗이 그 소식을 듣고서 사무엘상 25장 5절에서 부하 열 명 정도를 나발에게 보냅니다. 그동안 나발의 양 떼와 염소 떼를 보호해주고 들판의 도적 떼들로부터 지켜 준 옛정을 기억해서 먹을 만한 양고기나 음식을 좀 나눠달라고 요청합니다. 5절에 보면 나발에게 먼저 "내 이름으로 문안하라"고 교육을 시킨 다음에 사람들을 보냅니다. 여기에서 내 이름으로 나발에게 문안인사를 드리라는 것은 이스라엘 사람들 사이에 널리 퍼진 다윗의 인지도와 지명도를 나발에게 잘 알려서 주지시키라는 말입니다.

세 가지 인지도입니다. 다윗이 사무엘 선지자로부터 이스라엘의 지도자로 기름 부음을 받았다는 것, 그가 블레셋의 무적용사 골리앗을 무찔렀다는 것, 이스라엘의 지도자로 기름 부음을 받은 자답게 실제로 이스라엘 백성들의 재산과 목숨을 보호해 주었다는 것입니다. 그러니 당연히 그에 걸맞게 예우해달라는 것입니다. 다윗으로서는 정당한 기대감이 깔려 있습니다.

2. 기대와 다른 현실

우리도 예수를 믿고 신앙생활을 해 가는 과정에서 신자로서의 당연한 기대감이 있습니다. '그래도 내가 믿음으로 신앙생활 열심히 하는데 무언가 내 삶에 하나님의 은혜와 복이 쏟아지지 않겠는가? 이 정도 교회를 섬기고 헌신하는데 하나님이 적절하게 보상해 주셔야 하는 것이 아닌가? 그래도 내가 믿는 사람인데...'

그런데 현실은 우리의 기대처럼 쉽게 돌아가지 않습니다. 9절에 보면 다윗의 부하들이 다윗의 이름으로 이 모든 말을 나발에게 말하기를 마치자 나발의 반응이 기대했던 것과는 전혀 다릅니다. "나는 다윗은 누구이고 이새의 아들이라는 사람이 누구인지 잘 모른다. 다만 요즘에는 세상이 하도 요상해서 자기 주인에게서 억지로 떠나서 도망 나와 사는 종들이 많다고 하더라." 이 말은 다윗이 사울왕에게서 도망 나와 사는 현실을 비꼬는 말입니다. 나발이 다윗의 형편과 처지를 잘 모르는 것이 아닙니다. 오히려 정확하게 알고 있는 말입니다. 그런데 다윗도 모르고 이새의 아들이란 사람이 누구인지 모른다고 합니다.

내가 어찌 잘 알지도 못하는 부랑자 같은 사람들에게 비싼 음식을 내어주겠느냐고 모욕을 퍼붓습니다.

이 소식을 전해 들은 다윗이 모멸감과 배신감에 분노가 치밉니다. 백 명의 부하들에게 칼을 준비하라 명령하여 나발과 그 수하의 사람들을 모두 박살을 내러 나갈 것을 지시합니다. 그러면서 다윗의 마음 한켠으로는 하나님에 대한 실망감도 밀려옵니다. '하나님! 주님은 몇 해 전에 내 머리에 기름을 부으시고 나를 이스라엘의 지도자로 삼으시겠다고 약속하셨습니다. 나도 그 말씀에 대한 기대감을 가지고 나발의 양 떼와 일꾼들을 도적들로부터 지켜주었습니다. 내 목숨을 걸고 노력한 것입니다. 내가 애쓰고 수고했는데 하나님이 내게 허락하시는 보상이 대체 무엇입니까? 하나님께서 나에게 복을 주시겠다고 약속한 그 실상이 이 정도입니까? 이것은 아니지 않습니까?'

이렇게 하나님께 따져 묻는 심정으로 칼을 갈았을 것입니다. 우리에게도 다윗을 조롱했던 나발이 우리 마음속에서 우리 신앙을 조롱합니다. '하나님 내가 뭐 로또 복권에 당첨되게 해 달라는 것이 아닙니다. 당장 내 인생에 대박 터지는 기적이 일어나게 해 달라는 것도 아닙니다. 그저 내 앞에 닥친 이 문제를 좀 해결해 달라고 기도한 것입니다. 이 문제 하나도 해결해 주시지 못한다면 그동안 하나님 믿은 것이 무슨 소용입니까?' 그런 심정입니다.

그렇게 다윗은 터질 듯한 분노의 마음으로 군사들과 함께 나발의 집으로 속히 달려갑니다. 그런데 그 중간에 나발의 아내 아비가엘이 이 소식을 전해 듣습니다. 18절에 아비가일이 급히 떡 이백 덩이와 포도주 두 가죽 부대와 양 다섯 마리 분량의 양고기와 여러 음식을 준비해서 다윗 일행을 마중 나갑니다. 그리고는 23절에 급하게 다윗 일행을 불러 세워서 모든 과실은 전부 다 자기 때문에 벌어진 일이니 일단 분노부터 진정하고 이야기 좀 들어달라고 간청합니다.

오늘 우리가 아비가일의 충고에 귀를 기울여야 하는 이유는 성령 하나님께서 주님의 진리로 자기 백성을 거룩하게 변화시키는 과정이 바로 이와 같기 때문입니다. 이어서 아비가일은 다윗에게 일종의 설교 메시지를 전합니다.

3. 과거 은혜를 기억하라

아비가일이 다윗에게 선포한 설교의 제 1대지는 26절 말씀입니다. "여호와 하나님께서는 다윗께서 직접 원수를 심판하고 보복하여 손에 피를 묻히는 일을 막아주셨습니다." 이것은 두 가지 사건을 가리킵니다. 과거 사건과 미래 사건입니다. 먼저 과거 사건은 24장 1-2절에서 다윗이 우연히 엔게디 광야의 굴에서 낮잠을 자면서 방심하는 사울왕을 만납니다. 4절에서 다윗의 주변 신하들은 이때야말로 드디어 하나님께서 주신 절호의 기회라고 하면서 다윗에게 사울왕을 죽이라고 부추깁니다. 하지만 다윗은 약속하신 이가 하나님이시니 취하시는 이도 결국 하나님이시라는 믿음을 가지고 사울왕을 죽이지 않습니다. 4절에서 사울왕의 겉옷 조각만을 가만히 베어 자른 다음에 그 굴을 빠져나옵니다. 다윗은 약속을 직접 성취하시는 하나님에 대한 믿음을 가지고 사울왕을 살려 주었습니다. 시간이 지나 이 사건이 온 이스라엘에 소문이 퍼집니다. 아비가일도 그 소문을 듣습니다.

그런데 아비가일이 다윗에게 과거 사건을 다시 언급하는 이유가 있습니다. 그것은 나발에게 복수하려고 하는 이 순간이 바로 당신이 예전에 가졌던 믿음을 다시 기억해야 하는 순간이기 때문입니다. '과거 당신에게 하나님의 성취하심에 대한 믿음이 있었지 않습니까? 하나님 이 은혜 가운데 다윗 당신을 인도하지 않았습니까?' 아비가일의 말은 과거 다윗에 대한 하나님의 인도하심을 기억나게 해 주는 것입니다.

4. 미래 약속을 기대하라

아비가일의 설교의 둘째 대지는 28-29절입니다. 그 둘째 대지의 핵심은 장래에 여호와께서 반드시 내 주를 위하여 든든한 집을 세우실 것입니다. 사무엘상 16장에서 "하나님께서 다윗을 기름 부으실 때 하나님을 위하여 든든하고 거룩한 집, 하나님이 거하실 처소와 성전을 짓겠다고 하신 그 약속을 하나님이 반드시 완성하실 것입니다." 아비가일이 그렇게 장담할 수 있는 이유는 두 가지 때문입니다. 첫째는, '내 주 다윗 장군께서도 잘 아시다시피 지금 다윗 당신은 사울왕과 세상적인 권력투쟁을 하는 것이 아닙니다. 하나님께서 이 세상에 자신이 거하실 성전을 세우는데 그것을 방해하는 사단 마귀들과 싸우는 여호와 하나님의 전쟁에 참여하고 계십니다. '여호와 하나님의 전쟁'은 사람의 힘으로 싸우는 전쟁이 아니라 하나님께서 친히 주관하셔서 친히 그분의 능력을 온 세상에 증명하시는 전쟁입니다. 당신은 그 전쟁에 참여하고 있어서 결국 당신을 향한 하나님의 약속은 반드시 성취될 수밖에 없습니다.'라는 말씀입니다.

아비가일이 다윗을 향한 하나님의 약속 성취를 확신하는 두 번째 이유가 있습니다. '다윗 당신이 지금 하나님의 간섭으로 인하여 세상과 구별된 거룩한 삶을 살고 있지 않습니까?' 하는 것입니다. 28절 하반절에 "내 주의 일생에 내 주에게서 악한 일을 전혀 찾을 수 없기 때문입니다." 아비가일이 어떻게 다윗에게 이런 찬사의 말을 할 수 있습니까? 지금 나발을 포함하여 사람을 수십 명을 죽이려고 달려드는 살인자를 향하여 "내 주의 일생에 내 주에게서 악한 일을 전혀 찾을 수 없습니다." 이것은 지나친 찬사 같습니다. 얼핏 보자면 아비가일은 다윗의 분노를 급히 누그러뜨리기 위한 아부 같기도 합니다.

하지만 이 말은 다윗의 분노를 누그러뜨리기 위한 과장의 말이 아닙니다. 다윗을 하나님의 시각으로 바라보는 것입니다. '당신을 구속하시고 지명하여 부르셔서 하나님 나라를 완성하신 하나님께서 다윗 당신 속에서 지금 일하고 계십니다. 비록 다윗 당신의 인생에서 죄를 범한 경우가 더 많을는지 모릅니다. 그러나 하나님이 보실 때 당신은 결국 악한 일을 전혀 찾을 수 없이 의롭게 변화된 하나님의 자녀가 아닙니까?' 이렇게 하나님의 시각으로 다윗을 보며 전하는 말씀입니다.

5. 약속의 증거들

우리는 예수님을 믿음으로 고백하고 신앙생활을 하는 중에 때로는 내 뜻대로 기도 응답이 즉시 이뤄지지 않아 낙심될 때가 있습니다. 그럼에도 불구하고 결국 우리는 반드시 기도 응답을 받을 수 밖에 없습니다. 결국 우리를 향한 하나님의 약속은 반드시 성취될 수 밖에 없습니다. 왜냐하면 두 가지 때문입니다. 첫째는, 우리가 살아가는 우리 인생의 주인은 사실 우리 자신이 아닙니다. 우리 인생은 하나님이 주인이신 인생입니다. 우리 인생은 스스로 나쁜 길을 멀리하고 좋은 길을 선택해서 가는 내 인생이 아닙니다. 우리 인생은 성부 하나님께서 직접 우리를 선택하시고 성자께서 구속하시며 성령께서 능력을 주시는 인생입니다. 우리 인생은 삼위 하나님이 우리를 통해 우리 안에서 살아가시는 하나님의 인생입니다. 곧 내 인생이 하나님의 인생입니다. 하나님이 시작하신 인생이고 하나님이 끌어가시는 인생입니다. 그렇기에 결국 우리의 소원은 지금 당장이 아니라도 결국 응답될 수밖에 없습니다.

우리를 향한 하나님의 약속이 성취될 수밖에 없는 두 번째 이유는, 우리가 매일 하나님의 사람으로 변화되어가고 있기 때문입니다. 하루아침에 성화의 정상에 도달하지는 않습니다. 우리가 교회에 나와 예배 드리고 봉사하고 헌신할 때는 기대감을 가집니다. '주님! 오늘 예배를 드리며 말씀을 듣는 가운데 하늘의 은혜를 내려 주시옵소서. 봉사하고 헌신하는 가운데 축복을 내려 주시옵소서.' 그런데 예배가 끝나도 별다른 은혜가 없습니다. 열심히 봉사하고 헌신해도 별다른 축복이 없습니다. 이에 결심합니다. '예배 드리는 것이 무슨 소용인가. 기도하며 헌신했는데도 하나님이 은혜를 주시지 않으니 이렇게 힘들게 믿을 필요가 없지 않는가.' 그렇게 은혜 없는 내 인생에 선을 긋고 은혜 주시지 않는 하나님에게 선을 긋습니다. 그리고는 다짐합니다. '다시는 교회 안 나온다. 다시는 하나님 찾지 않는다.'

하지만 시간이 흐르면서 다시 하나님의 말씀이 생각납니다. 그리고 어느새 조용히 다시 하나님이 말씀하시고 내 굳어진 마음을 설득하십니다. '그래도 오직 하나님 외에는 내 인생에 답이 없지 않은가?' 그래서 우리는 다시 주님이 은혜를 베푸시는 자리를 찾습니다. 교회로 나옵니다. 예배를 드립니다. 다시 봉사도 시작합니다. 그러다 세상으로 나가서 다시 넘어집니다. 하지만 두 번째 넘어질 때는 첫 번째 보다는 충격이 덜합니다. 엎어져 있더라도 처음처럼 오래 기다리지 않습니다. 다시 일어섭니다. 두 번째 일어설 때는 좀 더 빨리 일어납니다. 그러면서 우리는 하나님의 은혜로 오뚜기 인생을 사는 것입니다. 사실은 내가 아니라 내 안에 하나님이 살아 역사하심을 깨닫게 됩니다. 그리고 날마다 조금씩 살아 역사하시는 하나님을 찾는 믿음으로 살아가는 법을 배웁니다.

하나님이 우리를 보실 때 무엇을 보실까요? 연약하여 자꾸만 넘어지는 것을 보시는 것이 아닙니다. 우리 안에 예수님이 계시고 말씀이 있고 성령이 역사하는 것을 바라보십니다. 그리고는 우리를 의롭다고 인정해 주십니다. 우리는 주님이 인정해주심에 괜찮다고 말씀해 주시는 은혜를 붙잡으면서 주님의 사람으로 날마다 조금씩 계속 변화되어 갑니다.

6. 오늘의 순종

아비가일이 다윗에게 전하는 설교의 세 번째 대지의 적용점은 30절과 31절입니다(삼상 25:30-31). 설교가 이제 종반부로 들어가면서 아비가일은 다윗에게 적용점을 제시합니다. 다윗이 하나님의 구속 역사에 눈이 떠진 자라면 이제 그 응답으로 어떻게 행동해야 합니까? 아비가일이 다윗의 분노를 삭혀주기 위해서 선택한 방법에서도 중요한 교훈을 얻을 수 있습니다. 아비가일은 다윗에게 분노를 해소하는 4단계 비법을 제시하지 않습니다. 분노를 삭히는 제 1단계, 심호흡을 하시기 바랍니다. 2단계, 참을 '인'(忍)자를 열 번 쓰시기 바랍니다. 참을 '인'(忍)자를 10번 쓰면 살인을 면합니다. 3단계, 냉수를 마시기 바랍니다. 냉

수는 축복선언을 받은 육각수가 좋습니다. 4단계, 원수의 얼굴을 떠올리고 축복하시기 바랍니다. "나발을 사랑한다!"고 선포해 보시기 바랍니다. 아비가일은 이런 식으로 다윗에게 어떤 윤리나 도덕을 말하지 않습니다.

아비가일은 현재 분노하는 다윗을 장차 하나님의 약속이 성취될 세상으로 인도합니다. 30절 말씀입니다. "여호와께서 내 주 다윗에 대하여 하신 말씀대로 모든 선을 내 주에게 행하사 내 주를 이스라엘의 지도자로 반드시 세우실 것입니다. 다윗 당신이 반드시 이스라엘 군왕의 자리에 오를 것이고 하나님께서 그동안 다윗 당신에게 약속하신 모든 약속을 응답하시고 성취하실 것입니다. 그날에 다윗 당신은 주변의 모든 가족들과 신하들과 백성들과 함께 하나님을 찬양할 것입니다. 당신의 통치를 받는 이스라엘 모든 백성들은 당신의 권세를 인하여 기뻐하고 즐거워하며 감사할 것입니다."

그런데 31절에서 반전의 강편치로 다윗에게 도전합니다. "그렇게 모두가 기뻐하고 즐거워하고 감사할 날에 혹시 오늘처럼 당신 손으로 '무죄한 피'를 흘리셨다든지 내 주께서 친히 원수를 갚아버린다든지 해서 이 일로 인해 마음에 걸리는 일이 생긴다거나 슬퍼하거나 후회하는 일이 있어서는 안되겠지요?"

31절에서 아비가일은 다윗이 나발을 복수하여 흘리는 피를 가리켜서 '무죄한 피'라고 설명합니다. 만일 다윗이 나발을 죽인다면 나발이 흘리는 피가 왜 무죄한 피일까요? 다윗이 전에 나발에게 분노하여 복수하려고 했을 때 만일에 나발과 다윗의 관계가 세상의 갑을 관계라면 다윗이 푸대접을 받은 것은 참으로 엄청난 모욕이고 수치입니다. 그런 정도의 심각한 모욕이라면 다윗이 나발을 죽여서 복수하는 것은 그런대로 이해할만 합니다. 세상적으로 볼 때 다윗을 몰라보고 모욕한 죄에 대하여 보복을 받아 정당하게 피흘려 죽는 것입니다.

하지만 하나님 나라의 시각으로 보자면 다윗이 나발을 죽이는 그 피는 무죄한 피일 뿐입니다. 다윗은 나발을 심판하고 처벌할 권한이 없기 때문입니다. 나발과 다윗의 관계는 세상의 갑을 관계가 아닙니다. 하나님이 다윗의 믿음을 시험하고 연단하시기 위해서 동원하시는 역할놀이의 문제입니다. 하나님이 마치 연극 감독으로서 의인과 악인을 발탁하여 각자에게 자기 역할을 맡기셨습니다. 의인은 자기에게 주어진 역할만 감당하면 됩니다. 악인에게 왜 네가 악하냐고 하거나 재판관처럼 판단하거나 처벌을 결정하거나 심판할 수도 없습니다. 그것은 모두 하나님이 하실 일입니다. 그러므로 다윗이 나발을 처단하는 것은 무죄한 피를 흘리는 일이 되는 것입니다.

다윗은 이 말씀을 듣고 나발을 향하여 겨누었던 창칼을 다시 거둬들이고서는 아비가일의 지혜를 칭찬합니다. 그리고 아비가일을 통해 하나님의 말씀을 듣게 하시고 자신의 악한 마음을 바꾸어주신 하나님의 섭리를 인정합니다. 다윗은 이 과정을 통해서 신분상으로 의로운 백성뿐 아니라 실제 수준으로도 거룩한 사람으로 변화합니다.

아비가일이 다윗을 설득할 때 분노를 삭히는 4단계 비법보다 왜 하나님의 약속이 성취된 미래 세상으로 다윗을 인도하는 방법이 더 효과적일까요? 다윗이 분노하는 원인은 단순히 나발 개인의 푸대접과 모욕 때문이 아닙니다. 나발의 모욕을 계기로 다윗과 하나님과의 언약관계가 흔들리고 의심 받기 때문입니다. 하나님이 나를 기름 부으시면서 약속한 세상이 겨우 이 정도밖에 안 됩니까? 그 신앙의 회의 때문에 나발을 향하여 분노가 치미는 것입니다.

그렇다고 다윗이 나발을 죽이면 어떻게 됩니까? 아마도 다윗은 처음에는 속이 후련했다가 나중에는 '내가 좀 과한 행동을 했는가' 후회될 것입니다. 하지만 다윗이 나발을 죽이면 가장 심각한 문제가 되는 쪽은 다윗이 아니라 하나님이십니다. 다윗을 기름 부어 이스라엘의 지도자로 삼겠다고 하나님이 스스로 다짐하신 약속과 언약이 무능력하고 불경건한 인간 다윗 때문에 일순간 무너지고 맙니다. 하나님이 아비가일을 감동하시어 말씀과 성령을 통해 다윗의 심령 속에서 일하신 이유도 다윗보다 하나님이 더 급하시기 때문입니다.

하나님이 다급하신 문제를 해결하는데 효과적인 방법도 하나님의 말씀입니다. 인간의 비법이나 규범이 아닙니다. 그래서 하나님은 아비가일의 조언을 통해서 다윗을 하나님의 약속이 성취된 미래의 하나님 나라 왕궁으로 다윗을 인도합니다. 하나님은 반드시 다윗을 이스라엘의 지도자로 세우실 것입니다. 그래서 다윗도 하나님을 기뻐하며 감사할 것이고 모든 가족들과 백성들도 기뻐하며 감사할 것입니다.

다윗을 막아 나발을 해하지 않게 한 주체가 누구입니까? 다윗도 아비가일도 아니고 바로 하나님이십니다. 그래서 다윗은 34절 말씀에 "나를 막아 너를 해하지 않게 하신 분은 이스라엘에 살아 계신 여호와 하나님이시다" 라고 고백하는 것입니다. 신약의 말씀으로 바꾸자면 고린도전서 15장 10절의 말씀입니다. "그러나 내가 나 된 것은 하나님의 은혜로 된 것이니 내게 주신 그의 은혜가 헛되지 아니하여 내가 모든 사도보다 더 많이 수고하였으니 내가 한 것이 아니요 오직 나와 함께 하신 하나님의 은혜로다" 아멘!

어제나 오늘이나 하나님은 우리에게 직접 생명의 말씀을 말씀하시고 성령의 감화를 통해 나를 죽음의 길에서 생명의 길로 인도하십니다. 그래서 주님 앞에서 내가 변화한 것은 분명합니다. 그러나 그 변화는 내 능력과 내 노력과 내 열심과 내 헌신 때문이 아닙니다. 오직 하나님의 은총 덕분이고 오직 하나님의 말씀 덕분입니다. 그 하나님의 말씀이 내 심령 속에서 나를 변화시키도록 역사하신 오직 성령 하나님의 도우심 덕분입니다. 이 믿음으로 성화의 삶을 날마다 기쁨으로 감당하시는 축복이 있으시기를 진심으로 축원합니다.

28

사무엘상 26장 8-20절

지루한 반복 속에 지속적인 성장

개선되지 않는 현실

가끔 꿈꾸다 가위눌릴 때면 뒤에서 쫓아오는 괴물에게서 도망치려고 허둥지둥 앞으로 다리를 뻗어봅니다. 하지만 이상하게도 몸은 전혀 앞으로 나아가지 않습니다. 그러나 벌써 괴물은 내 등 뒤로 바싹 다가 왔습니다. 오죽 절박하면 그냥 앞으로 쓰러져서라도 쓰러진 몸뚱이만 큼 앞으로 나아가고 싶을까요? 그런 간절함으로 온 몸을 허우적거려 보지만 몸이 마치 땅바닥에 철석 붙어버린 것처럼 전혀 움직이지 않 습니다.

사무엘상 26장에서 만나는 다윗의 심정이 그런 심정이 아니었을까 요? 오늘 본문의 내용은 앞서 사무엘상 24장에서 경험했던 내용들이 그대로 다시 반복되고 있습니다. 24장과 26장 사이에 있는 25장도 큰 맥락에서 보자면 앞뒤에서 경험한 내용과 별반 달라 보이지 않습니다. 자기를 죽이려는 원수를 단칼에 무너뜨릴 수 있는 절호의 기회가 왔지만 다윗은 사울왕을 살려줘야 합니다. 왜 이런 일들이 연거푸 발생했을까요? 성령 하나님은 우리 신자들에게 무엇을 말씀하기 원하실까요?

먼저 사무엘상 24장-26장 전후 맥락의 문학적인 구조에 대해서 살펴보고자 합니다. 사무엘상 26장은 24장과 한 쌍을 이루면서 중간에 25장의 사건을 봉투구조(인클루지오, inclusio)로 포함하고 있고 24장을 그대로 반복하지 않고 좀 더 앞으로 발전하는 발전적인 평행법의 구조를 갖추고 있습니다. 그 내용 면에서 사무엘상 24장과 26장은 세부적인 차이점에도 불구하고 본질적으로 거의 동일한 내용을 담고 있습니다. 사울왕이 다윗을 추격하고 있지만 24장과 26장에서는 전세가 역전됩니다. 이제는 도망자 다윗이 오히려 추격자 사울왕의 목숨을 거둘 수 있는 절호의 기회가 주어짐에도 불구하고 다윗은 한결같이 자기를 죽이려는 사울왕의 목숨을 거듭 살려줍니다. 이 두 사건 사이에 샌드위치 구조처럼 삽입된 25장에서 다윗은 누가 보더라도 자기가 베풀어 준 은혜를 배은망덕하게도 무참히 짓밟는 부자 나발의 목숨을 살려줍니다.

이런 과정을 통해서 다윗은 하나님으로부터 철저하게 훈련을 받습니다. 다윗의 인생은 선은 선으로, 악은 악으로 갚는 세상의 이치에 따라 사는 삶이 아닙니다. 자기 개인의 야망을 성취하는 인생도 아니고 사울왕과 왕권의 경쟁을 겨루는 권력 투쟁의 인생도 아닙니다. 다윗 인생의 목적과 사명은 이스라엘 땅에서 말씀으로 통치하시는 하나님의 나라를 세우시려는 여호와 하나님의 전적인 주권과 능력을 믿음으로 보여주는 것입니다. 다윗은 그 믿음을 증명하도록 부름 받았습니다. 그렇기에 자신이 직접 사울왕을 대적하거나 어리석은 나발을 직접 심판할 수 없습니다. 다윗이 그 스스로 징계하는 것은 하나님의 역할을 대신하는 것이고 다윗의 역할과 사명이 부정되는 것입니다. 마치 예수 그리스도께서 세례 받으신 후 자신의 모든 지혜와 능력을 마귀에게 증명하지 않고 오직 성부 하나님이 맡기신 십자가의 사명에 집중해야 하는 것과 동일합니다.

오직 다윗에게 허락되고 요구되는 것은 한 가지뿐입니다. 여호와의 전쟁에서 하나님과 함께 승리를 맛보며 누릴 수 있는 최선의 비결은 여호와 하나님께서 직접 다윗의 원수들을 징계하시고 심판하실 것임을 믿는 믿음뿐입니다. 여호와 닛시, 즉 여호와께서 여호와의 모든 원수들과 직접 싸우시고 여호와께서 오직 자신의 능력으로 직접 다윗에게 승리를 가져다 주실 것이라는 믿음입니다. 이 믿음이 절대적으로 중요한 이유는 다윗이 여호와 닛시의 하나님을 절대적으로 신뢰하고 의지해야만 장차 하나님 나라에 최종적인 승리를 가져다 주실 예수 그리스도를 예표하는 인생을 제대로 살아낼 수 있기 때문입니다.

다윗이 사울왕을 24장과 26장에서 거듭 살려주는 과정을 통해서 그는 하나님 앞에서 믿음의 연단을 철저하게 받고 있습니다. 이처럼 다윗은 믿음의 용광로에서 정금으로 만들어지고 있습니다. 그 과정을 좀 더 자세히 살펴보면서 동일한 믿음의 싸움에 부름 받은 우리 신자들에게 말씀하시는 하나님의 교훈에 귀를 기울이고자 합니다.

1. 보이지 않은 성장

우리 신자들이 하나님 앞에서 믿음의 선한 싸움을 제대로 감당하고

자 할 때 첫째로 명심할 점이 있습니다. 일상의 반복이 정체나 퇴보가 아니라 일상의 반복 자체가 임마누엘의 증거라는 사실입니다. 일상의 반복을 통해서 우리는 지속적인 성장의 과정을 만들어내고 있습니다. 마치 아이가 새근새근 잠을 자더라도 그 한 번의 호흡 속에서 매일 조금씩 자라고 있는 것과 마찬가지입니다.

하나님은 사도 바울을 통해서 디모데전서에서 이렇게 말씀하십니다. "믿음의 선한 싸움을 싸우라 영생을 취하라 이를 위하여 네가 부르심을 받았고 많은 증인 앞에서 선한 증언을 하였도다"(딤전 6:12). 우리는 예수님을 구세주로 받아들여 평생 말씀을 따라 순종하며 살기로 결단하고 하나님과 언약을 맺은 가운데 세례를 받았습니다. 세례 후 우리 앞에 남은 과제는 매일의 삶 속에서 믿음의 선한 싸움을 적극 감당하며 내 앞에 놓인 영생을 내 것으로 누리며 승리의 삶을 살아가는 것입니다.

모든 신자들이 처음 예수를 믿기로 결단할 때나 세례를 받을 때 그런 결심과 각오가 있었을 것입니다. 그러나 시간이 흘러 세례를 받을 때의 가슴 뜨거운 결단과 각오는 점점 사라지고 예수 믿기 이전의 습관이나 기질로 되돌아가고 있는 내 모습을 발견할 때가 종종 있습니다. 요즘처럼 기독교 신앙이 일반 사회에서 무시와 천대를 받는 시대에 학교에서나 회사에서 예수를 믿는 신앙인이라는 사실을 공개적으로 밝히는 것도 쉽지 않습니다. 신자가 불신자들과 구별된 거룩한 언행을 계속 주장하면서 사회생활을 하기도 쉽지 않습니다. 불신자들에게 복음을 제시하고 예수를 믿지 않으면 결국 심판을 받아 지옥에 간다고 말해 주는 것조차 어렵습니다.

이러한 어려움 속에서 믿음의 선한 싸움을 싸우고자 할 때 명심할 첫째는 일상의 지루해 보이는 반복이 정체나 퇴보가 아니라 반복 그 자체가 하나님이 나와 함께 하시는 임마누엘의 증거입니다. 일상의 반복되는 과정을 통해서 우리는 날마다 조금씩 성장해가고 있습니다. 기적은 사실 가끔 일어날 뿐입니다. 매일의 시간은 평범하고 지루한 일상이 계속 반복될 뿐입니다. 그 지루한 수평선이 무의미한 반복이 아니라 그 자체로 하나님이 우리와 함께 내주하시고 동행하시는 증거입니다.

오늘 본문의 다윗도 마찬가지입니다. 다윗도 24장에서 자기를 추격하다 방심하여 동굴에서 낮잠을 자고 있는 사울왕의 겉옷 자락을 가만히 벱니다. 자기를 죽이려고 눈에 불을 켜고 쫓아다니다 동굴에서 방심하여 곤한 잠을 자고 있는 사울왕을 일격에 죽일 수 있는 절호의 기회가 찾아왔습니다. 언뜻 생각하기에는 하나님께서 사울왕이라는 죽음의 올무에 빠진 다윗을 살려주시려고 절호의 기회를 만들어 주신 것처럼 보입니다. 사울왕이 방심하여 자고 있는 모습을 발견한 다윗은, 예전에 불같은 증오의 눈빛으로 자신을 향하여 죽음의 창을 던졌던 일을 떠올리면서 순간적인 보호본능이 발동했을 것입니다. 자기 몸을 지키려고 호신용 칼을 즉시 꺼내 들었을 것입니다. 하지만 곤한 잠에 떨어진 사울왕을 바라보니 안도의 한숨을 내쉬고는 이어 깜짝 놀랍니다.

'지금 내 앞에 곤한 잠에 떨어진 저 사울왕은 도대체 어떤 사람인가? 왜 지금 내 앞에서 저렇게 무방비 상태로 자고 있는가? 나를 죽이려고 눈에 불을 켜고 쫓는 자이다. 혹시 하나님께서 이 칼로 저 원수를 죽여서 이제 비참한 도망자 신세를 멈추시고 약속하신 왕권을 내게 넘겨주시려는 것일까?'

그런 생각도 잠시 뿐 다윗은 사울왕이 기름 부음 받은 하나님의 메시아라는 사실을 떠올리고 차마 그를 죽이지 못합니다. 사울왕을 죽이는 것은 그를 기름 부어 하나님 나라의 군왕으로 세우신 하나님을 대적하는 것이기 때문입니다. 결코 하나님을 대적할 수는 없습니다. 다윗은 24장 4절에서 사울왕의 겉옷 자락을 가만히 베어서 그 자리를 은밀히 떠납니다. 그런데 잠시 후에 다윗은 이 일로 양심의 가책을 받습니다. 사울왕의 겉옷 자락은 보통 사람들이 감히 입을 수 없는 고급 비단으로 만들어졌을뿐 아니라 사울이 이스라엘의 군왕임을 상징하는 여러 화려한 옷술들과 상징적인 표식들이 달려 있었습니다.

다윗이 군왕의 상징인 겉옷 자락 조각들을 주인 몰래 베어내는 것은 그 의복의 주인인 사울왕의 왕권을 부정하는 것이나 다름 없습니다. 다윗은 동굴 속에서 사울왕을 죽이지는 않았지만 24장 6절에서 "내가 손을 들어 여호와의 기름 부음을 받은 내 주를 치려는" 마음을 돌아봅니다. 이 마음은 사람들은 잘 몰라도 심령을 감찰하시는 여호와 하나님은 분명 금하시는 것입니다. 이를 깨달은 다윗은 자신의 심령을 감찰하시는 하나님 앞에 곧 회개하였습니다. 하나님이 금하시는 것을 거역하려는 마음을 잠시라도 품었음을 회개하였습니다.

그러나 마음 한편으로 억울한 것이 남아 있습니다. 자기는 다만 사울왕의 왕권을 부정하는 마음은 품었더라도 자기를 죽이려 눈에 불을 켜고 추적하는 사울왕을 직접 해칠 수 있는 상황에서 결코 그의 목숨을 해하지 않았다는 사실입니다. 다윗은 자신의 억울함과 결백함을 하나님 나라 재판정으로 가져가서 하나님께 공의로운 판결을 요청하고 싶었습니다. 다윗은 사울왕과 안전하게 거리가 확보되자 10절 이하에서 사울왕을 향하여 자신의 결백을 주장합니다. 사울왕을 단번에 죽일 수 있는 기회가 찾아왔지만 단지 그 옷자락만을 베었을 뿐이라는 것입니다.

이렇게 다윗은 완벽하게 믿음의 선한 싸움에서 승리를 쟁취하였습니다. 그런데 26장으로 가면 24장과 완벽하게 동일한 사건이 다시 반복됩니다. 언뜻 보면 한 번 있었던 일을 살짝 바꾸어서 두 번의 사건으로 각색하여 기록한 것이 아닌가 싶을 정도로 비슷합니다. 그러나 두 사건은 별도로 두 번 발생한 것입니다. 성령 하나님은 모든 신자들이 믿음의 선한 싸움을 싸워갈 때 반드시 명심할 교훈이 있기 때문에 두 사건 그대로 성경에 기록하여 남겼습니다.

두 번째 사건에서도 다윗은 첫 번째 사건처럼 사울왕의 목숨을 거둘 수 있는 절호의 기회를 만납니다. 26장 7절을 보시면 "다윗과 아비새가 밤에 그 백성에게 나아가 본즉 사울이 진영 가운데 누워 자고 창은 머리 곁 땅에 꽂혀 있고 아브넬과 백성들은 그를 둘러 누웠는지라" 이번에도 다윗은 이전과 같은 이유 때문에 사울왕을 죽이지 않고 사울의 머리 곁에 있던 사울의 창과 물병만 가지고 몰래 그 자리를 빠져나옵니다.

왜 다윗은 두 번씩 연거푸 사울왕을 살려주었을까요? 왜 하나님은 다윗으로 하여금 이토록 기가 막힌 사건을 반복해서 경험하게 하셨을까요? 또 성경은 동일해 보이는 이 두 가지 사건을 왜 그대로 기록하여 남겼을까요? 그 이유는 거듭 반복되는 사건을 통해서 하나님이 다윗의 마음 중심에 반석보다 더 단단하고 확고한 믿음을 만들어가고 계시기 때문입니다.

만일 다윗이 자기를 죽이려는 사울왕을 충분히 대적하여 죽일 수 있음에도 불구하고 한 번만 살려주었더라면 그것은 극단적인 수준까지 성숙한 다윗의 고결한 성품을 잠깐 보여준 것으로 생각할 수 있습니다. 그런 경우는 극적인 상황에서 가능할 수 있으나 다시 충분한 시간이 주어진다면 결국 다윗은 사울왕을 죽일 수밖에 없지 않겠나 그런 생각을 할 수 있습니다. 먼저는 독자들이 그렇게 생각할 수 있고, 다윗 자신도 그럴 수 있을 것입니다.

하지만 하나님은 다윗에게 이 사건을 두 번 경험하도록 하심으로 다윗 안에 만들어진 인내와 용서의 성품은 오직 하나님이 만들어 주신 것임을 증명하고 있습니다. 그래서 동일한 상황이 100번 발생해도 다윗은 자기를 죽이려는 사울왕을 자기 손으로 직접 죽이는 일은 결코 감행하지도 않고 감행할 수도 없음을 만천하에 증명해 보이고 있습니다. 설령 사울왕의 칼에 억울한 죽음을 당하더라도, 공의의 재판관이신 하나님께서 감당하셔야 하는 역할을 자기가 대신하지는 않겠다는 굳은 결심을 만천하에 증명하고 있습니다.

다윗이 그런 불굴의 믿음 때문에 두 번째 상황에서도 사울왕을 살려주었다면 이 선례가 오늘 믿음의 선한 싸움을 싸우고 있는 우리에게는 무엇을 교훈할까요? 반복적으로 지속되는 선행은 오직 하나님의 능력으로만 가능하다는 것입니다. 우리 성도들이 반복적으로 그리고 지속적으로 주일 예배를 드리며 신앙생활을 하는 가장 결정적인 이유는 그 마음속에 한 번 새겨진 예수의 이름이 결코 지워질 수 없기 때문입니다. 그 고귀한 예수의 이름이 지루해 보이는 일상의 반복을 통해서 하나님 나라에 차곡차곡 한 치의 오차도 없이 쌓여 튼튼한 반석처럼, 견고한 요새처럼 만들어지고 있다는 것입니다.

예수님을 나의 주인이요 구세주로 인정하고 받아들이며 평생 주님의 말씀을 따라 살아가기로 결단할 때에는 큰 기쁨이 충만했습니다.

온 세상이 달라져 보였습니다. 어제까지 살아왔던 세상과 전혀 다른 세상이 펼쳐지는 느낌이었습니다. 하지만 3개월이 지나고 3년이 지나면서 그러한 감동은 옛일이 되어버립니다. 그러다 내 인생은 이제 앞으로 전혀 나아지거나 개선될 기미조차 보이지 않는 지루한 일상이 계속 반복됩니다.

그럴 때마다 늘 기억하시기 바랍니다. 우리 하나님은 그렇게 지루해 보이는 일상을 통해서 우리 안에서 어떤 상황에서든 결코 흔들리지 않을 참 믿음을 만들어가고 계십니다. 우리 마음에 새겨진 예수의 이름은 결코 지워질 수 없습니다. 예수를 믿는데도 불구하고 내 인생에 대박을 칠만한 기적이 찾아오지 않는 것처럼 보입니다. 설령 그렇더라도 우리는 예수의 이름을 부정할 수 없습니다. 이러한 확고부동한 믿음은 무엇을 말해 줍니까? 우리 마음에 새겨진 예수의 이름은 나의 고결한 성품 때문에 부르는 것이 아니라는 것입니다. 그 이름을 부르는 것은 내 능력이나 경건이나 학식이나 성품 때문이 아닙니다. 사도 베드로도 예수의 복음을 증거한 다음에 주변 사람들이 놀라운 반응을 보이자 이렇게 외칩니다. "이스라엘 사람들아 이 일을 왜 놀랍게 여기느냐 우리 개인의 권능과 경건으로 이 사람을 걷게 한 것처럼 왜 우리를 주목하느냐(행 3:12)."

우리가 상황이 어떠하든 관계 없이 항상 예수의 이름을 떠올리며 예수의 이름을 부를 수 있는 것은 우리 스스로의 경건 때문이 아닙니다. 바로 우리 심령 안에 내주하시는 성령 하나님의 능력 때문입니다. 예수의 이름을 어떤 감정으로 불렀는가는 중요하지 않습니다. 폭포수처럼 쏟아져 내리는 눈물로 예수의 이름을 불렀는가? 어제처럼 별다른 감동 없이 그저 '주님!'하고 잠깐 넋두리처럼 떠올렸는가? 예수의 이름을 부르는 방식이나 동반되는 감정은 부차적입니다. 우리가 놀랍게 생각해야 하는 것은, 예수를 처음 믿었을 때 고백했던 신앙고백과 믿음이 많은 시간들이 흘렀고, 그 과정에서 큰 기적이나 놀라운 기도 응답의 사건들이 없었을지라도, 여전히 내 안에 처음 그대로 예수의 이름이 남아 있다는 사실입니다. 어떠한 상황에서도 우리 안에 새겨진 이 믿음, 예수의 이름은 결코 지워질 수 없고 취소될 수 없고 변할수도 없습니다. 다만 바뀌는 것이 있다면 그것은 우리 안에 있는 이 믿음이 예수의 이름으로 인해 더욱 굳세어져가는 것뿐입니다.

2. 변하지 않는 현실

우리 신자들이 하나님 앞에서 믿음의 선한 싸움을 제대로 감당하고자 할 때 둘째로 명심할 점이 있습니다. 빨리 변하지 않는 현실을 그대로 인정하고 받아들여야 한다는 것입니다. 다윗은 24장에서 사울왕을 살려주고 또 사울왕이 다윗에게 그 생명을 보장해 줄 때 당장 모든 문제가 해결될 줄 알았습니다. 24장 16절 이하를 보면 사울이 다윗의 목소리를 멀리서 듣고서는 "다윗아 이것이 네 목소리냐" 대성통곡하면서 웁니다. 다윗을 죽이려고 그렇게 집요하게 추격하고 있는데 그런 자신을 다윗은 오히려 살려주었습니다. 사울왕은 부끄럽기도 하고 후회가 되기도 하고 자신의 처지가 한심하기도 하고 자기 목숨을 살려준 다윗이 고맙기도 하고 그 내면의 생각이 너무나도 복잡해서 눈물이 터져 나옵니다. 그리고는 20절 이하에서 다짐합니다. "보라 나는 네가 반드시 왕이 될 것을 알고 이스라엘 나라가 네 손에 견고히 설 것을 아노니 그런즉 너는 내 후손을 끊지 아니하며 내 아버지의 집에서 내 이름을 멸하지 아니할 것은 이제 여호와의 이름으로 내게 맹세하라 하니라"(삼상 24:20-21).

사울왕은 다윗이 결국 이스라엘의 왕권을 쟁취할 것을 예상합니다. 그리고 미래 이스라엘의 임금님께 자기 이름과 명예를 짓밟지 말아 달라고 부탁까지 합니다. 다윗은 사울왕의 부탁을 들어주면서 맹세를 합니다. 이 정도가 되면 이제 사울왕과 다윗은 그동안 참으로 저주스런 추격자와 망명자의 관계를 모두 청산하고 당장 서로 얼싸안고 화해한 다음에 두 사람 모두 사울왕의 궁궐로 돌아가야 하는 것이 아닐까요? 사울왕의 궁궐에는 사랑하는 아내 미갈도 기다리고 있지 않습니까?

그러나 정작 이어지는 장면은 너무나도 비정합니다. "다윗이 사울에게 맹세하매 사울은 집으로 돌아가고 다윗과 그의 사람들은 요새로 올라가니라" 서로가 얼싸안고 화해의 잔치를 거행해도 부족할 텐데 각자 자기가 전에 살던 곳을 향하여 헤어졌습니다. 방금 전까지 사울왕이 쏟았던 회개와 반성의 눈물은 어디로 갔습니까? 그 회한의 통곡 소리를 사울왕의 많은 군사들도 들었을 것입니다. 다윗과 그의 군사들 또한 기쁨과 감사로 앞으로 펼쳐질 화해의 잔치를 얼마나 기대했겠습니까? 그런데 각자 자기 집을 향하여 헤어지다니요? 방금 전의 회개와 통곡과 화해의 맹세는 무엇입니까?

그러나 가만히 생각해보면 우리 신자들이 예수님을 구세주로 믿으며 살아가는 매일의 신앙생활이 이렇게 흘러가는 것 같습니다. 교회에 나와 예배를 드리고 기도하고 찬송 부르며 말씀을 들을 때에는 내 기도가 바로 응답이 될 것 같습니다. 내 인생을 짓누르는 많은 문제들이 내일 해가 밝으면 곧 해결될 것 같습니다. 그러나 주일 밤을 보내고 월요일이 되면 눈 앞에 펼쳐지는 현실은 이전의 절망적인 상황 그대로입니다. 아무것도 변한 것이 없어 보입니다.

그럴 때마다 기억해야 합니다. 나를 어렵게 하는 주변 환경이 하나도 변하지 않았다고 하나님께서 나를 버리셨다거나 하나님께서 내 기도를 들어주실 마음이 없다고 섣불리 단정하지 마시기 바랍니다. 변하지 않는 현실을 일단은 수용하시고 그대로 받아들이시기 바랍니다. 현실을 인정해야 그 다음에 하나님이 인도하시는 변화의 역사도 시작될 수 있습니다. 이때 정말 중요한 것은 변하지 않는 현실에도 불구하고 우리 마음속에 예수의 이름은 결코 지워지지 않고 계속 남아 있다는 사실입니다.

뿐만 아니라 하나님은 우리 심령에 남아 있는 예수의 이름을 통해서 매일 믿음의 선한 싸움을 감당하는 그리스도의 군사로 우리를 연단하고 계시다는 사실입니다. 가족들을 돌보고 직장에서 맡은 업무를 감당하며 생계를 꾸려가는 과정을 통해서, 하나님은 우리 신자들이 예수의 이름을 가진 하나님의 백성이요 그리스도의 군사로서 사단 마귀의 권세를 물리치고 하나님의 영광을 드러내는 삶을 살도록 이끄시고 계십니다.

그러므로 매일의 영적 전쟁이 환타지 영화처럼 전개되지 않는 것에 낙심하지 마시기 바랍니다. 우리가 날마다 치루는 영적 전쟁은 어두컴컴한 하늘 저편에 뿔 달린 마귀들이 망토를 걸치고 손에는 창칼을 움켜쥔 채 달려드는 전쟁이 아닙니다. 우리를 돕는 가브리엘과 미가엘 천사장이 수많은 천사들을 동원하여 사단 마귀들을 물리치는 것도 아닙니다.

우리가 감당하는 영적 전쟁은 평범한 일상생활을 날마다 반복하는 중에 진행됩니다. 주일 예배와 은혜의 말씀으로 내 사고의 지평에 놀라운 반전이 일어나면 월요일부터는 아무런 변화도 없는 현실 속으로 들어가서 일상을 말씀의 능력으로 지탱하고 감당하는 것입니다. 일상 생활 속에 드라마틱한 사건들이 일어나지 않는 것을 이상하게 생각하지 마시기 바랍니다. 매일의 일상생활이 별다른 변화 없이 반복되고 있음에도 불구하고 내 입술에 예수의 이름이 떠나지 않고 있습니다. 내 머리에 예수의 이름이 생각나고 있고 답답한 한숨 중에 예수의 이름도 함께 묻어나고 있는 것에 감사하시기 바랍니다. 그것이 바로 내 유약한 인생에 죽음의 권세에서 건져 주신 성령 하나님이 언제나 나와 함께 계시는 증거입니다. 내 심령 속에, 내 생각과 입술에, 일상의 모든 순간 속에 변함없이 동일하게 함께 계시는 증거입니다. 할렐루야!

3. 거룩한 성품

우리 신자들이 하나님 앞에서 믿음의 선한 싸움을 감당하고자 할 때 셋째로 명심할 점이 있습니다. 내 입술에서 흘러나오는 예수의 이름 때문에 주변 사람들이 당장 변화하지 않더라도 낙심하지 마십시오. 오히려 내 안에 거룩한 성품들이 형성되고 있는지 먼저 살펴보시기 바랍니다. 신자 안에 거룩한 성품이 조금씩 만들어지는 것이 천지 만물을 말씀으로 창조하신 삼위 하나님의 능력과 권능이 그 사람에게서 다시금 그대로 반복되는 최선의 증거임을 믿으시기 바랍니다.

24장에서 다윗은 사울왕이 방심하고 있을 때 살짝 겉옷 자락을 베었습니다. 이때 주변 사람들이 다윗을 설득했습니다. "여호와 하나님께서 다윗 당신에게 이르시기를 내가 원수 사울왕을 당신 손에 넘길 것이니 네 생각에 좋을 대로 그대로 행하라고 말씀하셨던 그날이 바로 오늘입니다"(삼상 24:4). 다윗은 그 자리에서 바로 이들의 논리를 반박하지 못하고 그저 사울왕의 겉옷 자락만 살짝 벤 후 그 운명의 자리를 빠져나왔습니다.

다윗은 한참을 생각해 본 다음에 자기와 동행했던 사람들에게 "여호와의 기름 부음을 받은 자를 치는 것은 여호와께서 금하시는 것"이라는 하나님의 원칙을 가르쳤습니다(삼상 24:5-6). 이 과정을 잘 살펴보면 24장에서 다윗이 자기 수중에 들어온 사울왕의 목숨을 살려주었을 때는 "나를 죽이려는 사울왕을 내가 직접 해쳐서는 안 된다"는 원칙을 자기 주변 사람들에게까지 강력하게 설득하거나 교훈할 정도로 성숙하지는 않은 것으로 보입니다.

그러나 26장의 두 번째 상황에서는 다윗은 단호하고도 적극적으로 이 원칙을 주변 사람들에게 강조하고 설득했습니다. "다윗이 아비새에게 이르되 죽이지 말라 누구든지 손을 들어 여호와의 기름 부음 받은 자를 치면 죄가 없겠느냐 하고 다윗이 또 이르되 여호와께서 살아 계심을 두고 맹세하노니 여호와께서 그를 치시리니 혹은 죽는 날이 이르거나 또는 전장에 나가서 망하리라 내가 손을 들어 여호와의 기름 부음 받은 자를 치는 것을 여호와께서 금하시나니 너는 그의 머리 곁에 있는 창과 물병만 가지고 가자"(삼상 26:9-11).

24장에서 다윗이 침묵하면서 지켜야 할 원칙만 지키는 모습과 26장에서 그 원칙을 아비새에게 적극 설파하면서 주변 사람들과 함께 공유하는 모습 사이에는 놀라운 변화가 숨어 있습니다. 무엇이 바뀐 것입니까? 다윗의 리더십이 성숙한 것입니다. 다윗은 여호와의 기름 부음을 받은 자는 하나님의 뜻을 반드시 순종해야 한다는 믿음이 그 내면에 이전보다 더욱 확고해졌습니다. 이전의 하나님의 살아계심에 대한 믿음이 고난을 거치면서 더욱 인내의 성품을 만들고 지루한 일상의 삶 속에서 일희일비하지 않는 신중함의 성품을 만들어냈습니다.

가장 놀라운 변화는 다윗과 함께 고난의 세월을 살고 있는 주변 사람들에게 영적인 리더십을 발휘할 수 있게 되었다는 것입니다. 다윗은 자기와 동행하는 주변 사람들이 느끼는 근심과 불안, 걱정과 염려 그리고 무엇이 하나님의 뜻이고 원칙인지 알 수 없는 혼란스러움과 불확실성의 먹구름을 자신의 성품과 영적 리더십으로 말끔히 제거하고 있습니다. 하나님이 약속하신 지도자의 성품과 능력에 합당한 성품을 갖춘 사람으로 성숙해가고 있습니다.

물론 그러한 인격의 성숙과 거룩한 성품이 만들어졌다고 즉시로 상황이 개선되지는 않습니다. 성숙한 인격과 거룩한 성품에도 불구하고 변하지 않는 주변 상황 때문에 오히려 다시 낙심에 빠질 수도 있습니다. 사울왕은 다윗이 자기 생명을 선대했음을 깨닫고 앞으로는 절대로 다윗을 해치지 않겠다고 다윗과 그 주변에 있는 많은 사람들 앞에서 굳게 맹세했습니다. "사울이 이르되 내가 범죄하였도다 내 아들 다윗아 돌아오라 네가 오늘 내 생명을 귀하게 여겼은즉 내가 다시는 너를 해하려 하지 아니하리라 내가 어리석은 일을 하였으니 대단히 잘못되었도다.... 내 아들 다윗아 네게 복이 있을지로다 네가 큰 일을 행하겠고 반드시 승리를 얻으리라"(삼상 26:21, 25).

이 정도로 사울왕이 지난 과오를 반성하고 회개하며 화해의 태도를 취했으니 다윗으로서는 이제 고난의 상황이 종료됐다고 확신하며 새롭게 행복한 삶을 시작할 수 있을 것입니다. 그러나 사울왕이 다윗을 향하여 "네가 큰 일을 행하겠고 반드시 승리를 얻으리라"고 축복한 다음에 곧바로 이어지는 장면은 기대와 전혀 다르게 펼쳐집니다. "다윗은 자기 길로 가고 사울은 자기 곳으로 돌아가니라"

이어서 27장 1절로 가면 다윗은 주변 상황이 전혀 바뀌지 않은 것에 절망합니다. 사울왕이 계속 자기를 추격하려는 마음을 포기하지 않으니 깊은 고민 끝에 급기야 큰 실수를 저지릅니다. "다윗이 그 마음에 생각하기를 내가 후일에는 사울의 손에 붙잡히리니 블레셋 사람들의 땅으로 피하여 들어가는 것이 좋으리로다 사울이 이스라엘 영토 내에서 다시 나를 찾다가 단념하리니 내가 그의 손에서 벗어나리라"(삼상 27:1). 다윗이 이스라엘 땅을 떠나서 적국 블레셋 사람들의 땅으로 망명하는 것은 이스라엘의 지도자로 세우신 하나님의 계획을 부정하는 것이나 다름없습니다.

다윗이 왜 마치 다 된 밥에 재 뿌리는 것과 같은 실수를 범할까요? 그것은 하나님이 다윗에게 말씀하신 약속이 성취되는 증거를 자기가 원하는 현실 수준에서 찾으려 했기 때문입니다. 사울왕이 이제는 추격을 멈추고 다윗이 왕의 사위라는 지위에 걸맞게 예우하여 그를 사울왕의 궁궐로 데려갈 것을 기대했습니다. 하지만 현실은 너무나도 달랐습니다. 방금 전까지만 하더라도 사울왕이 다윗을 크게 축복해주었음에도 불구하고 축복 이후의 사울왕의 행동은 이전과 전혀 다르지 않습니다. 다윗은 사울왕이 앞으로도 절대 변하지 않을 것임을 깨닫고 하나님의 섭리에 대하여 절망할 수밖에 없었습니다.

그러나 다윗이 놓친 점이 있습니다. 그가 기도시간에 확인했던 하나님의 섭리는 사울왕의 축복에서 기대했던 것과 많이 다르다는 것입니다. 다윗이 기도 중에 하나님 앞에서 확인했던 사울왕의 운명은 무엇입니까? "다윗이 또 이르되 여호와께서 살아계심을 두고 맹세하노니 여호와께서 그를 치시리니 혹은 죽을 날이 이르거나 또는 전장에 나가서 망하리라"(삼상 26:10).

다윗이 하나님 앞에서 분명히 확인했던 사울왕을 향한 하나님의 섭리는 여호와 하나님께서 그에게 중한 병이 들게 하셔서 그의 목숨을 거둬가시거나, 블레셋이 침략해 들어와서 그가 전사하도록 섭리하실 수도 있다는 것입니다. 어떤 방법이든지 여호와 하나님이 직접 그를 치실 것입니다.

하지만 막상 사울왕이 반성하며 축복의 말을 쏟아놓자 하나님의 섭리는 잠시 사라지고 그 마음 깊은 곳으로부터 뜨거운 눈물과 감동이 폭포수처럼 쏟아졌을 것입니다. 힘들었던 지난 시간이 스쳐 지나갔을 것입니다. 사울왕과의 화해에 대한 기대감이 급속도로 부풀어 올랐습니다. 하지만 그런 기대가 현실로 이루어지지 않자 다시 절망의 늪으로 빠져들면서 하나님의 섭리에 대한 실망과 의심의 덫에 사로잡히고 말았습니다. 깊은 고민 끝에 결국 이스라엘을 떠나기로 결심했습니다.

사실 다윗 주변은 임마누엘 하나님이 자신과 함께 하고 계시는 증거들로 넘쳐나고 있음에도 불구하고 그 증거들을 주목하는 데 실패하였습니다. 첫째는, 여호와 하나님의 이름을 계속 부르는 과정을 통해서 주변 사람들을 인도할 수 있는 거룩한 성품들이 자신 안에 형성되고 있음을 보지 못했습니다. 다윗이 자기와 함께 고난의 세월을 인내하고 있는 주변 사람들의 마음속 근심과 불안, 걱정과 염려, 무질서한 세상에 대한 분노와 절망을 몰아낼 정도로 강력한 영적 리더십이 형성되고 있음을 귀하게 생각하지 못했습니다.

그런 영적 리더십은 사람의 능력으로 만들 수 있는 것이 아닙니다. 성령 하나님이 다윗과 동행하시고 내주하심으로 만들어지는 메시아의 거룩한 성품입니다. 그러나 이를 미처 귀하게 여기지 못했습니다. 임마누엘 하나님이 동행하시는 증거를 중요하게 생각하지 못했습니다. 결국 다윗을 책임지시는 하나님의 섭리를 의심하게 되었습니다. 하나님의 섭리를 의심하게 됨으로 조만간 사울의 손에 붙잡힐 것 같은 절망에 빠졌습니다.

다윗이 놓친 둘째는, 성령 하나님께서 마음속에 각인시켜 주었던 미래 하나님 나라 청사진입니다. 다윗은 침착한 상황에서 아비새의 칼을 제지하면서 하나님의 섭리를 다음과 같이 예상했습니다. "여호와께서 그를 치시리니 혹은 죽을 날이 이르거나 또는 전장에 나가서 망하리라"(삼상 26:10). 다윗은 고난의 세월을 거치면서 성령의 감동으로 앞으로 전개될 하나님의 섭리를 미리 예상하고 바라보며 확신할 수 있었습니다. 그것은 사울왕을 폐위하신 여호와 하나님께서 그 목숨도 직접 거둬가실 것이라는 전망(vision)이었습니다. 이러한 전망은 다윗이 여호와 하나님의 제단 앞으로 나아가 피땀을 쏟는 심정으로 간절히 기도하며 얻은 하늘의 응답이었습니다.

그런데 안타깝게도 사울왕의 놀라운 축복 앞에서 하나님이 주신 미래의 전망도 순간 봄눈 녹듯 사라지고 말았습니다. "내 아들 다윗아 어서 돌아오라!"는 사울왕의 간절한 화해의 말을 들으면서 다윗은 하나님의 섭리가 하나님이 직접 사울왕의 목숨을 심판하시는 방향이 아니라 사울왕과 화해하는 방향으로 진행될 것이라 착각하고 말았습니다. 하지만 다윗 안에 내주하심으로 고난을 인내하도록 만드신 하나님의 비전은 잠시 고통을 잊게 만드는 환상이 아니라 하나님의 약속의 말씀 그대로입니다.

미래 전망을 보여주시며 약속하신 하나님은 다윗이 순간의 격한 감동에 빠져 헛된 길로 빠진 것과 관계 없이 약속하신 말씀 그대로 진행하셨습니다. 당시 다윗은 몰랐지만 하나님은 다윗에게 보여주신 미래 전망 그대로 성취하시고자 블레셋의 방백들의 마음을 이스라엘을 향한 침략 쪽으로 변화시켜가고 있었습니다. 하나님은 이스라엘과 블레셋 그리고 주변 이방 나라들과의 여러 국제 정세와 외교 관계에 은밀히 개입하셨습니다. 그리고 블레셋 방백들의 마음에 이스라엘과의 전쟁에서 일격에 승리할 수 있겠다는 자신감을 굳혀가고 계셨습니다.

얼마 후 다윗이 마음속에서 예상했던 전망 그대로 사울왕은 블레셋과의 전쟁에서 결국 전사하였습니다. "사울과 그의 세 아들과 무기를 든 자와 그의 모든 사람이 다 그날에 함께 죽었더라"(삼상 31:6). 하나님은 고난 중에 있는 다윗의 믿음을 굳게 붙잡아 주시려고 하나님 나라의 미래 전망을 미리 보여주시며 마침내 그대로 성취하셨습니다.

이러한 원리는 오늘 우리 신자들의 삶 속에서도 그대로 반복되고 있습니다. 심각한 고난이 찾아올 때 우리는 하나님께 간절히 기도하면서 이 고난의 터널을 빠져나갈 출구(EXIT)를 찾습니다. 하나님이 열어 주시는 고난의 출구(EXIT)는 우리 신자들이 그러한 선한 결과를 누리는 것이 세상의 불신자들 보기에도 합당하다고 인정할만한 방식으로 열립니다.

어느 개척교회 목사님이 청년부를 지도하는 중에 약간의 언어 장애가 있는 청년이 고민을 털어 놨습니다. "저는 회사에 취업하고 싶은데 회사가 나를 안 뽑아줘요." 언어 장애로 '목사님'이나 '취업'의 단어가 제대로 발음이 되지 않습니다. "목따님 나는 뛰업하고 싶은데 뛰업이 안 돼요." 그래서 목사님이 취업을 위해 함께 기도하자고 했습니다. 목사님은 청년의 취업을 위해서 새벽기도 시간마다, 금요철야 기도회

시간마다, 앉으나 서나 그렇게 몇 개월 기도했습니다. 그러던 어느 날 갑자기 그 청년에게서 전화 한 통이 왔습니다. "목따님! 목따님! 나 뛰업해떠요!" "뭐? 취업했다고? 어디에?" "네! 유안 낌뻘리에 뛰업해떠요. 유안 낌뻘리!" 그 청년의 취업을 위해서 간절히 기도했던 목사님조차도 처음에는 믿어지지 않았습니다.

하지만 그 청년이 들려준 이야기에 의하면 처음에는 그 회사 한 사무실에 아르바이트 형식으로 들어갔다고 합니다. 비록 아르바이트라도 자신에게 일할 기회를 준 회사가 너무 고맙고 감사해서 최선을 다해 열심히 일했다고 합니다. 남들보다 10분 정도 일찍 출근해서 사무실 청소도 하고 사무용품을 운반하는 단순한 업무를 처리했다고 합니다. 그러던 어느 날 정직원이 개인 사정으로 퇴사를 하게 되었고 새로운 직원을 뽑게 되었습니다. 그런데 직원들의 고민은 채용된 신입사원이 직장 생활에 적응하는데도 몇 개월이 걸리고 적응 후 한 두 해 지나서 퇴사를 하면 그동안 신입사원 채용에 공들인 것이 번번이 물거품이 되곤 한다는 것입니다.

그런 고민을 하던 중에 언뜻 성실하게 아르바이트를 하고 있는 이 청년이 생각났다고 합니다. 신입사원을 채용하느니 성실하고 열심인 이 청년을 정식 직원으로 채용하면 좋겠다는 의견이 모아졌습니다. 그런데 이 청년을 채용할 법적인 근거가 마땅치 않아서 다시 의견을 모아보니 장애인고용촉진법에 근거하여 채용할 수 있는 방법이 떠올랐습니다. 그래서 이 청년이 장애인으로 등록되어 있는지를 알아보니 장애인 등록은 아직 하지 않은 상태였다고 합니다. 하는 수 없이 직원들이 나서서 이 청년의 장애인 등록 절차를 대신 처리해 주었습니다. 결국 장애인 등록까지 마쳤고 그러한 법적 근거를 통해서 정식 직원

하나님 마음에 합한 사람

으로 채용되었다는 것입니다.

이 이야기에서 우리에게도 적용 가능한 중요한 교훈이 있습니다. 이 청년이 비록 언어에 장애가 있고 또 학력이 SKY 출신은 아니더라도 회사 직원들이 발벗고 나서서 자기 회사 사무실 정직원으로 채용하고 싶은 마음과 의지가 발동한 이유가 무엇인가 하는 것입니다. 가장 중요한 이유는 그 청년이 교회에 출석하면서 목사님으로부터 성경 말씀을 배우는 과정을 통하여 겸손과 인내, 온유, 책임감과 같이 인격적인 성품이 만들어졌기 때문입니다. 청년이 아무리 기도를 많이 하더라도 성품과 행동이 불신자들과 별반 다를 것이 없었다면 회사 직원들이 적극 나서서 도와주지 않았을 것입니다. 예수 믿는 사람들이 하나님이 통치하시는 나라의 영광에 참여하려면 그 성품이 불신자들이라도 인정할만한 수준에 도달하는 것이 가장 중요함을 명심하시기 바랍니다.

예수님을 구세주로 처음 받아들였을 때 우리 입술로 불렀던 예수의 이름은 어느 날 한 순간의 즉흥적인 감정으로 끝난 것이 아닙니다. 그 날의 회심 사건은 하늘의 하나님께서 내 인생에 찾아오신 천지개벽의 사건입니다. 그 천지개벽의 사건은 그때 한 번의 기적으로 끝나버린 것이 아닙니다. 그때로부터 시작된 임마누엘의 기적은 우리를 하나님의 사람다운 성품으로 만들어가는 시작점입니다. 장차 우리를 거룩하고 영광스런 모습으로 변화시켜서 하늘의 하나님을 두 팔 벌려 맞이하고 포옹하기에 하나도 부족함이 없도록 만들어가는 출발점입니다.

이미 우리 안에서 그 거룩한 성품을 만들어가는 변화의 역사가 시작되었습니다. 어제와 오늘 그리고 내일로 이어지는 지루하고 평범한 일상의 삶을 통해서 차근차근 진행되고 있습니다. 전에는 주변 사람

지루한 반복 속에 지속적인 성장 | 사무엘상 26장 8-20절

들의 싫은 소리에 벌컥 화를 냈으나, 예수를 믿으면서 점차 '그러려니!'하는 느긋한 반응을 보일 수 있는 성품으로 변화하고 있습니다. 사랑할 수 없는 가족들을 있는 그대로 인정하고 이해할 수 있는 온유한 성품으로 바뀌고 있습니다. 사랑, 희락, 화평, 오래참음, 자비, 양선, 충성, 온유 그리고 절제의 성품들이 우리 안에서 조금씩 만들어지고 있습니다.

때로는 다시 원점으로 돌아가는 것 같고 이전의 실수를 반복하는 것처럼 보입니다. 어제 상대했던 가족들의 싫은 모습이 오늘도 여전히 변화되지 않은 것 같습니다. 어제 상대했던 주변 사람들의 조롱과 무시가 오늘도 여전히 내 마음을 할퀴는 것 같습니다. 그들의 방식대로 벌컥 화도 내보고 비난을 맞받아 쳐보기도 합니다.

하지만 분명한 것은 하루하루 반복되는 일상 속에서도 내 마음에 '하나님'이 지워지지 않고 있습니다. 내 입술에 '예수 우리 주님'의 이름이 지워지지 않고 있습니다. 전에는 하지 않았던 사과를 하게 되고 전에는 생각지도 않았던 기도를 하게 됩니다. 전에는 떠올리지도 않았던 감사를 드리게 되고 전에는 전혀 생각지도 않았던 '하나님', '주의 은혜'라는 단어를 떠올리며 말하고 있습니다. 속절없이 넘어지다가도 오뚜기처럼 다시 벌떡 일어나고 있습니다. 할렐루야!

하나님은 우리가 매일 넘어지더라도 다시 벌떡 일어서는 믿음의 오뚜기 인생을 통해서 하나님의 얼굴을 마주하기에 손색이 없는 사람들로 만들어가고 계십니다. 저 하늘에 운행하는 해와 달과 별들이 한 치의 오차도 없이 운행함으로 하나님의 크신 능력과 영광을 증명하고 있습니다. "또 궁창의 확실한 증인인 달같이 영원히 견고하게 되리라 하셨도다"(시 89:37). 해와 달과 별들이 엄밀한 운행으로 하나님의 영광을 증명하듯이, 우리 신자들이 매순간 예수의 이름으로 살아가는 일상의 삶들이 우리 안에 내주하시는 임마누엘 하나님의 능력과 영광을 증명하고 있습니다. 하늘의 하나님을 얼굴과 얼굴을 마주 대하며 만나서 포옹하기에 부족함이 없을 정도로 거룩한 성도로 만들어가고 있습니다. 하늘의 천사들보다 더 영광스러운 존재로 아름답게 만들어가고 있습니다.

4. 인지 종결 욕구

우리 신자들이 하나님 앞에서 믿음의 선한 싸움을 감당하고자 할 때 넷째로 명심할 점이 있습니다. 고난 중에 내 인생의 불확실성을 깔끔하게 제거하고 싶은 '인지 종결 욕구'를 무시하시기 바랍니다. 믿음의 선한 싸움을 감당할 때 제일 힘든 것이 있습니다. 그것은 아무리 주님의 도우심을 간구해도 문제가 즉시로 해결될 기미가 전혀 보이지 않는 것입니다. 말썽을 피우는 자녀를 위해서 간절히 기도합니다. '주님! 우리 아이가 학교 생활에 잘 적응하게 하여 주시옵소서. 주님! 우리 가족이 직면한 어려운 문제가 해결되게 하여 주시옵소서.' 간절히 기도해도 문제가 즉시로 해결되지 않는 경우가 많습니다. 앞으로 시간이 지나면 이 문제가 과연 해결될 것인가? 불확실성의 먹구름이 우리 앞에 잔뜩 끼어 있는 것 같습니다.

이럴 때 갑자기 불확실성의 먹구름을 한방에 날려 보낼 비상한 아이디어가 번뜩 떠오를 수 있습니다. 마치 하나님께서 캄캄한 고난의 터널 끝에서 빠져나갈 출구를 환하게 보여주시는 것 같습니다. 그 대안을 선택하면 이제 곧 모든 문제가 해결될 것 같은 느낌이 들 때가 있습니다.

그럴 때 조심하시기 바랍니다. 혹시 내가 '인지 종결 욕구'에 휩싸여 있는지 살펴보시기 바랍니다. '인지 종결 욕구'(Need for Cognitive Closure)란 심리학의 전문 용어입니다. 이성적으로나 합리적으로 납득하기 어려운 상황에 직면했을 때 발생하는 불확실성에 대한 책임을 해소하기 위하여 자기 나름의 재빠른 방식으로 대응하는 것을 의미합니다. 예를 들어서 사람들이 많이 타고 있는 지하철이나 버스에 전혀 예상치 못했던 냄새나 연기가 발생하는 경우가 있다고 합시다. 사람들은 의외의 상황으로 인한 불확실성과 심리적인 불편함을 해소하기 위하여 적극적으로 소리를 지릅니다. 또는 소방훈련이 진행 중일 것으로 판단합니다. 아니면 소극적으로 다른 책임있는 사람들이 알아서 해결할 것으로 기대하고 가만히 앉아 있습니다. 이렇게 각자 반응은 다르지만 내면의 인식 세계 속에서는 자기 나름대로 낯선 상황에 합리적으로 대응하기 위하여 가장 합리적인 것처럼 보이는 관점들이나 행동 방식을 취하는 것입니다. 이러한 사고방식을 '인지 종결 욕구'라고 합니다.

다윗은 사울왕이 방심하는 상황에서 그의 목숨을 거둘 수 있는 절호의 기회가 두 번이나 찾아왔지만 "여호와의 기름 부음을 받은 자는 결코 죽일 수 없다"는 원칙을 확고하게 붙잡았습니다. 그리고 혹독한 믿음의 연단 과정을 거쳐서 사울왕에게서 오히려 사죄와 축복의 말까지 들을 수 있었습니다. 이러한 극적인 반전에도 불구하고 사울왕의 실제 행동은 전혀 달라지지 않자 급기야 자신의 인생을 향한 하나님의 섭리와 인도하심을 의심할 수밖에 없게 되었습니다. 사울왕의 축복을 통해서 극적인 반전을 경험한 다윗으로서는 더는 불확실성을 용납하기 어려웠습니다. 사울왕의 축복의 말을 듣다보니 지금까지 고생했던 모든 눈물의 세월이 곧 끝날 것 같은데 그 축복이 끝나자마자 사울왕은 아무 것도 달라진 것이 없이 자기 곳으로 돌아가버렸습니다(삼상 26:25).

이런 상황에서 다윗으로서는 더는 불확실성을 용납하기 어려워서 이스라엘 땅을 아예 떠나 적군 블레셋 땅으로 망명길을 떠납니다(삼상 27:1~2). 이 대목에서 저는 다윗이 조금만 더 참았더라면 하는 안타까운 마음이 생깁니다. 마찬가지로 우리 신자들도 주님의 타이밍을 기다리면서 조금만 더 참았더라면 하는 아쉬움이 들 때가 종종 있습니다. 우리가 주일에 교회에서 예배 드리고 설교 말씀을 듣다보면 우리 마음 속에 주님의 인도하심에 관한 확신이 충만해집니다. 곧 기도가 응답될 것 같은 기대감이 충만해집니다. 하지만 집으로 학교로 직장으로 돌아가면 주변 환경은 아무것도 바뀐 것이 없습니다. 예배 중에 맛보았던 새로운 세상에 대한 기대감은 '나 혼자만의 착각이었는가?' 싶은 실망감이 밀려옵니다.

그러나 하나님께 간구했던 기도가 당장 응답되지 않더라도 낙심하지 마시기 바랍니다. 나의 불확실한 상황을 한 순간에 해결해 줄 것 같은 환상적인 돌파구를 조심하시기 바랍니다. 하나님이 허락하시는 해답처럼 보이겠지만 오히려 문제만 악화되는 악재일 수 있습니다. 불확실한 상황에서 마치 새로운 출구처럼 다가오는 것이 과연 하나님이 허락하시는 기도 응답의 출구인지, 아니면 문제를 더욱 악화시키는 악재인지 어떻게 구분할 수 있을까요? 첫째는, 상식을 통해서 구분할 수 있습니다. 둘째는, 성경적인 가치관에 비추어서 구분할 수 있습니다.

하나님께서 우리 기도에 즉각 응답하지 않으시는 이유는 우리의 죄악된 성품을 기도 응답을 받을 수 있는 합당한 수준으로 만들어가기 위함입니다. 하나님께서 기도에 즉시 응답하시지 않을 때 성급하게 내 힘으로 그 돌파구를 만들어 내보려고 무리수를 두지 마시기 바랍니다. 기도할 때에는 하나님께서 응답을 주시리라는 기대감을 확신하는 것이 중요합니다. 간절한 기도로 마음속에 기도 응답의 기대감이 생기면 이제 하나님께서 하나님의 방법으로 응답하실 때까지 인내하는 것입니다. 그때까지 말씀의 자리를 지키고 앉아 있는 것이 기적입니다. 그때까지 말씀의 길에서 벗어나지 않고 인내하며 그 말씀의 길을 따라 걸어가는 것이 임마누엘의 증거입니다(요 13:19, 14:29).

기도할 때 기대감을 주신 하나님은 그 기대감 그대로 성취하시는 하나님이십니다. 약속의 말씀은 우리 안에서 믿음을 만들어냅니다. 우리 심령에 기도 응답에 대한 믿음을 만들어주신 하나님은 우리로 하여금 성취될 때까지 인내하도록 이끄십니다. 아무것도 변한 것 같지 않지만, 우리 믿음을 은밀히 내려다보시는 하나님께서 우리가 그 기도 응답의 기적을 체험하기에 합당한 수준까지 인도하십니다. 우리의 악한 성품을 거룩한 성품으로 변화시키고 계십니다. 그래서 아무 일이 일어나지 않는 중에도 말씀의 자리를 지켜내고 있는 자신의 모습이 곧 기적입니다. 또한 그 모습이 곧 임마누엘 주님이 나와 함께 하시는 증거입니다. 우리는 지금 쓰디쓴 인내의 과정을 통해서 달고 단 기적의 주인공으로 변화하는 중입니다. 우리 기도의 응답이 이미 시작되었고 우리 기도의 응답될 때가 멀지 않았음을 믿으시기 바랍니다.

29

사무엘상 27장 1-7절

성화시키는 은혜

성화의 신비

우리가 예수님을 구세주로 믿어서 구원을 받으면 죄인의 신분이 의인의 신분으로 바뀝니다. 이렇게 우리의 신분이 죄인에서 의인으로 바뀌었는데 실제 삶의 수준에서는 의인의 수준으로 변화하지 않는 것입니다. 그래서 우리는 은연 중에 고민합니다. '내 모습이 이 정도 밖에 되지 않는데 하나님께서 나를 인정해 주시고 내 기도에 응답해 주실까?' 그럴 때마다 늘 기억하시기 바랍니다. 그런 고민 자체가 내가 조금씩 변화하고 있는 증거입니다. 오늘은 본문의 말씀을 통해서 하나님께서 우리를 변화시키는 성화의 과정에 대해 살펴보고자 합니다.

1. 고난의 용광로

우리가 하나님이 인정하실 만큼 거룩한 사람으로 변화되는 과정에서 명심할 첫 번째 진리가 있습니다. 하나님은 우리를 구원하신 후 우리를 아무런 문제없는 온실 속에 가두지 않으시고 오히려 모진 풍파가 몰아치는 고난의 바다로 인도하십니다. 그 고난의 바다에서 우리의 신앙을 연단하고 단련하십니다. 주님이 고난의 바다에서 우리를 괴롭히시려는 것이 아닙니다. 우리 안에 남아 있는 옛사람의 흔적들, 죄악된 사고방식들, 악한 기질들을 완전히 제거하시고 우리 안에서 오직 하나님만을 의지하는 새사람의 성품을 빚어내기 위함입니다. '예수를 믿는데도 인생에 아무런 문제가 없다. 아무런 고민도 없다. 아무런 고생도 없다. 아무런 희생도 없다.'라면 그 인생은 복 받은 인생이 아니라 하나님께 잊혀져 버림당한 인생과도 같습니다.

다윗이 사무엘상 16장 13절에서 사무엘 선지자를 통하여 이스라엘의 지도자로 기름 부음 받은 다음에 그 인생에 행복과 평안이 찾아왔습니까 아니면 이전보다 더 힘들어졌습니까? 오히려 더 힘들어졌습니다. 첫 시작은 성령의 능력으로 골리앗을 무찔러 이스라엘의 신예영웅으로 떠오르기도 했습니다. 하지만 다윗이 하나님의 사람으로 인정을 받은 후 다윗은 사울왕 때문에 강력한 고난과 핍박에 직면합니다. 다윗은 그 고통이 너무나도 심해서 차라리 이스라엘의 지도자로 기름 부음 받은 것을 물리고 싶었습니다.

마치 이스라엘 백성들이 바로의 압제로부터 애굽을 탈출한 다음에 홍해를 건너서 그 신분이 바뀌었음에도 불구하고 광야의 고난이 너무 힘들어서 그만 신분을 포기하고 싶은 유혹에 빠졌던 것과 비슷합니다. 오히려 애굽으로 돌아가고 싶어했습니다. 구원 이후의 신앙생활은 기대했던 것처럼 순탄하게 진행되지 않습니다. 오히려 예수 믿기 이전보다 더 많은 고난과 고민들이 뒤따릅니다. 때로는 포기하고 싶은 유혹이 들 정도로 신앙생활이 쉽지 않을 때가 있습니다.

이렇게 다시 애굽으로 돌아가고 싶을 정도로 힘든 신앙생활 속에서 하나님은 어떻게 하나님의 능력으로 우리를 신앙의 높은 정상으로 인도하실까요? 바로 우리 안의 말씀과 성령의 깨달음을 통해서 우리를 오뚜기로 바꿔주십니다. 신앙생활을 하다가 넘어지면 다시금 말씀을 깨닫게 하시고 기억나게 하셔서 힘과 용기와 믿음으로 우리를 다시 일으켜 세워 하나님의 정상, 모리아 산 정상으로 이끌어가십니다. 그러므로 우리가 늘 기도할 기도제목은 고난을 없애달라는 것이 아니라 고난을 이길 힘과 다시 우뚝 설 힘을 주시기를 기도해야 합니다.

그러면 하나님은 무슨 말씀으로 우리를 하나님의 정상으로 이끌어가실까요? 먼저는 내 인생을 바라보는 관점을 바꿔주십니다. 내가 사는 인생은 '내가' 세상적인 목적을 위해 '내가' 좋아 보이는 길을 선택하고 '내가' 세상적인 지혜와 열심으로 '내가' 살아가는 인생이 아니라는 깨달음입니다. 내가 사는 인생은 여호와 하나님께서 주도하시고 여호와 하나님께서 이미 승리를 쟁취하신 싸움에 동참한 인생이라는 깨달음입니다. 우리는 성부 하나님께서 창세 전에 예정하신 인생을 살아가는 것입니다. 2천 년 전에 우리 주 예수님께서 십자가 핏값으로 대속하여 죄를 씻어주신 인생을 살아가는 것입니다. 내 능력과 내 지혜로 내가 하나님을 믿기로 선택한 내 인생을 내가 살아가는 것이 아닙니다. 내 안에 성령 하나님이 강림하시고 내 안에 성령의 불도장을 찍어주시며 내 안에 하나님의 새로운 생명을 탄생시켜서 그리스도께서 내 안에 살아서 내주하시고 역사하시며 이끄시는 하나님의 인생을 살아가는 것입니다.

다윗의 인생도 마찬가지입니다. 다윗이 사울왕의 칼을 피해 도망다니면서 하나님께 배우는 것이 있습니다. 다윗 자신의 인생은 세상의 권력싸움도 아니고 세상의 부귀영화를 위한 것도 아닙니다. 여호와의 싸움에 하나님으로부터 부름 받아 하나님이 위임하여 맡기신 메시아의 인생을 살아가는 것입니다. 장차 강림하실 메시아 예수 그리스도를 예표하는 인생을 살도록 부름 받았다는 것입니다.

사무엘상 24장에서 다윗은 사울왕을 살려주면서 다시금 그 말씀을 확인합니다. 사무엘상 24장 15절 "그런즉 여호와께서 재판장이 되어 나와 왕 사이에 심판하사 나의 사정을 살펴 억울함을 풀어 주시고 나를 왕의 손에서 건지시기를 원하나이다" 사무엘상 25장 28절에 "여호와께서 반드시 내 주를 위하여 든든한 집을 세우시리니 이는 내 주께서 여호와의 싸움을 싸우심이요 내 주의 일생에 내 주에게서 악한 일을 찾을 수 없음이니이다" 사무엘상 26장에서 다윗이 다시 사울왕을 살려주면서 이 진리를 계속 확인합니다. 26장 10절에 "다윗이 또 이르되 여호와께서 살아계심을 두고 맹세하노니 여호와께서 그를 치시리니 혹은 죽을 날이 이르거나 또는 전장에 나가서 망하리라" 사울왕은 다윗의 믿음대로 하나님이 직접 치십니다. 좀 더 구체적으로는 블레셋과의 전쟁 중에 전사합니다. 하나님이 약속하신 말씀의 예언 그대로 실제로 성취된 것입니다.

우리도 이렇게 하나님의 인생을 살다보면 결국 예수를 안 믿는 사람들도 우리의 인생이 자신들의 인생과 달리 하나님께 붙잡힌 인생임을 인정해 주는 날이 반드시 찾아옵니다. 다윗이 사울왕을 죽일 수 있음에도 불구하고 이 진리를 붙잡고 사울왕을 거듭 살려줌으로 사울왕도 다윗의 인생은 다윗 개인의 인생이 아니라 여호와 하나님의 손에 붙잡힌 인생임을 인정해 줍니다(삼상 26:24-25).

그리고 사울왕은 다윗에게 두 가지 복을 빌어줍니다. 첫째는, '지금은 내가 군사력도 강하고 영향력도 강하다. 그러나 네가 목숨을 걸고 나를 살리는 것을 보니 네가 과연 하나님을 믿고 있구나. 하나님이 결국 네가 목숨 걸고 지키는 믿음대로 네 소원에 응답해 주실 것이다. 네가 반드시 승리를 얻을 것이다.' 사울왕으로서는 눈에 보이는 이 전쟁에서 자기가 이길 수 있겠다는 전의(戰意)를 완전히 상실해 버린 것입니다. 둘째로, '네가 이기기 때문에 결국 큰 일을 행하는 자, 여호와의 일을 행하고 완성하는 자, 이스라엘의 군왕의 자리에 오르는 자는 내가 아니라 너다.'

우리도 다윗처럼 하나님의 말씀을 포기하지 않고 끝까지 말씀을 붙잡고 순종하면 결국 원수라도 감동받고 우리를 인정해 줄 날이 반드시 찾아올 줄 믿습니다.

2. 내 성품이 거룩해지기를

우리가 하나님의 말씀을 깨닫는 가운데 점점 하나님의 사람으로 연단받고 훈련받지만 조심해야 할 문제가 하나 있습니다. 우리가 하나님의 말씀으로 은혜받고 감동 받을 때 어떤 결과를 기대해야 하는가의 문제입니다. 만일 우리가 감동적인 예배를 드리거나 금식 기도를 하는 중에 특별한 은혜를 경험한다면 이후 즉시로 좋은 결과가 이어지기를 기대합니다. 나를 괴롭히는 문제가 즉시 해결되기를 기대할 수 있습니다. 갑자기 먼 친척에게서 전화가 와서 부족했던 전세자금을 지원해주겠다거나 갑자기 주인이 전세금을 깎아주겠다는 극적인 반전을 기대할 수 있습니다.

그러나 하나님께서 우리 기도에 응답하시리라는 믿음과 기대감이 생겼다면 이어지는 결과로 내 성품이 더욱 주님을 닮아가는 것을 먼저 주목하시기 바랍니다. 전에는 주변 사람들이나 환경이 마음에 들지 않아 분노하며 화를 냈는데 이제는 조금 여유를 가지게 됩니다. 전에는 실망하고 낙심이 되면 오랜 동안 침체 상태에 있었지만 이제는 회복의 시간과 속도가 조금 빠릅니다. 그러한 온유와 인내, 자비와 절제 같은 성품들이 하나님이 나와 함께 동행하심으로 가능한 열매들입니다.

이러한 성품의 변화보다는 사람들의 말이나 평가를 마음에 두면 결국 다시 넘어질 수밖에 없습니다. 다윗도 그랬습니다. 26장 25절에서 "내 아들 다윗아 네가 큰 일을 행하겠고 반드시 승리를 얻으리라" 다윗이 사울왕의 입에서 축복의 말을 들을 때에 그 감격은 이루 말할 수 없었습니다. 이제서야 모든 고생이 끝났구나! 드디어 도망자의 인생은 끝이구나! 사울왕이 다윗을 생각하는 평상시 생각이 사무엘상 18장 11절에 나옵니다. "그가 스스로 이르기를 내가 이 창을 다윗에게 던져서 다윗의 몸을 벽에 박으리라 하고 사울이 그 창을 던졌으나 다윗이 그 앞에서 두 번 피하였더라" 다윗에 대한 사울의 기본적인 입장이 바로 불같은 시기심과 증오심입니다.

반대로 다윗이 사울왕을 도망다닐 때 사울왕에 대하여 가지고 있었던 평상시 생각은 "하나님이 직접 해결하신다"는 믿음이었습니다. 사무엘상 26장 10절입니다. "다윗이 또 이르되 여호와께서 살아계심을

하나님 마음에 합한 사람

두고 맹세하노니 여호와께서 그를 치시리니 혹은 죽을 날이 이르거나 또는 전장에 나가서 망하리라" 왜냐하면 인생의 주인은 다윗 자신이 아니고 하나님이시기 때문입니다. 다윗은 그 믿음 때문에 고난 속에서도 절망하지 않고 버틸 수 있었습니다.

다윗과 사울왕 사이에 이 두 가지 생각이 서로 충돌하면서 다윗은 엄청난 고통과 죽음의 터널을 통과해왔습니다. 그 과정에서 다윗이 원수의 목숨을 살려주면서까지 하나님을 믿는 모습을 보여주니 이제 그만 사울왕도 다윗의 믿음을 인정해 줍니다. 하나님의 복까지 빌어 줍니다. "내 아들 다윗아 네게 복이 있을지로다 네가 큰 일을 행하겠고 반드시 승리를 얻으리라" 누구의 생각, 누구의 믿음이 이긴 것입니까? 결국 다윗의 생각, 다윗의 믿음이 이긴 것입니다.

그러니 다윗이 사울왕의 입에서 축복의 말씀을 들었을 때 사울왕의 말이 하나님의 말씀처럼 들려오지 않겠습니까? 사울왕의 얼굴이 하나님의 얼굴을 뵌 것처럼 기쁘고 반갑고 감사하지 않겠습니까? 이제 내 고생은 끝났구나. 그동안 사울왕의 칼을 피해서 죽음의 광야 사막을 헤매고 돌아다닌 모든 고생이 끝나겠구나! 자기 앞길에 대한 다윗의 기대심이 가장 높아진 상태입니다.

이렇게 사울왕이 다윗의 마음에 엄청난 기대감을 주었으니 그 다음에는 사울왕이 어떻게 나와야 합니까? '내가 그동안 너를 쫓아다니는 데 사용했던 이 창칼을 모두 녹여서 함께 식사하는 식기로 사용하자.' 뭐 이런 반응이 나와야 하지 않을까요? 또 다윗과 사울왕은 어떤 관계입니까? 장인과 사위 관계이지 않습니까? 사울왕이 이제 다윗을 용서한다고 했으니 이제 다윗을 자기 궁으로 데리고 가야하지 않겠습니까? '내 딸이요 네 아내인 미갈이 기다리고 있는 왕궁으로 돌아가자.

이제 나와 함께 왕궁으로 가서 여생을 편하게 살자.' 뭐 이런 화해의 반응을 기대하는 것이 당연할 것입니다.

그런데 25절 말씀에 사울왕의 축복 선언이 있은 다음에 두 사람은 각각 다윗도 자기 길로 가고 사울왕도 자기 곳으로 돌아갔습니다. 다윗이 나아간 자기 길은 옛날의 암담한 길 그대로이고 사울왕이 나아간 자기 곳도 다윗을 향한 시기, 질투, 미움, 증오를 곱씹었던 그대로입니다. 하나님의 약속이 곧 실현될 것이라 기대했고 그 기대감이 최고조에 도달했지만 현실적으로는 아무것도 달라진 것이 없습니다. 그 순간 다윗의 마음이 요동치기 시작합니다. '분명히 나를 용서해 준 줄 알았는데 아무런 변화가 없다면 결국은 앞으로도 절대 변화는 일어나지 않겠구나.'

오늘날 신자들이 믿음에서 넘어지는 경우도 평소에 신앙생활을 열심히 하던 사람들이 믿음에서 넘어집니다. 아예 하나님에 대한 기대가 없고 교회나 목회자에 대한 기대가 없는 사람들은 사실 잘 넘어지지도 않습니다. 평소에 열심을 내던 사람들이 넘어집니다. 하나님에 대한 기대감이나 교회에 대한 기대감 또는 목회자에 대한 기대감이 높았던 성도님들이 넘어집니다.

3. 하나님에게서 멀어지는 다윗

다윗도 사울왕의 말에 대한 기대감이 최고조에 도달했다가 그 기대와는 전혀 상관없는 현실을 맞이합니다. 이에 그만 27장 1절에서 엄청난 판단착오의 실수를 범하고 맙니다. 다윗이 그 마음에 생각하기를 '내가 후일에는 결국 사울의 손에 붙잡히고야 말겠구나.' 사울왕에 대한 생각이 하나님 중심적으로 가장 긍정적으로 최고조에 도달했다가 그만 가장 부정적으로 급락해버립니다.

기나긴 고민 끝에 내린 잘못된 결론이 1절 하반절입니다. "이럴 바에야 아예 블레셋 사람들의 땅으로 피하여 들어가는 것이 좋겠다. 그러면 사울왕이 이스라엘 온 영토를 샅샅이 뒤져서 나를 찾는 것을 단념할 것이다. 그때 내가 비로소 그의 손에서 벗어날 수 있겠다." 하나님의 약속을 버리고 인간적으로 계산을 합니다. 자기를 따르는 모든 식솔들과 부하들 6백 명을 이끌고 블레셋으로 정치적인 망명을 해버립니다.

세상적으로 볼 때 다윗의 계산은 참으로 기발한 생각입니다. 다윗이 이스라엘을 떠나서 블레셋으로 정치적인 망명을 해 버리면 사울왕은 더는 블레셋으로 올 수 없습니다. 사울왕이 블레셋으로 들어오면 그것은 블레셋과 전쟁을 하는 것입니다. 이제는 반대로 사울왕의 목숨이 위험해집니다. 그래서 이제는 다윗도 안전해집니다. 마치 한국의 정치범이 한국 경찰이 더는 추적할 수 없는 땅이 넓은 중국이나 섬이 많은 필리핀으로 도망쳐버린 것과 같습니다.

다윗이 블레셋으로 망명해버리자 4절에 보면 다윗의 계산대로 더는 사울왕도 다윗을 수색하지 않습니다. 사울왕이 이제 다윗을 괴롭히지 못하자 사울왕의 악역도 다 끝납니다. 28장으로 가면 사울왕은 급기야 신접한 여인 즉 귀신에게 자기의 역할과 운명을 상담하면서 하나님의 저주로 블레셋과의 전쟁 중에 전사하고 맙니다. 다윗이 블레셋으로 들어가 버리고 하나님 나라의 연극 안에서 악인의 역할이 끝나니 이제 무대에서 사라진 것입니다.

그럼에도 다윗이 적국 블레셋으로 망명해버린 것이 다윗에게 매우 치명적입니다. 두 가지 이유 때문입니다. 첫째는, 자기 인생을 향하여 하나님이 맡기신 사명과 생존의 이유 그리고 인생의 목적을 송두리째 부정하는 것입니다. 다윗의 인생은 어떤 인생입니까? '나는 세상 싸움이 아니라 여호와의 싸움을 싸운다.' 그런데 이스라엘 땅을 떠나서 블레셋으로 들어가 버리면 사울왕과의 갈등은 끝남과 동시에 여호와의 전쟁도 끝나버립니다. 여호와의 전쟁을 싸우도록 부름받은 인생의 사명도 끝나버립니다. 신앙생활에서 고난을 부정하는 것은 단순히 고통을 회피하는 문제가 아닙니다. 하나님이 내게 주신 감당해야 할 사명을 부정하는 것입니다. 예수님의 시험을 비유하여 설명한다면 예수님께서 배가 고프다고 마귀의 유혹에 빠져 돌멩이로 떡을 만들어 먹는 것이나 다름 없습니다. 그렇게 하면 당장의 배고픔은 면할는지 모르지만 성부 하나님이 독생자에게 맡겨주신 사명을 부정하는 것입니다. 이 세상에 강림하신 성육신의 의미와 목적 모든 것을 송두리째 부정하는 것입니다.

둘째는, 여호와의 싸움을 부정하면 당장 세상적으로 편할지 모르지만 그동안 믿어 왔던 하나님의 능력을 부정하고 세상의 권력자들을 하나님처럼 받들어야 합니다. 우리는 하나님에게 붙어 있는 포도나무의 가지들입니다. 하나님에게 붙어 있어야만 수액을 공급받을 수 있습니다. 하나님을 버리고 세상으로 가면 할 수 없이 세상 사람들에게서 수액을 구걸할 수밖에 없습니다.

다윗은 자기를 따르던 600명의 식솔들과 가족들을 데리고 가드 왕 마옥의 아들 아기스에게로 건너갑니다. 5절에서 아기스에게 부탁합니다. "다윗이 아기스에게 이르되 바라건대 내가 당신께 은혜를 입었다면 지방 성읍 가운데 한 곳을 내게 주어 내가 살게 하소서 당신의 종이 어찌 당신과 함께 왕도에 살리이까" 다윗이 아기스에게 하는 말을 잘 들어보시기 바랍니다. '내가 당신께 은혜를 입었다면 내게 살만한 곳을 줘서 내가 편안히 살게 해 주세요.' 다윗은 그동안 이런 간청을 누구에게 했습니까? 사람이 아니라 살아계신 여호와 하나님께 간구했습니다. 그런데 이제 영적인 분별력이 흐려지니 하나님 대신 사람에게 기대는 것입니다.

6절에 아기스가 블레셋의 남쪽 변방에 위치한 시글락이라는 조그만 성을 하나 내줍니다. 다윗은 이곳에서 1년 4개월을 지내는데 결국 다윗의 계산대로 사울왕이 더는 다윗의 뒤를 추격하지 않습니다. 이제 다윗은 사울왕의 마수에서 벗어난 것처럼 보입니다. 하지만 영적으로든 육적으로든 이 세상에는 절대로 공짜가 없습니다. 다윗이 세상적인 권모술수로 사울왕과의 영적인 전쟁을 회피하여 시글락에서 육신이 편할는지 모르지만 다윗은 점점 더 깊은 수렁 속으로 빠져들어갑니다.

4. 은혜의 출처와 효과

오늘날에도 성도님들이 신앙생활을 하다가 하나님과 교회에 상처받고 교회를 떠나거나 신앙을 포기하기도 합니다. 그 이유는 하나님에 대한 기대감이 높아지다가 현실이 그 기대감대로 이뤄지지 않기 때문입니다. 하나님의 말씀이 우리 심령에 가장 강력한 확신으로 밀려오지만 현실적으로는 아무런 변화의 조짐도 보이지 않을 때가 영적으로는 가장 위험한 순간입니다.

우리는 어떤 은혜와 감동을 받으면 두 가지를 살펴봐야 합니다. 첫째는, 그 은혜의 출처가 하나님의 말씀인지 아니면 사람의 말인지를 잘 살펴봐야 합니다. 다윗은 평상시에 하나님의 말씀 속에서 미래 희망을 기대했지만 많은 고생 끝에 원수의 말에 감동받아 기대감이 높아졌다가 그만큼의 실망감으로 평소와는 다른 엄청난 판단착오의 실수를 범하고 맙니다.

우리도 마음속에 앞 일에 대한 기대감이 생길 때 그 기대감과 은혜의 출처가 하나님의 말씀인지 사람의 말인지를 잘 살펴보시기 바랍니다. 사람의 말에 근거한 기대감이라면 잘못된 기대감이고 절대로 성취되지 않습니다. 아무리 기도해도 응답이 없습니다. 응답이 없으니 낙심합니다. 사람의 말은 당장 삼키기에는 달콤하지만 결국은 사망으로 인도합니다. 반대로 하나님의 말씀은 당장 받아들이기에는 쓰지만 결국은 생명으로 인도합니다.

제가 예전에 해군에서 ROTC 장교로 2년을 근무하는 중에 무역선에 승선하면서 나중에 신학공부하려고 학비를 몇 백만 원 모았습니다. 그리고는 잠시 한 무역회사에 들어갔는데 회사 사장님께 제가 그동안 모아 놓은 돈을 빌려주면서 결국 받지 못했습니다. 당시에 저는 하나님이 내 진로를 이렇게 비트신 것이 회사 사장님께 복음을 전하도록 하려는 것인가 싶어 사장님을 만나 돈 달라는 소리도 못하고 사영리로 복음을 전했습니다. 사장님은 비가 펑펑 쏟아지는데 차를 운전하다가 길 가로 세우더니 정말 대성통곡하며 펑펑 울었습니다. 그리고 그 지역에서 가장 이름 있는 교회 목사님과 신앙상담도 하였습니다. 저는 사장님이 진심으로 회심한 줄 알았는데 나중에 알고 보니 이 모든 것이 사기였습니다. 하나님의 섭리가 아니라 내가 동정심에 홀딱 빠진 것입니다.

돈을 갚으라고 하면 사장님은 절대로 못 갚겠다고 말하지 않습니다. 딱 이틀 후에 딱 사흘 후에 갚겠다고 합니다. 주로 금요일 오전을 약속합니다. 하지만 당일이 되어 찾아가 만나면 온갖 핑계를 댑니다. '은행에서 전산오류로 지급 정지가 발생했다. 북한이 백령도에서 대포를 쏘면서 은행이 마비가 됐다.' 갖은 핑계를 대면서 다시 다음 주 월요일이나 화요일로 약속을 잡습니다. 제가 그때 느낀 것이 하나 있습니다. '사기꾼은 사람을 당장 배신하지 않고 오히려 거짓된 희망을 주는구나.'

3일 후에 갚겠다고 말할 때 제 마음에 갈등이 일어납니다. 경찰에 사기죄나 배임횡령죄로 고소해서 법정 소송의 힘든 길을 갈 것인가? 아니면 그냥 3일만 기다려서 돈을 받을까? 고소하려면 돈도 떼이고 그 많은 돈을 잃어버린 비참한 현실을 인정해야 하는데 그것을 인정하는 것이 쉽지 않습니다. 오히려 사기꾼이 곧 전액을 갚아 준다는 거짓말이 더 달콤하게 들리고 희망이 보입니다. 그래서 사기꾼은 사람을 당장 배신하지 않고 오히려 거짓된 희망을 주는 것입니다. 저는 이것을 정말 뼈저리게 경험하였습니다. 결국 이 사기꾼을 경찰에 고소하여 법원에서 재판 받고 징역형을 살게 되었습니다.

우리가 은혜받고 기대감이 생길 때 조심할 것은 그 은혜의 효과입니다. 사람이 인간적으로 감동을 주는 말은 그 효과가 사람을 조급하게 만듭니다. 사람의 거짓된 약속에서 생기는 기대감은 가짜 은혜이기 때문에 사람을 조급하게 만들고 서두르게 만듭니다. 하지만 현실은 바뀌지 않고 오히려 기대했던 방향과 전혀 다른 방향으로 흘러가면서 나중에 실망하게 됩니다. 기대대로 되지 않습니다. 결국 사람에 대한 배신감이 생기고 교회를 떠나거나 심지어 하나님마저 버리게 됩니다.

반면에 하나님의 말씀에서 생기는 은혜는 우리를 좀 더 느긋하게 만들고 대범하게 만듭니다. 일이 당장 해결되지 않더라도 마음속에 하나님의 말씀에 대한 강력한 믿음과 확신이 시원한 바람처럼 거대한 파도처럼 밀려와 우리 마음을 풍성히 채웁니다. 하나님이 내 인생을 붙잡고 계심을 확신합니다. 천군만마가 부럽지 않습니다. 믿음의 자신감이 생깁니다. 문제가 당장 해결되지 않더라도 결국 하나님만이 해답이고, 하나님만이 내 힘과 구원이시며, 하나님만이 내 능력이심을 믿는 믿음이 생깁니다. 이런 믿음의 확신은 어디에서 옵니까? 하나님의 말씀과 말씀을 깨닫게 하시는 성령의 능력에서 옵니다.

열왕기상 17장 1절 이하에서 엘리야 선지자가 아합왕에게 하나님의 심판을 전달합니다. 엘리야가 아합왕에게 하나님의 심판을 전달하는 일은 엘리야로서는 하나님의 말씀을 붙잡고 죽음의 땅으로 들어가는 것입니다. 하나님이 당신의 폭정을 심판하기 위하여 앞으로 3년 6개월 이상 이스라엘에 비를 보내 주시지 않습니다(약 5:17). 3년 이상 이스라엘에 비가 오지 않자 이스라엘 백성들이 아합왕을 원망합니다. 나라에 반역의 기운이 느껴질 정도로 아합왕이 정권을 유지하기 힘들자 비가 오지 않는 책임을 엘리야에게 떠넘기며 엘리야 선지자를 찾아서 죽이려고 합니다.

이때 엘리야가 바알의 선지자 450명과 아세라의 선지자 400명 도합 750명과 영적인 대결을 펼칩니다. 하늘에서 불을 내리는 선지자가 진정한 선지자가 됩니다. 결국 엘리야 선지자가 아합왕의 영적인 근원인 바알과 아세라의 750명의 선지자를 모두 죽이고 나서 이제 하나님이 다시 비를 주신다는 약속의 말씀을 선포합니다.

열왕기상 18장 41절 이하의 말씀에 "엘리야가 아합에게 이르되 올라가서 먹고 마시소서 큰 비 소리가 있나이다" 아직 비가 내리지 않지만 엘리야는 조만간 엄청난 폭우가 쏟아질 것을 미리 바라보고 있습니다. 그리고는 42절에 기도합니다. "주님 이 민족을 불쌍히 여겨 주시옵소서! 하루속히 이 메마르고 황무한 땅에 비를 내려 주시옵소서." 땅에 꿇어 엎드려 그의 얼굴을 무릎 사이에 넣고 기도합니다.

엘리야 옆에는 믿음없는 사환이 기도를 하는 둥 마는 둥합니다. 엘리야가 간절히 기도하는 모습을 볼 때는 하늘에 비가 쏟아질 것도 같습니다. 하지만 하늘을 보면 맑은 하늘에 구름 한 조각도 보이지 않습니다. 43절 말씀에 "그의 사환에게 이르되 올라가 바다쪽을 바라보라" 갈멜산에서 바다쪽이면 지중해가 있는 서쪽을 바라보라는 것입니다. 하지만 바다쪽에 비는 커녕 비구름도 보이지 않습니다. 43절에 "그가 올라가 바라보고 말하되 아무것도 없나이다 이르되 일곱 번까지 다시 가라" 맑은 하늘에 아무것도 보이지 않지만 계속 그 말씀을 믿고 가는 것입니다. 결국 하나님은 약속대로 비를 보내서 응답해 주십니다.

하나님은 우리를 어떻게 거룩한 신자로 변화시키십니까? 하나님은 우리를 구원하신 다음에 반드시 고난의 광야 학교로 입학 시킵니다. 그 광야 학교에서 오직 우리가 하나님의 말씀과 성령의 능력만을 의지하도록 훈련시키십니다. 어찌보면 하나님이 우리를 사망의 음침한 골짜기로 밀어 넣으시는 것처럼 보입니다. 하지만 그 속에서 우리는 아주 죽어버리는 것이 아닙니다. 오히려 여호와의 전쟁에 참여하여 하나님이 우리의 구원이시요 하나님이 우리의 능력이시라는 이 믿음으로 이깁니다. 하나님이 나와 함께 하신다는 이 믿음으로 우리는 죽음의 땅에서 거뜬히 하나님의 승리를 맛보아 누립니다.

광야같은 고난이 오히려 축복이 되는 진정한 승리의 복을 충만히 누리시기를 진심으로 축원합니다.

사무엘상 28장 8-19절

말씀하시는 하나님

무당을 찾는 사울왕

우리가 신앙생활을 제대로 감당하는데 가장 중요한 것이 있다면 영적인 분별력입니다. 영적 분별력이라는 것은 하나님의 말씀을 기준으로 생명의 길을 선택하는 것입니다. 나에게 말씀하시는 하나님의 말씀을 잘 깨닫고 그 뜻에 순종하는 것입니다. 그런데 여러 이유로 나에게 말씀하시는 하나님의 말씀을 잘 깨닫는 것도 쉽지 않고 또 그 말씀에 순종하는 것도 쉽지 않습니다. 오늘 말씀을 통해서 우리를 생명의 길로 인도하시는 하나님의 음성을 깨닫는 방법에 대해서 살펴보고자 합니다.

오늘 본문 28장 6절에 보면 사울왕이 간절한 심정으로 하나님의 음성을 구합니다. 당시 이스라엘 주변에 가장 강력한 군사력을 자랑하는 블레셋의 어마어마한 군사들이 창칼과 기마병을 앞세워 이스라엘을 초토화시키고자 수넴 국경선에 진을 치고서 곧 쳐들어올 태세를 갖추고 있기 때문입니다(삼상 28:4-5).

한 나라의 운명을 책임지는 왕으로서 사울왕이 얼마나 다급하겠습니까? 이런 위기상황에서 하나님의 백성들은 어떻게 대처해야 합니까? 하나님의 인도하심을 구해야 합니다. 28장 6절을 보면 사울왕은 절체절명의 위기상황에서 간절하게 하나님의 음성을 구합니다. 그런데 하나님은 계속 침묵하고 계십니다. "사울이 여호와께 묻자오되 여호와께서 꿈으로도 우림으로도 선지자로도 그에게 대답하지 아니하십니다."

하나님이 말씀하시지 않으시니 얼마나 답답하겠습니까? 그래서 사울왕은 7절에 신접한 여인을 찾습니다. "그의 신하들이 그에게 이르되 보소서 엔돌에 신접한 여인이 있나이다" 8절을 보면 "사울이 다른 옷을 입고 변장하고 수행원 두 사람과 함께 갈새 그들이 밤에 그 여인에게 이르러서는 사울이 이르되 청하노니 나를 위하여 신접한 술법으로 내가 네게 말하는 사람을 불러 올리라"고 요청합니다. 무당을 찾아가는 사울왕으로서는 억울할 수 있습니다. '내가 얼마나 간절하게 하나님의 음성을 찾았는데 주님은 왜 입을 막으시고 내게 말씀하시지 않았습니까? 주님이 말씀하시면 내가 주님의 음성을 따랐지요. 주님이 말씀하시지 않으니 무당을 찾은 것 아닙니까?' 사울왕은 이렇게 항변할 수 있습니다.

하지만 사울왕이 책망받을 결정적인 이유는, 무당을 찾은 그 행위 자체보다 사울왕이 하나님의 음성을 들을 때 자기 내면의 욕망과 자존심에 부합하는 것만을 하나님의 음성으로 받아들인 것입니다. 사울왕은 하나님의 음성을 구한 것이 아닙니다. 결국 자기가 원하는 내면의 욕망과 명예의 우상을 하나님 대신 섬긴 것입니다. 이렇듯 사람은 하나님이 아닌 자기 내면의 욕구와 탐욕을 좇다보면 어리석은 길로 빠집니다.

8절에서 사울왕은 다른 옷을 입고 변장을 하면 다른 사람들을 속일 수 있다고 생각합니다. 사울왕은 지금 사단 마귀가 자신을 속이고 있는 것은 전혀 깨닫지 못하고 있습니다. 왜입니까? 자기 내면의 욕망과 탐욕에 집착하면 주변 상황에 대한 분별력과 판단력이 사라지는 것입니다.

12절에서 무당이 사울왕의 정체를 알아보자 13절에서 사울왕은 "두려워하지 말라"고 안심시킵니다. 그리고는 죽은 사무엘의 영을 불러 올리라고 다시 요청합니다. 지금 두 사람이 서로 대화를 나누는 상황은 캄캄한 밤입니다. 두 명의 수행비서는 초혼실 바깥에 세워두고 사울왕 혼자서 이 여인을 만나고 있습니다. 안에는 무당이 귀신을 불러내는데 사용하는 온갖 요망한 신전 집기들과 우상단지들이 신비감을 자아내고 있습니다. 향들을 피워서 음산한 냄새가 진동하고 향불 연기와 촛불 연기가 자욱합니다. 게다가 이 무당은 이상한 망또까지 쓰고 있어서 서로의 얼굴을 볼 수도 없고 눈빛도 주고 받을 수 없습니다. 그저 메아리가 울리면서 신비스런 목소리만 겨우 들려올 뿐입니다.

이런 상황에서 사울왕은 빨리 죽은 사무엘의 영을 불러 올리라고 요청합니다. 무당이 잠시 요상한 푸닥거리를 하고 주문 같은 것을 외우고 향불을 피우고 마구 몸을 흔들고 전율을 하다가 갑자기 동작을 멈춥니다. 이 모든 장면을 지켜보던 사울왕은 무당이 뭔가를 본 것이 틀림없겠다 싶어서 13절에서 묻습니다. "네가 방금 전에 무엇을 보았느냐 하니 여인이 사울에게 이르되 내가 영이 땅에서 올라오는 것을 보았나이다 하는지라" 이 본문의 원문을 보면 "엘로임 라아이티 올림 민하아레츠"입니다. 이는 "내가 엘로힘이 땅에서 위로 올라오는 것을 보았다"는 의미입니다.

여기에서 '엘로힘'은 하나님을 의미하기도 하지만 귀신과 같은 영적인 존재들을 의미합니다. 고대근동의 점술가들은 전생에 지체 높은 사람들 중에 죽어서 신적인 존재로 승격된 죽은 영혼들이 지하세계에서 살다가 이렇게 제사를 지내고 향을 피우면서 초혼술을 부리면 밤에 지하세계에서 이 세상으로 올라온다고 믿었습니다.

예수를 믿는 사람들은 죽으면 즉시로 하나님 아버지 품으로 가서 영생을 누리며 마지막 주님의 재림을 기다립니다. 반대로 불신자들이 사망하면 그 영혼은 즉시로 지옥으로 가서 마지막 최후 심판을 기다립니다. 죽은 사람의 혼이 귀신이 되어 이 세상에 돌아다니고 방황하면서 사람들을 유혹하거나 하지 않습니다.

그런데도 불구하고 만일 누군가 자기는 귀신을 봤다고 주장한다면 그 사람의 심령은 이미 귀신에 점령당한 것이라고 보시면 틀림이 없습니다. 성령 하나님을 마음에 모시고 사는 신자는 결코 귀신과 대화를 한다거나 귀신의 이미지가 눈에 보인다거나 하지 않습니다. 다만 불신자들 속에서 사단 마귀의 성품과 속성이 감지될 뿐입니다. 무언가를 감지했는데 두려움과 공포가 밀려온다면 그 사람은 귀신을 본 것입니다. 귀신을 본 것이라면 그 사람은 성령을 받은 것이 아닙니다. 성령과 악령은 한 인격체 안에 동시에 거주할 수 없습니다. 신자는 성령과 귀신을 동시에 받을 수 없습니다.

신접한 이 무당이 귀신의 지배를 받으면서 "귀신들이 땅에서 올라오는 것이 보입니다." 그러자 14절에서 "사울왕이 그 모습이 어떠하냐"고 묻습니다. 이 무당이 "겉옷을 입은 노인"이라고 대답합니다.

1. 사울왕의 오판

사울왕은 이 한 마디에 그만 그 무당 앞에 넙죽 엎드려 절하며 경배합니다. 가만히 서 있던 사울왕이 갑자가 무당 앞에 넙죽 엎드려 절하는 이유가 있습니다. 사울왕에게 "겉옷을 입은 노인"이란 이미지는 예전에 사무엘 선지자와의 사이에 있었던 지울 수 없고 다시 만회할 수 없는 악연의 실수를 떠올리기 때문입니다.

사무엘상 15장으로 가면 사울왕이 이스라엘의 군왕의 자리에 등극한 다음에 하나님의 대리통치자로서 수행해야 할 중요한 사명을 받습니다. 그것은 아말렉을 철저하게 진멸하라는 것입니다. 사무엘상 15장 3절에서 "지금 가서 아말렉을 쳐서 그들의 모든 소유를 남기지 말고 진멸하되 남녀와 소아와 젖먹는 아이와 우양과 낙타와 나귀를 죽이라 하셨나이다" 그런데 사울왕은 아말렉을 치면서도 8절에 보면 아각왕도 죽이지 않고 이스라엘 진영으로 끌고 옵니다. 또 9절에서 기름진 것과 어린 양과 모든 좋은 것들을 남겨둡니다.

사울왕이 모조리 진멸하지 않고 아각왕과 좋은 것들을 다 끌고 온 이유가 무엇입니까? 아각왕과 기름진 어린 양과 모든 좋은 것들을 아말렉과의 전승기념축제에서 자기가 얼마나 유능한 왕인가 하는 것을 자랑거리로 삼고 과시하기 위함입니다.

그리고는 15장 25절에 와서 축사를 해 달라고 사무엘 선지자를 초대합니다. 그러자 26절에서 사무엘이 거절합니다. "사무엘이 사울에게 이르되 나는 왕과 함께 돌아가지 아니하리니 이는 왕이 여호와의 말씀을 버렸으므로 여호와께서 왕을 버려 이스라엘 왕이 되지 못하게 하셨음이니이다" 계속하여 27절에서 "사무엘이 가려고 돌아설 때에 사울이 그의 겉옷자락을 붙잡으매 찢어진지라" 사울왕이 도망가는 사무엘을 얼마나 간절히 붙잡았던지 그 겉옷자락이 찢어집니다. 사무엘 선지자의 겉옷이 찢어지고 그 속살이 드러나니 주변 사람들이 볼 때 사무엘 선지자가 술에 취한 것처럼 그 모습이 민망하고 흉측해져 버렸습니다. 빨리 사람들이 없는 곳으로 가서 옷을 갈아입든지 해야 합니다.

일이 이렇게 됐으면 사무엘을 그만 놔줘야 하지 않겠습니까? 사울왕은 사무엘 선지자를 놔주기는 커녕 얼른 자기 겉옷을 주면서 이것으로 갈아입고 삐져나온 속살을 가리라고 합니다. 이때 사무엘 선지자는 사울왕의 겉옷을 받지 않았습니다. 사울왕이 사무엘을 계속 설득합니다. "사울이 이르되 내가 범죄하였을지라도 이제 청하옵나니 내 백성의 장로들 앞과 이스라엘 앞에서 나를 높이사 나와 함께 돌아가서 내가 당신의 하나님 여호와께 경배하게 하소서 하더라"(삼상 15:30).

사울왕에게는 겉옷이 찢어져서 사람들 앞에서 속살이 드러나 체면이 구겨진 사무엘 선지자의 입장은 안중에도 없습니다. 백성들 앞에서 자기 체면을 세우는 것이 더 중요합니다. 사무엘은 하는 수 없이 너덜너덜한 겉옷을 입은 채로 사울왕을 따라갑니다. 31절에서 "이에 사무엘이 돌이켜 사울을 따라가매 사울이 여호와께 경배하니라"

사무엘 선지자가 사울왕을 따라가 그 만찬장에서 어떻게 했기에 사울이 여호와께 경배하였을까요? 사무엘이 가서 아말렉과의 전쟁에서 승리한 것을 축하한다고 축사했을까요? 그 성격상 그런 말을 할 수는 없고 아마도 이런 식의 대표기도를 했을 것입니다.

"만군의 주 여호와 하나님! 그 이름을 여호와라 하는 주님께서는 우리 조상들과 영원한 언약을 맺지 않으셨습니까? 그리고 우리에게 세상이 감당할 수 없는 크나큰 복을 약속하지 않으셨습니까? 언약의 말씀에 순종하면 복을 받을 것이요 불순종하면 저주를 받으리라고 약속하지 않으셨습니까?

그런데 이 패역한 백성들이 주님과 맺은 언약을 파기하고 주님의 말씀을 거역하였습니다. 주께서 명하신대로 아말렉을 진멸하지 않았습니다. 하나님은 살아계시건만 마치 하나님이 죽기라도 한 것처럼 주님의 말씀을 대적하고 주님을 배신하였습니다.

만군의 주 여호와 하나님! 이 백성을 불쌍히 여겨 주시옵소서. 우리를 하나님의 말씀으로 인도할 지도자가 없어서 그런 것이오니 제발 하늘로부터 심판의 불벼락을 면하게 하여 주시옵소서. 주께서 우리에게 자비를 베푸시고 이 백성에게 약속하신 모세와 같은 선지자, 하나님의 선지자를 보내주시옵소서. 우리를 참으로 하나님께로 인도할 주님의 메시아를 보내주시옵소서. 주님은 언약을 파기한 이 백성들의 마음을 돌이키시는 하나님이시나이다. 나는 이 백성들을 위하여 언약의 중보자요 선지자로서 주의 말씀을 증거하였나이다. 그러나 그 말씀이 전혀 받아들여지지 않는 패역한 이 시대를 불쌍히 여기시고 주께서 약속하신 메시아를 속히 보내주시옵소서."

그렇게 간절히 대표기도를 하고 만찬장에서 식사를 하는 둥 마는 둥 그 자리를 떠나왔습니다. 그리고 35절을 보면 "사무엘이 죽는 날까지 사울을 다시 가서 보지 아니하였다"고 합니다. 이후로 사울왕의 머릿속에 남아 있는 사무엘 선지자의 모습은 찢어진 겉옷으로 대충 속살을 가린 채 선지자로서 체면이 말이 아닌 모습으로 하나님 앞에서 간절히 기도하고 떠난 이후 다시는 만나보지 못한 안타까운 선지자였습니다.

사무엘 선지자를 그런 모습으로 기억하고 있는데 무당이 "겉옷을 입은 노인"이 올라온다고 하니 사울왕이 그만 무당 앞에서 바닥에 넙죽 엎드려버립니다. 납작 엎드려져 눈 감고 있는 사울왕의 귀에 어떤 음성이 들려오기 시작합니다. 15절에 "사무엘이 먼저 사울에게 이르되 네가 어찌하여 나를 불러 올려서 나를 성가시게 하느냐" 이 말은 죽은 사무엘의 영이 말하는 것도 아니고 귀신이 말하는 것도 아닙니다. 귀신은 이 물리적인 자연세계 안에서 공기 중에 어떤 음파를 만들어낼 수 있는 발성기관을 가지고 있지 않습니다. 신접한 무당이 영적인 차원에서 자기 내면에 충만한 귀신의 메시지를 감지하고서 자기 앞에 납작 엎드린 사울왕에게 일종의 복화술을 부리면서 말하고 있는 것입니다.

2. 악령의 속임수

귀신이 들려주는 메시지의 특징이 모두 세 가지가 있습니다. 첫째는, 귀신도 하나님에 대한 이야기를 말할 줄 안다는 것입니다. 16절부터 19절까지 문장의 주어로 여호와 하나님 아도나이가 일곱 번 등장합니다. 번역 성경에는 여섯 번이고 원문에는 일곱 번 등장합니다. 문장의 주어가 하나님이라고 해서 그 내용이 하나님의 말씀인 것은 아닙니다. 속지 말아야 합니다.

귀신의 메시지의 두 번째 특징은, 그 내용이 안타깝고 후회스러운 과거에 불과하다는 것입니다. 하나님이 네 인생을 이렇게 섭리하신다는 내용은 이미 사울왕도 온 천하도 다 알고 있는 사실들에 불과합니다. 이미 알려진 과거일 뿐입니다. 그 알려진 과거가 세 가지로 제시됩니다. 첫째는, 17절에서 아말렉을 진멸하지 않고 보기 좋은 것을 남겨 자기 명예를 과시하며 하나님의 영광을 찬탈한 죄를 범한 것은 이미 사울왕 자신도 후회하는 사실입니다. 둘째는, 하나님이 사울에게서 왕권을 빼앗아서 넘겨줄 것이라는 메시지도 예전에 사무엘 선지자로부터 직접 전해 들은 메시지였습니다. 후에 다윗이 자기를 광야 동굴에서 죽이지 않고 살려주었을 때 자신의 입으로도 고백했던 메시지입니다. 셋째는, 하나님이 자신의 왕권을 폐위하시려고 블레셋 군대를 일으켜서 국경선에 배치되고 곧 전면전이 발발하기 직전의 위기상황임 또한 이미 온 천하가 다 알고 있는 사실입니다. 이렇게 사단 마귀는 하나님의 미래를 보지 못하기 때문에 그 입에서 하는 말에는 항상 새로울 것도 없고 미래 희망도 없습니다. 결국 과거에 이미 밝혀진 메시지로 답도 없고 죽음 뿐이라는 이야기이기 때문에 듣다보면 사람이 불안해서 견딜 수가 없습니다. 이 이야기를 듣던 사울왕은 불안과 공포를 더는 감당하지 못하고 20절에서 갑자기 땅에 완전히 엎드러져버립니다. 정신적인 충격으로 제대로 서거나 앉아 있을 수가 없습니다.

사단 마귀 음성의 세 번째 특징은, 그 미래는 불확실한 미래에 불과하다는 것입니다. 19절 말씀은 무당의 신탁 중에서 유일하게 미래를 언급하는 부분입니다. "여호와께서 이스라엘을 너와 함께 블레셋 사람들의 손에 넘기시리니 내일 너와 네 아들들이 나와 함께 있으리라 여호와께서 또 이스라엘 군대를 블레셋 사람들의 손에 넘기시리라" 하지만 사단 마귀는 성령의 지혜가 없기 때문에 하나님의 미래를 잘 알 수 없습니다. 그럼에도 사람들을 속일 목적으로 자기들도 알지 못하는 미래, 부정확한 미래, 틀린 미래를 예언합니다.

미래 예언의 이야기도 세 가지가 틀렸습니다. 첫째는, 사울왕은 블레셋 사람들의 창칼에 전사한다고 하지만 실상은 스스로 자결하여 죽습니다. 다른 사람이 사울왕을 죽이기 전에 이미 그 마음 중심에서 하나님이 떠나버리고 미래 소망이 뿌리째 뽑혀버렸기 때문에 그 지옥같은 불안과 허무를 견디지 못해 자기 칼로 자결합니다. 둘째는, 틀린 부분이 19절 중간에 너와 네 아들들이 모두 죽는 것처럼 말하지만 모든 아들들이 전부 다 죽는 것이 아니라 나중에 이스보셋은 사울의 군사령관인 아브넬의 도움으로 살아남습니다. 셋째는, "너와 네 아들들이 내일 죽어서 그 혼이 나 사무엘과 함께 있으리라"고 예언하지만 사울왕의 혼이 사무엘의 혼과 같이 있을 수는 없습니다.

시골에서는 겨울철 들판에서 꿩을 잡는 방법이 있습니다. 50미터 100미터 간격으로 미리 몇 사람이 매복해 있습니다. 그러다 산 위에서나 들판에서 꿩을 쫓기 시작합니다. 꿩이 일정한 거리만큼 날아 도망가다 지쳐서 앉으면 미리 매복하고 있던 팀에서 다시 꿩을 쫓기 시작합니다. 꿩이 다시 날다 지쳐서 떨어지면 다시 그곳에 매복해 있던 팀이 일어나서 쫓습니다. 이런 일이 반복되면 나중에 꿩이 지쳐서 날지 못하고 아무 덤불이나 시궁창 같은 곳에 머리를 박고 있습니다. 지쳐서 날지 못해 그저 머리를 박으면서 꿩은 무슨 생각을 할까요? 자기 눈에 쫓아오는 사람들이 안 보이면 안전하다고 착각합니다. 이런 식으로 사고하는 사람들을 가리켜서 "손바닥으로 하늘을 가린다"고 말합니다.

3. 하나님의 인도하심?

우리는 종종 하나님의 인도를 따른다고 하면서도 자기 내면의 욕망과 말씀을 상식적으로 성취하시는 하나님의 섭리를 잘 구분하지 못하는 경우가 있습니다. 하나님의 음성을 구하고 인도를 구한다고 하지만 결국 자기가 예전에 경험했던 과거 경험과 체험, 그 과정에서 마음속에 남아 있는 자존감과 명예에 대한 기대감, 안 좋은 트라우마나 상처의 연장선상에서 하나님의 음성을 들어보려고 하는 것입니다. 그 모습이 마치 자기 마음속에 들어 있는 작은 욕망의 손바닥으로 하나님이 섭리하시는 거대한 상식의 하늘을 가리려는 모습처럼 보일 때가 있습니다.

예를 들어 건물 전세나 구매와 같은 거래를 할 때 자신이 장로나 집사이니 서로 믿고 거래수수료를 아낄 수 있게 부동산 사무소를 통해 하지 말고 직접 계약서를 작성하자고 합니다. 처음 보는 상대방이 아무런 이유 없이 호의를 베풀려고 하면 무조건 믿기보다 상식적으로 접근해야 합니다. 그런데 이를 하나님이 자기 기도에 응답하는 표적으로 간주합니다. 실상은 공짜를 좋아하는 내 욕심이 유혹의 미끼를 덥석 받아 물려고 하는 순간입니다. 유혹의 미끼 앞에서 오히려 기도 응답이라고 은근히 좋아합니다. 이렇게 유혹 받는 심리를 마귀가 가만 두지 않습니다. 사기를 당하는 원인은 상식적인 노력과 절차를 무시하고 공짜로 대박을 얻으려 하기 때문입니다. 내 개인이 거룩해지는 것이나 다른 사람을 거룩하게 이끄는 목회는 상식의 차원에서 노력하고 헌신한 만큼 보상이 주어집니다. 구원은 그저 주어지는 은혜이지만 성화는 상식의 세계에서 상식적인 헌신과 땀이 없이는 절대로 얻어지지 않습니다. 이 세상에서 무엇이든 사람들로부터 공짜를 기대하면 사기 당하기 딱 알맞습니다.

하나님의 말씀대로 진행되는 일처리는 먼저 내 안에서 이미 기도 시간에 하나님 앞에서 확인되고 또 기도 시간에 상식의 차원에서 미리 점검을 해 봅니다. 내 바깥에서 상식의 차원에서 예상했던 그대로 성취되면 나로서는 너무나도 당연한 일이고 놀랄 일도 아닙니다. 상식의 세계에서 기도하는 사람들에게는 기도가 응답되는 기적은 전혀 놀랄 일이 아니라 당연한 일입니다. 하지만 내 바깥의 파격적인 할인가격이나 아주 저렴한 계약금으로 내 마음속의 찌꺼기처럼 남아 있는 탐욕과 욕망을 자극할 때에는 그 일이 진행되는 과정에서 대체로 불안하기 마련입니다. 그 일이 성취되더라도 참으로 기적이라서 자기도 속으로 놀랍니다. 손바닥으로 하늘을 가리다가 잠시 손바닥을 치우고 햇빛이 비춰지면 당황하거나 놀랍니다. 우리가 회심하고 예수를 처음 믿을 때는 주님이 때로는 그런 비범한 사건들을 통해서도 말씀하실 수 있습니다. 하지만 우리에게 성경이 주어진 다음에는 주님은 말씀과 성령 하나님의 합리적인 추론 과정을 통해서 상식적인 방식으로 말씀하십니다.

그러나 우리가 하나님의 말씀을 간절히 구할 때 우리를 넘어뜨리려는 마귀의 속임수는 무엇입니까? 우리 과거의 욕망, 명예, 기대감을 충족시키고 싶은 욕심과 그리스도 안에서 새롭게 펼쳐 가시는 하나님의 미래 약속을 잘 구분하지 못하게 만든다는 것입니다. 하나님의 미래 약속의 말씀 안에서 하나님의 음성을 들으려면 하나님이 그리스도 안에서 펼쳐 가시는 구속사적인 미래를 잘 공부해야 합니다. 고린도후서 5장 17절의 말씀을 명심하시기 바랍니다. "그런즉 누구든지 그리스도 안에 있으면 새로운 피조물이라 이전 것은 지나갔으니 보라 새 것이 되었도다"(고후 5:17).

우리는 주 예수 그리스도 안에서 옛사람은 죽고 완전히 새로운 피조물로 새로운 삶을 살고 있습니다. 이전 것은 예전의 내 옛사람이 지배를 받았던 사망 권세를 말합니다. 사망 권세는 그리스도 안에서 더는 내게 영향력을 미치지 못합니다. 사망 권세의 영향을 받으면서 살던 옛사람은 죽어버렸기 때문입니다. 이후로 우리 내면 중심에 하나님이 주신 새생명이 탄생했습니다. 그 새사람은 예수 안에서 생명의 성령의 법의 영향을 받으면서 살아갑니다.

이전에 혹시 가족들한테 상처를 받았거나 육신적으로나 사회적으로 부당한 처우를 받았더라도 이제 그리스도 예수 안에서 과거로부터 완전히 자유로운 새사람이 되었습니다. 이제 주님이 이끄실 새로운 미래에 대한 기대감을 가지고 앞으로 나아가야 합니다.

결혼 적령기에 배우자를 찾는 분들도 하나님이 나의 한계를 뛰어 넘어 일하실 것이라는 기대감을 가지시기 바랍니다. 하나님은 분명 내 기대와 다른 방식으로 내게 새로운 배우자를 허락하실 것입니다. 연봉이 너무 적고 이런 연봉으로는 생계를 책임질 수 없다는 세상적인 기준에 사로잡혀서 주눅 들거나 의기소침해하지 마시기 바랍니다. 하나님은 분명 내 기대와 다른 방식으로 부요함과 행복으로 이끄실 것입니다. 기대감을 가지고 하나님의 새로운 인도하심을 구하시기 바랍니다.

하나님은 우리를 하나님의 말씀과 합리적인 추론을 통해서 모아지는 접점의 방향으로 인도하십니다. 이것이 하나님의 말씀과 성령 하나님의 깨닫게 하시는 은혜를 따라가는 성도의 영적 분별력입니다.

우리 성도님들에게 성령 하나님의 인도하시는 은총이 늘 함께 하시길
주님의 이름으로 간절히 축원합니다.

31

사무엘상 29장 4-10절

구원의 반전 드라마

믿음이 통하지 않을 때

신앙생활을 하다보면 내가 알고 있는 성경적인 지식들이나 믿음이 현실에서는 제대로 해답을 주지 못하는 위기상황을 만나곤 합니다. 예를 들어 '예수를 믿으면 복 받는다'거나 '하나님을 믿으면 만사형통 모든 문제와 고통이 사라진다'거나 하는 그런 믿음이 있습니다. 하지만 현실은 그 믿음대로 되지 않는 경우가 많습니다. 그럴 때에는 왜 우리 믿음이 현실적으로 통하지 않는지, 왜 해답이 해답이 되지 못하는지 그 이유를 살펴볼 필요가 있습니다.

오늘 본문 사무엘상 29장을 보면 1절에서 "블레셋 사람들이 그들의 모든 군대를 아벡에 모았고 이스라엘 사람들은 이스르엘에 있는 샘 곁에 진쳤더라"고 말씀합니다. 블레셋과 이스라엘 양쪽에 이제 국가의 사활을 건 운명적인 한판 전쟁이 곧 시작되려고 합니다. 지금 블레셋과 이스라엘 사이에 진행되는 전쟁이 더 심각한 이유가 있습니다. 그것은 다윗이 블레셋 편에 서서 이스라엘과 싸우려 하고 있습니다.

1. 불시험

다윗은 사무엘상 27장에서 사울왕의 칼을 피하고자 이스라엘을 떠나서 블레셋 땅의 아기스 왕 밑으로 정치적인 망명을 해버렸습니다. 아기스 왕의 호의로 시글락이라는 성읍을 분할받아 1년 4개월 동안 큰 은택을 입고 지냈습니다. 다윗도 1년 4개월 동안 아기스의 마음을 얻기 위해 최선을 다했습니다. 그 결과 아기스가 다윗을 자기의 호위대장으로 삼아도 충분하겠다 싶을 정도로 신임하게 되었습니다. 그러던 차에 이스라엘의 정신적인 지도자 사무엘이 사망하면서 하나님의 말씀의 권능이 이스라엘에서 미약해져가고 국운도 점차 쇠락해져갑니다.

아기스 판단에 이제 이스라엘을 완전히 끝장낼 수 있겠다 싶어서 모든 군사력을 총동원하여 이스라엘을 침공하려 하고 있습니다. 자기 밑에서 신세를 지고 있는 다윗과 400명의 군사들에게도 함께 동참할 것을 요구하였습니다. 다윗의 입장에서 아기스의 호의와 신임을 고려한다면 이번 전쟁에 나서지 않을 수 없습니다. 그렇다고 블레셋을 위해서 이스라엘과 싸울 수도 없습니다. 다윗은 원래 이스라엘의 군왕으로 기름 부음 받은 인물입니다. 이스라엘 백성들도 그를 기대하고 있습니다. 만일 다윗이 400명의 용사들과 함께 블레셋을 위해 사울왕과 그의 군사들을 무찔러주면 어떻게 됩니까? 이스라엘을 향한 다윗의 운명도 여기에서 끝나는 것입니다. 그러면 다윗은 결코 이스라엘의 군왕의 자리에 오를 수 없습니다. 그동안의 모든 수고가 물거품처럼 일순간 사라져버리고 다윗은 영원토록 아기스의 호위무사로, 사단 나라의 부하로 살아야 할 것입니다.

다윗이 어쩌다가 이 지경까지 오게 된 것입니까? 다윗의 인생이 이렇게 절박하게 꼬여버린 배경에는 먼 이유와 가까운 이유가 있습니다. 먼저 먼 이유는 다윗이 하나님 마음에 합한 사람으로 하나님에게 선택받았기 때문입니다. 하나님이 자기 마음에 합한 다윗을 선택하시고 그를 용광로에 집어넣어 단련하시고자 광야로 인도하시기 때문입니다. 사무엘상 16장 12절을 보시면 하나님은 사무엘 선지자를 보내서 다윗의 머리에 기름 부어서 그를 이스라엘의 지도자로 선택하십니다(삼상 16:12-13).

이전의 다윗은 이새의 막내아들로 들판을 돌아다니면서 한가롭게 양들을 돌보며 소소하게 살던 목동이었습니다. 목동으로 생활하는 것도 마냥 쉬운 일이 아닙니다. 늑대와 곰으로부터 양 떼를 지켜내야 합니다. 하지만 지금같은 고초와는 비할 바 못되는 한가로운 인생이었습니다.

그런데 어느 날 갑자기 하나님께서 일방적으로 찾아오셔서 다윗의 머리에 기름 부으시고 또 13절 말씀처럼 여호와의 성령으로 그를 충만하게 감동해주셨습니다. 성령이 그 마음 중심으로 들어오셔서 하나님의 말씀으로 하나님의 뜻과 마음과 생각을 불도장처럼 각인시켜 주신 것입니다. 이후 다윗은 하나님께서 자신을 블레셋의 최고 영웅 골리앗이 장악한 전쟁터로 인도하시는 것을 경험합니다. 옛날 고대 근동에서 진행되는 전쟁은 그 승패가 자기들이 믿는 신들의 능력에 달렸다고 믿었습니다. 군사들은 깃발을 앞세우고 출정하는데 그 깃발은 자기들이 믿는 신들의 표상을 나타냅니다. 지상에서 진행되는 전쟁은 결국 신들의 전쟁의 연장선상에서 진행되는 것으로 이해하였습니다. 블레셋의 거인 골리앗은 이러한 생각을 가지고 이스라엘 하나님 나라를 대적하고 쳐들어와서 살아계신 하나님을 조롱합니다. 너희가 믿는 하나님은 너희를 구원하지 못하는 무능한 하나님이라는 것입니다. 그러나 그 조롱을 듣고 있는 이스라엘 군사들의 마음에는 여호와의 영이 없어서 살아계신 여호와 하나님이 조롱당하는 것에 분노하기 보다는 그저 눈에 보이는 골리앗이 공포스럽기만 합니다.

이럴 때 다윗의 마음은 어떻습니까? 다윗의 마음에 여호와의 영이 계십니다. 다윗은 골리앗이 하나님을 조롱하는 소리를 듣지만 여호와의 성령의 음성도 함께 듣습니다. 여호와의 성령께서 자신을 조롱하는 골리앗을 향하여 거룩한 의분이 끓어 오릅니다. '저 놈이 무엇이관대 감히 거룩하신 우리 여호와 하나님과 그의 군대 이스라엘을 조롱하는가?' 골리앗이 하나님과 그의 군사들을 조롱하는 이 현실을 도저히 용납할 수 없는 거룩한 의분이 다윗의 마음속에서 불길같이 끓어 오릅니다.

그래서 다윗은 자기 마음속에 끓어 오르는 거룩한 의분을 사울왕에게 털어 놓은 것입니다. 사무엘상 17장 36절에 "주의 종이 사자와 곰도 쳤은즉 살아계시는 하나님의 군대를 모욕한 이 할례 받지 않은 블레셋 사람이리이까 그가 그 짐승의 하나와 같이 되리이다" 다윗은 마음속에 여호와의 영이 느끼는 의분대로 골리앗과 대결한 것입니다. 하나님의 거룩하신 이름이 존귀함을 받을지언정 결코 모욕을 받을 수 없다는 거룩한 의분과 열심 가운데 골리앗을 향해 달려간 것입니다.

세상적으로 보자면 다윗이 골리앗을 무찌를 수 있었던 비결은 골리앗의 과체중과 다윗의 빠른 스피드와 출중한 물맷돌 실력입니다. 골리앗은 지나치게 몸이 비대하고 과체중에 시력도 좋지 않습니다. 다윗은 몸도 가볍고 날쌔며 50미터 100미터 바깥에서도 목표물을 정확하게 가격할 수 있는 탁월한 물맷돌 실력이 있습니다. 이 때문에 골리앗을 일격에 쓰러뜨릴 수 있었습니다. 하지만 다윗이 골리앗을 무너뜨릴 수 있었던 가장 결정적인 비결은 그 마음속에 여호와의 영이 내주하고 계셨기 때문입니다. 여호와 하나님의 성령이 그 마음속에서 끓어오르는 불같은 분노를 일으키셔서 골리앗을 단번에 무너뜨려 삼킨 것입니다. 당시 고대 근동의 전쟁은 주로 심리전이 중심이고 대장이 죽으면 군사들의 사기가 무너지면서 전쟁의 승패가 결정되어 버립니다. 다윗 덕분에 이스라엘이 블레셋과의 전쟁에서 큰 승리를 거둡니다.

그런데 하나님의 성령이 거룩한 분노의 마음을 주시고 그 분노의 마음으로 골리앗을 무찔렀더니 그 다음에 사람들의 반응이 어떻게 나옵니까? 사무엘상 18절을 보면 이스라엘의 여인들이 성읍에서 뛰어나와 노래하고 춤추면서 군사들을 환영합니다. 이때 이스라엘 여인들은 "사울이 죽인 자는 천천이요 다윗은 만만이로다"라고 노래합니다. 성경을 보면 다윗은 평생에 "사울이 죽인 자는 천천이요 다윗은 만만이로다"는 이 찬사를 3번 다른 사람들에게서 전해 듣습니다. 그러면서 그 인생이 엄청난 회오리바람 속으로 빨려들어갑니다.

그 첫 번째가 골리앗을 무찌른 직후입니다. 이 사건 이전에 다윗은 목동으로서 소박하고 편안한 삶을 살았습니다. 그런데 왜 갑자기 사울의 칼을 피해다니고 블레셋으로 정치적인 망명까지 하게 됩니까? 바로 이 말 때문입니다. "사울이 죽인 자는 천천이요 다윗은 만만이로

다 한지라" 8절 말씀을 보면 "사울이 그 말에 불쾌하여 심히 노하여 이르되 다윗에게는 만만을 돌리고 내게는 천천만 돌리니 그가 더 얻을 것이 나라 말고 무엇이냐 하고 그날 후로 사울이 다윗을 주목하였더라" 그날 후로 사울이 다윗을 죽이기로 작심하게 됩니다.

결국 다윗의 인생이 이전의 편안한 목동에서 이후에 절박한 도망자 신세로 뒤바뀐 결정적인 이유와 출발점은 그가 하나님의 선택을 받았기 때문입니다. 이스라엘의 지도자로 기름 부음을 받고 그 마음 중심에 여호와의 영을 받았기 때문입니다. 하나님을 조롱하는 골리앗에 거룩한 의분을 느끼게 되고 성령의 강권하시는 간섭하심을 따라 골리앗과 대항하여 물맷돌을 던졌습니다. 골리앗을 무찌른 후 "사울이 죽인 자는 천천이요 다윗은 만만이로다" 이 한 마디 찬사로 다윗의 정체성에 꼬리표 딱지가 붙어서 그날 이후로 사울이 다윗을 죽이려고 달려들게 된 것입니다.

우리 안에 내주하시는 성령 하나님이 가지신 능력과 영광과 권세는 반드시 우리의 삶을 통해서 바깥으로 드러나게 되어 있습니다. 그렇게 드러나는 방식이 반드시 이 세상과 부딪히고 충돌하여 갈등을 일으키며 문제를 일으키게 되어 있다는 것입니다.

그래서 요한복음 15장 19절에서 주님이 말씀하십니다. "너희가 세상에 속하였으면 세상이 자기의 것을 사랑할 것이나 너희는 세상에 속한 자가 아니요 도리어 내가 너희를 세상에서 택하였기 때문에 세상이 너희를 미워하느니라"(요 15:19). 우리가 세상과 똑같다면 세상이 우리를 사랑하고 우리도 세상을 사랑할 것입니다. 하지만 우리는 세상에 속한 자들이 아닙니다. 주님이 우리를 세상으로부터 선택하여 하나님 나라로 구원하여 이끌어 내주셨습니다. 이제 우리는 세상에 속한 자들이 아닙니다. 세상이 우리를 싫어할 수밖에 없습니다.

그러므로 성도님들은 믿음의 생각과 견해나 사고방식이 세상과 충돌하고 세상 사람들이 이해하지 못하여 문제가 더욱 어려워질 때마다 이 두 가지를 기억하시기 바랍니다. 첫째는, 나는 분명 하나님의 말씀을 붙잡고 있는가 하는 것입니다. 만일 그렇다면 둘째는, 문제가 쉽게 해결되지 않고 오히려 악화하는 상황에서 절대로 겁먹지 마시기 바랍니다. 내가 뭔가 잘못을 해서 그런가 하고 의기소침하지 마시기 바랍니다. 아주 당연한 일이 일어나고 있다고 생각하시기 바랍니다. 내가 하나님을 믿고 예수를 믿는 신앙인이라는 이 진리가 우리의 고난을 없애지 못하고 오히려 더 힘든 고난의 행군으로 인도한다는 이 모순적인 진리를 믿음으로 이해하고 받아들일 수 있기를 바랍니다.

2. 정공법

이것이 물론 쉬운 일은 아닙니다. 본래 우리는 고난이 아니라 행복과 평안을 좋아하도록 창조된 존재이기 때문입니다. 그래서 신앙을 가졌다는 이유로 곧바로 고난의 행군을 감당한다는 것은 논리적으로 모순입니다. 다윗이 정말 힘든 것은 '내가 도대체 어느 나라에 속한 백성이고 누구의 통치를 받는 누구의 백성인가?' 하는 것입니다. 마음속에서는 하나님의 백성이지만 현실적으로는 사울왕의 백성인 것 같습니다. 마음속에서 생각하고 느끼고 관심과 열정이 생기고 헌신하는 원동력은 내 마음속에서 나로 하여금 힘과 용기와 능력을 공급하시는 성령 하나님입니다. 성령 하나님이 내 마음속에서 감화감동하시는 것을 생각하면 '나는 분명 살아계신 여호와 하나님 나라의 백성이구나'

하는 확신이 생깁니다. 하지만 눈에 보이는 현실 세계는 이 신앙의 원리대로 움직이는 것이 아니라 사단 마귀의 법칙대로 진행되면서 내 신앙과 자꾸만 충돌합니다. 그래서 현실 세계를 지배하는 법칙이 내 마음속에 있는 성령 하나님의 법칙보다 더 강력하게 나를 이끌어 당깁니다.

사도 바울은 로마서 7장 21절 이하에서 이렇게 탄식합니다. "그러므로 내가 한 법을 깨달았노니 곧 선을 행하기 원하는 나에게 악이 함께 있는 것이로다 내 속사람으로는 하나님의 법을 즐거워하되 내 지체 속에서 한 다른 법이 내 마음의 법과 싸워 내 지체 속에 있는 죄의 법으로 나를 사로잡는 것을 보는도다 오호라 나는 곤고한 사람이로다 이 사망의 몸에서 누가 나를 건져내랴"(롬 7:21-24). 예수를 믿더라도 우리 겉사람은 계속 하나님의 법을 거스르고 세상적인 방식을 따라 살도록 충동합니다. 하지만 우리 속사람은 우리가 하나님의 말씀에 순종하며 살도록 충동합니다. 우리 안에서 겉사람과 속사람 사이의 영적인 갈등과 고민이 계속됩니다.

다윗도 그 마음속에 여호와 하나님의 영이 살아 역사하고 계시지만 현실적으로는 사울왕의 집요하고도 끈질긴 증오심과 박해와 탄압을 감당하기가 쉽지 않습니다. 그래서 다윗은 이스라엘을 떠나 블레셋의 가드 왕에게 정치적인 망명을 2번 감행합니다. 그 첫 번째는 사무엘상 21장 10절 이하의 내용이고 두 번째는 사무엘상 27장 1절 이하의 내용입니다. 두 번째 망명의 동기는 지난 시간에 살펴보았습니다. 다윗이 사울왕을 죽일 수 있었는데도 불구하고 살려주니 사울왕도 인간적으로 감동을 받아 '나도 더는 너를 추격하지 않겠다'고 화해의 메시지를 제시합니다. 다윗이 이 말을 액면 그대로 믿었다가 사울왕의 마음이 전혀 바뀌지 않은 것에 실망하여 다시 블레셋으로 망명합니다.

첫 번째 정치적인 망명은 사무엘상 21장 10절 이하에 소개됩니다. "그날에 다윗이 사울을 두려워하여 일어나 도망하여 가드 왕 아기스에게로 가니" 다윗이 사울왕에게서 도망을 친 이유를 가리켜서 "그날에 다윗이 사울을 두려워하였기 때문이라"고 기록합니다. 이때 사울을 두려워하였다는 말의 히브리 어원은 "그의 얼굴로부터"라는 의미입니다. 본문의 문자적으로 정확한 의미는 "그날에 다윗이 사울의 얼굴로부터 일어나 도망하여 가드 왕 아기스에게로 갔다"는 의미입니다. 말하자면 다윗이 사울의 얼굴을 보면 무서운 생각이 들었다는 의미입니다.

이렇게 다윗이 사울의 얼굴을 피하여 이스라엘을 떠나 원수의 나라인 블레셋의 가드 왕으로 가면 이제 그 다음 성경 구절은 어떻게 나와야 합니까? 아기스 밑에서 편하게 살았더라. 이렇게 성경구절이 이어져야 하지 않겠습니까? 그런데 아닙니다. 정치적인 망명이 다윗에게는 전혀 해답이 되지 못합니다. 오히려 예상치 못했던 고난과 생명의 위기가 찾아옵니다. 아기스 왕의 신하들이 다윗을 가리켜서 예전에 블레셋의 최고 영웅 골리앗을 죽여 이스라엘 사람들이 "사울이 죽인 자는 천천이요 다윗은 만만"이라고 노래했던 그 당사자가 아니냐고 고발한 것입니다(삼상 21:11-12). 다윗은 이 말 때문에 사울왕의 시기심을 피하여 블레셋으로 왔습니다. 그런데 또 블레셋의 방백들이 이 말을 되뇌이면서 블레셋에서 다시금 다윗의 목숨이 경각에 처하고야 말았습니다. 죽음의 공포가 다윗을 무겁게 짓누르고 있습니다.

3. 다윗을 구원하시는 하나님

다윗 자신이 블레셋 사람들을 가장 많이 죽이고 가장 많은 피해를 끼친 원수라는 사실이 폭로되면 여기에서 살아나갈 수 없습니다. 다윗은 자신의 정체를 숨기기 위해 13절 말씀에 뇌기능이 비정상적이거나 신경이 마비된 사람처럼 침을 제대로 삼키지 못하고 수염 바깥으로 침을 흘립니다. 또 대문짝을 붙잡고 손으로 직직 긋고 그적거리면서 이상한 사람처럼 행동합니다. 다행히도 아기스가 그 모습을 보고 신하들에게 버럭 화를 냅니다. '아니 나한테 미치광이가 부족하여서 너희가 이 자를 데려다가 내 앞에서 미친 짓을 하게 하느냐?' 그리고는 다윗을 블레셋에서 쫓아내버립니다.

다윗이 1차 망명 사건에서 블레셋의 아기스 왕에게 자기 신분이 노출되서 죽을 뻔 하다가 죽음의 문턱에서 살아나올 수 있었던 비결이 두 가지 있습니다. 첫 번째 표면적인 원인은 다윗이 자기 신분을 숨기기 위해서 미친 사람 흉내를 냈기 때문입니다. 하지만 다윗이 아기스 왕에게서 살아나올 수 있었던 진실된 비결은 자신의 처세술이 아닌 구원의 능력이신 하나님 덕분이라 말씀합니다. 그러한 깨달음이 시편 34편에 기록되어 있습니다. 시편 34편의 표제를 보면 "다윗이 아비멜렉 앞에서 미친 체하다가 쫓겨나서 지은 시"라고 합니다. 여기에서 아비멜렉은 아기스 왕의 또 다른 이름입니다. "내가 여호와께 간구하매 내게 응답하시고 내 모든 두려움에서 나를 건지셨도다 그들이 주를 앙망하고 광채를 내었으니 그들의 얼굴은 부끄럽지 아니하리로다 이 곤고한 자가 부르짖으매 여호와께서 들으시고 그의 모든 환난에서 구원하셨도다"(시 34:4-6).

이 찬양의 의미는 다윗이 아기스 왕과 그 신하들 앞에서 심문을 당하고 있지만 조만간에 하나님이 자기 목숨을 완전히 건져주실 것을 철석같이 믿고 있어서 전혀 마음에 부담스럽지 않았다는 의미가 아닙니다. 오히려 지금 당장은 분명 죽음의 저주 속으로 빨려들어가는 것 같은 극심한 두려움과 공포가 밀려왔습니다. 다급한 마음에 살아남기 위하여 미친 사람 흉내라도 낸 것입니다. 하지만 오랜 시간이 지난 다음에 이 사건을 회고해 보니 깨닫는 것이 있습니다. 이 급박한 상황에서 미친 사람 흉내를 낸 것은 자신의 재치가 아니라 마음속에 내주하시는 성령 하나님의 간절한 탄식과 절박한 간구였다는 것입니다.

그래서 우리가 다윗에게 이런 질문을 던져볼 수 있습니다. '다윗 당신을 구원하신 하나님은 당신이 아기스 왕 앞에서 그렇게 극심한 죽음의 공포와 두려움을 느끼고 있을 때 어디에 계셨고 언제 당신의 인생에 찾아오셔서 당신을 어떤 방식으로 구원하셨습니까?' 이렇게 질문한다면 다윗은 분명 대답할 것입니다. '주님은 내가 아기스 왕과 그의 신하들 앞에서 죽음의 공포와 극심한 절망 속에서 침을 질질 흘리고 대문짝을 직직 긁고 있을 때 내 마음속에서 나와 함께 내 중심으로부터 성부 하나님을 향하여 구원을 간구해 주셨습니다.' 후에 이 사건을 회고하면서 시편 34편 18절에 이렇게 노래합니다. "여호와 하나님은 마음이 상한 자를 가까이 하시고 충심으로 통회하는 자를 구원하시는도다"

하나님의 자녀라는 신분이 세상을 살아가는데 방해가 될 때도 있고 거추장스러울 때도 있습니다. 내 마음대로 세상 풍습을 좇아서 살도록 하나님이 살짝 눈 감아 주시면 좋겠다는 생각을 할 때도 있습니다. 세상 풍습을 좇아서 살면 내가 더 잘 살 것 같지만 그것은 착각입니다.

구원의 반전 드라마 | 사무엘상 29장 4-10절

우리는 절대로 세상에 속해서는 하나님 나라에 속한 것보다 더 잘 살수 없습니다. 우리가 세상 속에서는 하나님 나라보다 더 잘 살 수 없기 때문에 세상에서 더 큰 고난을 당하기 마련입니다.

우리가 세상에서 고난을 당할 때 하나님은 우리를 내버려두십니까? 절대로 그렇지 않습니다. 우리 안에 거하시는 성령 하나님께서 우리와 함께 탄식하며 하늘을 향하여 간구하십니다. 그리고 우리를 전혀 예상치 못한 방향으로 인도하십니다. 당장은 그 길이 죽는 길처럼 보이고 당장은 그 길이 세상 사람들 보기에 정신 나간 사람처럼 보입니다. 하지만 나중에 사건이 해결되면서 비로소 깨닫습니다. 죽음의 길처럼 보인 그 길이 사실은 생명의 길이었노라고... 그리고 이렇게 고백할 것입니다. '내 힘으로는 도저히 선택할 수 없는 그 죽음의 길을 사실은 내 안에 내주시는 성령 하나님 덕분에 우리는 그 길을 억지로라도 선택할 수 있었노라.' 우리 안에 거하시는 성령 하나님은 고난의 순간 우리가 결코 선택할 수 없는 죽음의 길을 필연적으로 선택하도록 인도하시는 분이십니다. 죽음의 길이 아니라 사는 길이기 때문입니다. 그때는 그 길이 죽음의 길이었지만 지나고 나서 보니 그 길은 생명의 길이었음을 깨닫습니다.

4. 신자들을 구원하시는 하나님

오늘 본문도 마찬가지입니다. 다윗은 블레셋이 결코 자기가 머무를 땅이 아니라는 것을 확인했음에도 불구하고 사울왕의 창칼을 감당하는 것이 너무나도 힘들고 고통스러워 다시 두 번째로 아기스 밑으로 정치적인 망명을 감행합니다. 그 밑에서 1년 4개월 동안 나름대로 노력해서 이제 충분히 인정을 받았습니다. 그런데 블레셋과 이스라엘이 국가의 명운을 내건 마지막 전쟁에서 꼼짝없이 따라 나서야만 하는 상황이 되었습니다. 만일 다윗이 따라나서면 앞서 말씀드린 것처럼 이제 다윗의 정치적인 생명도 여기에서 끝나는 것입니다. 그동안 사울왕의 칼을 피하여 도망다니면서도 하나님의 약속의 말씀을 붙잡고 끝까지 복수하지 않았습니다. 자칫 그 모든 고생과 눈물의 수고가 물거품이 되어버릴 수도 있는 심각한 상황입니다.

이런 위기상황에서 다윗은 "내가 아기스 왕 당신을 따라서 이스라엘과의 전쟁터로 나가겠다"고 말은 합니다. 그러나 마음속으로는 얼마나 간절히 이 상황에서 벗어나기를 간구했는지 모릅니다. 다윗과는 전쟁터에 같이 갈 수 없겠다 싶은 결정을 이끌어 낼 수만 있다면 또다시 미친 사람 흉내라도 내고 싶은데... 이제는 그런다고 속아 넘어갈 상황도 아닙니다. 마음속으로 기도는 계속하지만 눈에 보이는 현실 세계에서 발걸음은 아기스 왕과 함께 이스라엘을 쳐부수러 나가고 있습니다. 이것이 저와 여러분의 무능력한 현실 모습입니다. 과거의 실수와 잘못을 계속하는데 마음속으로는 이래서는 안 될 것 같은 느낌이 듭니다. 그럼에도 불구하고 다른 해답이 없기 때문에 과거를 계속 고집할 수밖에 없습니다. 달리 답이 없습니다.

그런데 참으로 신기한 것은 해답이 전무한 다윗에게 하나님의 신기한 반전의 드라마가 다시 찾아옵니다. "사울이 죽인 자는 천천이요 다윗은 만만이로다" 이 말이 또 다시 블레세 방백들의 입에서 흘러나오고 있습니다. 다윗의 진짜 신분과 정체는 우리 편이 아니라 이스라엘 지도자라는 것입니다. 이스라엘과 싸우는 전쟁터에서 저 놈은 분명 우리를 죽일 것이기 때문에 절대 다윗과 함께 전쟁터로 갈 수 없다는 것입니다. 6절에서 아기스가 다윗을 불러서 자기 고충을 토로합니다. '나도 네가 절대로 그럴 사람이 아니라고 믿지만 방백들이 저토록 강하게 문제를 제기하고 나오니 나도 어쩔 수 없다.' 10절에 보시면 "그런즉 너는 너와 함께 온 네 주의 신하들과 더불어 사울왕의 신하들과 더불어 새벽에 일어나자마자 즉시 네가 머물던 시글락으로 돌아가라"고 합니다. 결국 다윗은 외통수 같은 위기의 덫으로부터 풀려납니다.

이 사건을 계기로 다윗의 인생에 엄청난 반전이 찾아옵니다. 이 사건 전후로 사울왕은 사망하고 다윗은 영원히 사울왕의 추격에서 풀려나게 됩니다. 마침내 다윗은 이스라엘의 군왕의 자리로 성큼 나아가는 결정적인 전기를 맞습니다.

예전에 다윗이 목동으로 지내다가 하나님의 기름 부음을 받고 여호와의 영이 강림하여 골리앗을 무찌르자 사람들이 이 말로 다윗에게 꼬리표를 달아 주었습니다. 너는 마귀 사단의 졸개가 아니라 '하나님 나라 백성'이라는 꼬리표입니다. 이 말 때문에 다윗은 사울의 박해를 받기 시작했고 고난의 행군이 시작되었습니다.

신자가 고난을 당하는 첫째 이유는 우리가 하나님의 백성으로 거듭났기 때문입니다. 하나님의 백성으로 거듭나 우리 안에 성령 하나님이 내주하셔서 그분의 능력과 역사하심으로 말미암아 우리가 신자의 정체성을 가졌기 때문에 고난이 뒤따릅니다. 다윗은 그 고난을 피하고자 블레셋으로 들어갔고 이 말 때문에 그 정체가 폭로되어서 죽을 뻔했습니다. 그러나 그 안에 역사하시는 성령 하나님의 간절한 기도와 탄식과 기지로 다시 블레셋에서 살아 나왔습니다. 하마터면 블레셋으로 들어가 사단 마귀를 위해 헌신할 수밖에 없는 인생이 될 뻔했는데 또 다시 이 말 때문에 다윗은 사단 마귀의 족쇄로부터 재차 풀려났습니다.

저와 여러분도 하나님의 백성이란 이유로 세상에서 고난을 당합니다. 그럼에도 불구하고 우리가 이 세상에서 건짐을 받을 수 있는 이유와 비결도 우리가 하나님의 백성이라는 진리 때문입니다. 이 진리, 거부할 수 없는 이 진리 덕분에 우리는 결국 세상에서 건짐을 받습니다. 이런 모순의 신비, 믿음의 신비를 온 몸으로 경험하셔서 이것이 나의 간증이라 찬양하는 성도의 특권을 누리시며 고난 중에도 믿음의 자랑이 끝없이 샘솟기를 진심으로 축원합니다.

32

사무엘상 30장 11-20절

풍성한 은혜를 증거하는 신자

선택의 갈림길에서

"인생은 b(birth)와 d(death)사이의 c(choice)다" 라는 말이 있습니다. 프랑스의 실존주의 철학자 장 폴 샤르트르가 남긴 말입니다. 인생은 b-birth, 날 때부터 d-death, 죽을 때까지 c-choice, 선택의 연속이란 의미입니다. 신자든 불신자든 이 땅을 살아가는 동안에 계속해서 중요한 선택의 순간에 직면합니다. 그 선택으로 나와 우리 가족에게 행복이 찾아오기도 하고 불행이 찾아오기도 합니다.

신자의 입장에서는 중요한 선택의 순간에 나를 향한 하나님의 정하신 뜻이 무엇인지 고민합니다. 하지만 내 미래를 향한 하나님의 선하신 뜻이 무엇인지를 잘 깨닫고 후회 없는 선택을 하는 것이 그리 쉬운 일은 아닙니다.

하나님 마음에 합한 사람

1. 난관에 봉착한 다윗

오늘 본문을 살펴보면 다윗도 마찬가지입니다. 다윗은 하나님 나라 안에서 고생하는 것보다 세상으로 도망치는 것이 편하다 싶어 블레셋 땅 아기스 왕 밑으로 두 번째 정치적인 망명의 길을 선택합니다. 첫 번째 정치적인 망명의 동기는 사무엘상 21장 10절에서 자기를 죽이려는 사울왕이 두려운 나머지 블레셋으로 망명을 선택합니다. 두 번째 망명의 동기는 사무엘상 27장에서 사울왕의 축복의 말을 크게 신뢰했다가 낙심과 실망감에 이스라엘을 포기하고 망명을 선택합니다. 아기스 왕 밑에서 1년 4개월을 지내면서 아기스 왕의 신뢰를 얻어냅니다.

그런데 이스라엘의 정신적 지주인 사무엘 선지자가 사망하면서 이스라엘의 국력이 급격히 쇠락해집니다. 블레셋의 아기스 왕은 이 틈을 노리고 이스라엘을 향하여 전면전을 준비합니다. 자기 수하에서 은택을 입고 지내던 다윗과 400명의 용사들도 전쟁에 참여할 것을 요구합니다. 다윗으로서는 거절하기 어렵습니다. 별수 없이 전쟁터로 끌려가고 있는데 블레셋의 방백들이 다윗과 함께 싸울 수 없다고 문제 제기를 합니다. 다윗은 우리 편이 아니라는 것입니다. 강력한 블레셋 방백들의 요구에 아기스는 다윗을 시글락으로 돌려보냅니다.

다윗이 천만다행으로 아기스와 작별하고 시글락으로 돌아와 보니 30장 1절 이하에 비참한 상황이 벌어졌습니다. 아말렉 사람들이 네겝 지방과 시글락을 침노하여 가옥과 지붕을 모두 불살라 폐허로 만들고 여인들을 모두 사로잡아 끌고 가버렸습니다. 다윗의 두 아내 아히노암과 아비가일도 사로잡아 가버렸습니다. 이같은 참담한 광경에 다윗의 부하들과 백성들의 마음이 뒤집어집니다. 이들은 이구동성으로 모든 문제의 원인을 다윗에게 돌립니다. 아말렉 족속들이 우리 동네에 쳐들어와서 가옥을 불사르고 우리 가족들을 다 노예로 잡아간 이 엄청난 비극의 원인은 모두 다윗 때문이라는 것입니다. 6절 말씀에 백성들이 자녀들 때문에 마음이 슬퍼서 "다윗을 돌로 치자!"고 분노하며 고함치고 있습니다.

다윗에게 매우 위급한 상황입니다. '하나님 왜 나를 지도자로 신뢰하지 않는 이런 사람들을 맡기셨습니까?' 불평해봐야 해답이 나올 수도 없는 절망적인 상황입니다. 이런 고통스런 상황에서 항상 기억하시기 바랍니다. 하나님은 절대로 우리를 대책 없는 상황에 몰아 붙여서 고난 중에 죽도록 내버려 두시는 분이 아닙니다. 고난의 상황은 그 자체로 문제가 있는 것이 아닙니다. 고난의 상황 그 자체로 우리를 죽게 할 수도 없습니다. 어떤 상황에서든 하나님은 해결의 실마리도 함께 주십니다. 고난 중에 건지시는 하나님을 믿으시기 바랍니다.

이런 절망적인 상황에서 6절 하반절 말씀에 "다윗이 크게 다급하였으나 그의 하나님 여호와를 힘입고 용기를 얻습니다." 다윗이 분노하는 백성들을 바라볼 때는 크게 다급하고 막막하여 곧 죽을 것 같습니다. 그러나 마음 중심으로부터 알 수 없는 힘과 용기와 희망이 꿈틀대는 것을 느낍니다. 여호와의 영이 담대함과 평안함을 주십니다. 다윗은 그때 이런 찬송을 불렀을 것입니다. "주 품에 품으소서 능력의 팔로 덮으소서 거친 파도 날 향해 와도 주와 함께 날아 오르리! 폭풍 가운데 나의 영혼 잠잠하게 주를 보리라!"

제가 1996년에 남아공에 유학을 갔는데 남아공 교회는 한국 교회처럼 금요기도회가 그렇게 뜨겁지 않습니다. 그저 조용히 기도하고 간단히 찬송하고 설교도 영어나 아프리칸스로 하니 제 심령이 무척 답답하였습니다. 한국어로 목청껏 기도하고 소리 높여 찬송하고 싶었습니다. 그래서 한국유학생 목사님들 대여섯 가정이 함께 모여 금요 철야기도회를 가졌습니다.

장소는 남아공 스텔렌보쉬 근처의 스텐브라스 로워 댐(Steenbras Lower Dam)이 있는 국립공원입니다. 도시에 수돗물을 공급하기 위해 댐을 건설해서 댐 안쪽에 맑은 호수가 있습니다. 댐 주변 커다란 아름드리 소나무와 잣나무가 자라는 공원 안에 통나무집 3개 정도를 빌렸습니다. 아이들은 통나무집 안에서 놀고 목사님들과 사모님들은 따로 모여 기도회를 가졌습니다. 아름드리 소나무 바로 밑에 모닥불을 피워놓고 주위에 빙 둘러 앉아 찬양하고 말씀 전하고 한참 통성기도를 하였습니다. 그런데 갑자기 눈앞이 후끈합니다. 눈을 떠보니 소나무 껍질에 붙어 있던 송진이 열기에 서서히 녹다가 소나무 밑둥부터 불타오르기 시작합니다. 무릎 높이의 불이 점차 가슴 높이로 타오릅니다. 다급한 마음에 마시려던 물통의 물을 뿌리는데 송진에 불이 붙어 꺼지지 않습니다. 사람들이 '물! 물!' 소리치다가 통나무집으로 물을 가지러 갑니다. 이제 불은 눈높이까지 치고 올라옵니다. 그때 하나님께서 번뜩 지혜를 주십니다. '바닥의 흙을 집어서 나무에 뿌려라!' 서둘러 땅바닥의 흙을 긁어모아서 송진에 붙은 불을 때렸습니다. 흙이 끈적끈적한 송진을 덮으면서 불이 꺼지기 시작합니다. 그 모습을 지켜보던 다른 목사님들도 제 행동을 따라하면서 불이 꺼졌습니다. 기적이 일어났습니다.

만일에 그날 그 소나무 하나에 붙은 불을 제때 끄지 못했더라면 어땠을까요. 세찬 밤바람에 다른 가지로 불이 옮겨 붙으면서 수십만 평의 스텐브라스 국립공원 전체를 불태웠을 것입니다. 대형 화재 사건의 주범으로 감옥에 가거나 강제 추방당했을 것입니다. 그랬더라면 아마도 제가 오늘 이 자리에 서있지 못했을 것입니다.

지금도 그때를 생각하면 정말 아찔합니다. 그 다급한 순간에 하나님께서 어쩜 그리 기가 막힌 지혜를 주셨는지 생각할수록 놀랍습니다. 분명한 것 한 가지는 주님은 자기 백성을 한 번 구원하신 후로 이 세상에서 어찌 살든 그냥 내버려 두시는 분이 절대로 아니라는 것입니다. 반드시 그 은혜의 지극히 풍성함을 오는 여러 세대에게 증거하도록 우리를 끝까지 도우십니다. 하나님은 결코 우리를 포기하지 않으십니다. 우리에게 말씀을 주시고 그 말씀을 붙잡도록 믿음을 주시며 또 그 믿음을 증언하도록 인도하십니다. 하나님은 우리 인생이 선한 목적지를 향하도록 섭리하십니다. 그런 은혜를 다시금 깨달았습니다.

2. 말씀을 찾는 다윗

다윗은 하나님의 섭리에 대한 믿음을 가지고 사람들을 진정시킵니다. 이 고난 중에서도 우리 주님은 살아계시고 우리와 함께 하시고 우리의 해답이 되십니다. 이 사건 중에도 우리 주님이 분명코 우리에게 하시는 말씀이 있습니다. 7절 말씀처럼 먼저 다윗이 아히멜렉의 아들 제사장 아비아달을 불러서 에봇을 가져오라고 명령합니다.

에봇은 구약시대 이스라엘의 제사장들이 성소에 출입하면서 백성들에게 하나님의 뜻을 전달할 때 사용하던 앞에 열두 보석이 달린 흉패입니다. 어깨띠로 가슴에 착용하고서 하나님의 뜻을 묻고 그 뜻을 사람들에게 전달할 때 사용하는 의복입니다. 제사장이 에봇을 입고 무리 가운데 나타나면 사람들은 그 모습이 곧 하나님의 능력과 영광과 권능이 자신들 가운데 강림하시는 순간으로 믿습니다. 아비아달 제사장이 에봇을 입고 사람들 앞에 나타나자 다윗을 비롯하여 모든 사람들이 그 앞에 무릎을 꿇습니다.

다윗이 간절한 마음으로 하나님께 기도하며 묻습니다. '주님 내가 이 군대를 추격하면 따라잡을 수 있습니까? 잃어버린 우리 가족들도 되찾을 수 있습니까?' 8절 하반절에 "여호와께서 그에게 대답하시되 그를 쫓아가라 네가 반드시 따라잡고 도로 찾으리라" 라는 주님의 말씀이 들려옵니다. 다윗과 그 일행은 하나님의 약속의 말씀을 믿고서 가족들을 되찾으러 길을 떠납니다.

3. 합리적인 하나님의 인도하심

다윗이 절박한 순간에 하나님의 음성을 듣는 과정을 사울왕과 비교해 보면 흥미로운 교훈을 얻을 수 있습니다. 두 사람이 하나님의 말씀을 구하는 과정을 보면 공통점과 분명한 차이점이 있습니다.

첫 번째 공통점은, 두 사람 모두 목숨이 경각에 달린 절체절명의 위기상황이라는 것입니다. 사울왕도 블레셋이 이스라엘과 전쟁을 시작하려는 마당에 하나님의 미래 뜻이 어디에 있는지 알 수 없는 답답한 상황입니다. 다윗도 가족들을 잃어버리고 그들의 생사를 알 수 없는 답답한 상황입니다.

두 번째 공통점은, 사람의 입을 통해서 전달되는 사람의 메시지라는 것입니다. 먼저 사울왕에게 전달된 메시지도 영적인 존재가 아니라 사람의 메시지였습니다. 사무엘상 28장 15절에 보면 사무엘이 사울에게 이르는 말이 아니라 신접한 여인이 죽은 사무엘의 영을 흉내 내는

풍성한 은혜를 증거하는 신자 | 사무엘상 30장 11-20절

귀신과 신접하는 중에 노인의 목소리를 복화술로 흉내를 내면서 하는 말입니다. 또 다윗에게 전달된 메시지도 마찬가지입니다. 사무엘상 30장 8절의 말도 무릎 꿇고 예배드리며 기도하던 다윗과 백성들 앞에 있던 아비아달 제사장의 입을 통해서 선포되는 말씀입니다. 즉, 사울과 다윗이 하나님의 음성을 듣는 데 공통점은 두 사람 모두 위기상황에 처해 있고 그 음성도 사람의 입을 통해서 전달되는 메시지로 하나님의 음성을 분간하여 듣는다는 것입니다.

하지만 다윗과 사울왕이 절박한 상황에서 사람의 말을 하나님의 음성으로 인정하여 받아들이는 과정에서 결정적인 차이점이 하나 있습니다. 그것은 저 사람의 말이 과연 하나님의 말씀인지 확증하고 점검하는 근거와 기준입니다. 사울은 신접한 여인의 입에서 흘러나오는 귀신의 말을 확증하고 점검할 때 자기의 선입견과 고집과 집착에 부합하는 것만을 받아들입니다.

사무엘상 28장 16절 이하 18절까지의 메시지는 이미 사울왕이나 이스라엘 백성들이 모두 다 알고 있는 과거의 상식들입니다. 첫째는 '여호와께서 너를 버리셨는데 왜 자꾸만 나를 찾느냐?'이고, 둘째는 '여호와께서 네 나라를 이미 다윗에게 넘기셨는데 왜 자꾸만 미련을 갖느냐?'하는 것입니다. 셋째는 '여호와께서 블레셋을 일으키셔서 이스라엘을 공격하려고 하는데 왜 자꾸만 나를 귀찮게 하느냐?'이며, 마지막으로 '너와 네 아들들이 모두 망할 것이다.'라는 것입니다.

이러한 네 가지 메시지에는 새로운 사실도 없고 미래 희망도 없습니다. 사단 마귀는 하나님의 마음을 감히 바라볼 수도 없고 이해할 수도 없습니다. 사단 마귀는 사랑이 없기 때문에 하나님의 독생자가 십자가에서 우리 인간을 대신하여 대속의 제물로 죽어주신 것이 결코 이해될 수 없습니다. 뿐만 아니라 사단 마귀는 하나님의 말씀이 그 백성들의 삶 속에서 성취되는 미래를 내다볼 수 없습니다. 사단 마귀가 악하니 절망적인 미래만 보일 뿐입니다. 하나님이 우리 인생 속에서 성취하실 영광스러운 미래가 보이지 않습니다.

반면에 다윗은 그 마음속에 성령 하나님이 내주하십니다. 성령께서 다윗으로 하여금 자기 미래 속에서 해답을 주시는 하나님을 바라보게 하십니다. 또 여러 정황들을 살펴볼 때 충분히 해답이 보입니다. 아말렉이 시글락을 약탈한 행동은 이전에 자기가 아말렉의 마을을 침노했을 때와 비교가 됩니다. 다윗은 사무엘상 27장 8절 이하에서 아말렉의 마을을 침략한 적이 있습니다. 그때 다윗은 아말렉 마을의 모든 사람들을 학살하였습니다. 사무엘상 27장 9절에 다윗이 그 땅을 쳐서 남녀를 살려두지 아니하고 양과 소와 나귀와 낙타와 의복을 빼앗아 가지고 돌아옵니다. 다윗이 아기스 밑에 있는 동안에 그술 사람과 기르스 사람과 아말렉 사람들을 침략하여 잔혹하게 학살했던 이유는 아기스 왕 밑에서 자신의 본래 정체를 숨기고 자신의 임무를 더욱 완벽하게 감당하기 위함입니다.

이렇게 다윗은 아말렉 마을을 침노할 때 남녀노소 모두 잔혹하게 진멸하였습니다. 하지만 아말렉 사람들이 다윗이 살던 시글락을 침공했을 때에는 마을 가옥과 지붕만 불탔고 가축과 사람들을 모두 노예로 끌고 갔습니다. 다윗과 주변 사람들로서는 우리 가족들이 어디엔가 살아있겠다는 기대감을 포기할 수 없었습니다. 또 '빨리 뒤쫓아가라 그리고 반드시 네가 되찾을 것이다'는 말이 절망보다 오히려 미래에 대한 희망을 안겨 줍니다.

이런 근거로 다윗은 아비아달 제사장의 입에서 선포되는 메시지를 하나님의 말씀으로 아멘하고 받듭니다. 이에 백성들에게 다시 선포하며 설득합니다. '하나님께서 반드시 우리 가족들을 털끝하나 손상하지 않고 온전한 모습으로 다시 되찾게 해 주신다고 약속하셨습니다.' 그러자 백성들이 다시 안심합니다.

4. 입장 차이를 조율하는 다윗

이들은 아기스 왕 밑에 있다가 풀려나서 사흘 길을 피곤하게 달려왔습니다. 그러나 더는 지체할 수 없다는 급박함으로 600명의 사람들 모두 급히 아말렉을 뒤쫓아 다시 내려갑니다. 브솔 시냇가에 도달했을 때 갑자기 200명 가량이 다윗과 동행할 수 없다고 반발합니다. 아마도 브솔 시냇물을 건너기 어려울 정도로 체력이 약하거나 노쇠한 사람들일 수 있습니다. 아말렉에게 붙잡혀 간 가족들이 없는 사람들은 목숨 걸고 아말렉과 싸우는 것이 부담스러울 수 있습니다. 어쨌든 각각 자기 입장을 생각하고 있습니다.

이럴 때 만일 여러분이 다윗이라면 어떻게 하시겠습니까? 지금 다윗과 함께 가족들을 잃어버린 사람들은 목구멍에 밥이 넘어가겠습니까? 밤에 누우면 잠이 오겠습니까? 사랑하는 가족들을 잃어버리면 사는 게 사는 게 아닙니다. 다행히 하나님의 말씀이 아히멜렉 제사장의 입을 통하여 선포됩니다. 빨리 뒤쫓아 가면 반드시 네 가족들을 모두 되찾을 수 있다는 것입니다. 600명의 추격대가 한 마음으로 달려가다가 갑자기 3분의 1 정도가 더는 못가겠다고 브솔 시냇가에 주저 앉아 버립니다. 이럴 때 만일 사울왕 같으면 어떻게 했을까요?

다윗이나 사울왕과 같은 지도자들은 여러 첩보와 정보와 뉴스, 그리고 소식들을 모아 최고의 판단과 결정을 내리는 '의사 결정의 피라미드'(decision pyramid) 정상에 서 있습니다. 지도자들 중에서 원칙과 규범, 도리와 대의명분을 중요하게 여기는 경우가 있습니다. 지도자가 결정의 피라미드 위에서 원칙과 규범만을 강하게 밀어 붙이다보면 주변 사람들이 현실적인 정보보다는 지도자 입맛에 맞는 정보만 제공해 줍니다. 지도자도 자기 입맛에 맞는 정보만 받아들이려고 합니다. 사실 지도자뿐 아니라 모든 사람들이 자기가 듣고 싶은 이야기만 듣고 삽니다. 자기 기분이 좋아지는 이야기에는 귀기울이지만 자기 입장이 허물어지는 이야기는 거부합니다.

이 점에 있어서 사울왕이 가장 대표적으로 실수를 합니다. 사울왕이 다윗을 시기질투해서 죽이려고 쫓아다닐 때 당시 이스라엘 모든 백성들이 분명하게 객관적으로 알고 있던 정보가 두 가지 있습니다. 첫째는, 사울왕도 용맹스럽지만 그의 용맹함을 천천에 비유한다면 다윗은 만만입니다. 하나님이 사울왕만 기름 부으신 것이 아니라 다윗도 기름 부으셨습니다. 그런데 사울왕은 다윗을 시기하여 죽이려고 합니다. 이런 모습은 하나님이 결코 기뻐하지 않으실 것입니다. 그래서 민심이 점차 사울왕에게서 다윗에게로 넘어가고 있습니다.

하지만 사울왕은 자기 왕권에 대한 집착과 고집이 강하여 주변 사람들이 감히 이런 사실을 똑바로 고해 올릴 수 없습니다. 사울이 좋아하지 않을 뿐더러 곧바로 죽음이 뒤따르기에 무서워서 말을 못합니다. 사울왕의 조직 속에는 다윗을 죽여야 한다는 대의명분이 강력하게 천명되고 있기 때문에 감히 이견이나 토를 달 수 없습니다. 예를 들자면 다윗이 사울왕에게서 도망 치다 중간에 놉이라는 마을에 들러 아히멜렉 제사장에게 음식을 얻어먹고 다시 도망갑니다. 이 소식이 사울왕의 귀에 들어가자 사울왕이 분노가 폭발하여 자기 호위병들에게 놉의 제사장들을 다 죽이라고 명령합니다. 군사들은 하나님의 진노가 두려워서 칼을 빼지 못하고 있는데 도엑이라는 에돔 출신 말단 신하가 나서서 85명의 제사장들을 학살합니다.

사울왕이 이렇게 광기의 끝자락까지 치닫게 되는 중요한 이유는 하나님이 나에게 주신 왕권을 지킨다는 일종의 대의명분 같은 것으로 다른 사람들의 생각이나 입장, 여론이나 민심을 깡그리 무시하기 때문입니다.

우리 남성들은 이런 말을 조심해야 합니다. "화를 낼만하니까 화를 낸다." 저도 시골의 가부장적인 집안에서 4남 중 장남으로 자라 자녀 또한 아들 셋을 키우다보니 한동안 "화를 낼만하니까 화를 낸다"는 인과율로 제가 화내는 것을 정당화하였습니다. 하지만 세 아들의 아빠 역할에 대하여 고민하는 중에 하나님께서 아비의 마음을 주셨습니다. 아비 마음의 가장 결정적인 특징이 뭘까요? 아빠는 자식들에게 어떤 상황에서든 화를 내야 할 이유가 없습니다. 무조건 사랑만을 베풀어야 한다는 것입니다. 아빠 노릇을 제대로 하는 것이 쉽지 않지만 모든 이들의 영원한 아빠이신 우리 하나님 아버지의 사랑은 무조건적인 사랑입니다.

브솔 시냇가에서 다윗은 화를 낼만한 상황을 만납니다. 하지만 다윗은 자기 입장을 다른 사람들에게 강요하지 않습니다. 다윗에게는 이 믿음이 있습니다. '지금 나는 내 개인적인 인생을 사는 것이 아니다. 내 안에 성령 하나님이 내주하시며 사단 마귀의 세력과 싸우는 여호와의 싸움을 싸우는 것이다.' 겉으로 볼 때는 이스라엘 백성들과 아말렉 백성들 사이의 전쟁입니다. 안으로는 이스라엘 백성들의 마음속에 역사하시는 성령 하나님과 아말렉 무리들의 마음속에 역사하는 악령 사이에 벌어지는 '여호와의 싸움'입니다. 이 싸움에서 마귀가 아말렉을 조종하여 가족들을 납치해가는 문제가 발생했지만 하나님의 말씀에 가족들을 반드시 되찾는다고 약속하셨습니다. 그 약속을 이루시는 분은 하나님이시지 사람의 많고 적음에 달린 문제가 아닙니다. 하나님은 마음에 성령을 받은 사람들을 통하여 일하십니다. 마음속에 성령 하나님이 역사하시면 자기 목숨도 돌보지 않고 자원하는 심령들이 일어납니다. 하나님은 그 자원하는 심령을 통해서 일하십니다. 싸움이 군사의 수의 많고 적음에 달려있지 않습니다. 다윗에게는 이러한 강력한 믿음이 있었습니다. 이 믿음 가운데 200명은 브솔 시냇가에 머무르게 하고 400명과 함께 아말렉을 쫓아서 급하게 아래로 내려갔습니다.

다윗은 하나님이 세상의 소유나 강한 권력자를 통해서 일하시지 않고 하나님 나라와 의를 구하는 사람과 그 그 믿음을 통해서 일하신다는 것을 어떻게 배웠을까요? 지금까지 살아온 세월을 통해서 배웠습니다. 말씀은 사무엘 선지자를 통해서 배웠고, 실제 연습은 들판에서 양 떼를 돌보면서 배웠으며, 양 떼를 공격하는 사자와 곰을 물맷돌로 물리치면서 배웠습니다. 그 배움은 계속 이어져 더 큰 싸움인 골리앗을 때려 눕히면서 배웠습니다. 블레셋을 물리치고 암몬을 물리치면서 거듭 배웠고 반복적으로 확인했습니다.

하나님의 말씀은 그 말씀을 받은 자의 인생 속에서 마치 기차가 달려가듯 힘차게 달려가도록 힘을 주십니다. 하나님의 말씀의 능력은 백성들의 심령 안에서 강력하게 역사합니다. 이사야 55장 10절, 11절 이하는 이렇게 설명합니다. "이는 비와 눈이 하늘로부터 내려서 그리로 되돌아가지 아니하고 땅을 적셔서 소출이 나게 하며 싹이 나게 하여 파종하는 자에게는 종자를 주며 먹는 자에게는 양식을 줌과 같이 내 입에서 나가는 말도 이와 같이 헛되이 내게로 되돌아오지 아니하고 나의 기뻐하는 뜻을 이루며 내가 보낸 일에 형통함이니라"(사 55:10-11).

하늘에서 내리는 빗물이 땅에 스며들어 모든 들판의 꽃들과 수목들 속에서 결국 풍성한 결실을 만들어냄으로써 주인되신 하나님께 영광을 돌립니다. 이처럼 하나님 나라 백성들의 심령 안에 뿌려진 하나님의 말씀은 죽어가는 인생이라도 다시 되살려냅니다. 앉은뱅이 같은 무력한 사람들을 일으켜 세워 하나님 나라의 이상을 꿈꾸며 노래하도록 합니다. 모든 불의 중에도 인내하게 하여 결국 그토록 기다렸던 하나님 나라의 영광을 목격하도록 이끄십니다.

다윗 일행이 아말렉을 쫓아 브솔 시내를 건너 계속 내려가다가 어느 들판에서 잠시 휴식을 취하고 있습니다. 무리 중 몇 사람이 들에서 애굽의 젊은 소년 한 사람이 나뒹굴어져 있는 것을 보니 행색이 초라하고 얼굴도 창백하게 말라 곧 죽을 것만 같습니다. 무리들이 불쌍하게 생각하고 일단 살려야겠다는 생각으로 다윗이 머무르는 진중으로 데리고 옵니다. 12절에 "그에게 무화과 뭉치에서 뗀 덩이 하나와 건포도 두 송이를 주었더니" 소년이 마파람에 게눈 감추듯이 허겁지겁 먹고서는 가까스로 기운을 차립니다.

지도자가 목표 지향적이고 대의명분에 집착하는 공동체라면 아랫사람들이 목적을 달성하는 일과 관계없는 사람들에게 관심과 동정을 가지는 일은 매우 어려운 일입니다. 전쟁 중에 싸움터로 나가는 길목에서 이런 사람을 만난다면 보통은 적군이 미리 매복해 놓은 첩자이거나 스파이일 수 있습니다. 전염병에 걸려서 곧 죽게 될 사람이라면 전체에 병을 옮기는 해악스런 존재일 수도 있습니다. 이런 사람을 대장에게로 데리고 가는 것은 매우 어리석은 행동이고 오히려 꾸중과 책망과 징벌을 받을 수도 있습니다. 하지만 다윗을 뒤따르는 부하들과 무리들은 다윗이 어떤 사람인지를 잘 압니다. 다윗은 자신의 다급한 입장을 다른 사람들에게 강요하는 사람이 아니라는 것을 잘 압니다. 오히려 약자를 긍휼히 여기고 불쌍히 여겨 돌봐주는 사람이라는 것을 잘 압니다. 그렇기에 매우 다급한 상황 중에서도 이 애굽 소년을 주저없이 진중으로 인도하여 대접하는 자비를 베풀 수 있었습니다. 다윗도 믿음과 인격이 훌륭한 지도자이지만 다윗을 따르는 무리들 역시 참으로 훌륭하다고 생각됩니다.

하늘에서 결정된 하나님의 뜻이 이 세상 속에서 이뤄지려면 하나님의 인격과 성품을 가진 은혜와 자비의 공동체를 통해서 이뤄집니다. 이 땅에 하나님의 뜻을 이루려면 먼저 하나님을 알아야 하고, 둘째로 우리 안에 역사하시는 성령 하나님의 인도하심으로 우리 마음을 하나님의 성품으로 바꾸어야 하며, 셋째로 우리의 삶을 통해 서로를 섬기는 사랑의 공동체를 이루어야 합니다.

애굽 소년이 정신을 차리자 13절에서 다윗이 묻습니다. "너는 누구에게 속하였으며 어디에서 왔느냐?" 소년의 신분과 정체를 묻습니다. 다윗이 자신의 목적, 즉 아말렉 군대의 위치를 파악하여 붙잡힌 가족들을 하루빨리 구출하는 데 도움이 되는 정보를 얻어내기 위해서 범인 취조하듯 심문하는 것이 아닙니다. 그저 이 애굽 소년의 형편과 처지가 딱해 보여서 무언가 도와 줄 마음으로 묻습니다.

그랬더니 이 소년이 다윗의 애끓는 심정에 불을 지피는 말을 합니다. 13절에 "나는 아말렉 사람의 종인데 사흘 전에 병이 들어서 주인이 나를 들판에 버려두고 가버렸습니다." 14절에 더욱 기가 막힌 정보는 "그 아말렉 사람들이 그렛 사람의 남방과 유다에 속한 지방과 갈렙 남방을 침노하고 마지막으로 시글락을 침노하여 불살랐습니다." 다윗의 심장이 갑자기 두근거립니다.

다급한 심정으로 다시 묻습니다. "네가 나를 그 군대로 인도해 주겠느냐?" 이때 애굽 소년은 15절에 "당신이 나를 죽이지도 아니하고 내 주인의 수중에 넘기지도 아니하겠다고 하나님의 이름으로 내게 맹세하소서"라고 대답합니다. 대의명분을 고집하는 지도자의 입장에서 이런 말은 어떻게 들리겠습니까? 매우 이기적인 욕심에 가득 찬 말처럼 들릴 수 있습니다. 이 애굽 소년은 지금 자기 한 목숨건질 것만을 걱정하고 있는 것입니다. 지도자의 입장에서 볼 때는 정말 작은 고민처럼 들릴 수 있습니다. 지금 모든 사람들이 '앞으로 어떻게 아말렉과 전쟁을 해서 잃어버린 수많은 가족들의 목숨을 무사히 구해낼 수 있을까?' 이런 걱정을 하고 있는데 소년은 겨우 자기 한 목숨에만 급급하고 있습니다.

하지만 다윗은 애굽 소년의 걱정을 무시하지 않습니다. 대의명분과 원칙에 관심이 없다 책망하지 않습니다. 오히려 일개 소년의 고민을 이해하고 해결해 줍니다. 내가 반드시 네 목숨을 지켜 주겠다고 하나님의 이름을 걸고 맹세합니다. 다윗이 나서서 아랫사람의 목숨을 보장해 주고 그 안녕을 보장해 주자 그처럼 볼품없는 애굽 소년이 다윗을 아말렉 사람들의 본거지로 인도하였습니다. 이 때문에 다윗의 군사들이 아말렉의 본거지를 기습적으로 공격해서 잃어버린 가족들을 모두 되찾을 수 있었습니다. 생각도 못한 대반전이 일어난 것입니다.

하나님의 뜻이 이 세상 속에서 이뤄지는 일은 사람의 눈에는 감추어

하나님 마음에 합한 사람

져 있습니다. 성령 하나님이 우리 안에서 하시는 일은 세상의 눈으로는 잘 이해할 수 없습니다. 잠언 25장 2절 말씀입니다. "일을 숨기는 것은 하나님의 영화요 일을 살피는 것은 왕의 영화니라" 우리가 하나님의 성령의 조명하심을 따른 하나님의 필연과 사람들의 우연한 선행 사이의 인과관계를 논리적으로 따져본다면 전도서 11장 1절의 말씀입니다. "너는 네 떡을 물 위에 던져라 여러 날 후에 도로 찾으리라" 떡을 물 위에 던지는 행동은 어떤 기대나 조건 없이 자선을 베푸는 것입니다. 그러다보면 반드시 백배 천배 하늘의 신령한 은혜로 되갚음을 받게 되리라는 말씀입니다.

'자선을 많이 베풀면 천국 간다!'는 것을 말씀드리는 것이 아닙니다. 하나님이 이미 우리에게 베푸신 은혜와 앞으로 내 인생 속에서 반드시 이루실 하나님의 약속을 믿는다면 그 목적과 당장 관계없어 보이는 주변 사람들에 대한 자비와 선행을 조금씩 실천할 수 있다는 말씀입니다. 이 믿음을 가지고 하나님의 뜻이 우리의 삶을 통해서 이뤄지는 영광스러운 삶에 동참하실 수 있기를 바랍니다.

33

사무엘상 30장 1-25절

하나님 마음에 합한 사람[18]

우리 모든 신자들은 '다윗은 하나님의 마음에 합한 사람'이라는 이야기를 많이 들어왔습니다. 그리고 다윗을 본받아 하나님의 마음에 합한 사람이 되기를 원합니다. 오늘 본문의 말씀을 통해서 과연 하나님의 마음에 합한 사람의 모습은 어떠한지에 대해 함께 살펴보고자 합니다.

1. 말씀에서 시작하라

하나님의 마음에 합한 사람은 어떤 문제가 찾아왔을 때 세상적인 방식이 아니라 하나님의 마음을 기준삼고자 늘 하나님의 말씀을 찾는 사람입니다. 다윗이 군사들과 함께 시글락의 거처를 잠시 떠나 있는 동안에 아말렉 사람들이 시글락 마을을 침략했습니다. 가옥들을 모두 불태우고 다윗과 부하들의 가족들 모두를 잡아갔습니다. 3절을 보시면 다윗과 군사들이 마을에 도착해보니 성읍이 불탔고 아내와 자녀들이 사로잡혔습니다. 4절에 다윗과 그와 함께 한 백성이 울 기력이 없도록 소리를 높여 울었습니다. 한참을 통곡하며 운 다음에 6절을 보시면 "백성들이 자녀들 때문에 마음이 슬퍼서 다윗을 돌로 치자"고 합니다. 다윗과 함께 하던 사람들에게 심각한 문제가 발생하자 이 모든 문제의 일차적인 책임을 무리의 지도자인 다윗에게 전가하면서 그를 돌로 쳐죽이려고 합니다.

분노와 절망에 자기를 죽이려고 달려드는 주위 사람들을 다윗은 이렇게 다독거렸을 것입니다. '여러분! 제 불찰로 인하여 이런 심각한 문제가 발생한 것을 용서하시기 바랍니다. 이 문제의 책임을 지고 내가 죽음의 심판을 받아서 해결될 수만 있다면 당장이라도 내 목숨을 내놓겠습니다. 하지만 지금 중요한 것은 한시라도 빨리 우리 가족들을 되찾는 일입니다. 아직 우리 가족들이 목숨을 잃었다는 증거는 발견되고 있지 않습니다. 어디엔가 아직 살아 있다는 희망을 버리지 마시기 바랍니다. 그러니 우리 주님의 말씀을 먼저 들어보시기 바랍니다.'

다윗은 그렇게 호소하면서 7절에 보시면 아비아달 제사장에게 에봇을 가져올 것을 부탁했습니다. 에봇은 구약시대 이스라엘의 제사장들이 성소에 출입하면서 백성들에게 하나님의 뜻을 전달할 때 사용하던 앞에 열두 보석이 달린 흉패입니다. 이를 어깨띠로 착용하고 나타나서 하나님의 뜻을 묻고 그 뜻을 사람들에게 전달할 때 사용하는 의복입니다. 제사장이 에봇을 입고 무리 가운데 나타나면 사람들은 그 모습이 곧 하나님의 능력과 영광과 권능이 자신들 가운데 강림하시는 순간으로 믿습니다. 아비아달 제사장이 에봇을 입고 사람들 앞에 나타나자 다윗을 비롯한 모든 사람들이 그 앞에 무릎을 꿇습니다.

그리고 대표자인 다윗이 간절한 마음으로 하나님께 기도하며 묻습니다. "주님 내가 이 군대를 추격하면 따라잡을 수 있습니까? 잃어버린 우리 가족들도 되찾을 수 있습니까?" 주님의 말씀이 8절 하반절에 "여호와께서 그에게 대답하시되 그를 쫓아가라 네가 반드시 따라잡고 도로 찾으리라" 라고 들려옵니다.

2. 영적인 분별력을 발휘하라

하나님의 마음에 합한 사람은 둘째로, 영적인 분별력을 사용할 줄 아는 사람입니다. 8절 본문만 보면 다윗과 여호와 하나님 사이에 직접적인 대화가 진행된 것처럼 보입니다. 하지만 이 대화는 에봇을 입은 아비아달 제사장과 다윗 일행이 함께 하나님께 예배를 드리는 중에 제사장과 다윗 일행 사이에 오간 대화를 정리한 것입니다. 이는 마치 오늘날 우리 성도들이 하나님께 기도하면 그 문제에 대한 하나님의 해답의 말씀이 담임 목사님의 설교를 통하여 전달되는 것과 비슷합니다.

다윗이 백성들과 함께 에봇을 입은 제사장 앞에 무릎을 꿇고 하늘을 향하여 손을 뻗어 간절히 하나님께 질문했습니다. "우리가 이 군대를 추격하면 따라잡을 수 있겠습니까?" 그랬더니 아비아달 제사장이 에봇을 입고 하나님의 뜻을 대신 전하는 것입니다. "그를 당장 쫓아가라. 그리하면 네가 반드시 따라잡고 도로 찾을 것이다."

다윗이 에봇을 입은 아비아달 제사장의 입에서 나오는 메시지를 하나님의 말씀으로 믿고 받아들인 데에는 중요한 이유가 있습니다. 아비아달 제사장이 선포하는 메시지가 다윗과 백성들이 직면한 절박한 상황의 문제를 해결하는 데 타당하고 설득력 있게 들리기 때문입니다.

다윗과 함께 했던 사람들과 군사들은 가옥들이 불타고 사랑하는 가족들의 모습이 보이지 않자 모두 약탈꾼들에 의하여 목숨을 잃어버린 줄 착각했습니다. 그 책임을 지도자 다윗에게 물어서 다윗을 돌로 쳐서 죽이려고 달려들었습니다. 그런 급박한 상황에서 다윗은 침착하게 지금 진행되는 사태를 좀 더 거시적인 시각으로 바라보았습니다. 가족들의 시체가 없는 것을 볼 때 어디엔가 가족들이 아직 살아 있다는 것입니다. 만일 가족들을 죽이지 않고 끌고 갔다면 애굽과 앗수르 사이를 오가는 무역상들에게 '노예로 팔 수도 있겠다!' 싶은 것입니다. 게다가 하나님의 말씀도 적군을 추격하여 따라잡고 가족들까지 되찾을 수 있다고 말씀하십니다.

영적인 분별력의 핵심은 하나님의 말씀이 지시하는 방향과 주변의 상황에 관한 이성적인 판단이 가리키는 방향이 서로 일치하는 것입니다. 다윗은 그러한 영적 분별력으로 하나님의 말씀과 주변 상황에 관한 이성적인 판단이 서로 일치하는 방향에 하나님의 인도하심이 함께하고 있다는 확신을 가지고 백성들을 설득하기 시작했습니다.

3. 관계지향성

하나님의 마음에 합한 사람은 셋째로, 과업을 해결하는 능력이나 실적보다는 사람들과의 인격적인 신뢰 관계를 더 중요하게 여깁니다. 다윗은 600명의 사람들과 급하게 아말렉을 뒤쫓아 다시 내려갑니다. 브솔 시냇가에 도달했을 때 갑자기 200명 가량은 더는 다윗과 동행할 수 없다고 반발합니다. 대략 3분의 1 정도가 반발하는 것입니다. 아마도 이들은 무거운 물건을 운반하는 중이거나 체력이 약하거나 나이가 많거나 아니면 가족들이 없는 사람들이거나 나름대로 브솔 시내를 건너기 어려운 이유가 있을 것입니다.

일을 진행하다보면 전체 책임을 지는 지도자와 팀원들 사이의 입장 차이가 발생할 수 있습니다. 전체 책임을 지는 다윗의 입장에서 3분의 1이나 되는 부하들이 더는 같이 갈 수 없다고 나오면 어떤 생각이 들겠습니까? 아마도 사울왕 같은 독재자의 입장에서 가장 두려운 것이 있다면 뒤따르는 부하들이 자신의 리더십에 반발하는 것입니다. 세상의 지도자로서는 이것이 가장 두렵습니다.

임진왜란 때 우리 조선군들의 군사력이 약하고 일본군의 조총이 두려워서 어떤 군사들은 도망을 하기도 했습니다. 그러면 지휘관은 도망한 병사들을 끝까지 추격해서 군영으로 끌고 와 목을 벤 다음에 모든 사람들이 잘 볼 수 있도록 거리에 내걸었습니다.

사울왕 같은 독재자라면 200명이 브솔 시내를 함께 못 건너겠다고 하면 이는 자신의 왕권에 대한 반역이고 자신의 통솔력에 대한 집단적인 항명입니다. 이렇게 일부가 반발하면 앞으로 나머지 400명의 헌신도 장담할 수 없습니다. 이럴 경우에 지도자는 일부의 항명이 다른 사람들에게로 전염되지 않도록 차단해야 합니다. 그래서 사울왕이라면 400명의 군사들을 명령해서 반역하는 200명을 모조리 학살하도록 했을 것입니다. 그렇게 하는 것만이 원하는 목적을 달성하는 최선의 방법처럼 보입니다.

하지만 다윗은 브솔 시냇가에 남겠다는 200명의 요청을 들어주었습니다. 왜 그렇습니까? 문제 해결의 열쇠는 사람들의 숫자에 달린 것이 아니라 하나님께 달렸기 때문입니다. 이는 일의 성패의 열쇠는 하나님에 대한 분명한 믿음을 가지고 헌신하는 몇 사람에게 달렸다는

하나님 마음에 합한 사람

것입니다. 그 믿음 안에서 서로가 한 마음을 품지 않고서는 아무리 많은 숫자가 따라온다고 해도 소용 없습니다. 다윗은 마음에 믿음의 여유를 가지고 200명의 요청대로 브솔 시냇가에 남도록 허락해 주었습니다.

4. 절차적 공의

하나님의 마음에 합한 사람은 넷째로, 결과보다는 과정을 더 중요하게 생각합니다. 11절을 보시면 "무리가 들에서 애굽 사람 하나를 만나 그를 다윗에게로 데려다가 떡을 주어 먹게 하고 물을 마시게 합니다." 다윗 일행이 아말렉을 쫓아서 브솔 시내를 건너 계속 내려가다가 어느 들판에서 잠시 휴식을 취하고 있습니다.

그러다 무리 중의 몇 사람이 애굽의 한 젊은 소년이 나뒹굴어져 있는 것을 발견합니다. 자세히 살펴보니 행색이 초라하고 얼굴도 창백하게 말라서 곧 죽을 것만 같습니다. 무리들이 불쌍하게 생각해서 다윗의 진중으로 데리고 옵니다. 12절에 "그에게 무화과 뭉치에서 뗀 덩이 하나와 건포도 두 송이를 주었더니" 이 소년이 정말로 마파람에 게 눈 감추듯이 허겁지겁 먹고서는 가까스로 기운을 차립니다.

지도자가 목표지향적이고 대의명분에 강한 공동체라면 이렇게 공동체의 목적과 관계없어 보이는 사람들에게 관심과 동정을 가지는 일은 매우 어려운 일입니다. 싸움터로 나가는 길목에서 이런 사람들은 보통 매복하고 있던 첩자일 수 있습니다. 전염병에 걸려 곧 죽게 될 사람이라면 공동체 전체에 전염병을 퍼뜨릴 수도 있습니다. 이런 사람을 대장에게 데리고 가는 것은 매우 어리석은 행동이고 오히려 꾸중과 징계를 받을 수도 있습니다.

하지만 다윗을 뒤따르는 무리들은 다윗이 어떤 사람인지 잘 압니다. 다윗은 자신의 다급한 입장을 다른 사람들에게 강요하는 사람이 아닙니다. 오히려 약자를 긍휼히 여기고 그들의 형편과 처지를 불쌍히 여겨 돌봐주는 사람입니다. 지금 처한 상황이 매우 다급한 상황이지만 보잘것없어 보이는 이 애굽 소년도 자비가 필요합니다. 그래서 주저없이 이 소년을 진중으로 인도하여 대접해 줄 수 있었습니다.

5. 한 영혼이 천하보다 소중하다

하나님의 마음에 합한 사람은 다섯째로, 한 영혼을 천하보다 더 귀하게 여길 줄 아는 사람입니다. 이 소년이 정신을 차리자 13절에서 다윗이 묻습니다. "너는 누구에게 속하였으며 어디에서 왔느냐?" 신분과 소속과 정체를 묻습니다. 다윗이 자신의 목적을 위해 어떤 정보를 얻어내고자 취조하는 것이 아닙니다. 그저 이 애굽 소년의 형편과 처지가 딱해 보여 돕고 싶은 마음으로 살피는 것입니다.

그랬더니 소년이 다윗의 애끓는 심정에 불을 지피는 말을 합니다. 13절에 "나는 아말렉 사람의 종인데 사흘 전에 병이 들어서 주인이 나를 들판에 버려두고 가버렸습니다." 그리고 14절에 더욱 기가 막힌 정보는 "그 아말렉 사람들이 그렛 사람의 남방과 유다에 속한 지방과 갈렙 남방을 침노하고 마지막으로 시글락을 침노하여 불살랐습니다." 이 말을 들은 다윗의 심장이 갑자기 두근거립니다. 다급한 심정으로 다시 묻습니다. "네가 나를 그 군대로 인도해 주겠느냐?" 우리가 바로 시글락에 사는 사람들인데 아말렉에게 약탈을 당해 가족들 모두 끌려갔으니 가족들 되찾는 것을 좀 도와 달라는 것입니다.

이때 애굽 소년이 대답합니다. 15절에 "당신이 나를 죽이지도 아니하고 내 주인의 수중에 넘기지도 아니하겠다고 하나님의 이름으로 내게 맹세하소서" 대의명분을 고집하는 지도자라면 이런 말이 어떻게 들리겠습니까? 자신만을 생각하는 이기적인 답변으로 들렸을 것입니다. 그러나 이 애굽 소년의 입장에서는 스파이로 몰려 죽임을 당할 수도 있고 무슨 일을 당할지 알 수 없기에 자신의 안전에 대한 염려로 가득할 수밖에 없습니다. 사회적인 약자들의 마음을 제대로 이해하지 못하는 지도자라면 이들의 고민이 와닿지 않을 것입니다. 수많은 가족들의 목숨이 달려 있는 대의 앞에서 고작 자기 한 목숨 건질 생각만 하냐고 분노할 수 있습니다.

하지만 다윗은 애굽 소년의 걱정을 무시하거나 책망하지 않습니다. 오히려 애굽소년의 고민을 잘 이해하고 위로해줍니다. "내가 우리 가족들을 제대로 찾지 못하더라도 네 목숨만큼은 반드시 지켜 주겠다." 하나님의 이름을 걸고 맹세합니다. 다윗이 나서서 목숨과 안녕을 보장해 주자 그처럼 볼품없는 애굽 소년이 다윗을 아말렉 사람들의 본거지로 인도하였습니다. 그리고 기습적으로 아말렉의 본거지를 공격하여 결국 잃어버린 가족들을 모두 되찾을 수 있었습니다.

6. 거시적인 목표와 세부적인 전략

하나님의 마음에 합한 사람은 여섯째로, 문제를 해결하는 과정에서 전체적인 진행 과정을 미리 예상하고 현실적인 전략을 구사할 줄 아는 사람입니다. 아말렉 사람들은 블레셋 사람들의 땅과 또 유다 땅에

하나님 마음에 합한 사람 | 사무엘상 30장 1-25절

서 크게 약탈한 후 그들의 본거지에서 먹고 마시고 춤추며 승전을 즐기고 있었습니다. 17절 상반절은 양측 사이의 전쟁이 새벽부터 이튿날 저녁까지 만 2일 동안 진행되었음을 서술합니다. 하반절은 그 전쟁의 결과로 아말렉 사람들 400명이 낙타를 타고 도망했습니다. 18절에 보시면 아말렉 사람들이 빼앗아 갔던 모든 것을 도로 되찾고 모든 가족들을 무사히 되찾았을 뿐만 아니라 20절에 보시면 양 떼와 소 떼까지 모두 되찾았습니다. 전쟁이 끝났을 때 아말렉 사람들 400명이 낙타를 타고 도망을 갔습니다.

다윗의 군사들도 400명 정도니 만일 정면으로 대결했더라면 아마도 아멜렉의 군사들은 다윗 일행의 가족들을 죽이겠다고 위협하면서 다윗 일행까지 체포하거나 몰살시켰을 수도 있습니다. 하지만 아말렉 사람들이 다윗 일행의 가족들을 그대로 해치지 않은 것을 보면 아마도 아말렉 사람들은 지금 자신들을 공격하는 무리의 정체가 이스라엘 사람들인 것을 제대로 인지하지 못했던 것 같습니다.

양측의 전쟁이 2일 동안 진행된 것을 보면 400명 모두의 전세를 전부 노출시키는 전면전은 아니었을 것으로 추측됩니다. 아마도 이스라엘 군사들 일부가 먼저 아말렉 진영으로 가서 전투를 유인하여 아말렉 군사들에게 승리의 자신감을 자극했을 것입니다. 그런 후 이들을 바깥으로 끌어내서 매복해 있던 나머지 군사들이 도륙하는 방식을 취했을 것입니다. 다윗이 아말렉과의 전투에서 군사력이 열세임에도 가족들과 모든 양 떼와 소 떼를 되찾을 수 있었던 비결은 그가 지도자로서 아말렉과의 전투의 전체 진행 과정을 미리 예상하고 현실적인 전략을 취했기 때문입니다.

하나님과 우리 사람들의 차이점은 하나님은 전체를 바라보시지만

하나님 마음에 합한 사람

우리는 특정한 시점이나 순간에 집착하기 쉽습니다. 하지만 주님과 동행하며 성령이 충만한 가운데 전체적인 시각을 가져야 합니다. 전체적인 관점으로 현재 내 위치와 상황을 파악하고 현재 상황에서 나와 다른 사람들이 함께 협력하여 해결하기 위한 효과적인 방법을 고민해야 합니다.

7. 공의가 강물처럼

마지막으로, 하나님의 마음에 합한 사람은 하나님의 말씀의 원칙을 자신뿐만 아니라 다른 사람들도 함께 지키도록 규칙을 정하고 지속적인 시스템으로 정착시킬 줄 아는 사람입니다. 다윗이 아말렉과의 전투에서 얻은 전리품을 균등분배한 후 한 가지 문제가 남았습니다. 전리품을 균등분배한 이유는 승리의 궁극적인 원인이 사람이 아니라 하나님께서 승리를 주시고 하나님께서 행복을 가져다 주셨기 때문입니다. 그 믿음을 균등분배로 표현한 것입니다. 문제는 '다윗 이후의 다음 세대 이스라엘 백성들에게 이 믿음을 어떻게 계속 물려줄 수 있을까' 하는 것입니다.

이 문제를 해결하기 위하여 다윗은 25절에 균등분배의 원칙을 항구적인 율례와 규례로 규정하였습니다. "그날부터 다윗은 이것으로 이스라엘의 율례와 규례를 삼았더니 오늘까지 이르니라" 율례와 규례의 원어는 "호크"와 "미슈파트"로 법령과 조례, 규정을 가리킵니다. 전쟁에서 전리품을 얻으면 항상 모든 군사들이 균등하게 분배하는 것을 대대로 지켜야 할 규칙으로 제정한 것입니다. 이를 통해 다윗은 자신의 신앙이 후세대에게도 계속 지켜질 수 있도록 믿음의 시스템을 정착시켰습니다.

이상으로 다윗이 아말렉과의 전투를 승리로 이끌어가는 과정을 살펴보면서 다음 일곱가지 하나님의 마음에 합한 사람의 모습을 살펴보았습니다.

하나님의 마음에 합한 사람 첫째는, 어떤 문제가 발생했을 때 그 문제를 세상적인 방식이 아닌 하나님의 관점에서 해결하고자 늘 하나님의 말씀을 구하는 사람입니다.

둘째로, 영적인 분별력을 제대로 사용할 줄 아는 사람입니다.

셋째로, 과업을 해결하는 능력보다 사람들과의 인격적인 신뢰 관계를 더 중요하게 여기는 사람입니다.

넷째로, 결과보다 결과에 도달하는 과정을 더 중요하게 여기는 사람입니다.

다섯째로, 한 영혼을 천하보다 더 귀하게 여길 줄 아는 사람입니다.

여섯째로, 문제를 해결하는 과정에서 전체적인 진행 과정을 미리 예상하고 그 전체적인 진행 과정에 맞게 현실적인 전략을 구사할 줄 아는 사람입니다.

일곱째로, 하나님의 말씀을 자기뿐 아니라 다른 사람들과 함께 지키도록 공동체 안에 항구적인 원칙을 시스템으로 정착시킬 줄 아는 사람입니다.

이 모든 특징을 완벽하게 실현한 한 분이 계십니다. 그분은 바로 우리의 왕이시요 구세주이신 예수 그리스도이십니다. 다윗의 모범이 사무엘서에 기록된 이유는 두 가지 때문입니다. 첫째는, 다윗은 이 특징을 완벽하게 구현하는 예수 그리스도를 예표하는 인생이었음을 우리에게 알려주기 위함입니다. 둘째는, 예수를 믿는 사람들에게 신앙생활

속에서 모범을 보이신 예수 그리스도의 뒤를 따라가도록 동기를 부여하기 위함입니다.

우리 앞서 나아가시며 모든 사단 마귀의 권세를 무찌르시고 우리에게 승리를 허락하시는 '우리 주 예수님'을 바라보며 담대하게 영적 전투에서 늘 승리의 삶을 살아가시길 주님의 이름으로 축원합니다.

뿌린 대로 거둔다

하나님의 공의는 살아 있는가?

명심보감 천명편에 이런 글귀가 나옵니다. "종과득과(種瓜得瓜)요 종두
득두(種豆得豆)니 천망(天網)이 회회(恢恢)하나 소이불루(疎而不漏)니라." 오
이씨를 심으면 오이를 얻고 콩을 심으면 반드시 콩을 얻습니다. 천망
(天網)은 하늘의 그물을 의미하는데 이 천망이 아주 넓어서 결코 빠져
나가거나 새는 일이 없이 다 걸리게 되어 있다는 뜻입니다. 동양철학
에서는 물론 하나님을 믿지 않지만 천망, 즉 하늘의 그물을 좀 살펴보
고자 합니다. 그물은 날줄과 씨줄로 짜여집니다. 날줄은 위에서 아래
로 흘러내리는 줄입니다. 씨줄은 가로로 걸쳐지는 줄입니다. 날줄이
하늘의 도리라면 씨줄은 도리에 맞게 살아가는 우리의 삶입니다. 날
줄과 씨줄이 합쳐져 아름다운 비단이 만들어지듯이 우리가 날줄의 하
나님의 말씀을 깨닫고 씨줄의 순종하는 삶을 살아갈 때 지금 이곳에

서 천국을 경험할 수 있습니다.

문제는 우리가 하루하루 살아갈 때 하늘의 그물이 눈에 보이지 않아 하늘의 도리를 무시한다는 것입니다. 강한 자가 오히려 약자를 짓밟습니다. 권세와 권력이 힘 없는 자를 억누릅니다. 고아와 과부같은 사회적 약자가 마땅히 받아야 할 도움과 보호가 베풀어지지 않습니다. 정말이지 이 세상에서는 천망, 하늘의 그물이 너무나 넓게만 보입니다. 하늘의 그물이 너무 넓어서 아예 하늘의 경륜(經綸, administration), 천륜(天綸)이란 것이 잘 보이지 않는 듯 합니다.

1. 사울왕의 최후

오늘 사무엘상 31장 마지막 장을 보면 사울의 눈에는 하나님이 보이지 않고 그분의 섭리가 보이지 않습니다. 다만 자신이 목숨을 걸고 지켜야 하는 왕권만이 보일 뿐입니다. 그 왕권을 탐내는 다윗에 대한 증오심만이 가득 끓어오를 뿐입니다. 자기 왕권을 위협하는 블레셋 군사들만이 걱정스러울 뿐입니다. 사무엘상 29장 1절을 보시면 두 나라가 이스라엘 북쪽에 이스르엘 평야에서 대치하다 전투가 시작됩니다. 그리고 사무엘상 31장 1절을 보시면 "블레셋 사람들이 이스라엘을 치매 이스라엘 사람들이 블레셋 사람들 앞에서 도망하여 길보아 산에서 엎드러져 죽으니라" 계속해서 3절을 보시면 "사울이 패전하매 활 쏘는 자가 따라잡으니 사울이 그 활쏘는 자에게 중상을 입은지라"

옛날 전쟁에서 가장 중요한 목표는 적군의 왕이나 장군을 먼저 생포하거나 죽이는 것입니다. 대장을 잡으면 전쟁을 마무리 지을 수 있습니다. 블레셋 군사들이 집요하게 사울왕과 아들들을 추격해서 먼저 2

절 말씀처럼 아들들인 요나단과 아비나답과 말기수아를 죽입니다. 사울도 블레셋 군사들에게 화살을 맞아 치명적인 부상을 입습니다. 4절을 보시면 중상을 입고 계속 도망가는 사울왕이 이제 자신의 최후가 얼마 남지 않음을 느낍니다. 자기를 보좌하는 호위무사에게 부탁을 합니다. 4절 상반절에 "그가 무기를 든 자에게 이르되 네 칼을 빼어 그것으로 나를 찌르라 할례 받지 않은 자들이 와서 나를 찌르고 모욕할까 두려워하노라"

지금 사울왕은 블레셋 군사들이 칼로 자신을 찌를 것이 걱정이고 그들이 자기를 모욕할 것이 걱정입니다. 자기를 산 채로 잡아서 모든 블레셋 백성들이 모인 곳에서 자기를 모욕할 것이 걱정입니다.

블레셋 군사들이 중상을 입은 사울왕을 발견하면 그 즉시 사울왕을 칼로 죽일까요? 아니면 생포해서 아기스왕에게로 데려갈까요? 사울왕은 지금 블레셋의 군사들에게 반항할 힘도 없습니다. 중상이 심해 오래 살기도 어렵습니다. 블레셋의 입장에서는 사울왕을 급히 죽여야 할 이유도 없습니다. 중상을 입은 사울의 목을 바로 베기보다는 오히려 생포하여 아기스왕에게 데려가는 것이 훨씬 좋습니다. 죽은 사울보다는 살아 붙잡힌 사울이 더 가치 있기 때문입니다. 생포한 사울왕을 블레셋으로 끌고 가 모욕하고 사울왕의 목숨을 담보로 이스라엘 전체의 복종을 요구하며 블레셋의 수많은 백성들이 환호하는 순간에 처형하는 것이 훨씬 효과적입니다.

하지만 사울왕은 블레셋의 입장에서 자신을 보지 못하고 그저 중상을 입은 자신의 입장에서 봅니다. 먼저 드는 걱정이 블레셋 군사들이 자기를 칼로 찔러 죽이는 것입니다. 그리고 자기를 많은 사람들 앞에서 모욕할 것을 걱정합니다. 사울왕은 목숨이 경각에 달린 위급한 상황에서도 대체 무엇이 우선순위인지 제대로 분간하지 못합니다.

사람의 시야가 좁아지는 이유는 다급한 문제가 발생했기 때문이기도 합니다. 사울왕은 블레셋의 군사들이 자기를 발견하자마자 당장 칼로 찌를 것을 걱정합니다. 한 나라의 왕의 시야가 개인의 목숨만을 생각하며 이기적으로 좁아진 이유는 당장 블레셋 군사들의 화살 공격으로 중상을 입었기 때문입니다.

하지만 사람의 시야가 좁아져 자기만 생각하고 당장의 다급한 문제에만 집착하게 되는 근본적인 이유는 그 마음 중심에 거시적인 시야, 전체적인 시야, 하나님의 시야가 없기 때문입니다. 마음 중심에 성령 하나님이 내주하시지 않고 하나님의 말씀이 없기 때문입니다. 그렇게 비어 있는 마음은 세상적인 욕심과 탐욕과 이기심으로 가득 들어차기 마련입니다. 자연히 매사를 세속적인 이기심과 욕망을 따라 생각하고 말하고 행동하게 되는 것입니다.

사울은 평생을 그렇게 살았습니다. 마지막 순간도 그렇게 생을 마감합니다. 블레셋 군사들이 자기를 발견하고 자기 몸을 칼로 찌를 것만 염려합니다. 그런 일만은 절대 일어나지 않기만을 바랍니다. 그렇게 시야가 좁아져서 결국 자결을 합니다. 자결을 했으니 블레셋 군사들이 자기 몸을 칼로 찌르는 고통은 피할 수 있었습니다. 하지만 한 나라의 왕으로서 편협하고 자기중심적인 생각만을 가지고 있다 보니 자결 후 벌어질 일을 전혀 생각하지 못합니다. 사울이 자기를 모욕하는 일이 발생하지 않도록 하려면 일단 자기 옆의 호위무사에게 부탁할 수도 있습니다. "네가 블레셋 군사들을 대신하여 나를 찔러라."고 하지만 사실 '나를 살리기 위해서 너는 최선을 다하라'고 해야 할 것입니다. 아니면 '만일 내가 죽으면 내 시신을 암매장을 해서 저들의 손에 넘어가지 않도록 하라'고 명령해야 할 것입니다.

실제로 역사적으로 패망을 직감한 지도자들이 마지막까지 자기를 따르는 측근들에게 자신의 시신을 암매장하거나 불태워 없애 버리라는 마지막 유언을 남긴 경우들이 많이 있습니다. 가장 대표적으로 2차대전 때 독일의 히틀러도 패망을 직감하고서 베를린의 지하벙커에서 에바 브라운과 결혼식을 올린 다음 권총자살을 합니다. 그 직후 소련군이 베를린 지하벙커를 접수한 다음 그의 시신을 급히 화장한 것으로 알려져 있습니다. 하지만 그때 발견된 시신이 히틀러의 시신인지 아닌지에 대해서는 지금도 논란이 많습니다.

아무튼 사울이 좀 더 넓은 시각을 가지고 있었더라면 마지막까지 자기 옆을 지켜주는 호위무사에게 자기를 찔러 목숨을 거둬달라는 부탁보다는 나를 일단 엄호하고 만일 내가 죽으면 내 시신이 모욕 받지 않도록 암매장을 부탁하거나 화장을 부탁했어야 옳았습니다. 그렇게 하지 않아서 8절 이하에 보면 그 이튿날 블레셋 사람들이 죽은 자를 벗기러 와서는 사울과 그의 세 아들이 길보아 산에서 사망한 것을 발견합니다. 여기에서 "죽은 자를 벗기러 왔다"는 표현이 나옵니다. 이 말은 고대에 전쟁이 끝난 다음에 전쟁터를 정리하면서 죽은 사람들이 생전에 가지고 있던 유품들을 전리품으로 챙겨가는 것을 말합니다.

다윗 당시 이스라엘은 블레셋에 비하여 군사력이 열세에 있었습니다. 블레셋은 철기문명을 누리고 있는 반면에 이스라엘은 아직 청동기문명의 단계에 머물러 있었기 때문입니다. 이스라엘 군사들은 철기로 제작된 칼과 창이 없고 사울과 아들 요나단 같은 왕족들만이 값비싼 무기들을 가지고 있었습니다(삼상 13:19).

전쟁이 끝나면 승자쪽에서 패자쪽의 진영을 돌아다니면서 죽은 시신에게 남아 있는 칼이나 값비싼 장신구를 전리품으로 거두는 관례가 있었습니다. 이스라엘 일반 군사들의 시신에서는 챙길 것이 별로 없지만 장군이나 귀족들의 시신은 갑옷이나 칼이나 귀금속 같은 값비싼 귀중품을 지니고 있습니다. 블레셋 군사들이 죽은 자를 벗기러 와서 길보아 산의 수많은 시체들을 살펴보다가 범상치 않은 갑옷과 무기를 지닌 시체를 발견합니다. 곧 이들이 사울과 그의 세 아들들임을 직감합니다.

9절 말씀처럼 사울의 머리를 베고 시신에서 갑옷을 벗기고 머리와 갑옷과 시체를 블레셋 전역에 보내고 또 갑옷은 자기들이 섬기는 아스다롯 신전에 전시합니다. 그의 시체는 사람들이 바라볼 수 있도록 벧산 성벽에 못 박아 전시하고 조롱하며 모욕합니다. 사울왕이 죽으면서 염려했던 염려가 실제 그대로 이루어집니다.

사울의 최후가 왜 이렇게 비참한 모습으로 종결될까요? 그는 눈에 보이는 왕권에 집착할 뿐 눈에 보이지 않는 하나님의 섭리를 바라보지 못했습니다. 눈에 보이는 왕권에 집착하고 또 당장 자기가 블레셋의 군사들로부터 화살을 맞아 중상을 입은 것에만 집착할 뿐 그 이후에 자신을 중심으로 어떤 일들이 순차적으로 발생할지 전혀 생각할 겨를이 없었습니다. 그러다보니 자기 문제를 어떻게 대응해야 하는지 묘책도 떠오르지 못하고 자기를 도와줄 수 있는 주변 사람들에게 무엇을 부탁해야 하는지도 알 수 없습니다. 그러다보니 결국 염려했던 일들을 하나도 피하지 못하고 고스란히 염려가 그대로 실제가 되는 비참한 최후를 맞이하고 말았습니다.

2. 야베스 사람들의 보답

그런데 역사의 아이러니가 진행됩니다. 사울의 비참한 최후에 관한 소식이 요단강 동편에 살고 있던 "길르앗 야베스" 주민들에게까지 전파됩니다. 12절을 보시면 길르앗 야베스의 모든 남자 용사들이 일어나 밤새도록 달려 사울과 그의 아들들의 시체를 벧산 성벽에서 내려 야베스로 가지고 옵니다. 벧산은 요단강 서쪽에서 갈릴리 호수근처이고 길르앗 야베스는 요단강 동편이니 거리만도 수십킬로의 아주 먼 거리입니다. 이들은 12절 말씀처럼 길르앗 야베스에서 벧산까지 밤새도록 달려갑니다. 블레셋 사람들에게 들키지 않도록 몰래 사울과 그 아들들의 시체를 성벽에서 내립니다. 다시 자신들이 살고 있던 야베스까지 가져와 여기에서 뼈를 불사르고 에셀 나무 아래 장사하며 칠 일 동안 금식합니다.

길르앗 야베스 사람들이 사울왕과 무슨 상관이 있기에 목숨을 걸고 죽은 사울왕의 시신이 더는 모욕을 받지 않게 예우하며 장사를 치루어 줄까요? 그 사정을 이해하려면 길르앗 야베스에 대한 역사적인 배경을 살펴보아야 합니다. 길르앗 야베스 사람들의 조상은 므낫세 지파에 속한 이스라엘 백성입니다. 민수기 32장 39절을 보시면 므낫세의 아들 마길의 자손들이 가나안 땅을 분배할 때 요단강 동편 길르앗 지역이 마음에 들어 이곳에 살던 아모리 사람들을 내쫓습니다. 민수기 32장 40절에 "모세가 길르앗을 므낫세의 아들 마길에게 주매" 그의 자손들이 길르앗에 거주하기 시작합니다.

그런데 이스라엘 열 두 지파가 가나안 땅에 정착한 다음 사사 시대로 들어가면서 요단강 서편에 정착하여 살고 있는 이스라엘 열 두 지파와 요단강 동편에 살고 있던 마길의 후손 길르앗 야베스 사람들 사이에 민족적 동질감이 점차 사라집니다. 사사기 19장으로 가면 1절에 어떤 레위 사람이 집을 나간 첩을 되찾아 집으로 오다가 베냐민에 속한 기브아라는 마을에서 하룻밤 유숙합니다. 그런데 기브아가 성적으로 문란해서 첩을 윤간하여 결국 죽습니다. 레위 사람이 분노하여 이 소식을 이스라엘 전국에 알리고 미스바로 모여 기브아 동네만이 아니라 기브아가 속한 베냐민 전체를 모두 죽이기로 결정합니다. 이스라엘 군사 40만이 모여서(삿 20:17) 베냐민 지파 모든 사람들을 죽이고 600명 정도만 남는 상황이 발생합니다(삿 20:47).

베냐민 지파 자체가 사라질 운명에 처했으니 이스라엘 백성이 이 600명을 다시 살리자고 결정합니다. 문제는 이전에 미스바에 모일 때 베냐민 지파 남자들에게는 자기들의 딸들을 시집 안 보내기로 결정했습니다. 이제 와서 그 약속을 어기고 시집 보낼 수도 없습니다. 그렇다고 600명 남은 베냐민 지파의 씨가 말라버리면 12지파 중의 한 지파가 멸족하는 문제가 발생합니다. 그래서 찾아낸 대안이 길르앗 야베스를 침공해서 그들의 딸을 잡아다 주자는 것입니다. 사사기 21장 1절에서 이스라엘의 열 두 지파가 미스바에 모여 베냐민 지파를 합심하여 징계하기로 결정하는데 이때 사사기 21장 9절에서 길르앗 야베스 주민들은 한 사람도 미스바 총회에 참석하지 않습니다. 길르앗 야베스 사람들의 입장에서는 미스바 총회는 요단강 서편의 일이지 자신들과는 관계 없다고 생각하여 참석하지 않은 것입니다.

이스라엘 사람들은 자신의 실수를 무마하기 위해 길르앗 야베스 사람들이 총회에 참석하지 않았음을 근거로 이 지역을 침공해 대거 죽이고 그 딸들 400명을 잡아다 베냐민의 남은 600명에게 아내로 줍니다. 길르앗 야베스 사람들로서는 아주 억울한 일입니다. 므낫세의 후손으로 열 두 지파에 속해 있었지만 생활권이 요단강을 중심으로 나뉘지다보니 정서적으로 점점 멀어져가고 있습니다. 그런데 총회에 참석하지 않았다고 대량으로 학살하고 시집가지 않은 딸들마저 대거 잡아다 베냐민 지파에게 줘버리니 학대하고 차별하는 것입니다.

그러다 사사 시대가 끝나갈 즈음 사무엘상 10장 17절 이하에서 사무엘 선지자가 이스라엘 백성들을 미스바로 모은 다음 24절에서 사울을 이스라엘의 초대군왕으로 선포합니다. 사울이 이스라엘의 왕으로 공식적으로 인정받은 직후 사무엘상 11장의 사건이 이어집니다. 사무엘상 11장 1절에 보시면 "암몬 사람 나하스가 올라와서 길르앗 야베스에 맞서 진을 치매 야베스의 모든 사람들이 나하스에게 이르되 우리와 언약하자 그리하면 우리가 너를 섬기리라" 그러자 길르앗 야베스의 장로들이 먼저 항복하겠다고 나섭니다. 당시 길르앗 야베스는 요단 서편의 이스라엘과 요단 동편의 암몬이라는 두 나라의 틈바구니에 끼어서 어느 쪽에도 속하지 못하는 약체국가이기 때문입니다.

그런데 11장 2절을 보시면 암몬의 왕 나하스가 먼저 너희 오른쪽 눈을 모두 다 빼야지만 항복을 받아주겠다고 합니다. 모든 이스라엘 사람들도 이렇게 대우하겠다고 협박합니다. 길르앗 야베스의 장로들이 그렇다면 우리가 이스라엘 전역에 당신들의 요구조건을 잘 전달해서 이스라엘 사람들과 함께 항복하겠으니 일주일의 시간을 달라고 합니다. 길르앗 야베스의 전령들이 사울이 살고 있던 기브아에 와서 이 소식을 전하니 이스라엘 백성들이 절망하면서 통곡합니다.

사울왕이 평생을 살면서 가장 운명적인 만남과 가장 가치 있는 일은 과연 무엇이었을까요? 가장 운명적인 만남은 사무엘상 10장 1절에

하나님 마음에 합한 사람

"사무엘이 기름병을 가져다가 사울의 머리에 붓고 입맞추며 이르되 여호와께서 네게 기름을 부으사 그의 기업의 지도자로 삼지 아니하셨느냐" 하는 이때입니다. 하나님께서 자신을 이스라엘의 지도자로 선택하시고 이를 만천하에 공표해 준 사람과의 만남이 가장 운명적인 만남입니다. 우리가 하나님으로부터 선택 받고 부름 받아 그 일을 본격적으로 시작하도록 인도해 준 사람과의 만남이 가장 운명적인 만남일 것입니다.

사울왕이 사무엘 선지자로부터 기름 부음 받은 다음에 그가 했던 가장 가치 있는 일이 무엇이었을까요? 그것은 사무엘상 11장 6절입니다. 사무엘상 11장 6절-7절 말씀을 다 함께 읽어보시겠습니다. "사울이 이 말을 들을 때에 하나님의 영에 크게 감동되매 그의 노가 크게 일어나 한 겨리의 소를 잡아 각을 뜨고 전령들의 손으로 그것을 이스라엘 모든 지역에 두루 보내어 이르되 누구든지 나와서 사울과 사무엘을 따르지 아니하면 그의 소들도 이와 같이 하리라 하였더니 여호와의 두려움이 백성에게 임하매 그들이 한 사람 같이 나온지라" 6절에서 "사울이 이 말을 들을 때에"에서 사울이 들은 말은 사무엘상 11장 2절 하반절의 말을 들은 것입니다. "지금 암몬 사람들의 나하스 왕이 모든 이스라엘 사람들의 오른눈을 빼내고 모든 이스라엘 백성들을 자기 노예로 삼겠다고 길르앗 야베스를 침공해서 전쟁을 준비하고 있습니다."

이 소식을 들은 모든 이스라엘 백성들이 절망하여 통곡하고 울고 있을 때 사울의 마음속에서는 전혀 다른 뜨거운 것이 용솟음치는 것을 느낍니다. 내가 나서서라도 저 놈들을 물리쳐야겠다는 뜨거운 열망이 화산 터지듯 용솟음칩니다. 백성들의 탄식을 사울의 육신의 귀가 들는 것이 아니라 사울 마음속에 내주하시는 성령 하나님이 들으시면서 거룩하면서도 강력한 분노로 반드시 물리쳐야 한다는 강한 의지를 발산합니다. 육신의 사울도 내면의 성령의 분노와 의지에 함께 공감하여 한 겨리의 소를 잡아 각을 뜹니다. 소 두 마리가 한 쌍으로 끄는 쟁기를 겨리라고 하므로 '한 겨리의 소'는 소 두 마리를 가리킵니다. 소 두 마리를 잡아 한 마리를 여섯 덩어리로 나누어 모두 열 두 지파 대표자들에게 보냅니다. 그리고는 이스라엘 전역에 선포합니다. 모두 다 나를 따라 암몬을 무찌르러 나가자는 것입니다. '만일 나를 따르지 않으면 그대들의 소를 다 이렇게 죽여서 각을 뜨겠다.' 이것은 그대들의 목숨도 가만 두지 않겠다는 말입니다.

그렇게 이스라엘 군사들 33만 명을 모읍니다. 11절 말씀처럼 암몬 군사를 치매 남은 자가 다 흩어져서 둘도 함께 한 자가 없을 정도로 큰 패배를 안겨주고 길르앗 야베스 사람들을 구원해 줍니다. 길르앗 야베스 사람들의 입장에서는 사울왕이 너무나도 고마운 것입니다. 자기네들은 숫자도 얼마 되지도 않고 늘 이스라엘과 암몬 족속의 틈바구니 사이에서 이리 치이고 저리 치이는 세월을 살아 왔습니다. 11장 1절에 암몬이 쳐들어 오자마자 즉시로 "그리하면 우리가 너를 섬기리라"고 먼저 항복할 수밖에 없었습니다. 그런데 사울이 영웅같이 나타나 이스라엘 전역에 자기들의 어려움을 대신 알려주고 8절 말씀처럼 이스라엘 군사 33만 명을 모아 암몬을 완전히 격퇴시켜 줍니다. 생명의 은인입니다. 너무나 감사하고 고마운 은인입니다. 이들은 사울왕의 시신이 벧산 성벽에 내걸렸다는 소식을 듣자마자 특공대를 조직합니다. 밤새도록 달려가 밤중에 몰래 시신을 내려다 가져와서 화장을 합니다. 성대하게 장례식도 치릅니다. 일주일 간을 금식하며 사울왕의 죽음을 함께 슬퍼해 주었습니다.

앞서 설교 초반에서 저는 명심보감의 천명편에 나오는 말을 소개하였습니다. 천망(天網)이 회회(恢恢)하나 소이불루(疎而不漏)니라. 하늘이 경륜하는 그물이 너무나도 넓어 과연 하늘의 섭리가 존재하기나 하는지 의심스러운 오늘의 현실입니다. 하지만 명심보감 천명편은 교훈합니다. 소이불루, 하늘의 그물은 결코 새어나가는 일이 없다는 것입니다. 농부는 반드시 심은대로 거둡니다. 우리가 행한 선행이나 악행은 반드시 그 대가로 돌려받을 날이 오고야 만다는 것입니다.

3. 성령을 따르는 삶

사울의 삶을 세상적인 관점에서 바라본다면 그는 참으로 열심히 살았습니다. 밤잠 자지 않고 자기 목적을 달성하기 위해 나름대로 최선을 다했습니다. 문제는 그 열심과 노력과 헌신이 너무나도 세상적이고 너무나도 악령의 지배를 받아 살았습니다. 그가 딱 한 번 가치 있는 일을 했을 때는 성령의 인도를 받았을 때 그때뿐이었습니다. 이 사건 이후에 사울은 계속해서 하나님의 말씀을 거역하고 자기의 욕망을 추구하는 데 집착하다가 결국 파멸하고 맙니다.

사울의 인생을 오해하면 안 됩니다. '사울왕은 신자가 성령을 한 번 받더라도 이후에 성령이 그 인생에게서 떠나가고 다시 악령을 받을 수 있다.' 그런 것을 교훈하는 인생이 아닙니다. 성령은 절대로 그런 방식으로 역사하지 않습니다. 사울왕의 인생은 하나님의 말씀이 분명히 선포됨에도 불구하고 이를 지속적으로 대적하는 모든 불신자들의 전형을 보여줍니다. 사울은 한때 성령을 받았지만 이후에 다시 성령을 거부함으로 성령이 떠나고 악령이 그를 조종하기는 합니다. 하지만 이런 말씀은 다른 신자들도 마찬가지라는 의미가 아닙니다. 가룟 유다와 마찬가지입니다. 가룟 유다도 주님의 제자로 부름 받았지만 다시 주님을 배신하여 자결로 인생을 마감합니다. 두 사람 모두 신자의 일반적인 신앙생활을 교훈하는 인생이 아닙니다. 신자가 성령을 받고 주님의 제자로 선택을 받았더라도 그 신자가 열심을 내지 않으면 다시 성령이 떠나고 악령이 들어오고 주님에게서 버림 받고 주님을 배신할 수 있다는 것을 교훈하지 않습니다.

이 두 사람은 창세 전에 하나님의 예정에 포함되지 않은 불신자들이 하나님의 말씀이 명백하게 선포되고 하나님의 뜻이 분명하게 드러나며 성령이 그 마음속에 감화감동을 주심에도 불구하고 결국 하나님을 대적하고 패역한 길을 가다가 비참한 인생을 마감한다는 것을 교훈하는 것입니다. 믿는 우리가 사울이나 가룟 유다처럼 타락할 수 있다는 의미가 아닙니다.

사울의 인생을 타산지석으로 삼아 우리는 절대로 악령을 따라 살지 말고 우리는 절대로 육신의 소욕을 따라 살 말 것을 명심하시기 바랍니다. 갈라디아서 6장 8절부터 10절까지 다 함께 읽어보시겠습니다. "자기의 육체를 위하여 심는 자는 육체로부터 썩어질 것을 거두고 성령을 위하여 심는 자는 성령으로부터 영생을 거두리라 우리가 선을 행하되 낙심하지 말지니 포기하지 아니하면 때가 이르매 거두리라 그러므로 우리는 기회 있는 대로 모든 이에게 착한 일을 하되 더욱 믿음의 가정들에게 할지니라"(갈 6:8-10).

저와 여러분은 육체를 위하여 심는 자도 아니고 육체로부터 썩어질 것을 거두는 자도 아닙니다. 우리는 성령을 위하여 심는 자입니다. 우리는 우리 안에서 일하시는 성령의 인도를 따라 신령한 것을 심어 신령한 영생을 거두는 자입니다. 그렇기 때문에 주변 사람들에게 선한 일을 베풀어야 합니다. 더욱 주변 믿음의 가정들에게 선한 일을 많이 하면서 살아야 합니다. 선한 말을 하고 격려의 말을 하여야 합니다. 먼저 내 가까이 있는 믿음의 가정들을 도우며 살아야 합니다. 그렇게 사는 것이 하나님 앞에 복되고 영원히 남는 인생이 될 것입니다. 하나님 앞에 선하고 신령한 열매를 풍성하게 거두시는 삶을 살아가시도록 진심으로 축원합니다.

1　Walter Brueggemann, *Cadences of Home: Preaching among Exiles*, 이승진 역 『본향의 리듬: 탈교회 시대의 설교』(서울: CLC, 2018), 201. "이 격정적인 사건은 얼마의 시간이 걸렸는지 알 수는 없다. 최소한 12분 이상일까? 그보다 더 많은 시간이 걸리지도 않았을 것 같다. 다윗은 아주 바쁜 사람이 아닌가? 한 순간의 격정과 욕망과 자유가 결코 되돌릴 수도 없는 짧은 순간에 벌어진 일이다."

2　김진수, 『우리에게 왕을 주소서』(수원: 합동신학대학원출판부, 2011), 63. "카일(Keil 1875:15)에 의하면 사무엘의 집안은 원래 레위 지파에 속하였으나 조상의 어느 때부터 에브라임 지역에 와 살게 됨으로 이 지파 사람들과 동화되었기에 에브라임 사람으로 기록되었다고 한다"(삿 17:7; 19:1 참조).

3　Frank Anthony Spina, "A Prophet's 'Pregnant Pause': Samuel's Silence in the Ark Narrative (l Sam. 4:1-7:2)," Horizons in Biblical Theology 13 (1991):59-73. 김진수, 『우리에게 왕을 주소서』(수원: 합동신학대학원출판부, 2011), 79. 김진수 교수는 Frank A. Spina의 관점을 인용하면서 다음과 같이 설명하였다. "즉 엘가나는 하나님께서 한나의 기도를 들으시고 아들을 선물로 주신 것을 이스라엘을 위하여 선지자를 일으키시겠다고 하신 약속의 성취라는 관점에서 보았다는 것이다."

4　김구원은 브닌나의 질투를 신명기 21장 15-17절과 연결시켜서 엘가나가 한나에게 장자가 받을 몫 또는 상속권을 보장하는 암시를 했기 때문으로 해석한다. "어떤 사람이 두 아내를 두었는데 하나는 사랑을 받고 하나는 미움을 받다가 그 사랑을 받는 자와 미움을 받는 자가 둘 다 아들을 낳았다 하자 그 미움을 받는 자의 아들이 장자이면 자기의 소유를 그의 아들들에게 기업으로 나누는 날에 그 사랑을 받는 자의 아들을 장자로 삼아 참 장자 곧 미움을 받는 자의 아들보다 앞세우지 말고 반드시 그 미움을 받는 자의 아들을 장자로 인정하여 자기의 소유에서 그에게는 두 몫을 줄 것이니 그는 자기의 기력의 시작이라 장자의 권리가 그에게 있음이니라"(신 21:15-17). 김구원, 『사무엘상』(서울: 홍성사, 2104), 44.

5   5절과 6절에서 "여호와께서 한나가 임신하지 못하게 하셨다"는 사실이 왜 두 번씩이나 반복적으로 언급되고 있을까? 6절에서는 브닌나가 한나를 화나게 하고 괴롭힌 사실과 여호와께서 한나가 임신하지 못하게 하신 사실은 어떤 논리적인 관계가 있을까? 이 점을 이해하려면 먼저 같은 내용이 어떤 문맥에서 언급되고 있는지의 전후 문맥을 살펴봐야 한다. 앞의 5절에서 하나님께서 한나를 임신하지 못하게 하신다는 문장은 엘가나가 한나를 사랑하기 때문에 한나에게 갑절의 분깃을 주었다는 문장과 대조를 이루고 있다. 남편 엘가나는 한나를 사랑하여 (한나가 자식이 없으므로 받을 자격이 없는 제물의 분깃을) 갑절의 분깃을 주었으나, 하나님은 한나에게 임신하지 못하게 하셨다. 그래서 5절에서는 한나를 중심축으로 남편의 사랑과 하나님의 수태 금지가 대조를 이루고 있다.

이어서 6절에서 주절과 종속절의 관계를 해석하는 방법이 중요하다. 6절에서는 히브리 원어 성경에서는 브닌나의 이름이 직접 등장하지는 않고 다만 "그녀의 대적이(브닌나를 가리킴) 그 여자(한나)를 격동하여 심히 괴롭게 만들었다"는 주절 문장이 먼저 등장하고 이어서 접속사로 '키'(ki)가 나오고 이어서 여호와께서 그에게 임신하지 못하게 하셨다는 종속절이 이어진다.

만일 6절 접속사(ki)의 수사적인 기능을 이유(because)나 원인(since)을 도입하는 것으로 해석하면, 여호와께서 한나의 임신을 막으셨기 때문에 브닌나가 기고만장해져서 또는 시기질투할 마음이 생겨서 한나를 격동하게 하고 괴롭혔다는 논리가 성립된다. 하지만 이러한 입장은 브닌나가 한나를 괴롭힌 원인이 임신하지 못한 한나 자체에 제한되어 브닌나가 한나를 괴롭힌 충분한 이유를 설명하지 못한다. 그래서 6절의 주절과 종속절을 연결하는 접속사(ki)의 수사적인 역할을 이유(because)나 원인을 제시하는 것으로 이해할 것이 아니라, 수단이나 도구를 제시하는 것으로 이해하는 것이 자연스럽다. 여호와께서 한나의 임신을 막으신 것이 브닌나가 한나를 괴롭히는 수단이었다는 것은, 쉽게 말하자면 브닌나가 한나를 조롱과 저주로 괴롭힐 때 '여호와께서 한나가 임신하지 못하게 하신다'는 악담으로 괴롭혔다는 것이다.

결국 5절에서는 한나를 중심축으로 남편의 사랑과 하나님의 수태 금지가 대조를 이루지만, 6절에서는 한나를 중심축으로 브닌나의 괴롭힘과 하나님의 수태 금지가 대조를 이루며, 5~6절 두 문장 전체에서는 여호와께서 한나가 임신하지 못하게 하신 사실을 중심으로 남편 엘가나의 일방적인 사랑과 브닌나의 괴롭힘이 서로 극단의 대조를 이룬다.

6   김구원, 『사무엘상』(서울: 홍성사, 2104), 46 "브닌나가 한나에게 구체적으로 무슨 말을 했는지 기록되지 않았지만 브닌나의 독설 가운데 '하나님이 너의 태를 닫았다'는 말이 포함되었을 가능성이 높다."

7 '이상'(vision)으로 번역된 히브리어 '하존'(חָזוֹן)의 OT 용례를 살펴보면, 전체 34회의 용례 중에서 29번의 용례가 예언서에서 나타나며 에스겔서 7장과 12장, 13장에서 7회, 다니엘서 8장~11장에서 10회 사용된다. 선지자들이 '하나님의 말씀'을 뜻하는 '다바르' 대신 하존을 많이 사용하는 구속 역사의 배경에는 다바르가 하나님의 말씀 중에서도 약속에 관한 말씀을 특정하는 범주로 사용된다면 하존은 성취되는 말씀을 특정하는 범주로 사용되는 것으로 이해할 수 있다.

8 사무엘상 3장에서는 예수 그리스도께서 통치하시는 하나님 나라의 권세에 관하여 직접 말씀하고 있지는 않다. 하지만 사무엘상 3장에서 부각되는 "사무엘을 통한 하나님의 말씀과 임마누엘의 성취"라는 주해의 중심사상(exegetical main idea)을 설교의 주제와 설교의 중심사상(homiletical main idea)으로 전환하여 신자들에게 적실성 있는 설교 메시지를 제시할 목적으로 사무엘상 3장 19-21절에 소개되는 '사무엘을 통한 하나님의 약속의 말씀의 성취'를 그리스도 중심의 구속 역사로 확장하였고, 오늘의 신자들이 그리스도의 말씀 통치에 직접 참여할 수 있는 실제적인 적용점을 제시하였다. 그러한 실제적인 적용점을 다섯 가지의 영적인 권세로 제시하였다.

9 사무엘서 저자가 언약궤에 대한 블레셋 군사들의 절망을 묘사한 다음에 곧 이어서 대비적으로 블레셋 장수의 승전을 독려하는 역설적인 연설을 모순되게 배치한 수사적인 목적을 미시적인 차원의 수사적인 의도(표층 의도 프레임)와 거시적인 차원의 수사적인 의도(심층 의도 프레임)로 나누어 설명할 수 있다. 먼저 블레셋 장수의 연설을 통해서 사무엘서 저자가 추구하는 미시적인 차원의 수사적인 의도(표층 의도 프레임)는 블레셋 군사들이 언약궤 때문에 아주 심각할 정도로 절망감을 느꼈으나 그러한 심각한 절망감을 상쇄하고도 남음이 있을 정도로 블레셋 장수의 연설이 감동적이었다는 것이다.

김구원은 9절에 소개되는 블레셋 장수의 연설의 핵심을 '자유에 대한 이상적인 가치'에서 찾고 있다. "블레셋 장수는 전쟁에서 지면 이스라엘의 노예가 될 것이니 자유를 위해 대장부처럼 싸우자"고 촉구한다. 이것은 블레셋이 그리스에서 이주해 온 민족임을 보여 준다. 영화 <300>에서 스파르타의 왕 레오니다스가 페르시아 군대와 일전을 앞둔 군인들에게 한 연설은 블레셋 장수의 연설을 상기시킨다. "여러분은 자유인으로 폭군과 싸우기 위해 여기에 왔습니다. 여러분은 자유인입니다. 자유가 없다면 무슨 의미가 있습니까? 저 너머에 야만인들이 여러분을 두려워하여 움츠리고 있습니다. 새파란 공포가 얼음 같은 손가락으로 그들의 심장을 부여잡고 있습니다. 그들은 여러분의 칼과 창이 가져올 공포와 고통을 잘 알고 있습니다. 대장부가 되어 싸우십시오." 김구원, 『사무엘상』(서울: 홍성사, 2104), 121. 말하자면 삼상 4장 9절의 블렛셋 장수의 연설에 언급되는 '자유 가치의 중요성'이 스파르타의 왕 레오니다스가 페르시아 군대와 일전을 앞두고 행한 연설에서 언급되는 '자유 가치의 중요성'과 동일한 수사적 효과를 거둔 것으로 해석할 수 있다는 것이다.

한편 거시적인 관점에서 볼 때 사무엘상 전체의 구속 역사에 관한 내러티브의 수사적인 목표는 '이스라엘의 진정한 왕은 여호와 하나님!' 뿐이심을 인정하도록 하려는 것이다. 이런 맥락에서 언약궤에 대하여 블레셋 사람들이 느꼈던 두려움과 공포에 관한 언급과 곧 이어서 그렇게 두려움에 빠진 블레셋 군사들을 독려하는 블레셋 장군의 감동적인 연설에 관한 거시적인 차원의 수사적인 목적(심층 의도 프레임)은 두 사건의 대비감을 독자들의 마음에 극대화하려는 것이 아니라, 이스라엘의 강퍅한 불신앙과 극명한 대조를 이루는 블레셋 사람들의 (성령 하나님의 간섭에 대한) 적극적 수용성을 대비시키기 위함이다. 블레셋 사람들은 패역한 이스라엘과 대조적으로 언약궤가 이스라엘 진영에 나타나는 즉시로 그 궤의 진정한 영적 가치를 깨닫고서 두려움에 빠졌다. 하지만 곧 이어 블레셋 장군이 나타나서 감동적인 연설로 두려움에 빠진 블레셋 군사들의 마음에 이스라엘과의 전쟁에 불굴의 투혼을 발휘하도록 고무시켰다.

겉으로는 블레셋 장군의 연설이 감동적이었기 때문으로 보이지만, 그 저변에는 패역한 이스라엘을 징계하는 수단으로 블레셋 군사들을 사용하려는 성령 하나님의 절대 주권과 목적에 맞게 블레셋 장군이 연설을 잘 한 것이다. 블레셋 사람들로 하여금 언약궤의 진정한 가치를 깨닫도록 인도하셨던 성령 하나님께서 동일하게 그들로 하여금 이스라엘과의 전쟁에 불굴의 투혼을 불사르도록 감동하신 것이다. 하나님께서 자신의 영광을 나타낼 목적으로 이스라엘을 심판하는 징계의 수단으로 블레셋 사람들을 선택하셨다면, 그 하나님은 이스라엘의 언약궤 앞에서 심각한 두려움에 빠진 블레셋 사람들이라도 이스라엘을 징벌하는 하나님의 수단이 되는 전쟁을 앞두고 오히려 불굴의 투혼을 불사르게 만드는 연설을 통하여 그렇게 싸우도록 감동하실 수 있다는 것이다.

이러한 수사적인 의도는 새끼 송아지와 헤어져서 벳세메스의 길로 언약궤를 끌고 가는 두 마리의 어미 소에게서도 거듭 반복된다. 하나님께서 자신의 영광을 나타내는 수단으로 사용하시려고 한다면 어미 소와 새끼 송아지 사이의 모성애 본능을 억제해 가면서까지라도 하나님 뜻에 순종하도록 동물까지도 감화감동을 하실 수 있다는 것이다. 이것이 사무엘서의 저자와 성령 하나님이 독자들에게 전달하려는 숨은 의도(심층 의미 프레임)라고 생각되며, 그렇게 해석하는 것이 사무엘상 전체를 '여호와 닛시'의 관점에서 해석하는 해석의 일관성에 더 부합되는 것으로 이해할 수 있다.

10 삼상 6장 10-16절에 등장하는 '벳세메스로 올라가는 소'의 내러티브를 알레고리 방식(allgorical interpretation)으로 설교하는 방식에 관하여 잠깐 고찰해보자. 7, 80년대 일부 한국교회 목회자들은 이 본문을 다음과 같은 알레고리 논리를 따라서 설교하였고, 장년층 신자들 상당수가 '벳세메스로 올라가는 소'의 내러티브가 제시하는 적용적인 의미를 그런 방향으로 이해하고 있다. 다음 설교 아웃라인을 살펴보자!

"벳세메스로 올라가는 두 마리의 어미 소는 하나님의 거룩한 사명을 감당하는 사명자의 롤 모델(role model)이다. 그 특징을 살펴보자.

① 첫째, 하나님의 언약궤를 운반하도록 선택받은 소다. 이 세상에서 블레셋을 초토화시키며 하나님의 크신 능력을 드러낸 언약궤를 운반하는 엄청난 사명을 아무나 임명 받을 수 있는가? 이 명예와 특권이 이 세상 대통령의 명예와 비교할 수 있나? 대기업 사장에 비교할 수 있나? 이 세상 부귀영화는 일장춘몽(一場春夢)에 불과하다. 하지만 하나님께 지명을 받으면 그 이름과 업적이 하나님 나라 '명예의 전당'에 영원토록 보존되는 것이다. 이 소들은 한갓 미물임에도 불구하고 보통 사람들로서는 상상조차 할 수 없는 엄청난 명예와 특권을 허락받았다.

② 둘째로, 하나님의 거룩한 소명을 받을 때 세상의 본능과 욕구를 억제했다. 이 두 마리의 어미 소는 새끼 송아지들에게 젖을 먹이고 있을 때 부름을 받았다. 거룩한 사명을 감당하기에는 전혀 준비가 되어 있지 않았을 때 일방적으로 사명으로 부름을 받았다. 아브라함도 그렇고 모세도 그렇고 사도 바울도 항상 전혀 예상치 못했을 때 그리고 전혀 준비가 제대로 되어 있지 않았을 때 부름을 받는다. 그것이 하나님의 은혜다.

③ 셋째로, 이 소들은 거룩한 사명을 제대로 감당하기 위하여 새끼들의 애타는 울음 소리도 매몰차게 거부하고 울면서 앞으로 나아갔다. 사명자는 때로는 세상적인 인정을 매몰차게 거부하느라 '꺼이! 꺼이!' 울면서라도 이 사명을 감당해야 한다. 하나님의 인도하심이 너무나도 강하기 때문에, 가기 싫더라도 그 강한 힘에 이끌려 가는 것이다.

④ 넷째로, 두 마리의 소는 자기 입장을 전혀 내세우지 않고 공동의 목적을 위하여 서로 보조를 맞추며 연합했다. 사명자는 항상 자기 생각이나 입장을 조금이라도 내세우지 말고 하나님의 뜻에 철저하게 자신을 끼워 맞춰야 한다.

⑤ 다섯째로, 언약궤를 운반하는 거룩한 사명을 제대로 감당하고자 좌우로 치우치지 않고 정도를 걸었다. 왼쪽 어미 소는 왼쪽으로 가려고 하고 오른쪽 어미 소는 오른쪽으로 가려고 했더라면, 하나님이 이 소들을 사용하시겠다는 강력한 의지와 충돌하고 또 그분의 의지를 실행하는 강력한 성령의 능력과 충돌해서 그 자리에서 즉사했을 것이다. 사명자는 절대로 좌우로 치우치면 안 된다.

⑥ 여섯째로, 벳세메스 사람들이 언약궤를 보고 기뻐하며 환호의 함성을 지를 때 자기들의 공로를 내세우지 않았다. 사명자가 사명을 완수했다고 하나님 앞에서 사람들 앞에서 자기 공로를 과시할 수 있는가? 절대로 그럴 수 없다. 왜냐하면 하나님의 크신 능력과 권능 때문에 이 자리에 도달했음을 잘 알기 때문에 결코 그럴 수 없다. 하나님이 정하신 목적지까지 도달한 것이 전적으로 하나님의 능력임을 인정한다면 오히려 두려워할 줄 알아야 한다. 절대로 자기 공로를 내세워서는

안 된다.

⑦ 일곱째로, 언약궤를 목적지까지 운반한 다음에는 자기 몸을 번제물로 몽땅 하나님께 드렸다. 사명자는 결국 마지막 자리에서는 자기가 가진 모든 것을 심지어 목숨까지라도 하나님께 바치는 것이다. 그럴 때 비록 짐승에 불과하더라도 하나님의 성경책, 하나님의 명예의 전당에 그 인생이 영원토록 보존되는 것이다."

위의 설교가 '성경적인 설교'(biblical preaching)의 기준에 심각한 문제가 있는 이유는, 이 내러티브 본문을 기록한 저자의 수사적인 목적에 합당하지 않기 때문이다. 사무엘서의 저자와 성령 하나님이 사무엘서 속에 '벧세메스로 올라가는 어미 소'에 관하여 언급하는 수사적인 목적은, 후대의 독자들에게 이 어미 소 두 마리를 어떤 롤 모델로 제시하려거나 이 어미 소를 본받도록 설득하려는 것이 아니다. 그보다는 이스라엘과 블레셋 사이의 전쟁의 와중에 등장한 하나님의 언약궤가 하나님의 임재하시는 강력한 영광을 나타내서 하나님과 맺은 언약을 파기한 이스라엘을 심판하고 그 다음에 블레셋 가운데 하나님의 절대 주권을 드러내어 다곤 신상을 무너뜨리고 거짓 우상들을 심판하셨고 이제 언약을 맺은 이스라엘로 다시 귀환하는 전체 과정을 소개하려는 것이다. 그 전체 과정을 후대의 독자들에게 소개하여 언약궤를 둘러싼 하나님의 무한한 능력과 영광과 절대 주권을 설득하려는 것이다.

블레셋의 방백들과 귀족들이 언약궤를 이스라엘로 돌려보내려는 시점에서 반드시 확인하고 싶었던 것이 있었다. 그것은 언약궤 때문에 블레셋에 일어난 일련의 재앙이 우연인가? 아니면 언약궤의 주인인 여호와 하나님이 심판하심으로 일어난 것인가? 이 여부를 확인하고자 블레셋의 제사장들과 복술자들은 젖 먹이는 어미 소 두 마리를 선택했다.

그런데 하나님이 이 어미 소의 본능적인 욕구까지 억제하시면서 이 어미 소를 벧세메스의 길로 올라가도록 인도하신 이유는, 블레셋 땅에서 발생한 악재들이 우연 때문인지 아니면 언약궤의 주인인 하나님과 관련이 있는지의 여부를 블레셋 방백들이 확인하고 싶었던 간절함보다 더 간절하게 여호와 하나님께서 원하셨기 때문이다. 이스라엘 백성들이 블레셋과의 전쟁에서 패한 원인이 무엇 때문인가? 또 블레셋 땅에 갑자기 전염병이 돌고 다곤 신상이 갑자기 파괴되는 이유가 무엇 때문인가? 이 질문에 대해서 당시 사람들도 궁금해하고 있었지만, 사실은 하나님이 더 간절하게 그 이유를 계시하시고 싶었다. 어떤 상황에서든 아무나 어떤 어미 소 두 마리에게 수레를 채운다고 자기 새끼 송아지에게 젖 먹이는 것을 거부하고 그 수레를 끌고서 앞으로 나아가지도 않는다. 또 하나님이 그렇게 무조건적으로 간섭하시지도 않는다. 블레셋 땅에 갑자기 그런 신비한 사건이 발생한 이유는 그 상황에서 여호와 하나님께서 자신의 뜻을 계시하시려는 그분의 간절함이 두 마리의 어미 소에게 집중했기 때문이다.

이것이 바로 사무엘서의 저자와 성령 하나님이 '벧세메스로 올라가는 어미 소'의 장면을 성경에 기록으로 남긴 가장 중요한 목적이다. 그런 이유로 후대의 독자들과 설교자들은 그러한 수사적인 의도와 목적에 집중하여 해석하고 그렇게 확인된 하나님의 말씀을 설교해야 한다. 이러한 해석 방식을 '그리스도 중심의 구속 역사 관점의 해석'이라고 한다. 알레고리 해석과 설교는 성경 저자의 수사적인 목적에서 벗어난 것이고 설교자 자신의 종교적인 생각을 본문에 주입하여 해석한 것이다. It is not exegesis but eisegesis!

성경을 해석하고 설교하는 과정에서 가장 중요한 것은 자기 백성들을 향한 하나님의 간절한 뜻과 의지를 확인하는 것이다. "얼마나 감동적이고 재미있는가?" 하는 관심사는 부차적이다. 부차적인 관심사(secondary interest)가 최우선을 차지하면 그것은 하나님의 말씀(*Vox Dei*, 하나님의 음성)이 아니라 사람의 말(*Vox Populi*, 사람들의 소리)에 불과하다.

11 트럼프 취임식 전날, 미국의 기독교 지도자인 랜스 윌나우(Lance Wallnau)는 수 백 명의 기독교인들이 모인 자리에서 "하나님께서 트럼프를 '세상적인 고레스'로 세우셨다는 것을 확실히 믿는다"면서 "그가 미국인들 가운데 각성을 일으킬 안내자로서 미국의 변화를 이끌 것"이라고 말했다. 랜스 윌나우는 컨설팅 업체인 '랜스러닝그룹'(Lance Learning Group)의 지도자이자 복음주의 사업전략가이다.

12 이 단계에서 필자는 사무엘의 고별사를 미시적인 역사적 사건의 관점에서 해석하는 것을 멈추고, 성경 전체를 관통하는 구속 역사 전체의 거시적인 관점에서 해석하고 있다.

사무엘 선지자가 삼상 12장에서 이스라엘의 과거 역사와 미래 역사 전체에 관하여 설교하는 미시적인 시점은, 사울을 이스라엘의 초대임금의 자리에 세운 직후부터 삼상 13장에 그로부터 2년이 지나서 블레셋과 전쟁에서 불순종의 계기로 사울왕을 폐위한 시점 사이 2년 어간에 발생하였다. 그래서 미시적인 관점에서 볼 때 사무엘이 삼상 12장의 고별사 설교(연설)를 마치고 곧 바로 은퇴생활을 시작했다고 보기는 어려울 것이다.

그러나 사무엘 선지자가 사울을 이스라엘의 초대임금의 자리에 세운 것은 그동안 자신이 감당했던 사사의 직무를 벌써 아들들에게 인계했고 이제 공식적으로는 사울왕에게 인계한다는 것을 공개적으로 선포하는 의미가 있다. 이런 시점에서 사무엘의 장편 메시지는 자신의 공식적인 중보 사역이 종료되는 시점에서 이스라엘 백성들에게 공식적으로 마지막 유언을 전하는 심정으로 쏟아낸 고별사의 의미를 담고 있다.

필자가 이 설교문에서 삼상 12장의 고별사를 구속 역사적으로 확장하여 해석한 계기는, 사무엘이 고별사에서 강조한 자신의 두 가지 책무(중보 기도와 말씀 교육)가 은퇴와 서로 충돌하고 있다는 판단 때문이다. 사무엘 선지자가 자신의 공식적인 중보 사역을 이제 후임자에게 인계하고 은퇴할 생각을 한다면 어떻게 이스라엘 백성들에게 계속 하나님의 말씀을 가르치고 중보기도의 책무를 감당하겠다는 것인가? 은퇴 이후에는 어떻게 되든 상관없이 일단 고별사에서 자신의 업적과 존재감을 부각시키기 위해서 뱉어낸 맹세일까?

이렇게 엄중한 맹세와 실행 가능성 사이의 모순을 해결할 수 있는 최선의 해석학적인 방법은, 사무엘의 두 가지 맹세를 미시적인 차원이 아니라 거시적인 관점에서 해석하는 것이다. 즉 사무엘 선지자 개인과 그 앞에 모여든 이스라엘 백성들 양쪽을 미시적인 마주봄의 관점이 아니라 거시적으로 각자 뒤에 또 다른 지도자들과 백성들이 배치되어 있다고 생각하는 것이다. 사무엘 선지자 뒤에는 모든 하나님의 중보자들이 서 있는 것이다. 그래서 사무엘의 고별사는 아담으로부터 시작하여 노아와 아브라함, 그리고 모세의 고별사(신명기의 말씀)와 여호수아의 고별사(수 23:1-16)가 배치하고 있고, 또 앞으로 등장할 모든 중보자들의 메시지, 즉 다윗의 고별사(삼하 23장)와 이사야와 예레미야의 예언의 말씀들이 배치되어 있다. 그리고 예수님의 사역은 이 모든 예언의 말씀을 성취한 것이고, 구체적으로는 예수님의 고별사(요 13-17)와 사도들의 고별사로 계속 이어진다.

사무엘 선지자 앞에 모여든 이스라엘 백성들 뒤에는 모든 하나님 나라 백성들이 배치되어 있다. 성령 하나님은 사무엘 선지자의 입을 빌려서 사무엘 앞에 모여든 이스라엘 백성들을 대표삼아서 그 뒤에 오고 오는 모든 하나님 나라 백성들 전체를 향하여 하나님의 중보자들이 계속 감당해야 하는 중보직분을 맹세해 주고 계시는 것이다. 그래서 사무엘 선지자의 맹세는 개인적인 약속이 아니라 성령 하나님의 감동으로 하나님의 독생자이신 예수 그리스도의 중보직에 관한 거시적인 약속의 의미를 담고 있다.

이런 이유로 필자는 이 설교문에서 사무엘의 고별사를 예수님의 고별사와 사도 바울의 고별사와 비교하여 공통점과 차이점을 소개하고 있으며, 하나님의 전체 구속 역사 속에서 계시가 점진적이고 연속적으로 발전하는 과정을 고려하여 사무엘의 두 가지 맹세를 그리스도의 중보직과 연결시키면서 오늘 성도들을 위한 적용적인 메시지를 설교문의 결론부에 배치하고 있다.

13 어떤 신학자들은 사울은 처음부터 하나님께 이스라엘 왕의 적임자로 인정을 받지 못하고 버림받도록 운명지어진 존재라고 생각한다. 왜냐하면 사울왕의 실수에 비하여 사무엘 선지자가 즉시로 전달하는 하나님의 판결은 너무나도 가혹하고 심지어 다윗을 그 대안으로 이미 정해두고 있음을 암시하는 메시지(여호와께서 그의 마음에 맞는 사람을 구하여 여호와께서 그를 그의 백성의 지도자로 삼으셨느니라)까지 일방적으로 선언되고 있기 때문이다. 저명한 구약학자 월터 부르그만(Walter Brueggemann)은 그의 사무엘서 주석에서 "사무엘은 사울이 순종했더라면 사울의 왕조가 영원히 견고하게 세워질 것이라는 축복을 사울에게 약속하지 않았다"고 주장한다. Brueggemann, *First and second samuel*, 100-101.

월터 부르그만이 이러한 결론에 도달한 이유는 그는 본문에 소개된 사무엘 선지자와 사울왕과의 대화 내용이 역사적인 사실로 실재로 진행된 대화를 내러티브로 옮긴 것으로 이해하지 않고 양식비평(Form criticism)이나 편집비평(Redaction criticism)과 같은 역사비평의 전제를 받아들이기 때문이다. 역사비평의 관점에서 볼 때 사무엘서나 모세오경, 그리고 역사서 대부분은 사건이 발생한 역사적 상황이나 사건을 그대로 서술한 것이 아니라, 그 사건의 일부분이 구전 형태로 후대에 전승된 여러 전승들을 후대의 기록자가 신학적인 목적에 맞게 편집되었다. 사무엘상 13장 13-15a에서 사무엘 선지자 사울왕의 폐위를 선언하는 내러티브 역시 사울왕이 40세였을 때 블레셋 군사들과의 전쟁 직후에 발생한 사무엘 선지자의 책망을 있는 그대로 묘사한 것이 아니라 다윗왕의 재위 훨씬 후대에 사울왕의 과오를 비교하면서 다윗왕의 치세를 부각시키려는 의도로 후대의 편집자가 사무엘 선지자의 입에 하나님의 폐위에 관한 메시지를 집어 넣은 것으로 해석한다. 하지만 이는 사무엘서를 기록하도록 저자를 감동한 성령 하나님의 수사적인 목적에도 맞지 않고 사무엘서 전체를 통해서 부각되는 "다윗을 향한 하나님의 은혜의 선택과 메시아 예표"의 맥락에도 맞지 않는다.

14 Malcolm Gladwell, 선대인 역 『다윗과 골리앗』(서울: 21세기북스, 2014), 28-30. "어째서 그날, 엘라 계곡에서 있었던 일에 대해 그렇게도 오해가 많았던 것일까? 어떤 면에서 본다면 이 결투는 힘에 대한 우리의 고정관념이 얼마나 어리석은지를 잘 보여준다. 사울왕이 다윗의 승산에 회의적이었던 것은, 다윗은 작고 골리앗은 컸기 때문이었다. 사울은 육체적 완력의 관점에서 힘을 생각했다. 힘이 다른 형태로도 나타날 수 있다는 사실, 곧 기존 규칙을 깨고 육체적 완력을 속도와 기습으로 대신할 수 있다는 점을 그는 미처 깨닫지 못했다.

그러나 두 번째이자 좀 더 심오한 문제가 있다. 사울과 이스라엘은 골리앗이 누구인지 알고 있다고 생각했다. 그들은 골리앗을 대충 가늠해보고 그가 어떤 능력을 가졌는지 성급하게 결론을 내렸다. 하지만 그들은 실제로 골리앗을 보지 못했다. 실은 골리앗의 행동이 수수께끼다. 그는 완력이 센 전사로 여겨지고 있었다.

그러나 그렇게 하지 않았다. 그는 보조병 한 명과 함께 계곡 아래로 걸어 내려왔다. 보조병은 하인으로 방패를 들고 그의 앞에서 걷고 있었다. 고대에 방패를 운반하는 병사는 종종 전투에서 궁수와 함께 움직였다. 활과 화살을 쥐어야 하는 궁수는 어떤 종류의 보호 장구도 쥘 여력이 없었기 때문이다. 그런데 칼로 일대일 대결을 하겠다고 나선 골리앗이 어째서 궁수의 방패를 운반하는 제 삼자의 도움을 받을 필요가 있었을까?

더 이상한 것은 그가 왜 다윗에게 "내게로 오라"고 했을까 하는 점이다. 왜 골리앗 자신은 다윗에게 갈 수 없었을까? 성경은 골리앗이 얼마나 느리게 움직였는지를 강조하는데, 무진장 힘이 센 전쟁 영웅이라는 인물에 대한 묘사치고는 이상하다. 아무튼, 어째서 골리앗은 칼이나 방패 또는 갑옷도 입지 않고 언덕을 내려오는 다윗을 보고 더 빨리 반응하지 않은 것일까? 처음 다윗을 보았을 때 그는 공포에 사로잡혀야 했는데도, 그가 보인 첫 번째 반응은 모욕감을 느낀 것이었다. 그는 주위에서 어떤 일이 벌어지고 있는지 까맣게 모르고 있었던 것처럼 보인다. 결국 그는 다윗의 지팡이를 발견하고 나서도 다음과 같은 이상한 소리를 했다. "네가 나를 개로 여기고 막대기들을 들고 내게로 나아오는 것이냐?" 막대기 '들'? 다윗이 지닌 지팡이는 하나뿐이었다.

사실 지금의 많은 의학 전문가는 골리앗이 심각하게 안 좋은 건강 상태였을 것이라고 믿고 있다. 그의 모습이나 말은 뇌하수체의 악성종양이 원인인 말단비대증을 앓고 있는 사람과 유사하다. 이 종양은 성장호르몬을 과다하게 만들어내는데, 이는 골리앗이 엄청난 몸집을 가진 이유를 설명해 줄 수 있다(역사상 키가 가장 컸던 로버트 위들로Robert Wadlow는 말단비대증을 앓았다. 죽을 때 그의 키는 272센티미터였고 여전히 키가 자라고 있었다).

게다가 말단비대증의 흔한 합병증 가운데 하나가 시력 문제다. 뇌하수체 종양은 시신경을 압박할 정도로까지 커질 수 있으며, 그 결과 말단비대증을 가진 사람은 종종 시야가 심각하게 좁아지고 한 개의 물체가 두 개로 보이는 복시증(複視症)을 앓는다. 왜 골리앗은 보조병을 데리고 계곡 아래로 내려갔을까? 그 병사는 골리앗의 눈을 대신하는 가이드였기 때문이다. 골리앗은 왜 그렇게 느리게 움직였을까? 주위가 흐릿하게 보였기 때문이다. 왜 골리앗은 다윗이 싸움의 규칙을 바꾸어버렸다는 것을 그렇게도 늦게야 알아차렸을까? 다윗이 가까이 다가올 때까지 그를 볼 수 없었기 때문이다. "내게로 오라. 내가 네 살점을 공중의 새들과 들짐승들에게 주리라"(삼상 17:44). 골리앗은 이렇게 외쳤고, 그 외침으로 그의 약점이 노출된다. '네가 와야 한다. 그렇지 않으면 네가 어디에 있는지를 알 수 없기 때문이다. 그렇지 않다면 설명할 수 없는 다음과 같은 말이 또 하나 있다. "네가 나를 개로 여기고 막대기들을 들고 내게로 나아오는 것이냐?"(삼상 17:43). 다윗이 지닌 지팡이는 하나였고, 골리앗이 본 것은 두 개였다.

이스라엘 사람들이 높은 능선에서 본 것은 무시무시한 거인이었다. 실제로는 이 거인에게 거대한 몸집을 선사한 바로 그것이 그가 지닌 최대 약점의 원천이기도 했다. 모든 종류의 거인과 맞서는 전투에서 필요하고 중요한 교훈이 여기에 있다. 강력하고 힘센 것들이 언제나 겉보기와 같지는 않다는 점이다.

다윗은 용기와 믿음으로 사기충천해 골리앗을 향해 달려갔다. 하지만 골리앗은 무엇이 자신을 향해 다가오는지에 깜깜했다. 상황이 어떻게 바뀌고 있는지를 간파하기에는 너무 크고 느리며, 시야가 흐릿했던 그는 결국 쓰러지고 말았다. 그때부터 지금까지 우리는 이런 이야기들을 잘못 말해왔다."

15   조나단 커시(Jonarthan Kirsch)는 *KING DAVID*에서 사무엘하 1장 26절의 추도시에 드러난 다윗의 요나단을 향한 강렬한 감정을 동성애의 관점에서 해석하였다. "다윗의 추도시에 드러난 강렬한 감정을 간과하기는 힘들다. 남자들 간에 드러내 놓고 사

랑을 얘기하는 장면을 아무렇지 않게 생각할 수는 없는 것이다." "남성 동성애는 성서
시대에 만연해 있었다." 인류학자 라페일 파타이는 주장했다. "어쩌면 성서는 당시의 사
회에서 어느 누구에게도 충격적이지 않았을 남자들 간의 유희에 관한 증거를 담고 있는
것이리라. 절대로 믿으려 하지 않는 사람들을 제외하면, 다윗과 요나단 사이에 동성애
관계가 있었다는 점은 거의 의심의 여지가 없다." 성서 비평가 톰 호너는 그렇게 결론내
렸다. Jonarthan Kirsch, *KIGNG DAVID*, 조윤정 역『킹 다윗: 성서가 감춘 제왕의 역사』
(서울: 다른세상, 2014), 180-181.

16 이 당시 하나님의 언약궤는 기럇여아림에 머물러 있었고 아비나답의 아들 엘
리아살이 언약궤를 지키고 있었다(삼상 7:1-2). 그 후에 다윗이 왕위에 오른 다음에 다윗
성으로 옮겼다(대상 13:5; 삼상6:2).

17 D. Aikman, *The Beijing Factor : How Christianity is Transforming China and
Changing the Global Balance of Power* (Oxford/Grand Rapids, MI, 2003), 5. 재인용. Nial
Ferguson, *Civilization : The West and The Rest*, 구세희. 김정희 역『시빌라이제이션: 서양
과 나머지 세계』(서울: 21세기북스, 2011), 450.

18 사무엘상 30장에 대한 설교문을 2편을 싣는 이유가 있다. 앞의 설교는 주로 사
무엘상 30장에 서술되는 다윗 일행과 아말렉 사람들과의 전투에 관한 구속 역사의 내
러티브의 흐름을 설교문에서도 그대로 살려 가면서 그 내러티브의 중간에 현대적인 적
용점들을 이끌어오는 방식으로 진행되고 있다. 그러다보니 현대 청중의 입장에서는 본
문 내러티브의 흐름을 잘 이해할 수 있으나 좀 더 실천 가능한 적용점이 약할 수 있다.
    그래서 두 번째 설교문에서는 '하나님의 마음에 합한 사람'이라는 핵심 주제의 관
점에서 아말렉과의 전투 내러티브의 각 단계를 분석하고 이 핵심 주제에 맞는 적용점을
아홉 개를 도출하는 방식을 취했다. 다른 설교자들은 교회의 독특한 상황을 고려하여
'하나님의 마음에 합한 사람'이라는 주제 대신에 '하나님이 쓰시는 사람'이나 '위기를
극복하는 비결', 또는 '한 몸된 교회의 행복'이란 주제의 관점에서 핵심 대지들을 전개할
수도 있다.